古田武彦
歴史への探究
4

古田武彦が語る多元史観

燎原の火が塗り替える日本史

古田武彦［著］
古田武彦と古代史を研究する会
多元的古代研究会［編］

ミネルヴァ書房

「論理の導くところ」――新しいシリーズに寄せて

青年の日、わたしは聞いた。「論理の導くところへ行こうではないか。たとえそれがいかなるところに到ろうとも。」と。この一言がわたしの生涯を決定した。

ところは、広島。あの原爆投下の前、一九四三年（昭和十八）、皆実町の旧制広島高校の教室の中である。岡田甫《はじめ》先生はこの一言を、黒板一杯に大きく書かれた。そしてコツコツと生徒の席の間をゆっくりと歩いてゆき、わたしたちに問いかけた。「この中で、一番大事なところはどこか、分るかい。」みんな、沈黙していた。先生は、その沈黙を見定めるようにして言葉を継がれた。「たとえそれがいかなるところに到ろうとも、だよ。」と。そのときは、もとの教壇へ帰っていた。その黒板の最後には、「ソクラテス」と書かれている。

後日、調べてみたけれど、プラトン全集には、直接このままの表現はなかった。先生が全集の中の師弟の対話篇の中から、その真髄を趣意された。まとめたのである。それはどこか。もちろん、あの『ソクラテスの弁明』だ。わたしの生涯の、無上の愛読書である。

だから、一冊の本から「抜き書き」して引用したのではない。己がいのちを懸けて、真実を未来の人類に向けて静かに語りかけて、ためらうことなく死刑の判決を受け入れて死んでいった、そのソクラテスの精神を、右の一言として表現したのであった。

やがて広島を襲った、一九四五年の原爆も、この一言から脱れることはできなかった。誰が投下したのか。誰が被害を受けたのか。彼等が人類の悠大な歴史の中で下される、真実の審判は何か。ソクラテスはすでにそれを見通していた。未来の人類に警告したのだ。

それはわたしの生涯をも決定した。学問のありかたをハッキリとしめしたのである。いかなる地上の権力も、「時」の前では空しいのである。それは倫理（「道義」と改称）の一時間の教育、忘れることができない。

二〇一三年一月

古田武彦

はしがき

古田武彦

一

この一冊の成立、わたしにはこよなき幸せである。この九年間、忌憚なく語りはじめ、語り終えたところ、その全体像がここにまとめられたからだ。

八王子の大学セミナーに毎年十一月、呼ばれて語りつづけた。すでに書いたところ、未だ書かなかったところ、新たな「発見」の数々が端的にここに盛りこまれている。後世に伝えたいところ、その全体と核心がハッキリと収録されたのである。

「学問とは何か」。肝心の、わたしの回答がこれだ。それは現代の「学会」で「学問」と称しているものとは、異質である。〝反対概念〟だと言ってもいい。

従来の「学問」とは、〝自分側の主張〟にとって矛盾する学説ははじめから〝無かった〟ことにして無視（シカト）する、そういう手法だ。だが、わたしにとっての「学問」とは「反対意見に対する尊重」、それが根本である。

もちろん、「批判」というより「中傷」に近い「東日流［内・外］三郡誌」に対する「偽書説」も流布された。けれども、それはわたしの立説全体を〝無視する〟ために（学会からも）利用されたにとどまり、思想上、筆跡上の信憑性を一切もち得ていなかった（この点、「日本の生きた歴史（十八）」『よみがえる九州王朝』復刊版、ミネルヴァ書房、二〇一四年を参照)。

逆に、この「三郡誌」が『古事記』『日本書紀』『風土記』などにとどまっていた、従来の古典の限界を〝突破〟すべき不可欠の史料群であったことが、志ある人々の目には一段と明瞭となってきたのである。

二

何より重要なのは、『隋書』俀《たい》国伝だ。「日出ず(づ)る処の天子、書を日没する処の天子に致す、恙《つつが》なきや」の「名文句」は、本居宣長がいち早くこれを「天皇家」(推古天皇)の「言説」として〝採り入れた〟のを受け、明治維新以降、現在(二十一世紀)に至るまで、間断なく「近畿天皇家側」の言説としてきた。周知のところだ。だが、「ではなぜ、この『名文句』が記紀に出ていないのか」という第一の根本疑問。さらに「雞彌《きみ》」という妻をもつ、男性の多利思北孤《たりしほこ》が、なぜ女性の推古天皇と「同一人物」なのか、という第二の根本疑問。またさらに、七世紀の「神籠石山城」が「大和」を〝取り巻かず〟、「筑紫と防府」を〝取り巻いている〟のはなぜか、という第三の根本疑問。白村江の戦いの勝者、唐の占領軍が、筑紫(福岡県)周辺にとどまり、大和(奈良県)周辺に〝進駐〟した形跡が(文献上、及び考古学上)無いのはなぜか、という第四の根本疑問。その他、続出する幾多の疑問点に対して、いずれも「回答」できないでいるのである。

これで、学校の生徒たちに「憶える」だけではなく、「考えよ」と言ってみても、およそ天下の空言ではあるまいか。

三

もう我慢できない。否、我慢すべきではないのである。国家の体面、国家の作った公教育の体面、それを「元《もと》」として、非真実の歴史を貫き通す。それを幼き、若き、そして一般の国民に〝教えこむ〟、「一味同心」の〝知的ロボット〟とする。それが許される時代はすでに去ったのである。

近年、「偽装」という二文字が新聞をにぎわしている。名門の料亭やホテルなどの食堂・レストランで、表面に示された名品や産地名が「実体」とは異なっていたというのだ。とんでもない「まやかし」と言えよう。だが、その大元《おおもと》は「国家の教科書」だ。全くの「非、道理」、否「反、道理」の「日本の歴史」が〝大っぴら〟に「誤表示」され、何と百三十年を経てきたのだ。

断固、真実にもどす。これがこの一書の役割だ。骨を折って、見事な一冊にまとめて下さった、八王子の大学セミナーの方々と共に、編集者平松健氏に心から感謝したい。

平成二十五年十二月四日

「古代史セミナー」十周年を迎えて

荻上紘一

八王子の大学セミナーハウスにおいて、古田武彦先生を囲んで一泊二日で行う「古代史セミナー」が十周年を迎えた。このセミナーは、二〇〇四年に、大学セミナーハウスの理事長であった中嶋嶺雄氏の発案で始められた。「真実の古代史学」が「なかった」我が国において、古代に真実を求めようとする人々が古田先生を囲んで自由自在に議論を展開するセミナーが十回を数えることは誠に感慨深い。「真実の古代史学」を求めてやまない人々の情熱の賜であり、参加者が年々増加していることは誠に喜ばしい。毎年非常に中身の濃いセミナーが展開されたことについては、古田先生、先生の助手を務めて下さった弟子の松本（大下）郁子さん、そして参加者の皆さんに、いくら感謝してもし尽くせない。

古田武彦先生は、東北大学を卒業されるとすぐに長野県松本深志高等学校の教員に就任され、国語を担当された。中嶋嶺雄氏はその時の教え子であるが、今年（二〇一三年）の二月に七十六歳の若さで鬼籍に入られた。私も、長野県松本深志高等学校の出身であるが、私が入学したのは古田先生が退職された後であったので、教室で直接に教えを受けることはできなかった。私は、大学生の時に受講した井上光貞先生の「日本史」において、倭の五王の比定に強い疑問を抱いたものの、深く追求することもないまま馬齢を重ねていたが、『「邪馬台国」はなかった』に出会って目から鱗が落ち、爾来古田先生の著作の愛読者であり続け、勝手に「弟子」であると自認している。

セミナーは、毎年十一月初旬の土、日に開催されている。最初の二回は、一日目の午後に先生に講義をしていただき、質疑応答の時間を設け、夕食後も深夜まで質疑応答の時間、二日目は午前と午後に講義をしていただいた後に質疑応答の時間を十分にとるというプログラムを組んだ。第一回目のセミナーでは、先生はあらかじめ寄せられた質問にも全て回答して下さり、予定した時間を二時間もオーバーした。先生の体力には驚嘆したが、「東京古田会」の藤沢徹さんからは「お前、先生を殺す気か！」とお叱りをいただき、第二回目以降は閉会時刻を厳守することにした。先生は、セミナー開催中も「研究の鬼」であり、真夜中や早朝に「新発見」をされるなど、先生の頭脳は二十四時間休みなく働き続けているらしいが、私のような凡人には先生の睡眠不足が心配であった。先生の頭脳のエネルギー消費は凄まじいと想像される。第三回から第八回までは、一日目の午前、午後、二日目の午前、午後を全て先生の講義と質疑応答に充て、一日目の夜は質疑応答の時間とした。第九回目は一日目の午後から開始する日程に戻し、二日目の午前は参加者による研究発表の時間とした。

質疑応答の時間には、「何を質問されても困りません。わからないことは〝わからない〟と答えます」と言われるが、「わからない」と言われたことはほとんどなく、何を質問されても即座に明快に応答される。先生の記憶力と処理速度にはどんなコンピューターも勝てないのではないかと思われる。

この本は、「古田武彦著」、「古田武彦と古代史を研究する会・多元的古代研究会編」であるが、第一回から第九回までのセミナーの単なる記録ではない。「著」については、古田先生の研究成果が先生御自身の熱弁で語られたセミナーの様子が、鮮烈に蘇る。「編」については、「あとがき」に「講演の内容については、複数回において同様のお話をいただいているため、一カ所にまとめ…」、「質疑応答は、原則として講演の内容に関係するものに限定し、…、なるべく時代別・テーマ別に分類し、先生のお話の区切りのよいところに挿入しました」と記されている。編集者平松健氏の力量に改めて敬意を表したい。古田先生の研究成果は、先生御自身の多くの著書に「書かれ」ているが、先生御自身によって「語られ」、質疑応答の形で「やりとりされ」たものは一味も二味も違う。古田先生の研究成果を食い入るように聞き、さらに深化・進化させようとする熱心な質疑応答により、我が国の古代の真実に迫ろうとする人々の熱意が紙面から伝わってくる。このような素晴らしい記録書が編纂されたことは、セミナーを主催した者として、また古田先生の「弟子」として、感謝、感激、感動の極致である。

歴史学は、先ず史実を客観的に究明した上で、それに対する解釈・評価が議論されなければならない。「主観的な史実」に基づく議論は、物語としては面白いかもしれないが、歴史学にはなり得ない。私は「古田史学」という呼び方を好まない。これこそが歴史学、すなわち「The 史学」である。

古田先生がいつまでもお元気で「新発見」を続けられ、それによって我が国の歴史の教科書が書き変えられていくことを願ってやまない。この本がその一助となることを確信する。

（大妻女子大学学長、公益財団法人大学セミナーハウス理事）

古田武彦が語る多元史観——燎原の火が塗り替える日本史　目次

はしがき……古田武彦 i
「古代史セミナー」十周年を迎えて……荻上紘一 iv
第一章　真実の文献学をもとめて……1
1　アウグスト・ベエクのフィロロギイの方法論――第一回……1
2　フィロロギイ学の精神で歴史の考察……13
フィロロギイは文献だけではない――第九回
古代への情熱を燃やしたシュリーマン――第九回
歴史としてのトロヤ戦争――第九回
ギリシャ神話の虚と実――第五回・第九回
第二章　文献の少ない日本……23
1　歌謡の淵源……23
弥生の土笛《つちぶえ》、陶塤《とうけん》――第二回・第七回　陶塤の出土――第七回
陶塤の時代と歴史的背景――第七回　歴史書に書かれない前王朝――第七回
陶塤と音律――第七回　陶塤の伝播に関する異説――第七回
津軽三味線――第七回
2　民俗学・伝承にみる歴史……33

柳田民俗学の限界——第七回　オシラサマと馬の流入——第七回
ヨーロッパの民俗学——第七回　磯（イソ）——第七回
歴史と気候——第六回　縄文農耕——第七回
民俗学と神・信仰——第七回　神話の編年——第六回
阿麻氏留《あまてる》神社の話——第七回　大国主命の話——第七回
田村将軍——第七回　対馬における文字と伝承——第八回
3　言語学・言素論が解明するもの……53
言語学の問題——第二回　征服者と被征服者の言語——第五回
アソ、クイなど——第八回　阿蘇氏——第八回
クシフルダケについて——第八回　アイヌと縄文、弥生の問題——第九回
4　生活環境から生まれる暦……63
世界中にある二倍年暦——第二回　文献における二倍年暦——第六回
孔子と二倍年暦——第七回
二倍年暦のあとを広く中国の文献に求めて——第八回
第三章　初期の倭国……71
1　「漢委奴国王」金印——第四回……71
金印の研究　金印発見者の口上書　金印の問題点　現地口碑
その他の文書　総合的解析　真贋について
2　金印についての各種の疑問——第四回……84

細石神社の社宝であったこと　社宝が黒田藩に移ったこと
王墓から出土した場合の問題　偽造説の検証　「奴」の問題
「委奴」というのは失礼ではないか　「委」の発音　「委奴」の国名
金印の科学的分析

3　後漢時代のその他の国 …… 93
東鯷人について――第六回　東鯷人とナマズの関係――第七回

第四章　俾弥呼とその後 …… 97

1　邪馬台国はなかった …… 97
邪馬壹国の名称――第六回　京都と闕と臺の関係――第八回
邪馬壹国の発音――第七回　地方によって違う発音――第八回
支の読み方――第六回　漢字の流入――第六回
理解しがたいメディアの動き――第八回
『三国志』序文、二つの序文――第七回　序文読み下し――第七回
序文の意味するもの――第七回

2　邪馬壹国は何処にあったか …… 119
魏志倭人伝の記述――第三回　俾弥呼のいた場所――第八回
長里と短里――第六回　『後漢書』における長里と短里――第六回
『三国志』以外に出てくる短里と長里――第八回
朝鮮半島の里程――第八回　一大国からの里程――第八回

周旋五千余里——第六回　倭人伝と測量技術——第八回
測量の仕方——第八回

3　倭国と関係する国々……133
倭人伝を読む原則——第六回　一大国——第六回　對海国——第六回
任那——第六回　その他の具体的国名（三十国）——第六回
爲吾国——第八回　狗奴国＝拘奴国——第八回
親魏倭王の意味——第六回　三十カ国訪問の行路——第六回
倭人伝の狗奴国と『後漢書』の拘奴国——第六回　行路の順序——第六回
三十カ国の順番——第八回　三十カ国の意味——第八回
倭国と朝鮮半島——第六回　裸国・黒歯国——第七回

4　倭国の人々・官職・階級……151
都市牛利——第五回　難升米の族譜——第五回
都市牛利、難升米——第六回　都市は官職名と考えられないか——第六回
牛利の牛は中国風の姓ではないか——第六回　難升米の読み方——第六回
生口——第六回　献上——第六回　邪馬壹国の官職——第六回
奴国の官職——第八回

5　史料を批判的に読み解く……163
歴史家の反乱——第六回　邪馬壹国と邪馬台国——第六回
史料の取り扱い——第六回　岩波文庫『新訂　魏志倭人伝他』——第六回
會稽東治——第六回　景初二年——第六回　出版社の責任——第六回
郡支問題——第八回　張政のいた場所——第八回　黄幢と黄憧——第八回

倭人伝に出てくる似た字──第八回　饔依姫と俾弥呼──第八回
倭人伝と『日本書紀』──第八回　固有名詞の発音──第八回
6　文字を深く掘り下げる……183
邪馬壹国でなければならない──第九回　稲荷山鉄剣の文字──第九回
爼豆の象──第九回　『百衲本二十四史校勘記三国志』──第七回
版本の問題──第八回
7　南界を極めた倭人……206
裸国・黒歯国について──第八回　倭人と南米の交流──第八回
中南米に残っている日本語──第六回
8　俾弥呼以後……214
三世紀後の邪馬壹国──第七回・第八回　俾弥呼の後継者──第七回
崇神天皇──第七回　神武天皇陵──第七回
和田家文書に出てくる崇神天皇──第六回
第五章　考古学と文献学の整合……223
1　考古学的出土品と時代考察……223
土器文明──第二回　吉野ヶ里の秘密──第二回
黒曜石について──第三回　絹と錦──第八回　三種の神器──第八回
三角縁神獣鏡の分布──第八回　三角縁神獣鏡分布図からの考察──第八回
狗奴国と銅鐸圏──第八回　俾弥呼と銅鏡──第八回

銅鏡にある漢字――第六回　銅鐸について――第六回
文献における銅鐸――第六回　伊邪那岐、伊邪那美と銅鐸――第六回
小銅鐸と矛の関係――第六回　北九州の銅鐸――第六回
鐸《ぬで》神社――第九回　画文帯神獣鏡――第九回　炭素14年代――第二回
C14年代測定法について――第九回　捏造事件――第七回

2　古墳の年代……245
前方後円墳――第三回　古墳の偏在――第七回

3　近畿王朝中心の遺跡観……248
飛鳥を中心にした大和の宮殿遺跡について――第三回　藤原宮――第七回

4　出土物の考察……250
壬子年木簡および孚石都刻柱について――第三回
那須直韋提碑について――第五回　那須国造碑――第七回

第六章　史書から抹消された九州王朝……255

1　地名を近畿に結びつける試み……255
大和の起源――第八回　「大和」の文字――第八回　日本国――第六回
日本の国号――第八回　倭国は九州と解釈できないか――第八回
『釋日本紀』の筑紫――第七回　「ちくし」の表示――第七回

2　飛鳥について……262
九州における飛鳥――第五回　飛鳥浄御原宮治天下天皇――第九回

『古事記』にある飛鳥――第九回

3 記紀の時代からあった改竄……270

『古事記』の「矛」と「弟」――第六回　天之日矛について――第九回

『古事記』序文――第六回　『古事記』序文の新たな疑問――第六回

『古事記』序文のもう一つの問題――第六回　天武天皇の名前――第六回

虚偽に満ちた日本史――第六回

『古事記』が長期間隠れていた理由――第七回

補説――『古事記』序文論……280

『古事記』の原文――第九回

第七章　近畿天皇家の断絶……289

1 万世一系も九州王朝の否定……289

万世多系論――第七回　王統断絶の証拠――第七回

万世一系――第七回

2 磐井の乱と継体天皇……294

継体について――第三回　「磐井の乱」について――第四回

隋・唐軍隊の破壊――第四回　記紀の記載と真実――第四回

継体の陵墓の問題――第四回　ささやかな陵――第四回

薄葬令と古墳――第四回　陵墓の比定の問題――第四回

継体天皇と『百済本紀』――第六回　継体の崩年について――第四回

継体の乱――第八回

第八章　歌に隠された歴史…… 313

1　本来意味のあった枕詞――第二回…… 313

多くの枕詞　足引きの　久方の　あすか　たらちね　あらたまの

2　記紀に出てくる歌謡…… 318

記紀に出てくる、まほろばの歌――第五回

甲類・乙類についての国語学者との論争――第五回

3　『万葉集』の歌…… 323

雷の丘の歌――第七回　一九九番――第七回　柿本人麿の遍歴――第六回

人麿の恋の歌――第六回　「皇者」と「大王者」の違い――第五回

『万葉集』の中の九州王朝の天子の奥さんの歌――第六回

4　『古今和歌集』…… 332

『古今和歌集』の深層、紀貫之の「目線」と編集の立場を探る――第二回

『古今集』漢文序――第二回　『古今集』巻第十九の歌について――第二回

えふの歌について――第二回　人麿と読人しらず――第二回

第九章　九州王朝の王者、天子たち…… 343

1　倭の五王…… 343

倭の五王と『日本書紀』の対比　倭の五王の勢力範囲——第八回

2　『隋書』の随所に見える九州王朝……346

唐の高祖の大義名分——第七回　無故火起——第七回
神籠石山城のことを書いた目的——第七回　『隋書』にある竹島——第七回
誤解された多利思北孤——第七回

3　リアルな九州年号……359

年号の持つ重要性——第七回　白鳳がキイ・ワード——第七回
何が真実か——第七回

4　白村江と斉明天皇……364

白村江の後——第七回　九州王朝の終末期——第七回
斉明天皇と薩夜麻——第七回　斉明天皇と有間皇子——第八回
斉明の名前——第八回　狂心の渠——第七回
罪をかぶせられる天皇——第七回
斉明について合田洋一氏の補足——第七回　紫宸殿・大極殿・陵——第九回
牽牛子塚古墳について——第八回

第十章　九州王朝滅亡の後に……383

「廃評建群の詔勅」の欠如——第二回　評から郡に移った理由——第八回
評の用例——第八回　『日本書紀』の手本——第六回
『続日本紀』——第九回　『続日本紀』に出てくる高天原——第九回

第十一章　「東日流外三郡誌」……399
1　偽書説は滅びる……399
寛政原本の出現――第三回
和田家文書「北斗抄」に使用された美濃和紙を探して――第三回
和田家文書の筆跡の問題――第九回　「東日流外三郡誌」の特徴――第七回
2　和田家文書にある注目すべき記事……411
稲作の伝播――第七回　「天は人の上に人を造らずといへり」――第七回
3　和田家文書を伝えた人々……421
和田喜八郎とその家族――第九回　秋田孝季の身元――第九回
藤本氏の訃報――第七回　日本中央碑――第八回
日本中央碑探索の歴史――第八回
第十二章　現代に残された課題……431
1　被差別民にされた支配者……431
被差別部落について――第五回　全国にある被差別部落――第六回
海幸・山幸と被差別部落――第六回　被差別部落の問題――第七回
ヨーロッパの被差別民――第七回　太宰府近くの被差別部落――第七回
2　広い心を……440
敵を祀る伝統――第七回　敵を祀るのは、俾弥呼の独創か――第七回

靖国神社――第七回
親鸞は流布されている大乗仏教を超えている――第七回
大逆事件――第七回　大逆事件と夏目漱石――第七回
謡曲「柏崎」――第七回　謡曲「高砂」――第七回
「曾根崎心中」――第八回　尖閣諸島――第七回　青年の自殺――第九回
日本の生きた歴史の韓国語訳――第八回　高校の講演会で――第九回

3　人間が作った神に試される……………………………………461

SRN主義――第五回　小路田論文――第八回
国際新公法の必要性――第八回　思想四策――第八回
八王子四策――第八回　学界は沈黙する――第八回
固有の領土はあり得ない――第九回　日本軍の話――第九回
『トマスによる福音書』に見る性――第九回
原発をどう考えるか――第九回　信条――第九回
宗教について――第九回　現在を牛耳る者――第九回
学校の問題――第九回　論理の導くところへ――第九回

あとがき……………………………………平松　健……499

人名・事項・地名索引

＊見出し中の「第一回」「第二回」等は、講演の回数を示している。

第一章　真実の文献学をもとめて

1　アウグスト・ベエクのフィロロギイの方法論——第一回

一

今（一九九六年）、わたしは古稀を迎えた。だから、本気で勉学をはじめたい。心の底から、そう思っている。今までは準備期間だった。いわば、徒弟時代、修学以前のときをすごしていたのである。いろいろ、忙しかった。この世の「義理」があった。もう、ない。ない、と決心して、本気で勉学に専念したい。専修学問の時代がついに来たのである。

昨年、三月三十一日、大学（昭和薬科大学）の定年退職を迎え、すでに一年を経た。その間の「新発見」、それは自分にとって〝まばゆい〟ほどだ。それは、とりもなおさず、過去の〝忙しかった〟間、いかに粗忽だったか。

じっくり物を考えずにきていたか。その一事をくまなく立証している。そう考えて、多くはあやまるまい。

今、学問の方法論と、その具体的な成果の一端にふれてみよう。もちろん、そのはじまり、入口に立って内側にのぞきこんでいる。その程度にとどまること、百も承知なのであるけれども。

二

今を去る、半世紀前。一九四六年の秋、わたしは二十歳、東北大学の日本思想史科の学生だった。文学部だから、卒業論文の「題目」の提出を事務局から求められた。

わたしは迷わず、次の題目を提出した。

「August Baeckh の Philologie の方法論について」

その理由は次のようだ。広島（旧制高校）より、笈を負うて仙台に来た。その目的は、村岡典嗣先生の下に学問を学ぶ。その一点に尽きた。広島高校の恩師、岡田甫《はじめ》先生から村岡先生へ紹介の書簡がとどき、わたしの到着を待っていてくださった、とのこと。後日、奥様からお聞きした。

しかし、接しえたのは、わずかに〝足かけ三カ月〟。四月下旬より、六月上旬まで、実質一カ月強にすぎなかった。勤労動員、敗戦、広島の原爆投下。広島の自宅に帰り、翌春四月、再び仙台に来たところ、すでに村岡先生は亡き人となっておられた。「亡師孤独」、この四字がその後の大学生活をおおうたのである。

そのため、生前、村岡先生が常日頃言っておられた一言、

「わたしの学問は、アウグスト・ベエクの学問です。その方法に基づいています」

これが、その後の大学生活の指針となったのである。すなわち、ベエクの主著、

“Encyklopaedie und Methodologie der Philologischen Wissenschaften”（「フィロロギイ学のエンサイクロペディアと方法論」）

を読み、その方法論を紹介し、もって日本思想史学の根本を樹立する。これが先生の遺志に応える道。そう信じたのであった。

けれども、翌年の秋、九月。思いがけぬ障害が現れた。事務局から呼び出しがあり、「日本思想史らしい題目に変えるように」との指示があったのである。

心外だった。しかし、容れられず、その「指導」という名の〝命〟に従うほかなかった。村岡先生亡き、悲哀を痛感した。

三

「大学教授」の職を終えた今、考えてみると、日本思想史の学生の論文審査を依頼された教授方（国文学・仏教学）の「杞憂」にすぎなかった、と思えるのだけれど、当時のわたしにとって、結局〝通過しがたき関門〟となった。

もはや、卒業論文の提出まで数カ月もない。別のテーマをえらんで、じっくり研究する時間など、まったく残されていない。

そこで、窮余の一策。広島時代から〝なじんで〟きた、道元について、一テーマをめぐり、〝物語風〟に仕立てて、もって（「論文に非ざる」ものを）「論文」に代える。この方針を立てた。

〝こんな短期間に、研究論文なんて、書けますか〟

という、精いっぱいの皮肉、一種の青年らしい抵抗の表現なのであった。

四

「道元における、利他思想の徹底」

これが、新しい題目だった。年明けて、間もなく行われた論文審査は、無事通過したけれど、わたしの中に〝通過せぬ〟テーマがあった。それが、先述のベエクの著述の研究である。

半世紀間、怠けに怠けつづけてきた。そして今、ようやくこの、宿願の一書に立ちむかう、そのときが来たのである。

五

この勉学をすすめる上で、二つの格率がある。

その一つ。なるべく、ゆっくりと読む。遅々としてページをめくる。これが肝要だ。なぜなら、忙しく読むこと、それには、もう倦きた。粗忽のもとだ。一字を辞書で引いて、一時間考える。一文を認識し終わって一日考える。このペースでいきたい。習学が未完で終わることを恐れてはいけない。どうせ、一人の人生など、未完に決まっている。もっとも、この本全体は、くりかえし眺める。ページをめくりつづける。それは、当然のことだ。

だが、本質は、遅々としてすすむこと、この一点が肝心だ。

その二つ。読みまちがい、を恐れぬこと。ベエク先生の意図をありのままに読みとる。それは、もちろん重要だ。フィロロギイの真髄、学問の骨子と言っていい。これは、のちに村岡先生の言として敷衍《ふえん》する通りだ。

だが、今は、さらに踏み出してみたい。ずっと深く、降りてみたい。先にのべたように、一字一字と対面しつづけるうち、あるいは、原著者、ベエク先生の思わざる領域、思わざる深読み、とんでもない誤読へと足を踏み入れるかもしれぬ。それを恐れない。

親鸞は、誤読の達人だった。

例えば、『論語』の原文は次のようだ。

「季路問事鬼神。子曰、不能事人、焉能事鬼神」

通例、左のように読まれている。

「季路、鬼神に事《つか》うるを問う。子曰く、人に事うること能わず。焉《いずく》んぞ鬼神に事えんや」

季路が孔子に問うた。「鬼神に事える」には、どうしたらいいか、と。彼にとって孔子は「礼の大家」だ。

例えば、先進篇で、求（再有）が「礼楽」の必要なき小領域（「方、六・七十（里）」ないし「五・六十（里）」）において、己が適地を求めん、とのべたのに対し、孔子がこれをたしなめ、いかなる小領域でも、組織のある限り、「邦」であり、「礼楽」は不可欠、として追求した、あのエピソードにも、孔子の面目が見られよう（この小領域の広さについて、ここの「里」が長里か短里かによって、右の状況設定に大差の生ずることについては、谷本茂・古田武彦『古代史の「ゆがみ」を正す』新泉社、一九九四年参照。谷本茂氏は特に『周髀算経』にくわしい。ちなみに、長里＝約四三五メートル、短里＝約七七メートルである）。

そのような孔子だから、季路は右のような問いを発したのである。しかしながら、孔子は、この問いに対して正面から立ち向かうことを避けた。

「まだわたしたちは、人に対する事え方すら、会得できていない。それなのに〝鬼神に事える〟あり方なんぞ、とても、とても」と言うのだ。この「わたしたち」を「お前は」と言い直しても、いい。季路には、そう聞こえたであろう。

この一文に対しても、『論語』の各篇に対してと同様、古来、種々の論説・注解がなされているであろうけれど、その解説の主流はやはり「人に事える」こと、この一事の重大さを説いたもの、その点に孔子の真意を見る。――そこに理解の中心があったのではなかろうか。

しかし、今のわたしには、別の側面が見える。孔子は「前五五一〜前四七九」の人とされているから、約七十歳頃まで生きたこととなろう。つまり現在のわたしと同年代だ。だから、右の問答はそれより若い時期の一コマということになろう。

そう思ってみると、この問答で、孔子は明らかに「避けている」ようである。何を。もちろん「鬼神に事える」という、肝心の問いを。

もちろん、「人」に事えることは重要であろう。それは当然「現代」、つまり「周の人」だ。「鬼神」とは、何か。「周以前より、伝来し、伝承された神々」だ。「人」に事えることが〝完了〟したあと、余分なものとして、取り組めばいい、そんなものではなかろう。

これに対し現代人は、「孔子の人間主義」といった美名を付して評価しようとするかもしれぬ。それは、現代風の〝好み〟にすぎまい。今は、簡明に、わたしの目に見えるものを言おう。

孔子にとって、周の天子を中心とする、周の大義、これが原点だった。これを「礼楽」と称した。これを問われれば、もちろん答えた。先の〝求〟のケースのように、当人が回避しようとしても、許さず追求した。

しかし、「鬼神」とは何か。決して、周の天子の制定による、制度的存在ではない。当然、周より前、すなわち「夏・殷、以前」の存在なのである。「夏」「殷」といった「国家」の中に〝収め切れなかった〟存在、すなわち民衆の中に、深く遠く根ざしていたものだったのである。

これに比すれば、西方（シルクロード入口）から、匈奴・鮮卑たちに追われて、殷の天子に亡命を求めて許され、やがてその大恩ある殷に反逆して「天子」を称した「周」など、その制度など、明らかに「侵略者の新制」「忘恩者の侵制」に他ならなかった。

しかし、孔子の「学」は、「周の礼節」を絶対至上としたため、右のような歴史の真相を指摘することは、決してなかったのである。

いわんや、その「夏・殷以前」の「先夏文明」に根ざすべき「鬼神」などとは。孔子が季路の問いを

〝避け〟ようとしたのは、極めて賢明だったと言わねばならぬ。ここで「賢明」とは、一方では〝己を知る〟こと、他方では〝視野の狭窄〟をしめす。

六

親鸞は、孔子の〝苦渋〟も〝賢明さ〟も、無視した。むしろ、そのような〝技法〟は、親鸞の資質に合わなかった、といっていい。そこで、大胆に誤読した。

「論語に云う、季路問はく、鬼神に事へむかと。子の曰く、事うること能わず。人焉んぞ能く鬼神に事へむやと。」(『教行信証』化土文類末)

親鸞のライフワークたる『教行信証』の「本文」の末尾、それは何と、右の『論語』の一節で閉じられているのである。

しかも、誤読によって、明快な「鬼神に事える」ことの否定を〝読み取り〟、自家の専修念仏ひとすじ論への「援軍」としたのであった。

わたしは、親鸞ではない。フィロロギイの道を歩む者である。眼前の文面の「本来の姿」「真実(リアル)な姿」を捉えようとする。当然だ。当然だが、その上でなお考える。あえて、誤読を恐れまい、と。問題は、より〝深く〟誤読するか、それとも、より〝浅く〟誤読するか、それが問題だ。

右の親鸞の『論語』誤解は、いわば御愛嬌、『教行信証』全体にとって、枝葉というべきテーマにすぎないけれど、親鸞思想の本質をしめす一大誤読がある。『大無量寿経』の中心とされる、十八願に対する、根本テーマ、「逆謗闡提《せんだい》」問題だ(注＝『広辞苑』によれば、逆謗とは五逆を犯す者と正法を誹謗する者との併称とあり、闡提とは解脱の因を欠き、成仏することのできない者とある)。この一点の「誤読」を通して、親鸞は、聖なる経典を〝越える〟認識を獲得したのである。改めて触れることがあろう(『失われた日本』復刊版、ミネルヴァ書房、二〇一三年、一九九ページ以下参照）。

ともあれ、今のわたしは、ベエクが一語るところから十を得、十語るところから百を得たいと思う。そのさい、決して「誤読」を恐れまい、と思うのである。

地下のベエク先生は、このようなわたしの読み方を、莞爾として寛容してくださることであろう。先生は一八六七年、ベルリンに没した。一七八五年、カールスルーエに生まれた、とあるから、八十二歳。かなりの長寿の中で学問的生涯を終えたようである。おそらく、没後百三十年にして、東洋の果ての国に、わたしのような愛読者、そして熟読玩味の徒の出づること、けだし予想もされなかったところではなかろうか。人の寿命は短く、書物のいのちは永いのである。

七

村岡先生は言った。

「フィロロギイとは、認識せられたものの認識です。〝認識せられたもの〟とは、人間が行ったこと、触れたこと、知ったこと、それらのことです。それらのすべてが、人間によって〝認識せられたもの〟なのです。それらを〝再び認識する〟こと、それがフィロロギイです」

こう語った。講義において、研究室において。先輩の梅沢伊勢三さん（助手）や原田隆吉さん（上級生）も、同じように聞いておられたのだった。

さらに、村岡先生は言った。

「だから、対象は文献だけではありません。絵画も、建築物も、考古遺物も、人間の認識したものはすべて、この学問、フィロロギイの対象です。しかし、わたしはその中の、文献だけしか扱っていません」

本来のフィロロギイの、学問としての研究対象が、きわめて広汎であること、しかしながら、現在の自分にできうるのは、その中の一つ、文献にだけ限られていること、それをつつましやかに、かつ明晰に語られたのであった。

わたしは、それを聞いた。十八歳の春であった。魂に沁みた。

八

ベエクの主著は、次の二篇にわかれている。

第一篇、フィロロギイ学の、形式としての理論

第二篇、古代研究の、資料としての分野

右の「形式」に当たる言葉は"Formal"、「資料」に当たる言葉は"Material"が用いられている。ギリシャ哲学において、一個の実体を「形相」と「質量」に二分して考察する、その伝統的術語だ。ベエクの学問観は、ソクラテス、プラトン、アリストテレス等の哲学的概念を背景にしていることが、明瞭にうかがえよう。

その第一篇は、さらに次の二章に分かれている。

第一章、解釈学の理論

第二章、批判の理論

その第一章において、フィロロギイの学問としての性格を論じている。そのさい、哲学と比較し、両者の共通点と差異点が指摘せられる。

哲学が、「愛知学」"Philosophie"として、諸方面に分岐し、専門化した各領域の学問の根元にして、その統轄者の地位に立つ、と評されているのと似て、フィロロギイも、あらゆる「人間の認識」が、学

問の対象とされている。いわば、諸学問を統轄する〝百科全書〟のような位置に立っているのである。けれども、それは決してそれらの諸領域の認識の〝寄せ集め〟ではない。そのためにこそ、フィロロギイ成立のための根元をなす、一定の「概念」〝Begriff〟の存在が不可欠とされるのである。

ベエクは言う。

「要するに、自然と精神、もしくはその展開が〝歴史〟である。それは、すべての認識の普遍的な材料となっている」

したがってベエクにとって、フィロロギイの対象は「古代」に限らない。むしろ、「古代」「近代」といった区分は、本質的に〝気まぐれな〟ものだ、とさえ断言している。

空間的にも、当然同様だ。

第二篇のⅢで、具体的な分析を展開しているけれど、「礼拝と礼拝式」といった宗教的テーマと共に、「体育」「音楽」「戯曲」「絵画」など、各テーマが表題として掲げられている。それらは皆、「人間の認識」の表現だからである。

さらに、Ⅳでは、ギリシャやローマの文学史がとりあげられ、「歴史的散文」や「哲学的散文」「雄弁家の（修辞的）散文」等の項目が並ぶ。そして最後は「歴史的様式（文体）論」に及んでいる。

人は疑うであろう。「こんなに、風呂敷を拡げたのでは、七〜八百ページの書物の中に入りきらないのではないか。たとえ、入ったとしても、その一つ、ひとつは、まことに大ざっぱなもの、としかならないのではないか」と。

まことに、もっともな疑いだ。これから、ゆっくりと、一ページずつ、否、一行ずつ、一句ずつ読みすすむ中で、〝お手並み拝見〟と、ゆく他はない。他はないけれど、今まで読んだ中で、一つの「予想」は立つ。誤読を恐れず、わたしの考えをのべてみよう。

十七世紀から十九世紀へ、ヨーロッパの学問は、疾風怒濤のような発展をとげていった。その発展とは、すなわち、「分化」であり、「専門化」であった。それはまことに、すばらしい〝成果〟であった。あったけれども、ベエクの目には、その〝成果〟の反面の一大欠陥が見えていたのではあるまいか。それは、何か。

「細分化によって、全体像が見失われる」

この一点ではなかっただろうか。「全体」とは、〝部分部分の寄せ集め〟ではない。逆に、「部分」とは〝全体の一表現〟なのである。

ベエクが「部分」〝Theile〟という単語（注＝ベエクの原文には確かに Theil〈単数〉、Theile〈複数〉という言葉が繰り返し出てくるが、この言葉は Der Grosse Duden の Rechtschreibung にも出てこない。本来「部分」を表す言葉は Teil または Teile である）をくりかえして用いた上、それらの〝寄せ集め〟ではなく、一個の「概念」〝Begriff〟に基づくべきこと、それへと達すべきことを、力説し、強調していること、その真意は、右の欠陥の克服を目指したのではなかろうか。わたしは、そう考えた。

九

もちろん、ベエクは万能ではない。右のように、フィロロギイの本質を思惟し、規定したからといって、その学問の実行が、宇宙と自然と人生の万般に及びえたはずはない。当然、その一部を〝自己の主張〟の一サンプルとして実行しえたにとどまるであろう。

ベエクの場合、その得意とした中心領域は、ギリシャ・ローマの文学史であったように見える。この本の項目を概観する限り、そうだ。当然、そこにはギリシャ語やラテン語の用語が散りばめられている。それどころか、それらはすでに最初から散見する。

わたしはかつて、東北大学に入学したとき、村岡先生に問うた。

「単位は、何を取ったらいいですか」

先生は答えた。

「何でも、いいです。ただ、ギリシャ語だけは取ってください」

十八歳のわたしは驚いた。日本思想史で、なぜギリシャ語、と思ったのだ。だが、先生の金言、ギリシャ語とラテン語を取った。『アミエルの日記』（岩波文庫、一九四九年）などの翻訳で知られた河野與一先生、「語学の天才」と言われた方だった。

たいした勉強をしたわけではないけれど、好きなことは、滅法、好き。定年退職でやめるとき、学校側（一般教養はじめ、全校の先生方、事務の方々）から『イリアッド・オデッセイ』オックスフォード版のギリシャ語原文（全）をいただいた。

「多元的古代研究会・関東」の会からは『プラトン全集』オックスフォード版のギリシャ語原文（全）をいただいた。いずれも、わたしの〝勉学の再出発〟のためである。〝要望〟させていただいた。だから、ベエクの書物の中に、ギリシャ語やラテン語の単語が出てきても、〝待ってました〟という感じで、辞書にとり組む。楽しい。

村岡先生は、すでに半世紀前、今日のわたしの必要を〝了知〟しておられたのであろうか。先生の視野ははるかに、一個のわたしの人生をおおうている。

（以上、古田史学論集『古代に真実を求めて』第二集、明石書店、一九九八年、七五ページ以下より抄録）

2　フィロロギイ学の精神で歴史の考察

フィロロギイは文献だけではない——第九回

「東日流《つがる》外三郡誌《そとさんぐんし》」を編纂した秋田孝季は、「どの土地なりとも、その民のものたるはなきなり」と言いました。地球上の——孝季は地球上とは言っていませんが——、どこの土地であっても、その上に住んでいる人間の固有の所有物ではあり得ない、と言う。土地は動かない。しかし、人間は動いている。旧石器時代や縄文時代から、その土地にしか住んだことがない人間はいない。旧石器時代、縄文時代、弥生時代、現代とみな変わってきている。人間はみんな移っていく、ということを、秋田孝季は歴史哲学の立場から言ったのです。「どの土地なりとも、その民族のものたるはなきなり。人は移るなり」、という表現です。

そのことをわたしなりに延長してみれば、地球に人間が住み始めた時には国家はなかった。国家のない所、宗教もない所、神様もいない所で人間が生き始めた。そして現在に至っている。国家も宗教も人間が人間のために作り上げた制度であり、理念である。人間は国家や宗教の道具ではない。道具である国家のために、人間が命を捨てることは、本来あってはならない話です。国境も勝手に作った。国家が勝手に作って線を引いて頑張っている。そんなお猿さんが人間です。

非常にお粗末です。そのお粗末な時期をわれわれは通り過ぎて、国家を国家のあるべき役割、人間の素晴らしい道具として再生させる。宗教を宗教の本来の役割、人間のための素晴らしい宗教としての役割を発揮させるかどうかが、われわれ人間に試されている。それが原発だったり、原子爆弾だったりの存在ではないでしょうか。それに対して政治、外交とか何かにおべっかを使って、わけのわからないことを言い返している。そんな情けないことではなく、文字通りの宗教、人間の根本理念として、どんな損であろうと、どんなに叱られようと、バカヤローと言われようとも、自分はこの立場を断固守る、ということを人間が持つべき段階に、やっとさしかかり始めたのではないか、とわたしの歴史観から、そう思えるわけです。

そういう目で一つの実例を挙げますと、ヨーロッパ人にはヨーロッパの歴史はよくわからない、とわたしはよく言うわけです。彼らの言うゲルマンの大移動は、大嘘である。中央アジアからドイツやフランスやイタリアに移動して来た。移動して来る前は、草や木しかなく、人間がいなかった、だから移動してすぐ着いた。移動という字はそういうニュアンスの言葉です。移動という字は、英語でも、ドイツ語でもフランス語でも、似たようなものです。これは大嘘であって、何千年前、何万年前から、そこに人間がいたのであり、それを侵略して、支配して、侵略者が居着いたのが、フランスであり、ドイツであり、イタリアその他です。客観的に書くならばゲルマンの大移動という言葉は、ゲルマンの大侵略と言い直して本来の形で表現しなければならないが、従来から彼らはそういう言い方をしていない。言葉についても、フランス語、ドイツ語、イタリア語も大侵略の後の連中の言葉であり、その前の連中の言葉も当然あったので、侵略した側の言語と侵略された側の言語のミックス語が、フランス語、ドイツ語、イタリア語である。そういう形で、フランス語、ドイツ語、イタリア語を説明しているものをわたしはあまり聞いたことがない。そういう捉え方でないと、本当のヨーロッパの言語の研究とならないとわたしは思うわけです。

さらにもう一歩、歩を進めてみると、ヨーロッパは二つの淵源をもっている、つまり、イエスのイスラエルの方と、ギリシャ・ローマのギリシャの方の二つの淵源があると言っていますが、あれも大嘘です。ヨーロッパ人の前は、魔女と呼ばれた段階の人たちの歴史があり、それが先祖です。それをギリシャや地中海を越えていきなりイスラエルが先祖であるはずがない。あのやり方を日本でやると、日本人の先祖は中国だ、インドだと言えばよい。そこから、宗教や文化が来ているから。そのレベルの世界史をヨーロッパ人が手前勝手に使っているのを猿真似して、明治以後、その世界史や西洋史を暗記させられてきている。嘘の歴史です。

アウグスト・ベエクのフィロロギイは、誤っていると失礼だが、結論はギリシャを舞台にして、文献や銅像や建築が人間によって認識されたものであるという捉え方をしている。それをヴィーダーエアケネン、再認識するのがフィロロギイだという方法論を立てた。村岡さんはそれを推奨してくださった。その中で村岡さんは文献だけしかやっていません、銅像とか建築は研究対象に入っていません、と言っておられたが、要するに、フィロロギイの精神で日本思想史をやるべきだということです。やる前に結論を言っちゃ変なんですが、本当の今の真実の姿が明らかになると思います。

古代への情熱を燃やしたシュリーマン――第九回

アウグスト・ベエク（一七八五〜一八六七）のフィロロギイを考古学的に実証したのは、シュリーマンであると思います。彼の有名な自伝『古代への情熱』（注＝同書は岩波文庫でも一九五四年に発行されている。原題は *Selbst Biographie bis zu seinem Tode vervollständigt* であり、訳せば「生涯の自伝」。「古代への情熱」の標題は、岩波文庫の場合は訳者〈例、村田数之亮氏等〉の意訳である）では、幼少のころにホメロスの『イリアッド』に感動したのがトロヤ発掘を志したきっかけであるとしています。これは功名心の高かった彼による後付けの創作である可能性が高いにしても、早くから、ホメロスの詩の中に歴史的真実が隠されていると信じていたに違いありません。発掘当時は「トロヤ戦争はホメロスの創作」と言われ、トロヤの実在も疑問視されていた、というのはシュリーマンの記述ですが、実際には当時もトロヤの遺跡発掘は行われはじめて、シュリーマンの「トロヤ実在説」は、当時からして決して荒唐無稽なものではなくなりつつあったと言えましょう。

彼は発掘調査費を自弁するために、貿易などの事業に奔走しつつ、『イリアッド』の研究と語学にいそしんだと、自身の著作に何度も書き、講演でもそれを繰り返しました。そして、費用が用意できたので事業をたたんだのでした。また彼は世界旅行に出て清（当時の中国）に続き、幕末・慶応元年（一八六五）には日本を訪れ、自著 *La Chine et le Japon au temps présent*（石井和子訳『シュリーマン旅行記 清国・日本』講談社学術文庫、一九九一年初版）にて、鋭い観察眼で当時の東アジアを描写しています。その後ソルボンヌ大学やロストック大学に学んだのち、ギリシャに移住して十七歳のギリシャ人女性ソフィアと再婚、トルコに発掘調査の旅に出ました。発掘においてはオリンピア調査隊も協力に加わっていました。

彼は『イリアッド』を読み込んだ結果、トロヤ市はヒサリックの丘にあると推定しました。一八七〇年に無許可でこの丘の発掘に着手し、翌年正式な許可を得て発掘調査を開始しました。一八七三年にいわゆる「プリアモスの財宝」を発見し、伝説のトロヤを発見したと喧伝しました。この発見により、古代ギリシャの先史時代の研究は大いに進むこととなったわけです。

しかし成功すると、常に反対する人がいて、また誹謗を繰り返します。彼が発掘調査に必要な費用が用意できたので事業をたたんだのではなく、事業をたたんでから遺跡発掘を思いついたのだと言います。こうした人の中にエルンスト・ベッティヒャーがおり、彼は本まで書いております。HISSARLIK WIE ES IST と表題がついており、意訳すれば「ヒサリック丘の真実」とでもなりましょうか。彼はシュリーマンを徹底的にやっつけたというか、シュリーマンを批判し抜いた人物で、退役大尉でした。シュリーマンは晩年これに対してたいへんな時間を取られたと言います。

わたしにも同じような経験があります。いわゆる「東日流外三郡誌偽書説」論争です。わたしは、アウグスト・ベエクに、文献を見る目を学んだからこそ、シュリーマンから、文献の裏にある、歴史事実を教えられたからこそ、わたしは、偽書説の執拗な追求を逃れて、はね返して、「寛政原本」に取り組むことができたのです。

歴史としてのトロヤ戦争――第九回

トロヤ戦争というものは、大侵略以外の何者でもない。かつてトロヤを訪問するとき、飛行機がイスタンブールに着く三十分前に気がついたというか、考えた。何をかと言うと、黒海と地中海の境目の海峡の所にトロヤ遺跡がある。イスタンブールも近くにある。黒海とエーゲ海の結び目のところにトロヤ遺跡がある。このトロヤをギリシャが滅ぼした。滅ぼす前は、トロヤはギリシャとの交流によって富を得ていた。当然、黒海の沿岸はギリシャよりずっと先進地帯であり、富み栄えていたのではないか。それを軍事力で、新しく新興してきたギリシャが奪い取ろうとして、挑みかかって、彼らを全部殺してしまった、というのが歴史の真相ではないか。しかし、その真相を言葉で飾って、いかにも三人の女神がリンゴを持って来て、一番の美女は誰かと、渡してくれと言ったのが戦争の始まりだったと大嘘を入れてみたり、パリスがギリシャに行って王子の奥さんを奪って逃げ帰った、それが原因だと、あんなのは全然おかしい。不倫から起こる争いはしょっちゅうあるので、その度ごとに総力の大戦争になることがおかしい。嘘ではないかもしれないが、本当の理由ではない。黒海沿岸の繁栄をギリシャが手にしたいと思ったのが、本当の理由でしょう。

飛行機がイスタンブールに着く三十分前に考えたが、その後、トルコを回ってみると、そうであった。それまでは知らなかったが、黒海沿岸は金の産地、金文明に取り囲まれていた。ギリシャより、ずっと先進文明であった。各地の博物館の展示物にそれがはっきり出ていた。金の産地をギリシャが手に入れるために、襲撃をかけ、全員を虐殺したのだ。木馬の話は酷い話で、嘘、偽りを吐《つ》いて全員を殺したのです。

ホロメスの『イリアッド』にあるのは、ずっと前の段階で、ギリシャとトロヤの王子同士が戦った。トロヤの王子が負けて死んだ。その当時は縄を死体に縛りつけて、トロヤの城を三回回るというやり方、それが、いつもの習わしでした。それをやろうとした。その時天上から神様のお告げが来た。面白い話で、地上の話と作り話がまぜこぜになったような話です。天上から神様が使いを送って来た、勝った方に。何かと言うと、相手のトロヤの王子は見事に戦って、見事に死んだ勇者ではないか。それなのに、死者に縄をつけて城を三回引きずり回すという屈辱にあわせるのはダメだ。もっと大事にして、勇敢な人生を称えなければならないと、神様が使いを送ってきて言った。そこでその習慣を止めて、相手のトロヤの父親である王に対して、あなたの王子は立派に戦って死んだ、これから十日、喪に服する、攻めないので、じっくり弔いをしては、という申し入れをしました。父親は心遣いに感謝して息子の弔いをやった、という所で、『イリアッド』は終わっている。木馬の話はその後の話で、それから全員殺される所まで本来あったのだが、後の方が欠落しているという説と、いや、最初から息子の弔いの話で終わっていたのだという説の二つの説があるというのが、わたしの読んだ範囲でのホメロスに対するヨーロッパ側の解釈です。わたしは最初申し上げたように、王子を丁重に弔った話で終わっていたと思います。なぜかというと、木馬の話は面白い。あんな面白い話は何回も何回も語られていたはずだが、それが忘れ去られて残っていない。要するにそれは語られなかったのだ。ホメロスの目から見たら、さっき言ったような心、勝ち負けの人間の倫理、心遣いが、人間として称讃すべきもので、あんな、人を騙して、木馬に化けて、トロヤの全員を殺してしまうという卑劣きわまりないことを、ホメロスは歌う気がしなかった。だから、ジ・エンドにしたと思います。

『ソクラテスの弁明』は、わたしの愛読書中の愛読書ですが、それを読んでみると、確かにわたしの言った考えが裏づけられている。なぜ裏づけられているかというと、ソクラテスは死んだら、ホメロスに会いたいと言う。会って話をしたいと言っています。木馬の時のギリシャ側の総大将の名前を出していない。間接的にはわかるようになっているが、ストレートにはその人の名前をカットしている。あの木馬をやったギリシャの国王に会いたいと全然書いていない。ソクラテスが言い忘れたのではなくて、ソクラテスはホメロスの示したもの、いろんな理屈をつけて、リンゴが何とか、パリスが奥さんを奪って来たとか、そういう言葉で「合理化」して全員虐殺を美化したやり方に対して、ソクラテスはノーです。そういうギリシャをソクラテスは評価していないから書いていないのだ。書くのを忘れたのではない、というのがわたしの理解です。これについては一回書いたこともあり、今確信を持っていますが、もし、ギリシャがヨーロッパの淵源だと言いたいのなら、ギリシャの大虐殺、不法の大虐殺がヨーロッパの歴史の先頭を飾っている、汚したとか、書かれなければならない。ところが皆さんの習われた世界史、西洋史には、そう書いてない。ギリシャの大虐殺をヨーロッパが受け継いだと書いてありましたか。書いてあったら素晴らしいと思うが、わたしは見たことがない。で、実際にやったのは、他宗教の魔女を火焙りにして殺していったことです。

わたしの想像をつけ加えさせてもらうと、火焙り一辺倒だったとわたしには思えません。火焙りというのは、侵略した側の言うことを聞かない者を火焙りにした。聞く者は売笑婦にしたり、男の戦利品にしたのではないか、とわたしは思う。火焙りだけをした、火焙り以外のことをしないのは女性をみんな大事にしたからだと、言葉では言えるが、そんなことはわたしの頭に入ってこない、しかしヨーロッパ人が書いたヨーロッパの歴史にはそのことは出てこない。遠いギリシャの話だけでなく、近いヨーロッパ自身の大虐殺や大セクシャルハラスメントは何千何万という数字だから、日本軍がやったのが足元にも及ばない位の凄まじさと思います。だから、日本のあれでよかったのだとか、腹を立てないとかは、とんでもないことです。五人でも十人でも、一人でも、（わたしの場合は一人ですが、街角で悲鳴を残していった女性は一人しか知らないが）、そのことに対して、わたしは一生怒り続けている。だから、今のように、韓国のことを怒らないなんて言わないでほしい。いわんや、今の名誉裁判で、わたしの想像では、火焙りしないで済ませた連中が、セクシャルハラスメントを凄まじくやったのではないか、と「想像」します。実証的に研究して調べていないから断言できないが、わたしの頭の中では、そう見える。しかし、ヨーロッパ人の書いたヨーロッパの歴史からは、カットされて出てきません。

というようなことで、アウグスト・ベエクのフィロロギイを大学時代に卒業論文で書きたかったのを、この後書く時期がきたら嬉しいと思っているわけです。イエスも同じです。イエスは売笑婦の子と呼ばれて育ったなんて書いていないでしょう。「トマス福音書」はこう言っているが、「トマス福音書」が勝手にあんなことを作って書けるはずがない。イエスは売笑婦の子と呼ばれながら、少年時代、青年時代を過ごした、とわたしは思っています。

わたしはイエスファンで、イエスが大好きなんですが、大好きなイエスはそういう差別と占領軍が現地の女性を凌辱する世界の中で育っていった。だから、あんな素晴らしい青年が生まれたのだと、わたしはそう思っています。

ギリシャ神話の虚と実
――第五回・第九回

ギリシャ神話には面白い問題があります。それはわたしの長年持っているテーマです。それは何かというと、神話にはその背景に歴史事実があるという立場です。そういう意味でギリシャ神話を見たときには、その背景に面白いいろいろな歴史事実があるのではと考えます。

例えば、あっと思ったのは、ギリシャ神話で神様がオリンポスの山に集まるのですが、あれがギリシャの北にある。あれはおかしいのです。神様が集まるのなら、例えばエジプトとかクレタ島などの神様が集まるのだから、ギリシャ半島の南端ぐらいの所に集まればよいのに、ギリシャの北端のオリンポスに集まるということがどうもよくわからなかった。

ところがギリシャ神話を読んでいるうちにあっと思ったのは、太陽の神アポロが車に乗って夕方にはオリンポスに行く。太陽の神です。太陽が、アテネから北西に向かうというのはおかしいわけです。太陽は東から西に行くのが決まっているわけです。ところが地図を見るとトロヤとオリンポスは一直線上です。つまりトロヤの真西がオリンポスです。ということはトロヤの太陽が沈むのはオリンポスだということです。あの神話の原型はトロヤ神話ということです。アテネ神話ではなく、地理的関係もトロヤ神話です。それをギリシャ神話に取り込んで使っている。

ギリシャがトロヤを征服し、トロヤ神話も盗んでギリシャ神話の骨格にしたのではないか。とてつもない一つの疑問を持ったわけです。さらに言いますとギリシャ神話にいろいろな神が出てきます。一生地球を背負ったり、奴隷的仕事を押しつけられた神様もいます。しかし初めからそのような神様がいることはない。そういう奴隷的な役割を押しつけられたからなのです。本来はある民族の輝ける中心の神様だった。つまり各部族の神様がそれぞれ配置されて、ストーリーにされていますから、輝かしい位置や中ぐらいの位置や一番下の位置に、そういうところにはめ込まれて作られているのではないか。もとに返すとギリシャ以前の本来の神が姿を現す。もともと民族の代表的な神だろうと思われます。トロヤ神話を盗んでギリシャ神話にしたのではないかと思われます。

もう一つトロヤの東にいくと山岳民族のクルドがいます。あれはクルドから出てきた神話ではないか。つまりクルド神話にも深い関わりがあるのではないか。そうするとクルドが神聖な太陽の出る所だと想像するのです。ということでギリシャ神話を手がかりにその原型、元を探ることができるのです。

それから、前からわたしはもう一つ問題を持っていまして、ギリシャの北の端にオリンポスがあるということは、そのオリンポスの北を含んだ神話もあったのではないか。つまりルーマニア、ブルガリアなども輝ける神話圏であろう。ルーマニアやブルガリアなどの北海沿岸がトロヤ戦争より前の輝ける文明圏ではなかったかなと。初めてトロヤに行ったときに、ロシア、ポーランドを回って、そういうイメージを持ってイスタンブールの空港に着いたわけです。その通りだったわけです。

博物館を回ってみると、あのブルガリア、ルーマニアなどには黄金文明が燦然と存在していました。それはトロヤ戦争より前です。黄金だけがあって神がいないということはない。当然神々がいたわけです。

その神々を加えるとオリンポスはその真ん中、大体真ん中にあったのでしょう。今のような北の端ではなかった。その中心がトロヤ神話になったのではないか。これもわたしの頭の中での想像ですが、これを進めるにはルーマニア、ブルガリアなどを調べる必要があります。ギリシャ神話を西欧の人はお話として馬鹿にしている。『イリアッド』『オデッセイ』でさえ「お話」にしていた。ましてやギリシャ神話はお話のお話で、あるべき事実などみていない。根本はユダヤのゼウスの神と同じ、「採り変え」になっているのです。

第二章　文献の少ない日本

1　歌謡の淵源

弥生の土笛《つちぶえ》、陶塤《とうけん》
——第二回・第七回

陶塤は、歌謡に強く関連する「弥生の土笛」です。

前田博司氏（下関の古代史研究家）の『弥生の土笛』という本の中に陶塤という楽器が記されています。陶塤は中国殷の時代に朝廷の儀式に使用されたとの記録があり、歌を伴い奏されます。その中で歌謡詩のリズムを整える必要が起こり、漢詩の韻の発生定型化に進んだと考えられています。著者・前田博司さんもこの陶塤が日本に伝播したと解説されています。

しかし、壱岐で椰子の実を刳《えぐ》り貫いた同様なものが発見されており、わたしの推測を交えて結論を言えば、陶塤は南方諸島起源でもともと椰子の実、木の実が原型ではないか、と考えます。日本では縄文土器の歴史の中で土笛となりました。したがって形は卵形が先行し、後代、使いやすい平底型に変化したと考えるのが自然な変化といえます。多元的古代研究会の下山昌孝氏の研究では、中国では殷前期発掘の陶塤は卵型、殷後期発掘の陶塤は平底型となっています。壱岐で椰子の実から作られた物を見て卵型が古いとのことで関連ありと考えられます。

陶塤の出土
——第七回

この陶塤が最初に出てきましたのは山口県下関の綾羅木《あやらぎ》遺跡です。そこから出てきたとき、たいへん騒がれました。有名な文化人類学者である国分直一さんが発表され、中国の文献にあることを証明されました。もとは中国にあるということがわかっております。陶塤というものが、『周礼』という中国の古典に出てきます。穴が六個あいていて、全体が卵形です。厳密に考えれば問題がありますが、大まかには同じで、弥生の土笛が陶塤です。この国分直一さんの考えは人々が広く承認するところとなり、陶塤というものの正体はわかったわけです。

まず中国の陶塤の性格を考えてみますと、やはり儀式・儀礼の場の笛です。それも中国の宮廷などの儀礼の場の笛として発達したものです。もちろん、とうぜん最初から宮廷の場ではなく、発達段階においては諸侯だったりするでしょうが。

それで、そのこと自体がたいへんなことを意味します。それは、この弥生の土笛が出てくるところが、日本海海岸、それも西の端が福岡県宗像の隣の島の大島。それから下関の綾羅木遺跡。特に鳥取県米子市・島根県松江市からたくさん出てきて、数では綾羅木遺跡を追い越しました。広島県からも出てきています。これで見ますと弥生の土笛の中心地が出雲であることは疑いがありません。東の端が舞鶴で、その近くの京都府峰山町からも出てきました。これは弥生中期にまたがるかもしれないという現地の教育委員会の方の見解です。それから東は越の国ですが、そこから出ないということは意味があるでしょう。別の言い方をしますと、出雲王朝の直接の勢力範囲は、東は舞鶴止まりではないか。そういう地理的分布そのものに非常に意味がある。西の端が大島。東の端が舞鶴。中心が圧倒的に米子・松江。つまり、これが出雲が中心であることは疑いありません。

陶塤の時代と歴史的背景——第七回

もう一つ大事なことは、出てくる時期は圧倒的に弥生前期の二百年間なのです。従来の考古学編年なら紀元前百年。最近の編年は、百年ないし百五十年さかのぼりますから、紀元前二百年から二百五十年。それが弥生前期の終わりです。弥生の始まりは以前の考古学編年なら紀元前三百年、今の編年なら紀元前四百年から四百五十年。その弥生前期にしか出てこない。舞鶴の一つだけが例外で、他はすべて弥生前期です。

つまり弥生中期には、まったく出てこない。これは不思議な話ですが、よくわかる話です。なぜ、よくわかるかと言いますと、「国譲り」が、弥生前期末・中期初めのところです。これを博多湾岸に目を移して見ると、非常によくわかる。よく言われる三種の神器、これが弥生中期初めからです。弥生前期には出てこない。新しい矛や弋で権力を樹立した新しい支配権力は、三種の神器の支配権力です。これで見ますと「国譲り」が行われたのは、弥生前期末・中期初めということになります。

中国の歴史と比較して考えて見ると、秦の始皇帝が登場した時です。中国の情勢と関連はあると思います。

それで紀元前二百年ぐらいに、三種の神器が筑紫に出てきます。それ以前は陶塤が出雲を中心に出ています。陶塤は、中国では宮廷の儀礼の場で使われています。そうしますと「国譲り」以前の出雲のシンボル的な楽器が、陶塤だったと言えると思います。となると陶塤が『古事記』『日本書紀』に出てこないことに意義があります。これだけ日本列島から陶塤が出てきているわけですから、日本列島に存在したことは疑いがない。それなのに『古事記』『日本書紀』には、宮廷の儀式について書きながら陶塤のことはまったく書かれていない。また、出雲のことについて書きながら、陶塤のことはまったく書かれていない。あれだけ出雲のこと、われわれは出雲から王朝を譲られた、そういうことを、ピーアールしながら陶塤のことは書かれていない。これは非常に意味深いことです。

歴史書に書かれない前王朝――第七回

つまり『古事記』『日本書紀』は、自分たちが敵対した、自分が征服した前の王朝の貴重なものについては、いっさい書かないという立場に立つものです。

世界の歴史の中ではいろいろな国があります。その中で前の王朝のことはいっさい書かないという立場に立つ王朝の歴史書があります。また前の王朝のことについて書いてある歴史書もあります。中国などでは前の王朝のことを、後の王朝が書くという例が多くあります。その点では、ありがたいですが。しかしながら中国でも全部書いているかというと、そうではありません。横道に入りますが、いわゆる中国では黄河流域を中心とした歴史としては書いてあります。しかし南は江南、会稽山を中心とした揚子江文明は書かれていません。『史記』などには、カボト遺跡などのことはいっさい書かれていない。また西は、西王母などの玉の文明についても、いっさい書かれてはいない。自分たちの黄河流域を中心とした歴史書としては書いてありますが、自分たちが支配された、その前の王朝についてはいっさい書かれていない。そういう態度を中国の歴史書は取っています。しかし、われわれが知っている『三国志』などの段階では、前の王朝の歴史を、後の王朝が書くというようになってきております。

もとに戻りまして『古事記』『日本書紀』は、不正直というか、前の王朝について無視する、認めないという立場に立つ歴史書です。これにわたしが力を入れて言っている理由はおわかりでしょう。近畿・東海の銅鐸のことがいっさい書かれていません。近畿で銅鐸がたくさん出てきます。あれほど膨大な量の銅鐸が出てきています。あれほどすごい姿を、明確にもって世に出てきています。しかし『古事記』『日本書紀』には、銅鐸のことはいっさい書かれておらず、いっさい無視して書かれています。

あれは知らないのではない。前の文明、前の王朝の貴重な、祭祀されたものだから無視する。貴重でないから無視するというのではありません。言っては失礼ですが、三種の神器よりずっと立派です。三種の神器は、言葉は立派ですが、中身は大したものではありません。勾玉は、起源は古いものですが、それほど大したものではない。剣は、権力者は皆持っている。後は金属器の鏡ですが中国から来ただけです。それを三種類まとめただけです。問題を明らかにするために、あえて三種の神器の悪口を言いましたが、銅鐸は三種の神器よりも、もっと立派な国家のシンボルです。三種の神器ごときものでも、国家のシンボルとしてだれも疑っていないのであれば、銅鐸が国家のシンボルでないはずがない。その銅鐸を『古事記』『日本書紀』は、いっさい無視しています。このいっさい無視している意味が大事です。

以上の問題が、お話ししている陶塤を調べる段階で、わかったわけです。つまり銅鐸は、それ以前の王朝の重要な遺物だから無視したのです（なお、陶塤の解説と図表は、山田光洋『楽器の考古学』（ものが語る歴史1）同成社、一九九八年などにも詳しく書かれております）。

陶塤と音律——第七回

わたしが思いますのに、陶塤は中国の朝廷の儀礼の場で使われたものです。これは、そのとき詩がともなっていました。音楽だけではなくて、肉声の言葉の詩がともなっていたと考えています。

なぜかと言いますと、中国には『詩経』という世界でも非常に貴重な古代詩歌集があります。それを見ると韻律を持っている。〇〇トン、××ツ。リズムを持っています。韻を踏んでいなければ中国では詩とは呼ばれません。

中国の朝廷の儀礼の場で、今は陶塤を例にとって言っていますが、楽器に合わせ詩を歌います。そうすると、のべつまくなし、みさかいなしに声を出すわけではありません。リズムに合わせねばなりません。中国人は韻律を踏んでいます。すごいと中国の文学について研究者は言います。

それでは北京原人が脚韻を踏んだ詩を歌っていたか。わたしはそんなことはないと思います。まかり間違っていても、しっかり韻律を踏んだ中国語をしゃべっていたとは思えません。それが周代になって明らかに『詩経』に見るような、しっかりと韻律を踏んだものになったのは、儀礼の場で楽器に合わせて詩が歌われる。そのとき、のべつまくなしでは合いません。やはり〇〇トン、××ツと合っていく。ハーモニーが出るのでしょう。見事な韻律をもった『詩経』という、世界でもまれな古代詩歌集が出来上がったのは、それには楽器の存在を消すことはできないと思います。その一つに陶塤があることは明らかです。そういう判断をしました。これが第一段階です。

第二段階は、日本で陶塤を真似して、弥生の土笛を作ったことは明らかです。日本の土で作ってはいますが、明らかに陶塤を真似して同じようなものを作ったことは疑いないと思います。結論から先に言えば、出雲の朝廷の儀式の場で陶塤を使ったのだと思います。

この出雲朝廷のことは『出雲風土記』では、きちんと書かれてあります。ところが国学者たちは、勝手にそれに当たるところを除いて原文を作り替えました。それを岩波古典体系は、本文にしています。この作り替えられた本文を、皆さんが読んでいることになる。下の注を見ると、こういう写本では、このように書かれているが直したなどとありますが、それは間違いです。要するに「出雲朝廷」があっては、具合が悪いのです。近畿天皇家以外の朝廷があっては困るのです。出雲朝廷と理解できるところは、すべて原文の書き換えを行っている。『出雲風土記』は各所で書き換えをしています。それについて詳しく書いた論文（『古代は沈黙せず』駸々堂出版、一九八八年／ミネルヴァ書房復刊版、二〇一二年）がありますが、結論から言えばそういうことです。ですから出雲朝廷というものが成立していて、その出雲朝廷のもとに国造というものがあったことが『出雲風土記』に書かれています。

その出雲朝廷でも、同じく儀礼の場があり、その儀礼の音楽に対して、詩が歌われていました。中国に対して、日本だけは音だけ聴いて楽しんでいた、そんなことはないと思う。それが最初は、『詩経』と同じ中国の詩を歌った。日本側が依頼して、中国人に来てもらって弥生の土笛を作って『詩経』を聴いた。しかし、われわれが中国語の『詩経』を聴いてもわかりません。やはり日本語の詩がほしい。当然なのです。そこに五・七・五・七・七が出てきたわけです。

「八雲立つ　出雲八重垣　妻籠みに　八重垣作る　その八重垣を」

（やくもたつ　いづもやへがき　つまごみに　やへがきつくる　そのやへがきを）

そのことが『古今和歌集』の序文（注＝『岩波古今和歌集』九四ページ）に書いてあります。これは尊敬する紀貫之の見識です。へんな言い方ですが、言っていること全部が当てはまるものではありませんし、すべてを絶賛するのではありませんが、とくに詩に対する分析能力は非常に高いものがあります。『古代史の十字路――万葉批判』（東洋書林、二〇〇一年／ミネルヴァ書房復刊版、二〇一二年）で、詳しく論じていますけど。簡単に言うと、彼は五・七・五・七・七のリズムが、今の出雲で成立したのは間違いないだろう、しかし詩は、それ以前からあったのだという。これが紀貫之の見識の凄いところです。

つまり五・七・五・七・七のリズムになっていない詩がある。それのほうが古い。それに対して五・七・五・七・七が、新しく成立したものです。それが出雲で成立した。そういう本質的なことを、ピシャッと、とらえています。スサノオが作ったかどうかはわからないけれども、出雲で成立したということには意味があります。なぜなら出雲中心で、陶塤が使われたことは明らかだからです。わたしの仮説では、陶塤で音だけでなく詩が歌われている。その詩は中国語でなく日本語です。その日本語のリズムといえば、やはり五・七・五・七・七です。だから出雲で五・七・五・七・七という定型が成立したという『古今和歌集』の序文の論証は、無視することができないと思います。

陶塤は楽器です。小銅鐸のような楽器で、それに紐をつけて、その長さで音階が変わるわけです。それが楽器としての役割をするわけです。儀式の時に使われます。だから儀式の時に使われるのは、当然中国語で歌われる内容と対応しているわけです。しかし中国語は日本人にはわからないので、日本語の歌をくっつけなければならない。そこで生まれたのが五・七・五です。

五・七・五なら楽器に合います。五・七・五が出雲で使われたというのは理由があるわけです。その背景には弥生の塤、陶塤の存在があったわけです。それで陶塤の存在は出雲より古く、伝えたのは下関の土井ヶ浜の人々である、というふうに次々とつながっていきます。

と言うわけで、だれでも知っている五・七・五・七・七の和歌。その省略形としての俳句。これが成立した淵源が出雲にある。その意味で、陶塤は、まさに日本の歴史を明らかにする上で、重要な楽器です。

陶塤の伝播に関する異説――第七回

陶塤は綾羅木遺跡からたくさん出ましたが、これに関連して、下関の北端部に土井ヶ浜遺跡があり、そこから人間の骨が大量に出てきました。それを調べてみると中国の山東半島の人と骨格が共通しています。だから、山東半島の人が土井ヶ浜にやって来て、そしてその周辺に弥生の塤（陶塤）の文明が成立することになります。これは弥生の前期です。天孫降臨よりもっと古い話です。天孫降臨というのは瓊瓊杵《ににぎ》尊／邇邇藝命たちが侵略した話ですから、陶塤はそれ以前の話で、その後、そこから弥生の中期に三種の神器の時代が始まるわけです（注＝土井ヶ浜遺跡からは陶塤は出土していない）。

学習院大学大野晋教授の研究では、タミル語にも七五調があり、日本へ伝播したと論じられています。しかし、日本の縄文文明の古さから言えばその逆であろうと考えています。

古さの一例として、大山（古くは火の神岳と称した）では今でも「モヒトリ神事」が行われています。地質学でわかっている大山の火山活動は縄文後期に終息し、火口湖となっていました。その活動は縄文中期までです。火を噴いていたのは縄文前期ごろです。火の神岳の呼称といい、今は火口湖から水をくみ上げ神殿に供える神事を「モヒトリ」と呼ぶことから、この神事は縄文中期以前に発生した神事です。（注＝『古語辞典』〈角川書店、一九七六年〉によれば、モヒトリは「水取り」の字をあて、宮中の飲料水供給の職に従事した人、としている。神武記には水取祖、仁徳記には水取司、天武紀には水取造とあり、いずれもモヒトリと読む）。

出雲の国引き神話も縄と杭のみの、金属抜きの縄文神話です。その中で「八雲立つ」などが既に含まれ、後代の「出雲八重垣　妻籠に」の歌謡につながっています。

中国の陶塤は南方からの伝播と考えるべきだし、その使われ方の中で、中国詩経の韻を踏むという整調は日本の七五調へ影響を与えたといえます。

南方との関わりと関連しますが、『古事記』『日本書紀』の神代天照大神の同時代に金属に関する神で天津マラ（注＝天津麻羅〈『岩波古事記』八一ページ〉、天津眞浦造〈『岩波日本書紀』二二〇ページ〉）の名前が出てきます。マラという語彙はインド人の名前ではと思います。

さらに、インドの仏典大乗経は金属及びその精錬に関する記述が多出し、あたかも金属類専門書的性格を持っています。東大阪の民間の方がその視点で研究され、教えていただきました。その方以外に仏教典の視点で研究されている方はないように思います。結論から言えば、日本の金属文明はインドからの直接伝播も考慮に入れるべきだと考えています。

津軽三味線
――第七回

先日津軽三味線というのを聞きながらふと思ったのですが、津軽三味線というのは周辺のどこと共通性があるのかなと青森県教育委員会に電話して聞いてみました。しかし要するに周辺に同類がないという感じのお返事でした。そこでわたしがふと思いつきましたのは、博多から北九州の祇園太鼓で、例の「無法松の一生」で無法松が軍人の未亡人に対する恋心を抑えて乱れ打ちをします。あれと、津軽三味線が何となく似た感じがします。最初は激しく耳に痛いような感じがします。聞いているうちにだんだん耳が慣れてきていつまでも聞きたいような感じがします。そういう点は両者共通しています。もちろん楽器としては、三味線と太鼓で全然違うのですが、性質は似ているような気がします。

それに対して、お祭りになると神社からピーピーヒョロロピーヒョロロと笛の音が聞こえてきます。あれを聞くと理屈ぬきになんとなく恋しいというか、何とも言えない感じが出てくるのですが、津軽三味線や祇園太鼓とは、大変違います。いずれも神様の前でやるのですが系列が違うのではないでしょうか。推量ですが、ピーヒョロロというのはもっと北の方に音楽の系列があったのかもしれません。

それに対して、これもまったくでたらめ見当ですが、要するに北九州から津軽へとんだという、例の「東日流外三郡誌」が言っていることです。いわゆる安日彦・長髄彦が筑紫にいた。ところがそこへ筑紫の日向の賊、大泥棒、瓊瓊杵尊／邇邇藝命が侵入してきてそれに追われて津軽に亡命した、というのが「東日流外三郡誌」のメインテーマです。その時稲作を持って亡命したというのですが、そのルートの祇園太鼓の雄々しさと津軽三味線の雄々しさとどこか共通しているのじゃないでしょうか。

推量が重なりますが、江南、会稽山、あちらの方に雄々しい音楽があるのじゃないか。太鼓だかなんだか知りませんが、調べてみると面白いと思います。

もう一つ宮中でやっている雅楽というのがあります。あれはわたしの耳には受けつけられません。何かうるさいだけで懐かしいとも思わないし、聞いていても、もっと聞きたいとも思いません。しかし、あれを聞いて懐かしく感じる人もどこかにいるのじゃないかと思います。中国人でしょうか、ペルシャ人でしょうか、あちらに同類の音楽があってそこの人が日本の雅楽を聞いたら何となく懐かしくなるのじゃないかと思います。

要するにわたしが言いたいのは、音楽は国境を越える力がある。国境というのは万世多系論のような、政治変動が次々起こります。しかし音楽はそういう政治変動を越えて庶民に伝わっていく性質を持っていると思います。

2　民俗学・伝承にみる歴史

柳田民俗学の限界
——第　七　回

柳田國男の民俗学というのは有名で、独自の分野で非常にすばらしい仕事をしたのですが、同時にそこには重大な欠陥が存在します。これは、二〇一〇年の十月の岡山大学での日本思想史学会で発表いたしました。質問と併せて三十分という限られた時間でしたが、学会においてその事実を明らかにするという目的は十分に達せられたと思います。

柳田國男の民俗学は明治四十一、二年（一九〇八〜〇九）の頃に出発しています。それまで彼は農政学の専門家であったわけです。一高東大を出た秀才ですが、毎年のように農政学の論文を発表していました。今読んでもしっかりした論文です。例えば土地の所有について国家がこれを全部所有する、というような、当時まだできていないソビエト連邦のような国のことを（注＝ソ連は一九一七年十月革命で成立）、正面から論文に書くということはすごい勇気のいることです。

ところがその明治四十一、二年を境にして、ぴたっと、彼が毎年出していた農政学の論文がストップして、それに代わって、われわれのよく知っている民俗学の論文の時代に入っていくわけです。

その要因は有名な大逆事件です。一九〇八年から九年にかけての事件ですが、簡単に言いますと、五月二十五日、信州の一人の青年が小さなカンカラの中で爆発物の実験をした。それ自体は小さな出来事であったのに、それを察知した警察が、その事件を発端にして、これは、東京にいる有名な幸徳秋水の指図である（彼は高知の方に帰っていたようですが）ということにして、関連の人を含めて一斉検挙しました。その翌年の一月には、幸徳秋水その他首謀者という人たちが死刑を執行されました。これがいわゆる大逆事件と呼ばれるものです（注＝大逆事件については本書四四五ページ以下参照）。

幸徳秋水が明治天皇の命を狙ってテロを行うなんて、これはでっち上げだな、と幸徳秋水の論文を新聞とか雑誌で愛読してきたインテリはみんなそう思ったわけですが、新聞紙上では幸徳秋水が明治天皇の命を狙った、というのを大々的に日本中に発表されて、どこでどう関係あるかわからない者まで、翌年の一月には死刑になりました（二十六名起訴、二十四名死刑判決。一月に十二名処刑）。

柳田國男は大逆事件に関しては一切語っておりません。彼は兵庫県の貧しい家に生まれたというのですが、それが一高、東大に行って、信州の上田の柳田家の養子になりました。奥さんのお父さんは大審院の判事でした。大審院の判事ということは大逆事件を裁いている側の中心です。ですから、柳田國男が大逆事件を知らなかったことはあり得ない話です。彼が一切それに触れていないということは、知らなかったから触れていないのではなく、知りすぎていたから触れていないのです。そのときから非常に進歩的な内容を持っていた農政学の論文がぴたっとストップしました。

もう一つ、明治四十三、四年頃から盛んになったのは国会における南北朝正閏問題、つまり南朝と北朝は鎌倉時代の後、日本にあったかなかったかという問題です。南北朝が並立していた、と言っただけで首になった有名な喜田貞吉などもその口です（注＝喜田は文部省で国定教科書の編纂にも従事したが、小学校の歴史教科書に南北朝期の北朝・南朝を並べて記述していたため、一九一一年、南朝を正統とする立場から非難され、休職処分となった）。国会議員でも首を切られるということが三、四年続きました。

当然柳田國男はそれを知っていたわけで、だから一切その類のことには口を出さないことが無難だ、という判断に至ったものと思われるわけです。

その彼の立場は有名な彼の文章で語っているのですが、天皇家が天から降りてこの島に来られて（これは本居宣長の言う『古事記』の立場ですが）、すでにこの島には国民《くにたみ》がいた。その庶民の生活を調べるのがわたしの民俗学である、という立場です。そういうスローガンのもとに彼は論文を展開していったわけです。

ところが各地には各地の歴史があります。しかし各地の歴史に触れると記紀に書かれていることと違うということで、峻烈な評価が下ることになります。そこで各地の歴史を一切カウントアウトにしました。

オシラサマと馬の流入——第七回

『遠野物語』にはオシラサマというのが繰り返し出てきます（注＝『遠野物語』六九番など）。典型的な形では旦那が馬で奥さんが人間です。新郎が馬で新婦が人間という変なコンビですが、そういうのが典型で、東北地方各地で現在でも祀られているわけです。

ところがわたしは青森県の「暮らしの中の信仰展」（郷土館展示）でオシラサマが展示されているところを見て、東北に馬が入って来たのはいつ頃か、学芸員に聞きました。

「それは室町時代、早くても鎌倉時代だと思います。『三国志』の倭人伝には牛馬なしとありますから、三世紀にはまとまっては、いなかった。それより後で九州東海と来て関東、東北に入るのは室町時代です。平安時代という話もありますが」ということです。

それに対してわたしが別の理解を持ったのは、「東日流外三郡誌」に馬が入って来た話が書かれているわけです（注＝『東日流外三郡誌』第一巻、津保化族伝話、北方新社版、一九八四年、九五ページ以下、八幡書店版、一九八九年、一五九ページ以下）。大きく言ってシベリア、黒竜江下流から樺太、北海道本州へと入って来たのはアソベ（注＝阿曽辺か、ところによって阿曽部と書いているところもある）族という部族を通じてです。

アソベのソは神様を意味する一番古い言葉です。アは接頭語です。阿蘇山のアソもそうです。対馬の浅茅（アソ）湾、京都の舞鶴湾も明治維新までアソ湾と言っていました。木曾の御岳のソも同じで古い神様。そのアソベ族が日本列島に入ってきたのは旧石器時代の話です。

次に入って来たのが津保化族です。出たところは同じくシベリアの黒竜江の下流流域ですが、そこから彼らは東へ進み、アラスカを通り北アメリカに入ります。そして南下し、暑い灼熱の所に至り、その灼熱の地から引き返してきた。そして再びアラスカの南部に来て、陸を渡らず、これは季節によるのでしょうが、大筏を何艘も作って、海流（親潮）に乗って海に出た、その結果下北半島に着いた。それに約三カ月近くかかった、ということを、普通の文章でも、現地の東北弁でも書かれたものがあります。

わたしは気象庁に行って、「アラスカの南部から海流に乗って出たらどこに着くか、どのくらい時間がかかるか」を聞きました。この時、もちろん「東日流外三郡誌」の話は一切していないのですが、四〇分ぐらい待って、回答をいただきました。

「わかりました。下北半島に着くと思います。三カ月近くかかると思います」。

そのときぞっとしました。このとき「東日流外三郡誌」は偽物だというのはとんでもないという、確信を持ったわけですが、それとぴったり一致しました。六、七、八月頃に出ると、下北半島に着く可能性が大きいのです。

もう一つの問題は、小型の馬をかなりの数乗せてやってきたと書かれていることです。ところが北アメリカには小型の馬がいなかったとされてきていました。「東京古田会」の田島芳郎さんの話ですと、北アメリカにいるにはいたが、それは旧石器の時代であって、縄文の前半期には北アメリカには小型の馬がいなかったと、いうことです。

ところがスミソニアンの博物館に行きましたとき、偶然というものはあるもので、ちょうど出土したばかりの馬の骨が大量に展示してありました。日本の縄文期の地層から出た馬の骨であるということです。現物を並べたばっかりで報告書は出ていなかったのですが、それから十カ月ぐらいしてスミソニアン博物館のメガーズさんが立派な本を送ってくださったのを覚えています。それによると旧石器までしかなかったというのは古い情報であって、新しい情報では縄文に当たる時期に小型の馬が北アメリカにいたということです。

そうすると「東日流外三郡誌」が言っていることがリアリティをもってくるわけです。それならば馬が神様になるという話はわかります。今の五所川原の北の方に馬神山というのがあります。ここに小型の馬の骨を祀ったと書いてある。だからそこを発掘してみれば小型の馬の骨が出てくるかもしれません。

さらにわたしが推論しておりますのは、今のオシラサマのへんてこな姿というのは第二段階の姿ではないか。第一段階は、女が主人公で馬は従者、しかも、小型の馬だったのではないか。女神が小型の馬に乗ってやってくるというのが本当の縄文時代の姿ではないかと思います。縄文は女が中心の時代です。

ハバロフスクの博物館には、土偶のようにした骨偶がたくさんあり、その年代は一万年前とか一万五千年前とか古いものです。日本の東北の土偶は有名ですが、そんなに古くない。せいぜい縄文の中期ぐらいです。それより遙かに古くシベリア、黒竜江下流に、骨偶文化があったわけです。間違いなく日本の土偶の先祖がこの骨偶であると思われます。骨偶が日本列島へ伝播して、土器製作のノウハウのある日本で土偶に化けたと思います。わたしはそのとき確信を持ったわけです。その非常に早いルートが存在したことを、それ以来疑っていないのです。

その骨偶にはみな女性のおっぱいが刻まれているわけです。女性中心の骨偶があって、それが日本列島・火山列島へ来て土偶に化けている、というのが今の話のアソベ族です。

そういう所から見ますとオシラサマというのは、本来女神が小型の馬に乗ってくるというのが本来の姿ではなかったか。柳田國男が書いているように、『遠野物語』にはオシラサマに関連のいろんな神様が出てきますが、それらは古い可能性があるわけです。

これがわたしのオシラサマ論であって、柳田國男は一切それを書いていません。『遠野物語』の語り手として知られる佐々木喜善という人は遠野の出身だから今の話を知らないはずはないのです。「東日流外三郡誌」に書いてある話は文献で読まなくても、みんな口伝えで知っていた話ですから、佐々木氏も知っていたはずです。

「はず」というのをちょっと注釈しますと、『遠野物語』の中には艶笑譚、つまりセックスにまつわる話がまったくない。艶笑譚の話をしたら「ばかもん！　そんないやらしい話をするな！」と柳田國男に怒鳴りつけられたそうです。同じように佐々木氏が「東日流外三郡誌」のような話をしても、柳田國男は黙れと言って、しかりつけたのではないかと思います。

彼は「聞いたことを百パーセント記録する、その価値評価は抜きにする」と言いながら、そうではなかったわけです。価値評価に合わないものは全てカットし、残りを記録しただけなのです。それが彼の本質で、柳田國男の大きな限界がそこにあります。

ヨーロッパの民俗学——第七回

岡山大学の日本思想史学会で、柳田國男は、模範にしたヨーロッパの民俗学と共通の欠陥を持っている、ということを最後に申しました。つまりヨーロッパには魔女裁判というのがあります。中世の終りから近世にかけて、何千何万という魔女を殺しました。今日は何人焼き殺した、今日は何人焼き殺したという、ドイツ人はまじめですから全部そういう記録を作っています。

彼女たちは信仰と伝承を持っていました。その信仰と伝承がアウトとして、消されたのです。全部キリスト教からの話にすり替えられました。しかしいかにすり替えてみてもキリスト教というのは、せいぜいその時点の数百年前からです。ヨーロッパでの人間の日常生活は数百年前どころか、数千年数万年前からあったわけです。ヨーロッパの生活習慣のどれをとってもキリスト教淵源で説明できるはずがないのです。魔女の伝える伝承につなげなければ説明できるはずはないのです。それを全部消しちゃったわけです。ですからわたしは、ヨーロッパは民俗学の地獄だと思います。民俗学の滅び去った地帯である、とわたしは言ったわけです。

ですからヨーロッパの民俗学は模範にもお手本にもなり得ない。ところが柳田國男はそれをまねしたわけです。つまり日本の場合は明治以後の天皇家中心の皇国史観、しかも本居宣長風の、天から降りてきたという、あの歴史観を盾にとってそれ以外は全部受けつけないやり方をする。ヨーロッパの場合はキリスト教一本槍で、ユダヤ教を例外として、後は全部受けつけない体制を取ったわけです。だから民俗学不毛の地帯なのです。

もし日本の研究者が研究する場合、ヨーロッパというのは、未開拓の有望な最大の天地であります。つまりヨーロッパ人の日常生活のどんな挨拶やどんなささやかな習慣も、全部キリスト教時代を突き抜けて魔女の時代につながるはずです。そういう目でもう一度ヨーロッパの歴史を見直したら、ヨーロッパ人が知っているヨーロッパとは全然違うヨーロッパが現れるのです。それはやっぱりわれわれがやらないと、ヨーロッパ人には無理だと思われます。

磯（イソ）
——第七回

柳田國男でもう一つ追加しますと、「磯」という言葉について、彼はいろんなイソの呼び名を出しています。海岸に近いところ、遠いところ中間のところ、いろんな呼び方が各地によって皆違っていることを丹念に集めてくれているわけです。それは良いのですが、そのイソがどういう歴史的背景に結びつくかは一切語っていません。彼の方法ではできないのです。

柳田の著書に有名な『海上の道』（岩波文庫、一九七八年）というのがあります。愛知県の伊良湖岬に一夏行ったときに椰子の実が沖から流れてくるのを見た。そこで非常に感動して、学校友達の島崎藤村にそれを話した。そうすると島崎藤村が有名な「椰子の実」という歌を作った。島崎藤村だけでなく、柳田國男自身が『海上の道』という本を書いているように、沖縄の方から海流に沿って上がってきた形で、彼自身の民俗学の歴史を明らかにしていったわけです。

ところが彼のやり方には非常な長所もあると同時に欠陥があるわけです。なぜかと言うと、海流に乗って椰子の実と共に人間も上がってくるというのは間違いないが、しかし、人間という動物はいわゆる陸からも来るわけで、つまりシベリア、樺太、北海道、本州と、もちろんそこでは海流を横切ってはいますが、陸路を来る場合もあります。椰子の実は海流を越えては流れないが、人間というサルは向こう側に陸地があるとすれば海流を突ききって渡りたい性分を持っている、好奇心の強い動物です。

海流に乗って流れる椰子の実と比べて、そういう海流を横切って渡る動物の要素を『海上の道』ではカットしています。親潮という寒流には椰子の実は流れないが、人間というサルはそれに沿って流れている。彼が椰子の実に感動したのはよいが、それ以外の要素を見落としていたわけです。黒潮と同様に親潮に乗って旧石器時代に南下して来たということは重要なわけです。

今の話は縄文時代ですが、ところが、縄文時代の前の旧石器時代には縄文農耕がなかったわけです。そこで一体何があったかというと、海岸はあったわけです。海岸には貝がいました。釣り針で魚も捕れました。旧石器の時代には沖合までは出られませんが、海岸の魚なら釣り針があったら釣れたわけです。貝とか魚はすごいタンパク源です。人間はドングリとかの植物性の食物だけでは満足しない動物ですから、タンパク質源を大量に持っているのが海岸です。しかも海岸はさっきの縄文農耕や、稲作と違って、稲作の方は人間の手でしつらえるわけです。海岸は人間がしつらえて貝を埋めているわけじゃありません。魚を集めているわけじゃありません。まさに神様がお教えになった場所です。だからイソなのです。イは「神聖な」を意味するイです。ソは古い神です。神聖な神様がお作りになったのが海岸です。それは縄文の一つ前の旧石器の人々にとって、魅力ある場所です。

イソは大陸にはあまりありません。ところが日本列島はイソだらけです。だから彼らはイソを求めて南下してきた。この動きは日本の歴史を語る上で絶対に避けては通れない重要なテーマだと思います。イソを求めて来た人々が日本列島に住み着き、繁栄するに至った。そこへ、縄文農耕や稲作ができる基礎が築かれた。これがわたしの考える日本歴史の主要なる基本線です。

それを柳田國男はイソという言葉をあれだけ集めたにもかかわらず――非常にご苦労でありがたいことですが――記紀以外をカットするという間違った方法に立っていなければ、彼はそれを見出すことができた。民俗学の講座が盛んな大学がありますが、どうもわたしの見た目では柳田國男の民俗学をそのまま受け継いでいるように見えます。柳田國男や折口信夫の権威にすがった民俗学では日本国民が不幸です。

歴史と気候――第六回

歴史はとうぜん気候が関係してきます。例えばアソベ族が黒竜江の下流域から、樺太、北海道まで下りてきたわけですが、当然その時の気候変動が、背景にあったと思います。

彼らがなぜ日本列島に入ってきたかというと、わたしは磯を求めて入って来たと思います。なにかというと、要するに彼らは、獣の肉は食べていました。例えばセイウチのような大きな獣ですが、捕獲しやすい。しかしその肉はまずいのだそうです。ですが満腹になる。その時、骨をとって女の人の骨偶を作りました。前にも述べましたが、その骨偶が博物館にずらっと並んでいます。紀元前三万年五万年とかいう骨偶が一杯並んでいます。これを見たとき、東北地方に土偶というのがありますが、縄文時代の先祖だと思いました。土偶は焼き物のノウハウがないとできませんが、骨偶はしかし、骨があればできます。乳房や目などを彫り込んで書いています。年代が全然違います。日本の東北地方の土偶より、ずっと古いわけです。当然彼らの骨偶が源で、日本列島に入って土偶に化けたという関係をわたしは疑いませんでした。

もう一つ彼らが入って来た理由があると思います。なぜかというと人間は魚を食べたい。太平洋には旧石器時代でも縄文時代でも魚は一杯いました。しかし、太平洋に漕ぎ出す船がありませんので、漕ぎ出して魚を釣るわけにはいきません。魚は海岸、磯にもいます。磯の場合は、糸をたらして魚を騙して釣り上げる。日本列島は磯だらけです。シベリアなどには磯はほとんどないわけです。だから磯で魚を釣ることが自由にできる、すばらしい列島が日本列島です。山には、食べ物になる動物はいます。ところが魚が釣れるのは日本列島専売のようなものです。そこへどんどん彼らが入って来る。

面白いのは柳田國男が書いている「磯」という意味の言葉は、やたらに日本語に多いのです。われわれは磯で満足していますが、現地ではそうでなくて、海岸のちょっと近くは何とか磯、もうちょっと離れると何とか磯、みんな名前が違います。それを柳田國男は現地の人から聞いて、採集して、書いています。しかしそれが何を意味するかは、柳田國男は書いていない。磯は、彼らにとって食料を得る場所であるがゆえに違う呼び名があるのだと思います。それが現在残っていることに大きな意味があると思います。

ということで彼らは磯を求めて南下していったと思います。ここで気候変動が大きな役割をします。その中で一番大きな役割は氷山が溶けることでしょう。地球が暖かくなって氷山が溶け出すわけです。これが疾風怒濤の大変化を日本列島にも与えたと見てわたしは間違いないと思います。

縄文農耕——第七回

わたしの歴史観になってくるのですが、稲作は柳田國男も非常に重要視したわけですが、わたしは稲作の前に縄文農耕というものがあったと思います。例えば芹。清らかな水の所に根をおいておけば季節が来ればいっぱい生えてくる。ドングリを取ってきて蒔いておく。そうして何十年か経ったらドングリの林ができて、ドングリがたくさん採れるようになることを縄文人はすでに知っていたと思います。

その証拠は福井県若狭町に所在する鳥浜《とりはま》貝塚です。ここでは人間が植えなければ生えない性質の球根のようなものが出てきたわけです。これは海から流れ着いて自然発生的に育つことができない、人間が植えなければできないようなものが縄文遺跡・鳥浜貝塚から大量に出ているわけです。ということは縄文時代にそういうものを栽培していたことを物語ります。この場合もさっき言ったどんぐりを栽培するというノウハウができていたから、南方の人間が植えなければ生えないようなもの、例えばかんぴょうを植えたのだと思います。それなしにいきなりそれを植えたわけではないと思います。

稲作にしても稲が入って来て、受け入れたというのは、それ以前に縄文農耕というノウハウがあったから、稲を受け入れて稲作になったのだと、わたしはそう考えます。

（注＝鳥浜貝塚は福井県若狭町に所在する縄文時代草創期から前期にかけて〈今から約一万二千～五千年前〉の集落遺跡。保存良好な木製遺物等一三七六点が国の重要文化財に指定されている。若狭町の若狭三方縄文博物館に遺物が展示されている。

丘陵南側斜面で三軒分の竪穴住居跡が検出され、集落があったことがわかる。その湖畔に鳥浜人が居住していた。今の若狭地方の拠点的集落であったのではないかと考えられている。当時のゴミ捨て場は湖中であったが、現在までに約三メートルの土が堆積している。投棄されたものは、貝殻、動物骨、木や種子、葉、土器、石器、骨角器、木製品、漆製品、繊維製品など多彩である。この他、木の実の貯蔵穴なども検出されている〈インターネット〉。）

民俗学と神・信仰――第七回　（質問）

柳田國男は、神は民衆の中から出たと言い、折口信夫は、神は外から来たというように主張していると思いますが、日本の神社の起源、信仰の起源などに関連して、先生はどうお考えでしょうか。

（回答）

非常に面白い、大事な問題をご質問いただいてうれしく思います。

これは、わたしの目から見ると非常にはっきりしておりまして、先ほどのわたしの話の中にありますように、アソベ族の「ソ」というのは「神」を意味する古い言葉で、「神」より古いのです。柳田國男や折口信夫が言ったのは「神」を問題にしていますが、「神」は新しいのです。日本人にとってカミは最初の「神」ではないわけです。「カミ」より古いのは「チ」です。「チ」より古いのは「ソ」です。もっとある可能性がありますが、今わかっている段階ではそういうことです。

そのことを知ってか知らずか、馬鹿にして柳田國男も折口信夫もその件については問題にしなかったのです。後の方の「カミ」だけの論争で終わっています。はっきり言えばどちらも間違いです。

名古屋大学で『新古今和歌集』の研究をやっておられた「くそじん」(久曾神昇氏＝国文学者、愛知大学名誉教授)さんがいらっしゃいますが、クは奇抜で、誉め言葉、ソは神様、不可思議な神というすばらしい名前です。しかしわれわれはクソと言うと何か汚いものを思い浮かべますが、神という注釈をつけて久曾神さんは不可思議な神様の意味です。非常に古い表現です。ついでに言っておけば「コナクソ!」など、あれは古い神を罵倒した表現です。その前の最も神聖なものを罵倒語に使うわけです。ツボケもそうです。青森県に行くと、「このツボケ!」と言って子供はよく怒られます。ツボケというのは、同じように神様を意味するツボケ語です。そのツボケ語を罵倒語に使います。

『古事記』の中にあるヒルコ、これはヒルメと並んで、男性の太陽神がヒルコです。瀬戸内海の場合は東の淡路島、当時の淡路山から太陽が出ます。ヒルコが淡路山から誕生しました。これは、女性がリードして生まれた子であると、第十、一書にあります。そこでヒルコが誕生します。男性のヒルコは女性のリードの中で生まれたという仕組みです。これは縄文の神話です。『古事記』ではナメクジの蛭を当てています。そのようなものは神様と言えないと言って舟に乗せて流すわけです。要するに新参のアマテラスを太陽神にするために、古く伝統のあるヒルコをナメクジのような蛭扱いにしているわけです。その前の時代の神聖なものをいやらしいものとして扱うのです。

もう一つ話をしますと、「チ」と言うのもクソに続いて古いわけで、アシナヅチ、テナヅチ、ヤマタノオロチ、オオナムチの「チ」であるといいました。それがわたしの一つの出発点になったわけです。ところがあれはまだ足りなかった。なぜかと言うと千島ってありますが、あの島は千もないです。三十いくつしかないのに何で千の島か。ハバロフスクから見ると千島から太陽が出ます。日本の東西南北の感じとちょっとゆがんでいますが、地球儀で見るとハバロフスクの真東が千島です。千島は太陽の出る島なのです。その意味の千島です。そうすると、面白い問題につながります。南米のチチカカ湖。あれが日本語かもしれないという話は何回もしています。チは神様のチ、チチはダブル言語、カは河の神聖な水を意味するカ、チチカカは神様が作りたもうた神聖な水という意味になります。アイマラ語では太陽の神の作られた神聖な水という意味です。

柳田國男や折口信夫を軽蔑するのではありません。しかし彼らには大きな限界がありました。「東日流外三郡誌」一つ彼らは扱っていないのですから。神の探求で、今わたしが知っているものより、もっともっと古いものがおそらくあると思います。チにしてもソにしても日本列島が始まりということはあり得ません。当然周辺にチやソを神と見る言語があるはずです。事実チはやたらにあります。カもあるでしょう。カムチャッカなど。日本語の親戚言語に取り巻かれているわけです。それを先入観なしにやっていく。

もう一言言えば現代の言語学、ヨーロッパの言語学は、これは面白い発祥を持っていて、ケンブリッジ出身の初代インド総督が就任演説で話したのが出発点です（ウイリアム・ジョーンズは一七八六年、インドの考古学会において、サンスクリット語とヨーロッパ諸語との類似性・共通の祖語の存在を指摘した）。つまりわれわれが学んできたギリシャ語・ラテン語、それより最ももとになるのはサンスクリット語ではないか。就任演説でそのようなことを言うのはすごいですが、研究が進んで、結論が逆になって、ギリシャ語・ラテン語の方が古くてその伝播がサンスクリット語だという学説になったのですが、明らかに両者の間に共通の言語系列が次々に見出されました。

それは良いのですが、そのやり方で日本語を理解しようとしたら変なことになりました。日本語には同類語が一切ないという話になってしまいました。だから天から降りてきたような言語になってしまい、松本郁子さんなども、日本語は孤立していると言っていました。

これはあくまでジョーンズの就任演説に出発した言語学を絶対とみて当てはめたら、日本語が全然周辺と似ていないということになった。ルールにもいろいろありますが、あるルールでやってみると、うまくいかなくなったというのは、そのルールが間違っていたということです。要するにヨーロッパとインドを結ぶ短い領域の特殊状況を、世界普遍として当てはめるのはダメだということが、日本語でわかったわけです。

神話の編年
——第六回

言語や伝承を研究していると、神話の編年ができます。三世紀の倭人伝では出雲は好ましき古都（注＝古田説では倭人伝の「好古都国」を出雲とする）として誉められていますが、神話では出雲を悪く言っています。アマテラスが姉で、根の国に追放される素戔嗚《すさのう》尊は乱暴な弟ということになっています。アマテラスは筑紫の方の天孫降臨の淵源で、そしてスサノオは出雲の方の淵源です。その関係は心の美しい姉と、乱暴者の弟の関係です。それは嘘で、時代的にはスサノオはアマテラスより五、六代前になります。姉・弟であるはずがない。出雲のスサノオはアマテラスよりだいぶ前になりますが、この関係を壊して、乱暴な弟が偉い姉に従うべきだという関係に置き換えたのが神話の姿です。ということは、この神話は三世紀より後に作られたということになります。

一方天孫降臨の方は、天孫降臨という名前の侵略を行いました。その侵略の結果が伊支馬（イキマ）で、イキマが軍事的に統治している所が一大率で、小国はそれを怖れていることを物語ります。つまり天孫降臨は三世紀より前ということになります。

阿麻氏留《あまてる》神社の話——第七回

そのことをわたしが感じ始めたのは、まずわたしが対馬へ行った時からです。阿麻氏留神社へ一人で行ったことがありますが、その時氏子総代の方が言われるには、「わたしの所の神さん、アマテル大神は一番偉い神様です。神無月には出雲へいらっしゃるが、他の神様と違い、待たなくてもよいように、一番最後にいらっしゃることになっています。また終わったら一番最初に帰ってこられる。他の神様は舟が出るのを待っている。ウチの神様は非常に偉い神様だから、真っ先に帰ってこられる。しかもその時期はこの島から出雲に行かれるのに一番行き帰りしやすい時期に当たっております」ということでした。

後から気がついたのですが、アマテル大神は偉い神様ですが、出雲へお伺いを立てに行く神様の中で一番偉い。本当に一番偉いのは出雲の神様です。他の神様があちこちから集まってくる。近畿には行く神様と行かない神様がいるのですが、そういう行く神様の中で一番偉い神様ということになります。アマテル大神は家来ナンバーワンということです。

戦争中、伊勢の皇大神宮というのは神々の中の神、最高の神であるということをたたき込まれました。あの天照大神が、出雲の神様の家来、というのは大変なショックを受けました。

考えてみれば国譲りという有名な言葉があります。あれ以前に天照大神が出雲より上であったら、譲るのではなく取り上げれば済む話です。これは本来の日本語で、後世の人がそのような言葉を作ったとは思えない。そうすると記紀の話の前提になっているのはアマテル大神の話ではないかと思います。

同じような例で、島根県の石見国の大国村に行ったことがあります。旧家に泊めてもらって、古い話を所望しました所、そこのおばあさんから大国主命について話を聞きました。

「あの方は賊に追われて逃げてこられたとき、わたしの家でお匿いした方でございます」。別の男の人を紹介してもらい、話を聞きますと、

「あの方にはわたしどもは大変迷惑を致しました。あの方は女を取り込んでそれをもとに自分の勢力を張るのが非常にうまい方で、われわれは大変迷惑をした方でございます」。「あそこの洞窟の所に住んでおられた。今は行かれない方が良いです」。「あの方はよそから来られた方です」。「どこからかわかりません」。

記紀で聞いた話とえらく違います。決定的だったのは美保神社です。神社の前の由緒書に、

「天照大神の軍と事代主の軍が衝突して天照大神の軍が勝つことが明らかになった。その時大国主の子供の事代主が交渉して自分が全責任を負って、海に身を投じて自殺するから、その代償としてこの出雲の国民や将兵を一切罪にしないで欲しい、と言った。それで天照大神、建御雷之男神側がそれを承知して、そして海に身を投じて亡くなられた」。

これも記紀の話とは似ていても全然違います。戦時中教えられたことは、「事代主は模範生である。国を天照大神に献上された、すばらしい神様である」ということです。

これは美保神社でする神事（青柴垣神事＝例年四月七日、諸手船神事＝例年十二月三日）が本来の伝承で、記紀の方は、勝った方が手前味噌で「国土を献上された」ことにしている方が造作です。

『古事記』では海に「隠れましぬ」（『岩波日本書紀』上、一四〇ページ）と書いてあります。勝った側が、自分たちが惨たらしい犠牲を強いたのではないのだという、美化して書いたのが記紀なのです。本来の

現地伝承は現地に残っているものです。

このような話は、柳田國男の話には出てきません。『遠野物語』の佐々木喜善のように、いろいろ現地にインテリがいたでしょうに、さっきの美保神社の話など、柳田國男が知らなかった可能性はまずないと見てよいと思います。ただ、それを書いたら、記紀がインチキくさくなるからです。お前は記紀を信用しないのか、本居宣長を信用しないのかとやられるから、彼はそういう地方の歴史伝承を一切カットして書いていないわけです。

田村将軍——第七回

ちょっと時代が下りますが、柳田國男の話で触れておきますと、彼はよく信州でも講演をしていますが、その中に田村将軍の話について怒っている所があります。

田村将軍の話の前に、八面大王の話が必要ですが、結論から言えば八面大王は、九州王朝の残党みたいなもので、九州の八女の大君が信州にやってきて、あちらの高良玉垂宮を松本の方にたくさん作っているわけです。その八面大王を田村将軍が戦って倒したことになっています。松本の人は皆知っているのに、柳田の民俗学には一切出ない。しかも田村将軍というのを言っただけで怒られています。

これも一言申しますと、坂上田村麻呂と一緒だという説が江戸時代の松本藩で作った歴史書（注＝『信府統記』、享保九年、松本城主水野忠恒の家臣鈴木重武・三井弘篤が編述したもの）に出てきます。それで平安時代の話だというのが定説みたいになっています。

わたしの理解では九州王朝の終わり、七世紀の終わりの話ならわかりますが、平安時代にするとおかしいのです。それより何より京都で坂上田村麻呂の話はいっぱいあるのですが、信州へ行ったという話はまったくありません。東北へ行ったという話はあります。信州でそういう大王を征伐したなどという話はまったくゼロです。それをみんな京都の人が書き忘れたということは考えられません。

田村将軍の田村はいわば「古田」に当たる姓です。それに対して坂上田村麻呂は坂上が姓で田村麻呂はわたしの「武彦」に当たる名です。一方が姓で一方が名前の場合、それを同一人物にする方がおかしいのです。そのレベルの松代の学者が藩主に命じられて編修したのが基本になっています。

わたしの深志高校の教え子に田村将軍の子孫がいて、先祖のことを書いています。それには田村将軍は八面大王を斬り殺した将軍である、と書いていますが、柳田は、田村将軍に触れたということでえらく怒っているのです。それは柳田が知っていた証拠です。八面大王の伝承を無視して、穂高あたりの「何々チ」とかに「何々ミミ」などの地名を説明できるはずがないのです（注＝八面大王については、『東京古田会ニュース』一〇二号から一〇九号までに詳しい）。

対馬における文字と伝承——第八回

（質問）

対馬の下県に豆酘崎《つつ》というのがあり、そこに古い神社が二つあります。一つが、高御魂神社で祭神は高皇産霊尊、高御産巣日神ともいいます。その神社の伝承が江戸時代の「対州神社誌」に載っているのですが、そこに「うつお船」（注＝永留久恵『海神と天神』白水社、一九八八年）——丸木舟のことらしいのですが——が漂着しました。その中に光る石がのっていて、その石を神社の高皇産霊尊として祀った、という伝承があります。

そして近くに赤米を生産しているところがありまして、古代から赤米を作っていて、神社に奉納するという場所があります。

対馬には初代の天之御中主神はいないのですが、この二代目の高皇産霊尊と三代目の神産巣日《かみむすび》神は上県の北の方にあります。四代目から九代目まではその痕跡が見当たりません。十代目に阿麻氏留神社、天照大神を祀る神社が真ん中に位置しています（注＝「対州神社誌」には多久頭魂神社に天照大神ほか、豆酘が天照大神を祀っているとある）。

このような神社と祭神と伝承について、先生はどうお考えでしょうか。

（回答）

対馬の南端に豆酘というところがあります。まず豆酘という言葉ですが、ツは津で港です。ダブり言語のツツです。南方系のダブり言語の地名です。

それから、ここに、公開されないで伝わっている文書があります。その中に非常に面白いのがあって例えば文字の原型のような、文字と言えないようなものが書かれたものがあります。これは、対馬の縄文の層から出てきます。変な文字で書かれた亀の甲などがあるわけです。それとつながっている可能性は充分あります。話が面白すぎるのですが、中国の堯舜禹が夏文字としてこれを自分たちの中に入れたという話があります。

われわれが知っている漢字は日本人ならすぐわかりますが、それでない漢字というか、絵か漢字かわからないようなそういう段階が中国でもあった、これはやはり、史料が残っています。それと同じものが対馬にもあって、対馬の場合は特にそれが亀の甲なんかに書かれている。そうすると対馬は、堯舜のいた場所と近いですから、昔は陸地もつながっていますから、別物というよりも同一物というか、同じものでそれがその後の漢字文明の基礎になった、という可能性は非常にあるわけです。

漢字以前の漢字文化は、壱岐・対馬・朝鮮半島から中国大陸にかけて東シナ海の両岸に分布しています。それがどうもわれわれが知っている漢字の母体になったようであるという、非常に重大なテーマがあって、その一端が今の豆酘の神社の中の史料に入っています。

もう一つ高皇産霊尊という話が出ましたが、これはまた全然段階が違うと思います。例えば博多に吉武高木というのがあります。あれは、高木は地名です。タカギムスビというのは高木から生まれたという神聖な神様ですから、そこの神様である可能性があります。それを豆酘でも祀っているという形で理解することもできるわけです。

また天之御中主神は、『古事記』『日本書紀』を中心として考えれば非常に大変な神のように聞こえますが、確かに大変な神ではありますが、「アマノ」というのは当然海士族にとっての神であるということ、ミナカのナカは博多に那珂川がある、あのナカです。ミは接頭語のミであり、神のミでもある。これも大胆に言ってしまえば博多湾岸の神様が天之御中主神ということになります。それを神話では一番上に祭り上げた形です。それを本当の神様の歴史的事実だと言おうとすると無理が生じます。

それと、あそこで文書を見せてもらったときにあっと思ったものがあります。何かと言うと、豆酘の近所の村で、元寇の時に朝鮮人が入ってきて一村皆殺しにされた、という記録が残っています。豆酘の人はこれが表に出るとうるさいことを言われると思ったかどうか、隠しているわけです。

わたしは親朝鮮とか反朝鮮とか言うのは大嫌いです。朝鮮に味方して歴史を書くとか、朝鮮を悪く言って歴史を解釈するとか、両方とも、まったくわたしの立場ではないわけです。悪かろうと悪くなかろうと、事実を事実としてみる、これしかありません。そうすると元寇の時朝鮮人が一村を皆殺しにしたということは、朝鮮人を悪くいうために書いたとはちょっと考えにくい。しかも対馬の人は、朝鮮から来た朝鮮人ということを知らなかった、他の人と間違えたということもちょっと考えにくい。そういう意味では朝鮮人が一村を皆殺しにしたという事実は、こっちが歴史事実を作るわけではないですから、おかしくないわけです。

ところが今の人は逆で、いや、われわれが参加したから、あの程度で済んだわけだ。われわれが参加しなかったらモンゴルはもっとひどい殺し方をした、だから日本がわれわれに感謝するべきだと、盛んに言ったり書いたりしているわけです。それも一つの事実かもしれませんが、実際に皆殺しをしたという事実はある、そういう伝承が伝わっている、文書にもなっている、ということを都合が悪いから消し去ってしまうというのは、本当の朝鮮のためにならないと思っております。そういう史料も畏れずに公開した方がよいと前々から思っております。

3　言語学・言素論が解明するもの

言語学の問題
――第二回

日本語と周辺の他言語の関係はなく、独立した言語であるというのが定説になっています。日本人が天から降りてきたのなら、周りと関係ないということもありえますが、日本列島の居住者は、時間的前後はあるにしても、すべて東西南北周辺の土地から渡来してきた人々です。その証拠として神様を意味する言葉がいろいろある。言語の数だけ神様の名前があると考えられます。

くじら・いさな・やまは言語がちがいます。同じものをいろいろな単語で呼んでいます。日本語を分析していけば、いろいろな言語が混ざり合うときの普遍的なルールが見つかるはずです。例えば、大山が縄文時代噴火していたときの祭礼が「モヒトリ神事」として残っている。縄文時代から火を「ひ」、藻は「も」と発音していたことが確認できます。大阪外国語大学の塚本勲氏は、「朝鮮語と日本語は文脈は似ているが、単語は似ていない」というのが口癖でした。

『山海経』（注＝中国古代の神話と地理の書、中国戦国時代の作と言われる）では、倭は燕の南に接しているとあります。海を越えて倭があるというイメージではありません。海峡を挟んで倭語が存在していたということです。高句麗が侵入してきて高句麗語と現地語の混合語が百済語として成立します。百済を呼ぶのに「くだら」という自然地名と「ペクチェ」という政治地名が存在しています。「なら」という言葉について、百済語からか倭語からかの矢印はどっちかと考えると、動詞とセットになっている倭語のほうが古いと思われます。白村江「はくすきのえ」は、「はく」が中国語・「すき」が高句麗語・「え」

が日本語という三カ国の合成語です。そういう目で見ていくといくらも例が出てくるはずです。

金芳漢著『韓国語の系統』（三一書房、一九八五年）によれば、『三国史記』や『三国遺事』の地名で「三」を「みつ」と呼ぶところがあります。「七」を「なん」と呼ぶところもあります。地名の数字は六～七割が日本語読みだった。金氏は、最初は高句麗語の読みだと考えましたが、最後に、百済語の読みが日本に伝わったと考えるようになっています。しかし、百済から日本への一方通行だけを考えるのではなく、本来倭語が海峡を挟んで両方に存在していたと考えれば、非常に理解しやすい。

征服者・被征服者どちらの言語が優勢になるかは、その時々で異なってきます。明治維新で、天皇が京都から東京に移りました。それまで天皇は、京都弁で話していたはずです。しかし、東京弁系列で詔勅を出しています。

新羅本記によれば、最初の頃に権力を握っている倭人がいます。当然、新羅で倭語が中心となっていた時期があったはず。なにより「しらぎ」が日本語です。

アイヌ語についても日本語と関係がありそうに思われますが、なかなか言語学者はそうは考えてくれない。村山七郎著『アイヌ語の研究』（三一書房、一九九三年）によれば、アイヌ語は南方系の言語だということでした。南方の言語のあるグループとアイヌ語が共通性があるのは、事実のようです。「かみ」と「カムイ」のどちらが先かという議論がありますが、日本語には神を表す言葉はたくさんあり、「かみ」より古い感じのする言葉もあります。片山龍峰著『日本語とアイヌ語』（すずさわ書店、一九九三年）によれば、アイヌでは神様を直接呼ぶのは失礼なので「イ」と呼ぶとあります。そうすると「カムイ」というのはおかしい。「カムイ」というのは日本語の借用語ということになる。村山七郎著『日本語系統の探求』（大修館書店、一九七八年）によれば、日本語のなかにも南方系の言葉がたくさん入っているとある。日本語・アイヌ語といっても何層にもなっている合成語であると思います。網走の近藤仁さんによればアイヌ語で谷を表すのに、「ナイ」という語尾と「ベツ」という語尾があるが地形的な区別は付けづらいとのこと。別な言語が組み合わさっていると考えられます。

アイヌでは神様を直接示さず「イ」と表すということから連想してみると、日本語にも壱岐・伊予・伊豆など「イ」という接頭語をもつ単語がたくさんあります。兵庫県の家島は、「エシマ」とも「イエシマ」とも呼ぶ。「エシマ」に神を表す「イ」がついたと考えられる。日本語でも「イ」が同様な使い方をされていたと考えられる。インド・ヨーロッパ言語を基準に考えて単純に共通単語の数だけ計算していては、日本語とアイヌ語との関係はわかりません。「イトク」が奈良県と高知県にある。厳島の三人の女神も、旧石器時代から「イ」のつく瀬戸内海にいた可能性がある古くからの神で、天照大神よりもずっと古い神です。現在、瀬戸内海の海底になっている場所で縄文時代に住んでいた人々は、国生みの最初にある淡路島から太陽が出るのを眺めた。国生み神話の最後は、屋島。「ヤ」は社の「ヤ」。それを、九州が舞台の話に作りかえるときに、屋島を「おおやしま」に変えた。済州島では、日本から来た三人の女神が先祖であることになっている。旧石器・縄文時代のころに日本から人々がやって来た記録だと思われます。こういう考え方をしていくと、日本語地名のかなりの部分が解明されてきます。

征服者と被征服者の言語――第五回

旧石器・縄文時代、瀬戸内海がまだ陸地だったころ、大八州の原点は四国の屋島でした。そこに、太陽信仰がありました。太陽が出るのは淡路島で、ヒルとは太陽の輝く意です。エビスとは愛（エ＝よい）日（ヒ）須（ス＝人の住むところ）すなわち、よき太陽の住むところという意味になります。西宮・尼崎・大阪でエビスをお祭りしています。

九州王朝が先文明社会を征服し、弥生の男性社会となって、光栄ある太陽のヒルコを貶めました。それを、近畿天皇家が引き継いで、『日本書紀』の第十、一書に女性が先導して生まれたヒルコを〝流した〟話にしました。

世界中こういった事例に満ちています。「蛇」は神のシンボル（トルコ、エジプト等）であり、悪のシンボル（旧約聖書）でもあります。

かつて輝ける先進文明を誇ったが、鬼界カルデラ（硫黄島）の爆発（注＝薩摩半島から南へ約五〇キロ、七千三百年前説と六千三百年前説がある。なお喜界島は奄美大島に近く、城久遺跡群や俊寛で有名）で衰えた南九州の人を貶めて、隼人、狗人（イヌヒト）に犬の声をさせたりしていた。

ちなみにイヌヒトは、アイヌ語と共通であろうと思います。神を直接言わず、名詞の上にイをつける。イズ（津は港）神の作った港。イキ、イヨ、家島（エジマでなくイエシマ）。他にイマ、イノチ等の例があります。

被征服者の被差別部落は共同体的性格を持つので、本来の言語が残っているのでないかと思われます。シリは上品、ケツは下品の「ケツ」のように。

アソ、クイなど
――第　八　回

（質問）

長野県で生まれ育ったのですが、その比較的近くに阿蘇という地があります。それで阿蘇氏で気になるところは、阿蘇神社の祭神が科野国造を祀っています。健磐龍命（たけいわたつのみこと）を祀っていると書いてあります、そうすると、阿蘇というのは長野県が先で、九州が後ではないか、というような気がするのですが。

（回答）

「ソ」は前に話しましたが「東日流外三郡誌」でいうアソベ族というのが非常に早く、旧石器の時代から樺太、北海道、青森県、それから最後は沖縄までずーと行っているわけです。その人たちは神様を呼ぶときはソという言葉で呼んでいます。ですから、ご郷里のアソもそのように古い神様を示すのではないかとわたしは思います。最も古いかどうかはわからないが、日本の歴史で最も古いレベルの神様の

名前であるということは言えると思います

もっと古いのはないかというと、これも余計な話をするようですが、「クイ」というのは今の黒竜江の下流域にクイ族というのが今もいて、そのクイが日本列島に「クイ」という地名として残っています。ご存じのように、福井、アグイ、鯉食い神社というようにクイという称号が点々と日本列島に残っています。津久井湖のクイもあります。クイは日本列島を貫流しています。クイは一種の称号であることは間違いないです。

大和朝廷が「クイ」という称号を作ったことはもちろんない。九州王朝が作ったのでももちろんない。それより、もっと古い称号です。「ソ」よりもっと古いのがあるとすれば、「クイ」ぐらいかと思います。古い神々を示す名前が日本列島に何層にも重なっています。「アソ」はそういう意味ではかなり古い名称です。

もう一つ、わたしが松本市で教え子から見せてもらった縄文土器があります。彼のもっている畑から出てきたものです。それはビールのジョッキとそっくりの縄文式土器です。持ち手がついている縄文土器です。そこから先はわたしの空想の世界になりますが、ドイツにジョッキがあるのは誰でも知っていますが、その発祥は、ドイツ人に聞けば、バイカル湖の方から来たということになっているのだそうです。

信州もバイカル湖あたりから来ている可能性があるのです。ナウマン象がそうですね。マンモスの化石が野尻湖などから出てきたのはご存じと思いますが、あれは日本列島から始まったものではなくて、シベリアなどのあちらのマンモスがこちらへ来たわけです。その原産地はバイカル湖のあの辺です。

あちらのバイカル湖あたりでは、当然人が住んでいますね。その時川があれば水を汲んで飲みます。その時に革袋に、持ち手の付いているものを腰に下げたのではないか。それで水をすくって飲みます。

非常に早い段階からそういう備品があったのではないか。それが一方は西へ進んでビールのジョッキに化けた、他方日本に来て縄文土器の手のついたものに化けた、ということではないでしょうか。もとは同じバイカル湖近辺だということです（『多元』No.一一八号、「チクシ再論」参照）。

そういうことで今のアソベ族もとんでもないところにアソの集落の語源があるかもしれません。事実アソベ族はシベリアの方から来たという伝承をしているわけですから、バイカル湖の近辺にアソがあるかもしれない。

そういえば面白いのがありました。バイカル湖の底に魚が住んでいます。人類より古くから住んでいる魚らしいのですが、それが日本語めいた名前の魚です。どうもロシア語ではありません。おそらく何万年前の魚です。それが日本列島に来ている可能性もある。ドイツの方に行っている可能性もあります。「てっぺん」という言葉がありますが、トルコでも頭のはげていることを「てっぺん」といいます。日本語でも「てっぺん」です。これは偶然の一致ではなくて、どこかでつながっているのじゃないかと、トルコに行ったとき、よく聞かされるわけです。

阿蘇氏――第八回

（質問）

阿蘇神社の祭神が科野国造だったということは、阿蘇氏の本家は科野と考えてよいのでしょうか（注＝阿蘇神社の祭神健磐龍神〈社伝は命〉は神武天皇の皇子神八井耳命の子。父神の命により筑紫にくだり、西戎を鎮めた。肥後において、阿蘇津姫を妻として阿蘇に住んだ。阿蘇神社の祭神で、景行天皇の巡幸の時、天皇を迎え、皇師をねぎらった。〈阿蘇大宮司系図・筑紫軍記〉延喜式には健磐龍命神社とあり、名神大社に列せられる〈日本神名事典〉）。

（回答）

阿蘇氏の全部の本拠が科野であるかどうかは別として、アソベ族の神を表す名前の一つだと考えてよいと思います。

科野の「シ」は人が生き死にするシ、「ナ」は大地のナです。それで科野と言っているわけです。古い名前の一つです。

アソのソは神様の「ソ」です、アソベ族の「ソ」、だから、ツボケ族は「ケ」が神様で、その前は「ソ」ですから、ケの神様よりは古いわけです。阿蘇山のアソもそうだし、木曾のソもそうです。対馬の浅茅湾《あそうわん》のソもそうです。舞鶴湾の阿蘇海もそうです。ソで神を意味する地名は点々と日本列島に連なっています。あれがある意味では一番早い段階の地名の一つです。それをみな神（ソ）と呼んでいますのは、それなりの意味があると思います。

ついでですが、ウラジオストクに行った時にもらったオロチ語の辞書によれば、オロチ語では、「ナ」は大、「ム」は水、「ナム」は海を表します。「オオナムチ」は「大いなる海の神」となる。北海道樺太の対岸の辺りが、オロチ族の地域ですので偶然の一致とは思えません。

クシフルダケについて——第八回

（質問）

福岡のクシフルダケが今は高祖山と言われますが、クシフルダケからいつ頃名前が変わったのでしょうか。あるいは高祖山とクシフルダケは少しずれているとか、あるのでしょうか。現在、高祖山の麓に雷山カントリークラブというのがあり、キャディさんに聞いたら、その高祖山の向こうにある、ぴょんととんがった山だと言われ驚いたのですが。それから『ホツマツタヱ』という本があって、キャディさんはそれを読んだと言っています。


（回答）

わたしが聞いたのは、原田大六さんです。原田大六さんはご自分の家から目の前に見えていますから、あれの中の一番高いところからちょっと右手、方角から言うと少し南です。そこにまさに櫛のように木が生えている部分があります。あそこがクシフルダケだと原田大六さんはおっしゃった。

原田さんが言ったから正しいとは言えないので、「何か書いたものはないか」と言ったら、手塚誠さんの所に行ってご覧なさいと言われ、椚《くぬぎ》のお家に行きました（注＝『盗まれた神話』復刊版、ミネルヴァ書房、二〇一〇年、一五七ページ以下に詳しい）。

そうするとそこに黒田長政の書状がありまして、そこに「くしふる山」というのがはっきり書いてありました。上記の黒田長政書状は、前原町椚の手塚誠さんのお宅に保存されてあり、ご好意によって拝見し、写真に撮影することができました。なお、青柳種信の『筑前国続風土記拾遺』にも収められています（注＝前掲『盗まれた神話』一五八ページにこの黒田長政書状が掲載されている）。どことは書いていませんが、要するに高祖山の一角に「くしふる山」があると書いてあります。だから少なくとも黒田長政の時代には、そこにクシフルダケがあるとされていたわけです。ということでわたしはそれなりに満足したわけです。だから、その曲がっているところのどこだというところまではわからないのですが。

『ホツマツタヱ』についてはその史料批判をする必要があります。『ホツマツタヱ』が全部真実ばかり書いてあるかというと、かなり怪しいところがあるわけです。全体が怪しくてもそこだけは本当だという論証ができればよいのですが。それは学問的に言った場合で、一般の人は学問的に言わないのが普通ですから、『ホツマツタヱ』に書いてあるというと一応それが証拠になります。われわれは、そこに書いてあるから、そうだとはちょっと言いにくい。逆にそれにあるから嘘だとも言えないわけです（注＝偽書との立場で、佐治芳彦『謎の神代文字――消された超古代の日本』徳間書店、一九九七年、等がある）。

アイヌと縄文、弥生の問題――第九回

北海道の近藤仁さんにいただいたお手紙でハッと驚きました。近藤さんは、以前は網走の近くに住んでおられたが、今は旭川市豊岡にいらっしゃいます。前からアイヌ関係の資料を送っていただき、わたしにとっても刺激になっています。アイヌ関係について

はあまり書くことはなかったのですが、わたしの認識としては近藤さんのおかげを蒙っていました。

ところが、今回ご意見が書いてあり、『北海道新聞』が入っていました。それによると、DNAでアイヌ民族のことがわかってきた。本土人は大雑把に言うと、縄文人二〜三割、弥生人七〜八割の混血ではないかということが、わかってきました。国立遺伝学研究所の斉藤成也教授が語ったと書いてありました。アイヌ民族と琉球民族のDNAが同じだ、ということが背景になっています。アイヌ民族のDNAは尾本恵市東大名誉教授らが調査し、保存されていたものだということです。

これに対して近藤さんが書いておられるのは、自分には納得できない。関西や九州に行って縄文土器を見て驚いた。自分たちが知っている縄文土器とあまりにも違っており、弥生土器についても理解できない。自分の方では続縄文と理解していたものが、縄文だ、弥生だと分類してある。おかしいと書いてこられた。そして、『北海道新聞』とご覧になった遺跡の土器の写真が入れられていました。

これを読んでアッと思いました。無視できないテーマだと考えました。なぜかと言うと、縄文時代は一万数千年で、弥生時代は何百年程度です。全然レベルが違います。縄文という時代があり、その後に弥生という時代がある、と頭に摺り込まれています。これ自身がおかしい。これが一つ。それから、わたしがかねがねおかしいと思っているのは、現在、われわれが使っている現代語に縄文語が多いということです。例えば邪馬壹国の「ヤマ」、マウンテンの「ヤマ」は縄文語です。邪馬壹国と出てくるので、三世紀に「ヤマ」があったということは問題がない。弥生時代に作られた名前で、縄文時代に「ヤマ」と言わなかった、というのではなく、縄文時代から日本人はあれをヤマと言っています。ヤマと違う言葉、新しいヤマがこれで、古いヤマを表す言葉がこれですという言葉の区別はない。

わたしが『俾弥呼』（ミネルヴァ書房、二〇一一年）で分析したように、俾弥呼は主たる言葉として縄文語を使っていたのであり、そこに一部追加されたのが弥生語だと分析しました。代表が「ヤマ」です。

縄文にできたものを現在のわれわれも「ヤマ」と使っています。縄文から二十一世紀まで直通しているのが、「ヤマ」です。「何々山《やま》」のように語尾にヤマを使うことがあります。「ヤマが」と主語に使うこともできる。これが一つ。

もう一つ、岳（だけ）があります。クシフル岳、乗鞍岳などがあります。岳も縄文語です。それから、「東日流外三郡誌」でいう「たわけ」、「つぼけ」の「け」は神様を意味する言葉で縄文語、その中では新しい部類かもしれないが、縄文語であることには間違いない。縄文語の岳が「クシフル岳」という形で弥生にも使われ、現在でも、長野県に行けば「岳」が多く使われています。わたしが朝から晩まで眺めていた「乗鞍岳」もあります。「乗鞍山」と言わずに「乗鞍岳」と呼ばれています。

「岳」が「山」と違う点があります。「山が」、「山を」という使い方はあるが、「岳が」、「岳を」という使い方はない。なぜかと言われると困るが、「岳が」とは言わないし、「岳を」見たと言っても通じない。「岳」は独立的ではなく、接尾語的にしか使わない。「山」をナンバーワンとすれば「岳」はナンバーツー的な存在です。

それでは、弥生時代にできた言葉はあるか、と言いますと「山（サン）」があります。「何々山」のサンです。縄文語にはない。発音が中国語だからです。弥生時代に「サン」が加わったものです。ただし、「サン」があるとも言わないし、「サン」を見たとも言いません。プラス・アルファの語尾としてしか、使われません。「サン」の使い方は「ヤマ」「岳」より限定されています。

実例から見て、「縄文時代」と「弥生時代」とに分類して人に教えたり、説明したりする時には、便利ではありますが、単に「便利」にすぎないだけで、実体に合っていないのではないか、というのが、わたしの前からの問題意識でした。わたしの判断力だけの話のことでしたが、ところが、近藤仁さんが北海道におられて、続縄文としか見えないものが、縄文だ、弥生だ、と言っているので、自分にとって非常に恐ろしい、納得できなかった、ということです。

さらに『北海道新聞』が、ＤＮＡのことを書いています。ＤＮＡと言えば、多くの人は「しょうがない」と思いますが、そこでは日本人の七、八割が弥生人、二、三割が縄文人と書いています。ＤＮＡだから科学的であり、文句を言わない、という感じがありますが、サンプルが非常に少ないのが現状です。ごく一部のものを持ってきて、比較しています。これは非常に重要な問題に関連する可能性が高い、とわたしは受け止めております。

4　生活環境から生まれる暦

世界中にある二倍年暦――第二回

最近の「古田史学の会」の古賀達也氏の研究では、春秋後期の孟子は一倍年暦ですが、孔子は二倍年暦です。周代千年といわれますが補正の必要があるといえます。

聖書では、千歳がらみの多倍年暦、五百歳がらみの多倍年暦、通常の一倍年暦が出てきます。聖書を文献資料として解析すると、最低でも三種類の文明の異なる集団による、説話、伝承が積層して成立しているといえます。

千年集団は月が満月から半月までを一年とし、五百年集団は満月から満月までを一年としています。四十歳程度で三千年前の砂漠民寿命としては自然といえます。

聖書は人類が持つ貴重な資料です。文献史料学としての聖書研究は大変意味あることと考えています。キリスト教圏では教会への慮りが優先し、その視点での研究は見ないように思えます。しかし、現代日本は諸科学においてほぼ世界の頂点に立ち、各宗教から自由な立場にあります。素晴らしい研究環境といえます。古代史、大乗経、聖書他日本ならではの研究しやすいテーマは目白押しといえます。

日本の二倍年暦を考える時、神無月を含んだ和暦は一倍年暦と思います。結論から言えば日本列島では、シベリア、朝鮮経由の北から移動定着した集団は一倍年暦、南方諸島から移動定着した集団は二倍年暦だったと考えています。わたしはウラジオストクに行くのに往復船を利用しました。七、八月頃です。鏡のように穏やかな海でした。日本海は波が荒いとの印象は季節による違いです。古代人も季節を選び、よい時に日本海を渡ったと考えます。

以前、太平洋の二倍年暦の島に行ったことがあります（パラオ島）。そうしたら、行ってすぐわかりました。つまり教育委員会の女性に会った時に、

「わたしたちは困っています。わたしたちは一倍年暦にしなければならないと絶えず通達を出しているのですが、田舎の人はまったく聞いてくれません。二倍年暦でずっとやっています」ということを聞きました。

お墓に行くと百何十歳というのがやたらにあるわけです。そういう悩みを打ち明けてくれて、二倍年暦が現在でも行われているということがわかりました。それもそのはずで、気候が一年の半分で全然違う。雨ばっかりの半年と晴ればっかりの半年に分かれています。天候から見ても二倍年暦が当然です。

赤道を挟んで、南北二三・五度の範囲は一年に二回太陽が真上に来ることがわかっています。雨季、乾期は明確ですが、気温はほとんど変化しません。二倍年暦の発生原因の一つかもしれません。

わたしは南方文化の歴史があまりわかっていないのですが、以前にオランダからパリに向かう列車の中で、インドネシアの方とお話しする機会があり、その方は嘆いていました。日本と違ってインドネシアの歴史記述はオランダが持ち去り、残っていない。オランダの博物館の地下倉庫で未整理のまま、研究者もいない状態で放置されています。わたしの希望としては、この資料研究は日本の研究者が乗り出

すべきだと考えています。二倍年暦の発生の原因などの資料もあるかもしれません。

わたしの推定では、そういう二倍年暦が北上してきて日本列島や中国に入っていったと思っています。逆に黒竜江の方から入って来たのは、一倍年暦ではないかと思います。陰暦は一年単位、神無月は年に一回しかない。あれは月を基準にした一倍年暦で、あれの方が古いのじゃないか。そこへ南方から二倍年暦が入ってくる。だから日本は二倍年暦と一倍年暦のミックスした場所だった、と想像しています。

文献における二倍年暦――第六回

日本の文献では、これは二倍年暦だと思われるものがかなりあります。

概略的に言いますと、『古事記』は二倍年暦でできていますが、継体の所は一倍年暦になっています。『日本書紀』では継体は、二倍の年齢になっています。『古事記』は武烈以前の所は二倍年暦です。

『日本書紀』の方は、最近一・五倍年暦というものを思いつきました。なぜかというと『日本書紀』の題材になっているのは、年齢がえらく長くなっています、明らかに二倍年暦です。『日本書紀』はそれを二分の一で扱っていない。つまり、二倍年暦の認識がないために、『日本書紀』を作る方は、二倍年暦の資料が残っているのをそのまま一倍年暦として再使用しているわけです。それを仮に、一・五倍年暦という名前をつけたわけです。そうしますと、現在の天皇家はもちろん一倍年暦です。一倍年暦はいつから始まったかというと『古事記』では継体以後です。今の天皇家は二倍年暦を二倍年暦として知らない王朝です。ところが残された『古事記』や『日本書紀』は二倍年暦や一・五倍年暦の姿を示しているわけです。これは王朝が違うということです。

暦は単なる日めくり計算ではなく、王朝の基本的な問題です。だから今のような事実、現在の天皇家は一倍年暦であることはわかりきっています。『古事記』が二倍年暦であることもわかりきっています。『日本書紀』がわたしの言う一・五倍年暦だということもわかりきっています。当然だからそこで別のものになっているわけです。この点からも万世一系などというのはおかしいのです。

ついでですが、日本歴史は世界人類歴史のサンプルです。同じ問題は例えばバイブルにもあるわけです。つまりバイブルは最初の方は千歳ぐらいが出てきます。ところが七、八ページまでいって途中で五百歳に落ちます。それからしばらくして一倍年暦に変わります。当然あれは王朝が違うという証拠です。

あれを全部ひっくるめてエホバの神とかを中心にする歴史ということは無茶もいいところです。わかりきっているから誰も言わない。特にヨーロッパ世界では言わないことになっているわけです。最初のエホバの神から後ずっと続いているように言っているのは嘘です。日本の場合の嘘は一つのサンプルとしてで、世界はさらに大きなスケールで展開しているわけです。

孔子と二倍年暦
——第七回

二倍年暦の問題は残されたテーマです。古賀達也さんに依頼しているのですが、彼はいろいろの例を取り出して、これも二倍年暦ではないか、これも二倍年暦ではないかと、やられたわけです。そういう、あちこちにつばをつけるのもいいですが、その中で一点に絞って徹底的に、これは二倍年暦だという証明をする必要があるのではないか、と話しています。

それが資料的に一番やりやすいのは中国です。中国で、例えば、人間が四十で「聞こえるなきは」(注＝論語　子曰、後生可畏、焉知來者之不如今也、四十五十而無聞焉、斯亦不足畏也已)という話があり、四十いくつで人に聞こえるような業績を上げられない奴はもう大体知れていると考えられる、という言葉が出てきます。これを文字通りに取ればへんです。四十ぐらいまで何もできないなら、あと無理だと言っても、あと生きているかどうかもわからない。

ところがそれが二倍年暦なら二十です。それまでに見所がある奴だというようなものを持っていない人間は、もうそこからあとは大体ダメなんだという場合なら、これも独断と言えば独断ですが、まだ話としてはなり立つわけです。その言葉から見て『論語』も二倍年暦ではないかということを古賀さんにも話したことがあるわけです。そうするとさっきの年齢によって言っているのも二分の一で考える方がよい、ということになっていくわけです。不惑も四十ではなく二十になるのじゃないか。二十から、これからこういう一生を送るのだという決心をしてもおかしくない。四十から惑わないというのは遅すぎるのじゃないかと考えます。

というようなことから、少なくとも『論語』全体の中で、惑うという言葉や、定まるという言葉を全部抜き出すのは、索引ができていますから簡単です。それを自分が解釈したような、「惑う」や、「定まる」でいいかどうかの、確認を取るべきです。この作業はやる気になればすぐできる話です。

ところがそれだけじゃなくて今度は孟子とか、孔子以前とか、文献が知れていると言えば知れていますが、同じことを抜き出せば抜き出せるわけです。それで『論語』について解釈すれば、三十でよいか、他のものはどうか、それを一語一語、確認を取っていく。その本を一冊作ってくださいと、五、六年前から古賀さんに会えば言っているのですが、彼も会社の方が忙しくて、あれだけの能力があると使い勝手がよいのでしょう、組合の委員長をしたり、忙しくてしようがないわけです。皆さんの中でも一つやってやろうという人がいたら、わたしもお手伝いしますからぜひやってほしい。中国には二倍年暦という考えがないですから、堯舜禹なんていうのは百歳を超えています。

昔の天子は徳が高かった。だから長生きをしていたが、今の天子は徳が低くなったから長生きできなくなった。そういう文がありますが、これは明らかに二倍年暦の時代と一倍年暦の時代があるという認識がなくて論じているにすぎない。ある段階まで二倍年暦が中国でもあったと思うのです。それをやっぱり詰めてしっかりとやってほしい。

二倍年暦のあとを広く中国の文献に求めて——第八回

最近、「東京古田会」の大越邦生さんが、すばらしいご研究を始めてくださっております。といいますのは、わたしは二倍年暦という問題があって、これが、日本の文献では『古事記』『日本書紀』に使われている、ということを繰り返し、『俾弥呼』でも論じております。ところが実はこの二倍年暦は、日本列島内だけでなくて、中国側の文献にもそれがあるのではないか、という問題提起があるわけです。古賀達也さんの場合は非常に膨大な空間に及んでいまして、エジプトのピラミッドにも二倍年暦がある、仏教の大蔵経にもある、そしてわたしの言っていた『論語』にもある、というようなことを点々と、そんなに長い論文ではありませんが、書いておられる。

それはそれとして意味はあるのですが、しかしやはり、それだけの大きな問題を、これは二倍年暦ではないか、あれも二倍年暦ではないかという、指摘するだけで終わったのでは惜しい。やはりそれを詰めて、周辺から、二倍年暦に間違いないということを立証してゆく、それが学問としては大事なのではないか、ということを古賀さんにお話ししたら、その通りですと言われ、現在はそのままになっています。

かつてお話ししましたが（第七回）、孔子は、「四十五十になって聞こゆるなきは、それまた畏るるに足らざるなり」と言っています。二倍年暦で見るとどうなるかというと、すごい人間は必ず、二十から二十五までの間に必ずその萌芽を持っているはずだという、一つの孔子見当ですが、人間観ですから、それが、当たっているか、当たっていないかは別として、話としては成り立ちます。ところがそれを普通の四十、五十として取ると、話として成り立たないとわたしは思います。これは、やはり孔子は二倍年暦でしゃべっているのじゃないかという話をし、古賀さんも、二倍年暦の中にそれを取り入れて、お書きいただいた。

一番大きな影響があるのは、有名な孔子の言葉に「われ十有五にして学に志し、三十にして立つ。四十にして惑わず。五十にして天命を知る。六十にして耳順う。七十にして心の欲するところに従って矩を踰えず」という有名な一節があります（爲政第二　吾十有五而志于學。三十而立。四十而不惑。五十而知天命。六十而耳順。七十而從心所欲、不踰矩）。

あれをわれわれと同じ年齢で今まで理解してきています。中国の注釈者も全部それで理解してきています。（注＝『広辞苑』では孔子はBC五五一年から四七九年まで、七二年間生きていたことになっている）。ところがさっきの四十、五十の問題が、二倍年暦であったら、今言った何歳で何々、何歳で何々、というのも、二倍年暦にならなければおかしいのです。さっきの四十、五十だけ偶然に二倍年暦になり、一回だけ孔子がしゃべったというのは、ちょっとあり得ません。つまり、いまあまりにも有名な、この、生涯にわたる述懐を二倍年暦と見なければならない、という問題が出てくるわけです。これは大問題です。

そこへ幸いにも大越さんがお帰りになった。お帰りになったというのは、大越さんは小学校の校長さんで、しかも世界各地の小学校の校長さん、つまり日本人の小学校が各地にあり、そこにいって校長を務められて、最後に三、四年前海外の小学校の校長さんを務めておられた。今度無事帰ってこられまして、古田さんの仕事を手伝いますと、おっしゃってくださっていました。行く前に、帰って来たら手伝ってくださるということで、それでは、この二倍年暦の問題を詰めてもらえたらどうですか、それにはさっきの、「学ぶ」とか「立つ」とか「惑う」とかいういろんな言葉が出てくる、それを全部『論語』の中で、孔子が他でどういう使い方をしているか、それをピックアップして、用例を見てゆく、そうすると、大体と言っていたものが、逃げようのないようにはっきりしてくるのではないか、ということを申し上げました。その後、本当にそれこそ、昼も夜も寝ずという感じで、頑張ってやられたようで、十有五から七十までの実例を、『論語』から全部抜き出してこられたわけであります。そして、四十、五十にして云々という、その件も、それに関連する用例を、『論語』から全部抜いておられるわけです。ということですばらしいお仕事に取りかかっていただいています。

幸いにもいまそれを手助けするような本が出ておりまして、『十三経注疏経文索引』という、これは重訂本が一九八〇年に出され、二〇〇三年に二版が出たものですが、いわゆる十三経として、『論語』、『孟子』などのほか、『周易』、『尚書』、『毛詩』、『周禮』、『儀禮』、『禮記』、『春秋左傳』、『孝経』、『爾雅』、『公羊傳』、『穀梁傳』などに使用されている単語、熟語、文節のすべての索引ができる、総索引の本です。だから非常に大越さんのお仕事もできやすくなり、これを使ってやっておられるわけです。

今大越さんが研究していますが、まず、堯舜禹が二倍年暦です。あれは三人とも百歳を超えています。そんな馬鹿な話はないです。あそこは二倍年暦の世界です。『論語』もそういうことでは、それの延長にすぎないということになります。

第三章　初期の倭国

1　「漢委奴国王」金印——第四回

「漢委奴国王」金印について、ときどき議論されています。「金印」が偽造されたとか、それに漢学者が参画していた、また地下から出たにしては傷みがまったくなく、作りたてのようだなどといわれています。

金印の研究

たまたま福岡市立歴史資料館で金印発見二百年を記念して「《漢委奴国王》金印展」が開かれました。それを見た人から関連図録を送っていただきました。なかなか立派な本で、中には発掘発見したとされる「百姓甚兵衛口上書」の複製や仙厓和尚の自筆の小幅の写真、関係書文献などが並べられていました。

金印発見者の口上書

「甚兵衛口上書」は次のようです。

「天明四年　志賀島村百姓甚兵衛金印掘出ニ付口上書」

一　私抱田地　叶の崎と申所　田境之中溝水行悪敷御座候ニ付　先月廿三日右之溝形リ仕直シ可申迚岸を切落シ居申候処　小キ石段々出候内　弐人持程之石有之　かなてこニ而堀リ除ケ申候処　石之間ニ光リ候物有之ニ付　取上　水ニ而すゝき上見申候処　金之印判之様成物ニ而御坐候　私共見申たる儀も無御坐品ニ御坐候間　私兄喜兵衛　以前奉公仕居申候福岡町家衆之方へ持参リ　喜兵衛ゟ見せ申候へハ　大切

成品之由被申候ニ付　其侭直シ置候処　昨十五日　庄屋殿ゟ右之品早速御役所江差出候様被申付候間　則差出申上候　何レ宜様被仰付可被為下候　奉願上候　以上

志賀島村百生

甚兵衛㊞

天明四年三月十六日

津田源次郎様

御役所

右甚兵衛申上候通　少も相違無御坐候　右体之品掘出候ハヽ不差置　速ニ可申上儀ニ御坐候処　うかと奉存　市中風説も御坐候迄指出不申上候段　不念千万　可申上様も無御坐　奉恐入候　何分共宜様被仰付可被為下候　奉願上候

以上

同村庄屋　武蔵㊞

同月同日

組頭　吉三㊞

同　勘蔵㊞

津田源次郎様

御役所

金印発見の経緯を余すところなく書かれて、一見立派な証拠品ですが、よくみますと、写真と活字版の間で微妙な違いがあります。それは捺印です。

活字版のほうは庄屋と組頭二人の署名の下に㊞のマークがあります。しかし写真のほうにはそれらしいものは見えません。一方甚兵衛の方にはしっかりした捺印が見えます。

「漢委奴国王」金印（福岡市博物館）

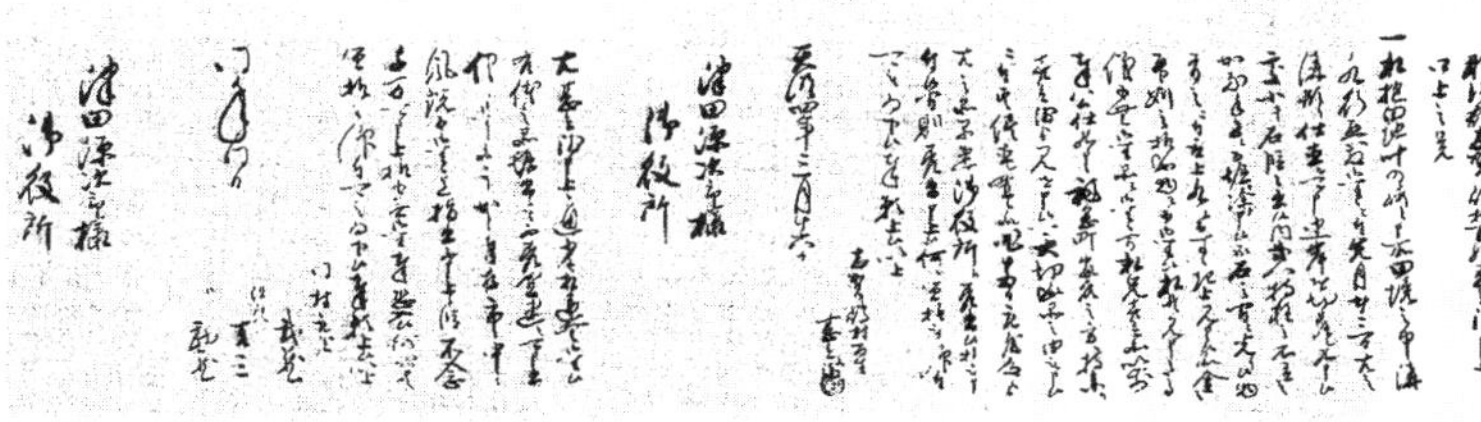

甚兵衛　上書（『福岡市立歴史資料館図録』第九集所載）

一農民である甚兵衛の署名に捺印があることは不似合いであるように思われるかもしれませんが、この時代（十八世紀後半）の農民に印鑑はかなり普及していました。青森の石塔山で農民の借用証に捺印されているのを見たことがあり、そのほかの文書にも捺印されているのが見られます。そういうことで甚兵衛が印鑑を使っていることは不思議はないのです。

ただその証人となっている庄屋・組頭に印が押されてないのは不思議です。農民甚兵衛の口上を裏書しているのですから、自分たちが捺印なしというのはおかしいのです。

もっともこれは本物ではなく、複製、つまり写しです。大正年間に黒田家の文書保管担当の中島氏が毛筆で写されたといいます。普通写しでは印鑑までは押しません。㊞マークを書いて「ここに印があるぞ」と示すわけです。どうして甚兵衛の印だけが押されているか、不明です。

もうひとつ、その時は図録の写真を見ていただけですから、色によって、また写真の撮り方によっては薄くて見えないこともあります。そこで十一月二日、山口県での講演の帰途、福岡市立歴史資料館へ行って実物を見せていただきました。もちろん事前に申し入れをして許可をもらい、福岡市の力石巌さんに同行していただきました。

実物を見せていただき、写真も撮影しました。甚兵衛の名の下には黒々と墨印が押されていましたが、庄屋・組頭の下にはありませんでした。

では、資料集の活字版の釈文にはなんで㊞が書かれていたのか。作成した人も「当然あるべきだ」という思いから書き足したのでしょうね。

この書類は実におかしなことがたくさんあるのです。例えば宛先が「津田源次郎様　御役所」とあります。津田源次郎は当時那珂郡役所の郡司であったので、「御役所」と書けばよいので、名前を先に書くのはおかしい。そういう風に不審な点が多いのです。

このようなことを手がかりに、金印の問題に取り組んできました。

金印の問題点

元福岡市教育委員会学芸員の塩屋勝利さんが、この口上書に基づいて、金印の出土した場所を確かめるべく長い間志賀島の一帯を発掘調査されました。その結果、報告書で、

「甚兵衛の口上書がいう発見のストーリーと、現地の発掘結果とはまったく一致しない」

という趣旨の発表をされました。

金印の発見場所については、多くの研究者たちが細かく比定されています。塩屋さんはそのすべてを発掘調査され、この結論に達したので、これは重大です。口上書では「叶の崎、溝の中」という地点が指示されています（現在の志賀島の金印発見碑付近）。しかし志賀島の叶の崎やその周辺には、弥生時代の遺物も発掘されず、金印を隠していたと思しき遺構もまったくなかったのです（金印は取り去られても収

凡　例
文末の数字は、その地名・記事が出ている下記の文献を示す。
1．元禄年間地図
2．金印弁付図（天明四年）
3．国土地理院地図（明治）
4．〃（昭和）
5．海上保安庁海図（〃）
6．梶原景熙考文付図（享和三年）
沖津島3・5
灯籠堂2
明神鼻5
赤瀬4
白神5
舞能ノ浜4
江尻川4
勝馬神社1・2
勝馬明神社6
勝馬村志賀島村ノ内1・2
勝馬3・4・5　勝馬村6
黒崎3・4
黒瀬5
下馬浜4
白瀬4・5
原江地4
大崎
1・3
4・5
虎御前5
見　岩4
志
賀
島
△弥五郎山5
（牧ノ高り）
赤石5
弘浦志賀島村ノ内1
弘村志賀島村ノ内2
弘3・4・5弘村6
荒磯1
一町遠浅東風二泊吉1
残田川4
志賀社6
志賀海神社
2・3・4
角崎5
一ッ瀬1
赤石5
天龍川4
志賀島3
蒙古首切塚3・4
首切鼻5
叶崎マテ
志賀島ヨリ十二丁
弘村ヨリ同（2・6）
叶ノ浜5
叶ノ鼻5
金印発光碑4
マナ板瀬
1・2
トイ瀬1
叶崎6
クツ瀬海底1
叶崎2
叶ノ浜4
トイ瀬海底1
夫婦石崎5
志賀島村1・2・6
志賀島5
比湊二町遠浅西北風吉其外思シ
大船五六拾艘カカル　1
道切1・5
志賀島橋3・4

近世の志賀島図（『福岡市立歴史資料館図録』第九集所載）

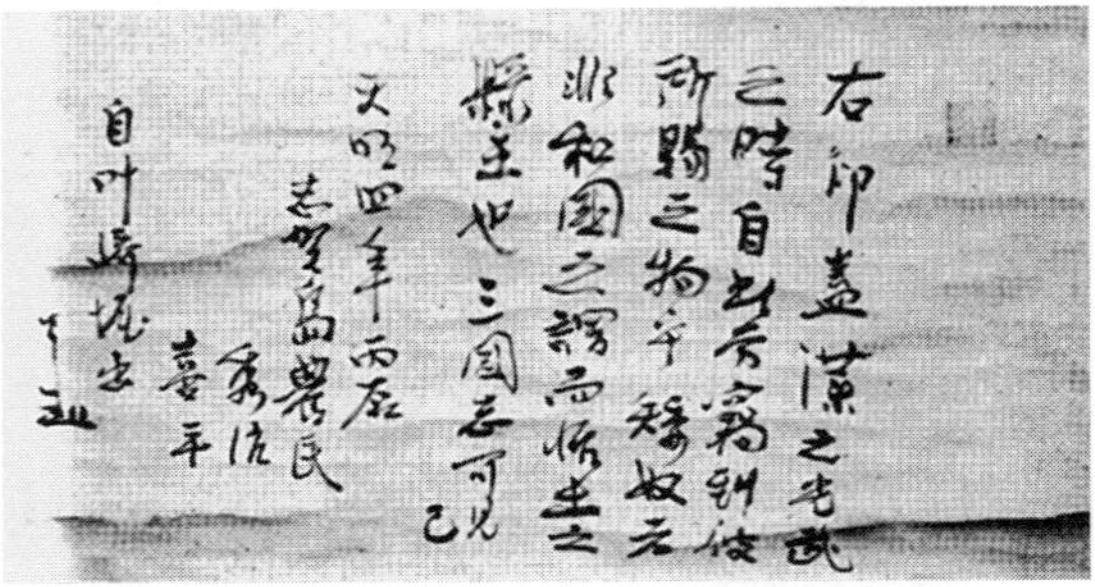

志賀島小幅（「漢委奴国王」金印展より）
博多聖福寺の住職であった仙厓和尚の筆になる小幅。金印の発見者が志賀島農民秀治と喜平であることを記している。

められていた遺構を除去された記録はない）。ただ塩屋さんは志賀島の北方、勝馬のあたりには少し弥生の遺跡があるので、ここではないかと付記されていますが、これは口上書の文意とはかけ離れていて「蛇足」だと思われます。

改めて金印を見ますと、上側の肌は滑らかで、傷はまったく見られません。近世の志賀島で、この口上書のような埋もれ方、掘り出され方をされたら、純度の高い金は柔らかいですから、傷だらけになることは間違いない。とくに印面でない側面・鈕の表面は鋳製された細かい突起があり、二千年も水庄の中にあったら変形してしまうことは間違いなく、これから見ると口上書は偽りを言っているとしか思えません。

「口上書」のほか、金印についてたくさんの近世文書があります。

その一つは親筆が残っている、仙厓和尚の「志賀島小幅」です。

「右印、蓋し漢の光武の時、此方より窃かに彼に到り賜る所の物か、矮奴は和国の謂いに非ずして、怡土之縣主なり、三国志見る可きのみ。

天明四年丙辰　志賀島農民　秀治・喜平、叶崎より掘出す　厓（花押）」

とあります。ここで問題は天明四年（一七八四）は甲辰で、丙辰ではないことです。また、「委奴」という文章ではこの当時の国学や尊王思想の影響で、「委」と大和朝廷との直接の関係を否定する考えが浸透していることがわかります。

このほか亀井南冥の「金印弁」、「金印或問」、亀井昭陽「与平士敬書」、「書漢印紙後」、梶原景熙「金印考文」など、たくさんの文書があり、それらを勘案すると新しい考え方が開かれてきます。

現地口碑　甚兵衛の口上書は志賀島叶崎の地層とはまったく合致しないことが明らかになった今、別の情報もふり返る必要が生じます。

松山の合田洋一さんが、「大政就平さんという人が『金印は細石神社の社宝だったという話を宮司から聞いた』」という話を伝えてくれました。そこで宮司さんに会おうとしたのですが、なかなかつかまらない。七月初めでお祭りがたくさんあります。宮司さんはあちこちの神社を兼任していますから、祭りの季節には体がいくつもほしいような忙しさ。それでも時間を作って会ってくれました。この人のお父さん（前宮司、徳安正彦氏）に何回か会ったことがありますが、剛直な人でした。息子さん（徳安正大氏）は大阪府警勤務の警官をなさっていて、お父さんが高齢になったので退職して宮司を継がれたそうです。やはり警官気質というか、事実を端的に述べる人で、自分の考えをつけ加えた言い方はしない人でしたが、「（金印が細石神社の宝物だったことは）そのように聞いています」と話されました。

また代々現地にお住まいの吉村徹氏に前原市の三雲と井原の悉皆調査をしていただいたところ、やはり「金印は細石神社の宝物であったが、武士が持ち去った」という話が伝わっていました。これで神社側（宮司さん）の単独発言ではないことがわかります。

福岡市博物館に展示されている「口上書」は複製です。大正時代に黒田家の古文書管理係の中島氏が書写したと言われています。

複写なら印鑑を押す必要はない。㊞のしるしを筆で書いておけばいい。それが写しを作るときの常識です。やはり何らかの思惑、例えば本物と見せたい、などの考えから印鑑を作ったり、偽装的な手段が使われたようです。

また複製を作って本物が残ってないのもおかしい。中島氏の息子が売ったという話もあります。売ったのなら、それはそれでいいです。売ったものはやがて出てきます。複写に使われた紙質は現代の和紙です。本来は二つにわかれていたはずですが、複製では一枚に書かれています。前半の甚兵衛の口上、後半の庄屋・組頭の三人の念書、本来はその間に割印があったはずで、それは庄屋・組頭の印のはずです。いずれにせよその点の欠陥があるので、書類としては未完成です。

その書類がなぜ却下されず受容されたか。津田源次郎が黒田家に提出して、現物の金印はそこにあるので細かいことは言わずに受け取ったのでしょうか。

その他の文書

次にその他の文書を見てみましょう。

「与平士敬書」（亀井昭陽、文政五年）亀井南冥の息、昭陽が友人で黒田藩主の近侍である梶原景煕に与えた手紙。

「貴文大いに筆力を覚ゆ、巻末の僭評は佞たるに非ざるなり。点検中乍《たちま》ち想う。所謂郡宰（那珂郡司津田源次郎）豪商（才蔵）、並びに我が先人（亀井南冥）、深き知友為り。漢印の出ずるや、二人先人を呼びこれを諮詢す。時に鋳鑠（鋳つぶし）して武器に装わんとの説あり。先人懼れて郡宰に走る。団金（小判）十五を以てこれに換えんと乞う。許さず。乃ち曰く、紓《ゆる》ぶること数旬を得ば、請う百金を以てこれを償わんと。郡宰大いに驚く。その時に人文猶鬱にして百事猶朴なり。漢印の公府（黒田藩）の宝と為れるは、先人殆ど力あり。然れども他に告ぐべからず。竊かに吾が子の為に言うのみ、と。（下略）」

金印が出て、それを南冥に鑑定させた。またそれを勝手に刀の飾りにしようとしています。南冥がそれを知って奔走し、十五両を出そうと言ったが承知しないので、数十日待ってくれれば百両用意しようと言った。それで源次郎も驚いた、というのです。

甚兵衛が書類をつけて郡役所に届けたものを藩に黙って鋳つぶすことができますか。

「題金印紙後」（亀井昭陽、文政七年）

「（上略）印の出るや先人（南冥）の心知に商人才蔵なる者あり。虞（昭陽の息子）の妻の外曽祖なり。買いて以て郡庁に効す。鑠（とか）して以て兵杖を装わんとの説あり。先人乃ち百金を以てこれに換えんと請う。郡宰大いに驚き、状を具して州朝に上つる。先人因りて『金印弁』を作る。（下略）」

ここでは才蔵が買って郡役所に効す（持っていった）と書かれています。また南冥の「十五両」は省略されて、州朝（黒田藩庁）に奉ったいきさつが書かれ、南冥が鑑定書としての「金印弁」を作ったことが回顧されています。昭陽は当時十二歳でした。

「金印考文」（梶原景煕、享和三年）

「（上略）（甚兵衛）其の何物為るかを弁ぜず、持ち帰り兄喜兵衛に示す。喜兵衛嘗て府下豪商米屋才蔵氏に傭わる。乃ち主人に就き鑒（＝鑑）を請う。是において始めて其の真黄金印なるを知る。越えて三月十六日甚兵衛、里胥武蔵と具状して之を郡宰津田源次郎に白す。源次郎其の事を審さにして以て呈覧す。我が公観てこれを珍として、乃ち命じて府庫に蔵す。

甚兵衛に米若干苞を賜う。執政浦上大夫其の事を奉行すと云う。（下略）」

ここでは藩主の側近であった梶原影煕が、津田源次郎から藩の府庫に収まるまでを詳しく書いています。甚兵衛に褒美として米若干苞が与えられたと書かれています。享和三年（一八〇三）は金印発見年とされている天明四年（一七八四）から十九年後です。

ところが、同年に書かれ、同じ題名同じ筆者の「金印考文」（志賀島の図に付した短文）では、「甚兵衛に白金五十両を賜う」とあります。同じ人が同じ年のうちにこれだけ違うことを書くというのは珍しいことです。
「続風土記御調子ニ付調子書上帳・草稿」（文政三年三月）
「叶（中略）当村百姓甚兵衛と云者黄金の印ほり出し　御上ニ被召上、白銀五枚　拾ひ主□被仰付」
「続風土記御調子ニ付調子言上帳・成稿」（文政三年三月）
「（前略）其節甚兵衛江白銀五枚御書付頂戴仕ル」
これによると甚兵衛は銀五両を与えられたとされています。一体どれがほんとうでしょうか。
「志賀島小幅」仙厓（前出）
現地の人名は「志賀島農民、秀治・喜平」とあります。ここでは甚兵衛は出てきません。研究者の大谷光男氏は「秀治・喜平が真の発見者で甚兵衛の作男だった。代表で甚兵衛が口上を出したのだ」と論じておられます。しかしそうなら仙厓は甚兵衛・秀治／喜平と書けばいいはずで、学者が机上で考えたことです。
ここでこう書かれているのは、実際発見には甚兵衛は関係していなかったのだと思います。
（なお、執筆時点を「天明四年丙辰」と書かれていることから、これを仙厓晩年の執筆のため干支を間違えたと見る説がありますが、筆跡《聖福寺主要図録を参照》から判断して天明年間の執筆、丙辰は歳ではなく日付で、この年の丙辰の日は六つあります（一月三十日、三月一日、五月二日、七月三日、九月四日、十一月五日）が、甚兵衛口上書の言う「二月二十三日」との前後関係から三月一日と思われます）

総合的解析

これらの文書を総合し、口碑を参照すると、金印再発見のいきさつは次のようになると思われます。

①金印は或る所（例えば細石神社）に伝世所蔵されていたが、何者かによって奪われ市場に出た。
②米屋才蔵がそれを買い取った。交友関係から津田源次郎にも見せ、源次郎は鋳つぶして刀の飾りに

しようと言った。二人はさらに亀井南冥に見せ、その価値を知った（この日は口上書に載せられた二月二十三日ではなく、もっと早い時期だったとしてもいいと思います）。
③南冥は大切な物だから十五両で譲ってくれというが、才蔵はその値段ではだめだという。南冥は一、二カ月待ってくれ、百両用意するといい、源次郎もようやく事態の重大さを認識する。
④そのうち風評が市中に流れ、源次郎は正式に処理せざるを得ないと思う。しかし才蔵は入手元を明かすことはできない（盗品だから）。
⑤南冥が一計を案じ、地中から発掘したことにして、正式に藩に提出したらどうかという。土地は領主たる黒田藩の持物だから、出土したものの所有権は当然藩に帰属する。そこで農民秀治・喜平（喜兵衛）に届けさせる手筈にする。出土地としては源次郎（那珂郡司）の采配する志賀島とし、金の縁から叶崎が選ばれた。
⑥その段階で聖福寺の仙厓に話し、私《わたくし》文書としての「志賀島小幅」の揮毫をしてもらう。
⑦しかし秀治・喜平はその役目を断る。仕方なく喜平の弟・甚兵衛に白羽の矢を立て、届出・文書作成をさせる。しかし証人としての庄屋・組頭の三人は署名捺印を拒む。仕方なく、「それでもいい、どうせ受け取り手は源次郎だから」と、杜撰な文書のまま、手続きをし、首尾よく藩主のもとに届けた。藩主はこれを観て大変喜び、賞美し、黒田藩の府庫に収まった。
⑧南冥は「金印弁」を作成し、賞賛され、あわせて発足したばかりの「甘棠館」の名声も上がった。一方対抗して提出した「修猷館」教授五人による「金印議」は、出来が悪く評判を落とした。
⑨甚兵衛には、最初米五俵、後に銀五十両が表向き褒美とされた。そのうち五両は甚兵衛に、残りは才蔵とその他で分けられた。才蔵は買取り価格を上回り満足した。源次郎は間に立ち、藩主の御覚えがよかった。

黒田藩は銀五十両の褒美を支出したが、国宝指定の宝を手に入れたので言うことはない。

ここで南冥の発議によって五人一様に得をし、「五方皆得」の結末となった。

大阪市教委の久米雅雄氏は、「金印は本来墓から出るべきものだ」と主張された。この付近には前原市三雲・井原など古代の墳墓が多くあり、とくに井原には後漢式鏡の出土もあって金印出土にふさわしい。ただ氏は「伊都国王」説から主張されたので、その点は賛成できません。倭奴国は伊都国よりはるかに大きな存在、『三国志』の「女王国」より大きい範囲なのです。もちろん奴国も三番目の国ですから、該当しません。

真贋について

金印が贋物かどうかという議論は出現当時からありました。

『漢書』王莽伝（元始五年、王莽復奏文）には「越裳氏重訳献白雉、黄支自三万里貢生犀、東夷王度大海奉国珍、匈奴単于順制作」と述べられています。「東夷の王大海を渡り国珍を奉る」とは、大海を渡ることから倭国王と考えられます。これが結節点になるでしょう。

「金印弁或問」（亀井南冥、天明四年）

南冥が「金印弁」の付録として、金印に対する疑問に答えたもの。九カ条にわたり疑問を呈されそれに答えています。

①千年以上地中に埋もれていたにしては疵も色合いの変わりもないのはおかしい。

答「説文解字」に「黄金は錆びたり汚れたりしない、久しく埋めておいても陶器同様少しも錆びることはない」と書いてある。

②古印の鈕には亀・虎・虺・環・鼻などがあるが、蛇というのは聞いたことがない。

答「集古印譜」に、晋の蛮夷率善阡長印に虺を用いたものがある。虺と蛇とは同類だから、日本を東夷と見立てて蛇を用いたのであろう。

③金印は鋳物とは見えないが、鈕の孔を見れば鋳物に違いない。どうか。

答　わたしもそう思ったが、金属細工門家に聞くと、金だけは特殊で、鋳物を自由に彫刻できる、他の金属とは格別だという。だから怪しむべきことではない。

④異国にて日本の国号を、倭奴国というのは、北胡を匈奴と名づけたのと同様で、大いに鄙しめたものだ。不満ではないか。

答　鄙しめたものとはいえない。思うに、最初に日本から漢へ使を遣わした時、文字もない時だから、国名を問われたとき、「ヤマトノクニ」と答えた、その「ノ」が「奴」になって「倭奴国」となったのであろう。「武備志日本考」に美濃を米奴《ミノ》と訳し、紀伊を乞奴苦芸《キノクニ》と訳した例もある。（中略）漢代の郡県名にも高奴王・雍奴侯などもあり、鄙しめてつけたものではない。

⑤金印が『後漢書』『三国志』に記されたものならば日本書紀などに記録がないのはなぜか。

答　一応はもっともな疑問だが、漢の中元二年（五七）は垂仁天皇の世で、日本では開けず、琵琶湖が一夜でできた、富士山が湧き出したなどという物語がまじめに語られ、万事騒々しく文字も記録もなかったので、舎人親王も知らなかったのは当然だ。

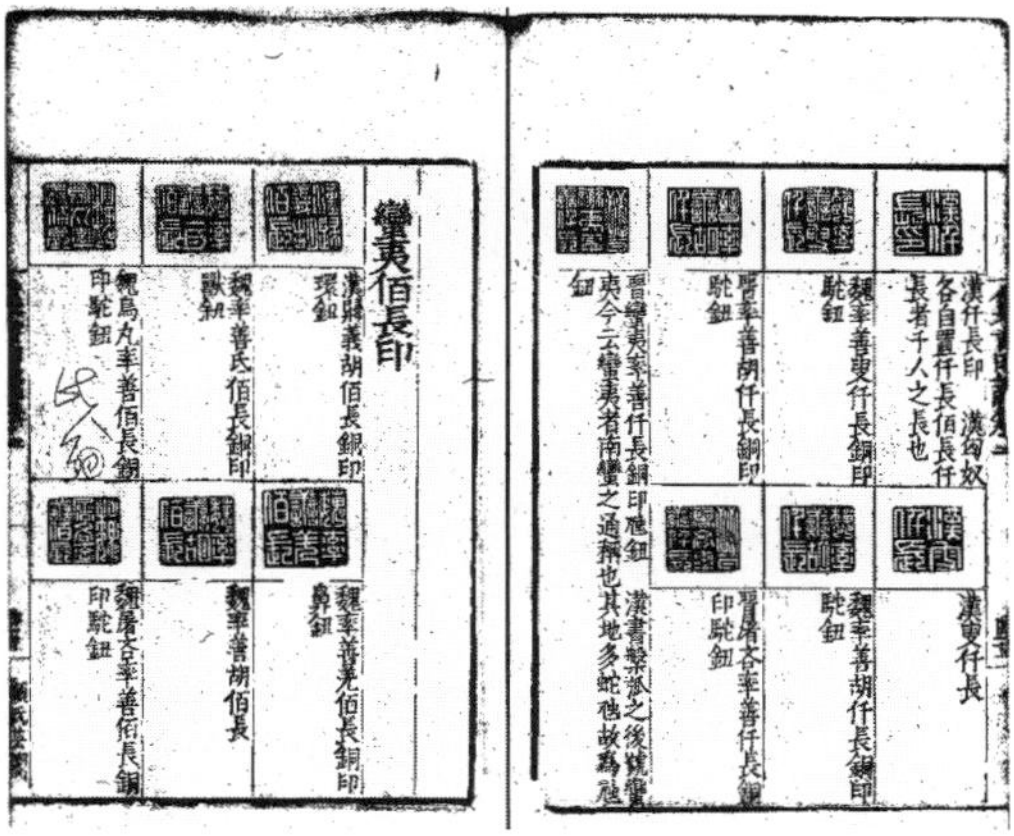

集古印譜（『福岡市立歴史資料館図録』第九集所載の図面ではなく，国立国会図書館蔵の『集古印譜』の別のページの本図中央三行目に「虺鈕」のことが記されている）

⑥垂仁天皇の世に文字がなかったか。松下見林の『異称日本伝』には神武天皇のときから文字に通暁したと書いてあるではないか。

答　見林のこの説は甚だおかしい。魏志でも文字で通じたとは書かれず、重訳といって通事を所々において用を弁じたので、間違いのことばかり書いてある。神国を貴ぶあまり申した説で、杜撰である（下略）。

などと論争されていて、当初から贋作ではないかとの疑問は提出されていました。九州大学考古学教授の岡崎氏が印の寸法の関係で非常に精緻な測定・考証を行って、漢代の印であることを確認されました。これはご本人からも聞きました。

そういうことで当初から何回も討論されて、真物であることが確認されています。九州大学で三〜四日にわたって、篆刻書家・金属細工技術者・歴史学者・考古学者など大勢集めて、大討論をして、真物であることが判明したと元九州大学教授の長沼賢海さんから聞いております。

最近また贋物説が出ていますが、十分な科学的検討を経ていないので、成り立たないと思います。

金印は本物が細石神社に伝わって、それが武士によって盗み出された、それは本当だろうと思います。おそらく細石神社の宮司さんは「盗まれた」という話はしたくないでしょう。

それが博多に流れていって、才蔵に買い取られた、そういう経過だと思われます。

2　金印についての各種の疑問——第四回

細石神社の社宝であったこと

（質問）

細石神社に行ったことがありますが、それほど規模の大きな神社ではないと思いますが、金印を社宝にできたのでしょうか。

(回答)

わかります。細石神社は大きな神社でしたが、天正十五年（一五八七）太閤検地によって神田などを没収され、本殿だけの丸裸にされて衰亡したといいます。秀吉は敵対した勢力には容赦しませんから。たぶん金印は三雲・井原の墳墓から出たと思います。それを手に入れた人は個人のものにするのは神仏や周囲の人に遠慮があるので、穏当な方法として神社に委託したのではないか。そうすれば共同責任ということになるのだと思います。

社宝が黒田藩に移ったこと

(質問)

『志賀島金印の謎』という本に、甚兵衛は架空の人物である、あの近くの寺に過去帳がすべて残っているが、甚兵衛の名前だけはないと載っていました。しかしこのレジュメに収録された文書に甚兵衛の名前がやたらにありますから、それは言えないと思うのですが。

それから、細石神社は、伊都国など大変なところにあるので、神宝としていてもおかしくないかと思いますが、徳安宮司は「黒田藩に召上げられた」と語っています。わたしは古文書の過程から、金に困って売ってしまったか、盗まれたと思いますが、ご見解をお聞かせください。

(回答)

甚兵衛は古田の甚兵衛と言うそうです。字地名でしょう。また「甚兵衛火事」というのもあったそうです。わたしの理解では、彼は名前と判を貸しただけですから、どこの誰でも構わないのです。

また金印の発見経路は、金印を才蔵が買ったことはわかっていますが、その以前は資料がないので推測するだけです。現地の口伝えでは武士が盗んでいったということです。

そこらはこの話が公になればまた情報が出てくるかもしれません。

〔釈文　王奉盒印〕

怡土小学校から発見された銅印

現地の悉皆調査は大変なものです。吉村徹さんという青年がやってくださったのですが、例えば前原市の市会議長の新さんという人は、三十年前から仲間同士で「金印は三雲から出た」と言っているそうです。別に根拠はないそうですが。

また吉村さんの調査の中の収穫として銅印が見つかりました（図参照）。

怡土《いと》小学校の校庭の一角で二十年ほど前に見つけたそうです。元の時代の私《わたくし》印です。印そのものはそれだけのものですが、鈕が鶏なんです。芸術品ですね。元寇の時、元の軍営があったと思います。元軍は上陸させずに撃退したと教えられてきましたが、実は博多は元軍に制圧されていたのですね。怡土小学校あたりにも軍営があって、台風があって孤立して、ゲリラ戦で逃げたり殺されたりして、その時に放置していったものでしょう。元朝の「公印」は蒙古の文字であるパスパ文字が正式で、南人（南宋地域から徴発された漢人）のための漢字の印が「私印」であるといいます。私印といっても公式な命令などに使われたようです。

王墓から出土した場合の問題

（質問）　弥生王墓から出たとしてもピカピカではありえないのではないでしょうか。どこかの神社で伝世されたと考えたほうが近いかと思うのですが。

（回答）

叶崎の海岸近くに裸で埋まっていたのでは、金印の表面が傷つかないことはあり得ませんが、王墓に埋めるときはどういう埋め方をしているかで変わります。普通は厳重に土器や木箱、絹のクッションなどで厚く保護されているでしょう。そうであれば現在のように光沢を保って出現し得ます。

印章学で有名な久米雅雄さんの説明の時に、壇上から岡本さんという方が反論された。「あの井原の墳墓出土の時は大騒ぎで農民たちは好き勝手に持っていったと書いてある。その中に金印があったのだろうと久米さんは言われる。それなら何で金印のことを青柳種信は『柳園古器畧考』などで書かなかったのか」と質問が鋭く出て、久米さんも困っておられた。だからその時ではないと思います。同一の地域でも別の時期、別の場所だったと思います。だから然るべき容器に収められていたと思います。推察にすぎませんが。

偽造説の検証

（質問）

金印が本物であるということはまだ確信が持てません。最近三浦佑之さんが書いた『金印偽造事件』という本はなかなか説得力があって、一番気になるのはピカピカの問題でして、わたしはある金属学者に聞きました。ああいうものを作るのは砂の鋳型で作るが、新品のでき上がりはまさにこのようになる、最近作ったものに間違いないと言われました。墓の中に入れられるか、世襲で収められても、千年以上経ったらこんなにきれいなはずはない、穢れとか汚れが出るはずだと言っていました。

九州大学の先生方が議論して間違いないと決めたのはおかしいと思います。偽物として見る前提のない方々が議論しても本当の結論が出るはずはないと思います。

比重などについても「広陵王璽」などと実際に比較していない。これが中国産だとはまったく言えないと思います。

「広陵王璽」とはでき上がりにかなり差があると言っています。

鈕についても、蛇だというのですが、いくら見ても蛇には見えない、強いて蛇と考えればそうも思えるという程度のものです。製造する時に日本の技術ではうまくできなかったのではないでしょうか。

印面の寸法がちょうど漢代の一寸だということも、江戸時代には印譜の普及からたやすく同一に作ることが可能で、そのことから真作だと言うことはできません。

最後に亀井南冥が蟄居させられたことは、三浦さんは偽造が発覚したためだと言っています。

そのように確実に正当な物だということの確信が持てないのですが、いかがでしょうか。

(回答)

三浦さんの本は今も持っています。前半は大変感心しました。甚兵衛の口上が疑問だというあたりはしっかり書かれていますが、後半、偽物と考えてもいいじゃないかというあたりから議論が粗雑になりました。「広陵王璽」にしても比較して「違う」と言うのではなく、「違うかもしれないじゃないか」という論法です。「江戸時代にこういう彫り方ができた」というが、できたものを挙げずにできるはずだと言っています。福岡歴史資料館（当時）の水谷さんとも話しましたが、「あの論法は無理ですよ」と言っていました。

「三浦さんが書いているから間違いない」とは言えないので、寸法でも微細なところまで一致するので、その論法では「一致するからおかしい」とも言えますね。「微細なところまで一致していないからおかしい」とも言えるので、どちらでも使える便利な論理は危険です。自分が「偽物だ」という立場に立ったら「ああも言える、こうも言える」という論法で、推理小説ならいいが、学問としてはあれではおかしい。想像は自由ですが、想像を実証せねばならぬ。「こう考えたい」では学問ではありません。

このことで思い出しましたが、三浦さんは『古事記』の上表文の偽物説を吉川弘文館から出して非常に評判になっていますが、これも内容を検討すると良くない。第一わたしが書いた「古事記序文の成立について――尚書正義の影響に関する考察」（『多元的古代の成立　下』復刊版、ミネルヴァ書房、二〇一二年、二〇五ページ以下に収録）をまったくなかったものとしています。あれを知っていれば論旨はたいへん変わってくるはずです。これはまあ偶然知らなかったかもしれない。しかし間違いなく、知っていて知らん顔しているのは九州王朝です。九州王朝に触れれば『古事記』序文の考え方は全然変わってくる。「削偽定実」は南朝の大義名分が偽、北朝の大義名分が実という論議を出しています。九州王朝説があることを頬かむりしています。絶対知らないはずはないですよ。学者仲間で、古田説は除いても文句言われないから除く、知らん顔する、あの姿勢です。あれはやはり良くない。平安朝偽作説については『なかった――真実の歴史学』第四号（二〇〇八年、二七ページ）に詳しく論じました。お読みください。金印についても同じ論法で展開されています。

「奴」の問題

（質問）

「漢委奴国王」の奴という字が気になります。匈奴に対する委奴であれば、これは卑語ですね。「奴」という文字を使って印を作るのは、失礼ではないでしょうか。「ド」という発音を書くならもっと違った文字があるのに、なぜ「奴」などの字を使うのでしょうか。

（回答）

わたしもその点大賛成です。ただそれを言うなら後漢の光武帝に「けしからん」と言うべきです。『後漢書』にも「倭奴国」と書いてあります。なお「奴」は「ヌ」または「ノ」の発音です。

（質問）

「委奴」というのは失礼ではないか　史書に書くのは自由ですが、相手に与えるときにはもっと礼儀のあるものにしないでしょうか。

（回答）

礼儀のあるものを与えるべきだというのは賛成です。しかし印章でも「べきでない」ものがたくさんあります。周辺の人たちにもっと丁重に接するべきだというのは大賛成です。当時から中国はうぬぼれていましたから。

ただ江戸時代の人が偽物を作るについて、「そんなこともわからない馬鹿者が作った、寸法だけは熱心に合わせたが、字面は日本人でありながら気づかない馬鹿だ、中国は礼儀正しいからこんなことをやるわけがない」といった論法はおかしい。事実匈奴を、印でも匈奴と書いています。そこにその時代の中国のレベルがある、そう思います。

偽物説を出すのは大いにやってかまわない。それには論証をきちんとやってほしい。『七つの金印』という推理小説があります（注＝明石散人『七つの金印――日本史アンダーワールド』講談社、二〇〇一年）。あれも前半の盛り上げ方は良くできていて参考になりました。でも推理小説ですから後半は論理が崩れています。

「委」の発音　（質問）

委奴国と伊都国の「い」は古代音韻上「ヰ」と「イ」で違っていると聞きますが、相互に流用可能な程度の曖昧なものでしょうか。

（回答）

中国で名づけたので厳密にすべきことです。久米雅雄さんは、委は倭の略体だというのは間違いだ、委と倭は違う文字として考えるべきだと言っていました。しかし伊都国に比定しているので音韻の点では無理があると思います。わたしは匈奴（猛々しい種族）に対する委奴（従順な種族）だと思います。伊都国よりさらに大きな女王国、倭種全体を含んだ、南米まで版図を伸ばした国だと思います。

「委奴」の国名

（質問）

この国は文献に出てきますか。金印を与えるほどならあちこちに出てくるのでは。


（回答）

『後漢書』に出てきます。後漢は一世紀ですが、五世紀に范曄が書いています。そこ一カ所だけです（注＝正確には、『後漢書』の他に、『北史』『隋書』『旧唐書』『宋史』『元史』『明史』にでてくる）。印をもらっていても史書に現れない国は結構あります。「漢匈奴悪適尸逐王」など出てきませんね。


ついでに、久米さんは「倭人伝に出てくる周知の国名は使わず、『後漢書』に一回だけ出てくる国名を偽作する者が使うだろうか」と論じています。蛇鈕の問題も、亀鈕なら中国製として怪しまれないのに目慣れない蛇鈕を使っている、それがかえって偽作でない証明だと思います。

金印の科学的分析

（質問）

金属の表面焼入れの仕事をしていますが、純粋の金は軟らかいので、何かの金属と合金にして使うのですが、その金属を分析すれば時代・産地も判明すると思うのですが、言うべくして実行は難しいと思います。

漢委奴国王

朔寧王大后璽

滇王之印

廣陵王璽

漢匈悪適尸逐王

久米雅雄著『日本印章史の研究』「漢委奴国王」印考—金印奴国説への反論—より，編集転載

（回答）

福岡市教委の本田美津子さんという方が成分分析を細かくやっておられます。例の銅印も分析を頼もうと思ったんですが、専門が他の時代のものだというのでやめて、教委に依頼しました。成分分析はかなりやられていると書いてあるのですが、それがまだ不足ならさらにやられればいいのです。中国でやったという話も聞きましたが確かめたわけではありません。

金印の信憑性についてこんな経験があります。『親鸞　人と思想』（清水書院、一九七〇年）を書いたとき、『教行信証』の執筆時点の問題で、こんな余分なことをつけ加えました。

「今、死者の国において、長沼と喜田は『コロンブスの卵』ののった食卓を前にして、つぶやいているかもしれぬ。『とんでもない結論に行っちまったが、おれたちがあそこに疑いをもちつづけたことは、やっぱり正しかったんだな』と」

田村圓澄さん（法然研究者）から葉書で、「長沼賢海先生はまだ生きていらっしゃいます」と知らせて

「漢匈奴悪適尸逐王」駝鈕銅印（『福岡市立歴史資料館図録』第九集所載）

きました。びっくりしました。明治年間の『史学雑誌』に九回も連載していた人なので、よほどの老大家で、てっきり亡くなったと思っていたのですが、当時の『史学雑誌』は二十代前半の学究にも手厚く機会を与えていたのですね。今では一回載っても大したもの、二回、三回はよほどの大物でなければ、という感じですが。

そこでその日に急遽、駆けつけてお詫びしました。当時九十何歳でした。ところがわたしのお詫びは気にもされず、「邪馬台国問題はけしからん、近畿だの九州だのと、わいわいやっておって、わしらは九州大学で金印の真偽問題が出た時、書家・金細工家・分析の専門家・歴史学者など集まって、三日も四日もかけて議論して、真物だとなったのだ。邪馬台国もそうすればいいのだ」と言われるのです。最初はどうしてそういう話になるのかわかりませんでしたが、わたしが『史学雑誌』（昭和四十四年〈一九六九〉七八—九）で「邪馬壹国」を発表したばかりだったので、名前を覚えておられたようです。その時に話された、問題点を関係者がすべて集まって討議するという方法論はその通りです。非常に印象に残りました。

3　後漢時代のその他の国

東鯷人について——第　六　回

（質問）

九州の縄文人あるいは弥生人を東鯷人としますと、東鯷人が半島の南部にもいたことになりませんか。

（回答）

東鯷人としますと、という仮定は乱暴です。東鯷人は話が全然別だと思っています。実はわたしも初めは間違えて東鯷人は、東の端の人という意味ですので、それを倭人よりもっと東にあると考えました。それは近畿の銅鐸人ではないかと考えた時期もあります。ところがそれは間違いだったことがわかりました。なぜかと言うと、いわゆる『漢書』にある倭人の記事は、燕の地の記事にあります。そして今度は、東鯷人は呉・越のそちらの記事にあるわけです。だから原点が違うわけです。

東鯷人の方は呉越の、そこから見て東側の地域。南九州の西岸部になるわけです。そこを東鯷人と彼らは呼んだわけです。一方倭人の方は燕地の方から九州の北岸部の人を倭人と呼んだ。要するに命名の発生源が別なわけです。だからそういうものを基本にして倭人と東鯷人がどういう関係であったかという問題に移るべきなのです。

わたしの今の理解では倭人伝の場合は九州・近畿の両方を含んでいるわけです。七万戸といっているのは博多湾岸の倭人の世界です。投馬国（つまこく、薩摩のつま）と言っているのは五万戸の世界です。同じ九州の中に北の方には七万戸の世界があり、南の方に五万戸の世界があります。どちらが古いかというと断然五万戸が古いわけです。なぜかというと縄文時代の南九州は、抜群の中心なわけです。

東に縄文あり西に縄文はないといわれ、東高西低といわれたのが、ひっくり返って、南九州からどんどん、たくさんの縄文の遺跡が、点ではなく、面で出てきたわけです。北部九州など及びもつかぬ、これがいわゆる東鯷人です。

次に北部九州の女王国と投馬国との関係を考えるべきです。倭人伝で出ているところから見ると投馬国の方はまともな官職名になっています。つまり長官が彌彌、神の「ミ」で「ミミ」はダブル言語。そして今度は彌彌那利というのが副官になっています。全国に「ミミ」といいう地名は近畿などにもたくさんあります。そういう古い縄文時代からの「ミミ」という地名と対応して彌彌、彌彌那利という官職ができています。

ところが倭人の方は長官が伊支馬、壱岐対馬の占領軍がそのまま長官になって伊支馬になっています。一大率になり、周辺はそれを怖れていると、こうなってくるわけです。

東鯷人とナマズの関係――第七回

（質問）

『後漢書』の倭伝に東鯷人というのが出てきます。九州では鯷はオオナマズという意味だそうですが、東のオオナマズの人という意味で、そうすると別の場所にもオオナマズの人がいるのかどうか。確かに九州の方ではナマズを特別に思う方がいるという報告があります。ナマズは神様のお使いです。それでナマズを尊敬しているかと思えば今度はナマズ退治などという。退治したあとで反省したのかどうか知りませんが、神社に祀っております。福岡の辺はナマズを尊敬する方ですが、このような人を東鯷人と言ったのではないかとわたしは考えています。中国でもナマズを特別に思う習慣がありまして、もちろんナマズはたべないですし、九州と他のところとも共通しています。

（回答）

長らくわたしもナマズ問題を考えた時期があります〈注＝東鯷人については『邪馬壹国の論理』〈復刊版、ミネルヴァ書房、二〇一〇年、二二三ページ以下〉に詳しいが、修正されている。また『東京古田会ニュース』八六号、八七号〈特集〉には会員・元会員の詳しい論文が掲載されている〉。中国でもあれをナマズという意味ですから、ナマズの人という意味で、頭にナマズを冠のように載せた絵を描いた例があります。

日本でもナマズと言うが、それではどこか特定の地域はナマズを大事にして、他の地域はナマズを大事にしないのかというとそうでもない。例えば鹿児島とした場合、鹿児島だけがナマズを大事にして、あとはナマズは大事にしないというふうには分かれていないわけです。ナマズという解釈である限りは結局アウトでした。的確な解決ができない。もう一つさらにはっきりしたことは、『漢書』でナマズを使っている例がありましたので抜き出してみましたが、ダメで、そういう意味になっていない。結論から言いますとこれはどうもおかしいのではないかと考えて、魚偏を取ってみました。倭人の倭が金印では人偏を取っております。『三国志』でも釜山から三回海を渡るのですが、一回目の渡るは氵がなくて度という字です。二回目三回目は氵があるわけです。偏があるなしで変わらないという問題があります。字の成立の時期によるわけです。

そうしてみると、ナマズも魚偏を取ってみたらどうか。是という字はテイ、土手です。端っこという意味です。魚のいる海上ですが、東の端っこの人。東の端っこの人ということになると、倭人の方は燕地で出ていますが、東鯷人は呉地で出てきます。それを混同して倭地よりもっと東と考えた時期があったのですが、これは今から考えると間違っています。あくまで呉越の地から見て東の端っこということになると南九州の西岸部になり、そこの人ということになります。

かつては縄文というと東高西低といわれて、東は縄文がたくさんある、西は縄文が少ないと十数年前まではそう言われていた。ところが鹿児島からとてつもない縄文遺跡が続出しました。東日本はぽつんぽつんと縄文遺跡が出てきますが、南九州ではまとまって縄文都市のような形で出てきました。今は逆転して縄文のメッカは鹿児島県。そうすると縄文の早期、前期ですから、そこで縄文が栄えているのを呉越の人が知らないはずはない。その人々のことを東鯷人と記録した、というふうに考えるのが正しいと思います。

わたし自身も、最初は倭人の東の銅鐸圏と『週刊朝日』や『古代は輝いていたI』に書いたこともあったのですが、今は鹿児島、九州の南端の人ということ、ここは縄文のメッカであります。なぜメッカかというと黒竜江方面から南下してくる線と黒潮に乗って北上してくる線が合流する点が鹿児島です。そこにすばらしい縄文文明が花開いたわけです。その花開いたのを呉越の人が知らないはずはないのです。それを東鯷人と称したわけです。それが現在のわたしの理解です。

第四章　俾弥呼とその後

1　邪馬台国はなかった

邪馬壹国の名称
――第　六　回

このセミナーにご出席の皆さんの大半は、わたしの『「邪馬台国」はなかった』をお読みのことと思いますので、ここで詳しくそれを論じることは控えさせていただきますが、言いたかったことの一つに、「原文に忠実であれ」ということがあろうかと思います。俗に「邪馬台国」と言われますが、その根拠となる、陳寿の『三国志』には一言も「邪馬台国」とは書かれておりません。そのためまず、「壹」と「臺（台）」の用例をくまなく検証し、卑字と尊字を詳しく論じたことも皆さんご存知の通りです。

用字の厳密性についてですが、それはいろんな立場があるわけですが、例えば、『大無量寿経』というのを魏の僧侶が訳しています。この親鸞なんかも使っている『大無量寿経』は三世紀の時代にできたものです。そこではインドの言葉を非常にいい意味で、皆お弟子さんたちですから、いい字をあてているわけです。発音だけならいい意味も悪い意味も中間のものもあるわけです。その中でどれをあてるかという問題があります。その場合仏典の場合はいい字を取っています。

逆に悪い字を取っている例もあります。蛮族、中国に敵対した匈奴とか鮮卑とかそういう蛮族を表すにはことさらいやらしい字を使っているグループがあるわけです。わたしは『倭人伝を徹底して読む』

（復刊版、ミネルヴァ書房、二〇一〇年）ではそういう例を逐一挙げております（同書、一六五ページ以下等）。そのほか中間のものもあります。例えば邪馬台国の邪というのは「よこしま」という意味に取れば非常に悪い意味になる。ところがクエスチョンのはっきりしないという意味に取ると中間になるわけです。罵倒しているわけでもないし尊重しているわけでもない。中間になるわけです。そういういろんなニュアンスがあるでしょうが、要するに発音が同じだけならいろんな意味に取れる。それを使用する側やそれに対応する側の都合で選択しています。有名な例では、例えば高句麗という場合、新の王莽が高句麗などけしからんというわけで、高句驪（原文）という名前を変えて下句驪としたという話があります（『後漢書』中華書局版、一九六四年、二八一四ページ）。

ということで倭人伝の場合は中間のケースが多い。罵倒していやらしい字を、悪魔のような字を与えているわけではない。また仏典のような字をあてているわけでもない。まあその中間の字をあてている場合が多いということです。

京都と闕と臺の関係──第八回

字は違いますが、よく似た意味をあらわすものに「京都」と「闕」と「臺」というのがあります。

「臺」という字は魏の代に魏臺という言葉があるように魏の天子のいるところを臺と呼んだ、ということを今まで繰り返し論じてきました。

倭人伝の最後にも「因詣臺、獻上男女生口三十人、（以下省略）」とあります。これに対して、魏の時代に闕という言葉も使っています。鮮卑伝に「至黄初五年、歩度根詣闕貢獻」というのがあります（歩度根はボスの名前）。また濊伝でも、「正始六年、樂浪太守劉茂、帶方太守弓遵、以領東濊屬句麗、興師伐之。不耐侯等擧邑降。其八年、詣闕朝貢」というのがあります。ここでは臺ではなくて闕を使っています。

さらに倭人伝では、「景初二年六月、倭女王遣大夫難升米等詣郡、求詣天子朝獻、太守劉夏遣吏將送詣京都」とあります。京都というのと闕というのと臺というのと、どんな関係になっているのか、という問題です。

結論から言いますと臺というのは天子の住んでいる場所、宮殿そのものです。それに対して闕というのは宮殿の周りを城壁が取り囲んでいますが、その城壁の入り口が闕です。城壁で都ができているわけではなく、都はもっと広いわけです。それが京都です。東京都の中に宮城があり、そこにいろいろの門があります。それが闕です。東京都に入ったからと言って闕に入ったわけではありません。闕に入ったからと言って天子の住んでいる所に入ったわけではありません。天子の住んでいる場所と、闕と京都は全部別なのです。

最初は天子に「詣らんことを求めた」、とありますが、京都しか行っていません。つまり京都の入口から中に入れてくれていないわけです。それは明帝が病気だったからです。景初二年の最後に急病を発して翌年死にます。一行は天子に会いたいのですが京都から中には入れてくれないわけです。ここからも「景初二年」でなければダメであることがわかります。景初三年なら新しい天子に代わっているわけですから、倭人伝を正確に読んでいない証拠です。

そのほかの場合は、京都に行ったけれど闕までしか行けてないということです。今まで蛮族であったものが、いきなり臺まで来たら包囲されて、天子に危害が及ぼされる可能性だってあります。だから、闕止まりで、そこに従者を待たして、ボスが何人か連れて天子の面謁をこうむるようなものでしょう。ですから、闕と臺とどちらでもよいものではなく、闕と書いてあるのが正しいわけです。

それに対して壹与が倭人伝の最後で臺に至ったということはすごいことです。つまり天子のすぐそばまで（臺に詣り）壹与の使いは行ったわけです（注＝岩波文庫では臺を洛陽の中央官庁としている）。壹与は二心なくて忠実ですから、天子の宮殿の下までいったわけです。あえて言うならば魏の及ばなかった交流が西晋とは行うことができたわけです。陳寿はそういう筆法で書いています。

邪馬壹国の発音――第七回

（質問）

邪馬壹国のイチという発音ですが、三世紀頃、日本人はイチと発音していたのでしょうか。『古事記』『日本書紀』を読みますと、ヒトツ、フタツのヒトツが中心ではないかと思います。もしそうなればやまひとつの国ではないかと思います。

もう一つヤマですが、ヤマは山を意味すると考えてよいでしょうか。

（回答）

いわゆる倭人伝の「読み」ですが、これがどういう読みがよいかという問題で、われわれが三十国を読んでいった場合も基本的な問題になるわけです。『古田史学会報』の第一〇〇号の中で問題だと思ったのは内倉武久さんの論文です。内倉さんはミネルヴァ書房から『太宰府は日本の首都だった』（二〇〇〇年）という、印象的な題の本を書かれ、読者もかなりいらっしゃると思います。あの人が朝日新聞の記者をやっていた段階から敬意を持っていますが、今回の呉音、漢音についての論文は、わたしはクエスチョンだと思っています。はっきり言えばこれは間違っていると思ったわけです。

どういうことを書いておられるのかと申しますと、要するに、「漢音、呉音という言葉は、倭人伝は呉音で読んだ方がよいと言う説があるが、あれはとんでもない。漢音の方がよい。呉音が日本語に残っているというのは、呉から日本へ渡来した人たちがいるからだということを書いてあるが、それの影響だろう」と簡単に言えばそういうことでしょうか。

これは編集した古賀達也さんが、実はそれに反対であって、「古田史学の会」でも論争があって、それだけに、まずは内倉さんの論文を掲載して、それについてまた自分なりの反論を第一〇一号に書きたい、というようにおっしゃっておられたのでわたしは了としたわけです。

そういう内倉さん、古賀さんの論争は別として、わたしの理解では要するに周、漢、魏、西晋と国の名前は変わっても、都や領域は連続してきていたわけです。ですから倭人伝に書かれている時期と、今言った範囲は共通の時期であります。

ところが三一六年という時期に大変化が起きるわけです。何が大変化かというと、匈奴の単于の血を引く成漢に洛陽・西安を占拠され、晋が滅亡します。事実上の五胡十六国時代が始まったのです。陳寿が死んでまもなく西晋が滅亡したわけであり、滅ぼされた西晋の一派が建業（南京）に移り、東晋と呼ばれる国を作りました。西安・洛陽から見ると南京が東ということで東晋としたわけです。それで南北朝対立の時代に入ったわけです。

しばらく華北はいわゆる五胡（匈奴・鮮卑・羯・氐・羌）の興亡の時代となりますが、そのうちの鮮卑族が三八六年北魏と呼ばれる国を作ります。彼らは魏という名前の国を作るわけですが、歴史上は、われわれは北魏と呼んでいます。三世紀の魏と区別して呼んでいるわけです。その後四三九年北魏は華北を統一し南北朝時代を迎えることになります。ところがその場合、言語的に見ますと大きな変化が現れました。いわゆる北魏（北朝）の方は支配者が鮮卑族です。被支配者が漢人、昨日までの西晋の中国人です。中国の標準的な発音の人たちが被支配者になった。だからその場合結局まぜこぜ音といいますか、鮮卑語の音と従来音とがミックスされた音が成立します。しかも当然主たるところは鮮卑ですから、中国人から見ると訛りの多い発音だった鮮卑語がむしろ公的な中心の発音にされます。従来の中心的な中国音は庶民や下級官僚が使っていました。という感じになったわけです。これに対して逆は南京の方で、従来は呉越の民が主であった。そこへ西晋の一派がやってきて東晋を作ったわけです。この場合支配者の方が、従来通り、西晋の中国語をしゃべる連中です。下級官僚や庶民の方が呉越の民です。

この場合違うところは、北の方は完全に征服者と被征服者の関係であったのが、南の方はむしろ西晋の人たちを受け入れたという感じであります。若干ニュアンスが違いますが大まかに言うと今言ったようなミックス言語であることに変わりはないわけです。そうしますと『三国志』は魏・西晋の時代ですから、その発音がどこに残っているかというとやはり東晋の方に残っています。支配者の言語になっていますから。支配者の言語を南朝音で読むと、大体三世紀の発音に近いわけです。ですから漢音、呉音という言葉は非常に紛らわしい言葉で、漢音というのは北朝の人たちが実際自分たちの鮮卑族が、漢音を受け継いだというイデオロギー的命名で、漢というのは代表的な中国の王朝ということで、漢王朝の正統な発音を受け継いだものだと、こう主張しています。南朝の方は呉の、田舎の呉の発音にすぎない、卑しめた呼び方をしたわけです。

今お話ししたのはもっぱら発音で言ったのですが、当然これは漢字そのものにも多大な影響を及ぼしました。と言いますのは北朝の場合は、漢字に従来はなかった鮮卑語混じりの、まぜこぜ漢字のようなものが大量に発生するわけです。南朝の方は従来通りに近いわけです。その北朝で成立したまぜこぜ漢字を「碑別字」と称しまして、羅振玉（一八六六～一九四〇）という学者が作ります。「続、碑別字」というのも作りました。北朝で石碑に刻まれたものです。石碑に刻まれたということは、その時代の字形が使われているわけです。

ちょっと余分な話をつけ加えますと、魏と書いてありますとこれは実は北魏のことです。北魏が正統の王朝だと言うことです。われわれが知っている三世紀の魏のことは曹魏と言います。曹操からくるものです。

わたしには笑えない失敗がありまして、壹と臺を調べているときに、「碑別字」という本を見つけまして、喜んだわけです。そこに魏の文字がたくさん出ています。三世紀の魏の文字があったと大喜びをしたことがありました。ところがこれは大間違いでした。「碑別字」に魏とあるとこれは「北魏」の魏のことでした。鮮卑混じりの魏のことであったわけです。曹魏は三世紀です。「碑別字」は三一六年を境にしてそれから後に出てきた鮮卑混じりの字形です。こちらの方は石碑に書いてあります。しかし本来の三世紀の字形のことは出ていないわけです。この本に出てくる字は大半五世紀の字だったわけです。

これを発表してしまった人が二人いて、一人が末永雅雄さん、近畿における考古学の大御所で橿原考古学研究所を自分の私費で作って初代所長になられた方です。もう一人は三角縁神獣鏡で有名な小林行雄さん。このお二人が間違えられた。ここにある魏を三世紀の魏と思い込んで論文を書かれた。わたしはそれを拝見して、「これは違いますよ」ということを申し上げたのですが、お二人とも訂正されないままです。京大は小林行雄さんのあとを受けてこれをもとに三角縁神獣鏡の論理を組み立てられました。その間違った基礎論文のままなのです。

末永さんはまた面白いことがありまして、わたしが橿原考古学研究所を訪問しましたら、先生は所長でしたが、「あ、古田さんいらっしゃい」ということで、「すばらしい研究者だ」と言って「皆さんに、しょっちゅう言っています」と言って、いろいろ紹介してくれましたが、その後訂正なしです。ということは、いまだに橿原考古学研究所系列の人は「間違った魏」の解釈のもとで三角縁神獣鏡を論じているのです。京大の方も間違った解釈のもとの三角縁神獣鏡でやっているわけです。

とにかく三一六年の西晋の滅亡で変わってきています。有名な話は wi です。三世紀は wi です。ワにかえられるのが四世紀以後で、鮮卑混じりの発音がワです。矮小のワイと発音が似ているものでそれで倭という字を嫌ったみたいな話が出るのはワに変わって後の話です。

倭人伝をどの発音で読んだらよいかという問題ですが、端的に言ってわれわれは非常に幸せです。それは、新井白石がやったのですが、当時の中国人、明・清の中国人を呼んで倭人伝を逐次読んでもらいました。彼は自分たちの知っている発音で読んだらダメなのだ、中国人がどう読んだかだという発想でした。中国人がどう読んだか確認して読まなければならないというのは、非常に良心的ですが、しかしこれはわたしから見るとアウトです。明・清の中国人は三一六年以後の中国人です。鮮卑混じりの発音なのです。鮮卑混じりの発音で倭人伝を読んでもらったということになるわけです。本来の発音ではなかったと、こういう問題が出てきます。今までそこまでの言語認識はなかったのですが。

われわれには幸せなことがあります。日本人は漢字を学びました。三世紀には完全に学んでいるわけです。漢字は百済から伝わったという話がありますが、それはナンセンスで、当然三世紀には漢字を学んでいたから、魏の明帝が漢字で書いてよこしています。あれはこちらが漢字を読めることを知っていたからよこしたわけで、漢字を知らないのに漢字でよこしても豚に真珠です。東アジアの笑いものになるだけで、当然三世紀には漢字を知っていました。ということは三世紀以前から、魏になっていきなり漢字を勉強したのではなくて、もう、いわゆる周、漢の時から学んでいました。もし難升米の難が同じ難なら、そういう段階から学んでいたということなのです。

その漢字は発音つきで学んでいるわけです。発音なしで字形だけを覚えて、伝えたということは考えられない。必ず発音つきで教え、学んで現在に至っているわけです。発音が来たのはいつかというと、漢よりずっと古い段階の発音です。漢よりもっと古い段階の漢字が伝わってきた時の発音を、冷凍庫に入れたようにそのまま二十一世紀までわれわれは持って伝えているわけです。そういうことをわれわれは意識してやっているわけです。それができたのが日本という島国なのです。

本国の中国は元が入って来たり、清が入って来たりで、そのたびに混ぜこぜになっています。今の中国語は見るも哀れに変形されています。古い漢字を純潔に伝えてきたのが日本人です。日本人の倭人伝研究は最もやりやすいわけです。

言ってみれば当たり前ですが、わたし自身三十年前はそういう頭がなくて、固有名詞は倭人が作ったのを陳寿は採用しているのだと、理屈としてはわかるが、果たしてどんな発音でよいのかわからなかった。今考えてみるとそれは大変わかりやすい、われわれにとって非常に筋の通った発音で、皆さんが一番よく知っている漢字の読みで倭人伝は基本的に読むべきで、鮮卑・モンゴル・女真混じりの中国語で読んでは絶対にいけないというのがわたしの立場です。それが意識されてから三十国を読むのが非常に楽になった。テンポが速まってきたわけです。

地方によって違う発音——第八回

（質問）

わたしは新潟県出身ですが、実はわたしが小学校の頃、東京から来た先生が「い」と「え」の区別ができない人が多いのです。先生のお話で「やまい」国のイは壹という数字の壹です。「やま」は日本語で和音ですが「壹」の所だけ何で漢字の一、二、三がくるのか、あるは、「いち」でなくて、「ひふみよい」の五ではないかと思うのですが。重箱読みはあまりないのではないかと思います。

（回答）

邪馬壹国の問題ですが、これは『俾弥呼』に詳しく書いているのですが、要点を申します。当然「よこしま」という字はヤの発音です。馬はマという発音です。呉音系と漢音系があって、倭人伝は大体呉音系のようです。漢音はバ、マは呉音、邪は漢音、呉音共にヤ、イチは呉音で漢音はイツです。要するに全部呉音系です。音と訓が一緒になるという問題がありますが邪馬壹国に関しては全部呉音系です。

しかもそれは日本側が書いたという問題があります。日本で書いているということは日本に漢字が入ったから漢字で書いています。その場合漢字だけ入って来て、音は自分たちで勝手につけたということはありません。当然発音つきで入って来たわけです。それは中国から入って来た漢字であり、発音であるわけです。それをわたしは冷凍庫（または冷蔵庫）問題と言っています。変化せずにずうっと現代まで続いているわけです。

本家本元ではえらい変化するわけです。例の征服と被征服が相次ぎますから。例えば北朝は鮮卑が主人公になる、従来の発音をした人は下級官僚か庶民になるわけです。そこでがらっと発音が変わるし、字形が変わるわけです。そういうことがその後何回か繰り返されるわけです。元が入って来たり、清が入って来たり。だから絶えずそういう発音や字形の変化が起こるのが中国です。

ところがあまり変遷がなかったのが日本側です。もし中国の文字や発音の歴史を研究したい人があれば、日本語を勉強しないといけないということです。

日本語にはそういう古い中国の字形や発音が残されています。ある意味では貴重です。他にあまり例がありません。ないわけではないが日本ほどまとまって残っているところがない。貴重な島です。

倭人伝は、われわれが貴重な島に住んでいるために、今使っている音が三世紀の発音とほぼ同一の系列になります。それで見ると「やまいちこく」ということです。

話は飛びますが、「女島」の問題で「亦の名をアマノヒトツネ」という訓を宣長がつけました。しかし「ひとつ」というのは「比登都」と書きます。ヒトツと読ませたい場合はそれを繰り返せばよいわけです。ところがそう書いてなくて「一」と書いたということは「ヒトツ」と読んでは困る、ということです。では何かと言うと「イチ」と読むわけです。この字を知っていて「イチ」という発音は知らなかった、後でこっちが勝手にイチと読んでみたということはあり得ません。最初からイチという発音で入って来ているわけです。

「一」と書いて「ヒトツ」と読むのではなく、「イチ」と発音する文字なのです。そうすると、「アマイチネ」と読みます。イチネのイチは邪馬壹国のイチと同じです。「チ」は古い神様。オオナムチ、アシナヅチ、ヤマタノオロチのチです。古い神様の呼び名です。それから「イ」は神聖なという意味をあらわす接頭語。アイヌ語では現在も残っています。イヅ半島のヅは港のツです。イヅは、神聖な港です。イセは瀬、神聖な瀬です。イキは神聖な城です。はっきり意識しましたのは兵庫県に家島（エジマ）というのがありまして、話すときはエジマと言います。漢字は家島です。教育委員会に電話しましたら、あれはエジマとも言いますがイエシマとも言います、との回答でした。その人はエジマに生まれ育った人でした。エジマは江戸のエで入り江のある島です。イエシマとなると、「神聖な入り江のある島」になります。だから両方成り立ちます。イが神聖なという意味で使われているということを確信しました。

ここで「イチ」のチはあちこちの神様でチの名前が残っています。神聖な神様となるとどこにでもいるわけではありません。なみのチではない。それがイチです。海士族にとってその根っこに当たるところが「アマノイチネ」です。それが海流の別れるところの原点を言っているわけです。

陸地で山にあるのが「ヤマイチコク」です。高祖山に神聖なチが祀られています。ヤマイチコクをカットして、アマノイチネをカットして、それで日本の古代を探ろうという、無茶なやり方を今まであらゆる専門家がやってきた、ということになります。

松本郁子さんも新潟のご出身なのですが、新潟でそういう発音が区別しにくいのは事実ですが、そのこととヤマイチコクが新潟だというのはだいぶ距離があるわけです。いわんや『俾弥呼』をお読みいただけばわかると思いますが、当然音あてではなくて、三種の神器がそこで集中して出ているかどうか、その検査が必要です。また絹と錦が新潟から集中して出ているかどうかは、わたしの本を見ていれば、NHKは知っているはずです。絹と錦の話はわたしが七、八年前に吉野ヶ里の本で主張したことですが、それも知りませんでは済まない話です。そういうものとの対応もしなければ、ただ音あてだけですれば、それこそ、全国あらゆる県に邪馬台国があることになってしまうわけです。もうそういう時代は過ぎた。というのがわたしの主張です。それを、「古田の説はなかった」ような顔をして、新潟県の何人かの人に言わせてみて、新潟県とは最新の説ですね、と言って喜ぶのはむしろ新潟県人をバカにしたことになります。

ヤマはマウンテンの山、イチは神聖な神。海上の神聖なる神が女島にあります。陸上の神聖な神が高祖山連峰にあります。

支の読み方
——第六回

「支」を「キ」と読むことについて、「東京古田会」の藤沢徹さんのご報告では、「漢字源で支を引いてみますと漢音、呉音とも「シ」なんですが「キ」と言う例もあります。例えば歌舞伎のキ、漢字では人偏に支を書きます。岐阜県のギはやまへんに支を書きます。中国語には四声があります。平声の時にシをキと呼んでいる例があります」ということです（注＝藤堂明保氏の『漢和大字典』では kieg- tʃiĕ-tṣï-tṣï（zhī）となっている。上古音ではキに似た発音があったと思われる）。要するに「支」にシとキの両音があるということ、一般的にはシ音だがキ音もあり得るということを四声に関連してご報告いただいたわけです。

ところでわたしが『三国志』をやりだして間もない頃発見したと思ったことは、二十四史百衲本紹熙本の『三国志』の巻八です。魏志公孫瓚傳の第一行（注＝『三国志』中華書局版、一九五九年、一二三九ページ）に「遼西令支人也」とあります。これはレイキと読む地名なのですが、それに注がつけられており「令音郎定反。支音其兒反」となっております。郎定反とは反切といい、A、B反とはAの先頭とBのおしりをくっつけた発音にする。郎定反は郎のルの発音と定のエイの発音をくっつけて令をレイと発音するということです。次に支の音は其兒反となっています。支は其のクの発音と兒のイの発音をくっつけて、キと発音するということです。つまり支はシではなくてキだということを示したものがこの注です。

誰がこの注をつけたかと言うと、陳寿その人がつけた可能性もなくはない。少なくとも裴松之という五世紀の人が全体に注をつけていますからそれとの間、陳寿自身でなければ裴松之に至る早い段階でつけられた音に関する注と考えられます。

そこに「支」の注があり、「支」はシではなくてキ、令支はレイキと発音するのだと書いてあります。これをわたしは三十年以上前に見つけて大喜びし、早速音韻の専門家の尾崎雄二郎さん（注＝『中国語音韻史の研究』創文社、一九五五年他）の所に飛んでいって報告したわけです。そうすると尾崎さんはただちに次のように答えられました。

「それは、ここ以外はシと読むという証拠です。つまりシと読む所にはシと読む注はないわけで、それに対してここの箇所はシでなくキと読むべきだという注なのだから、逆に言うと、他は全部シと読む証拠である」

わたしにはそのときに尾崎さんから聞いたことが頭にこびりついていました。倭人伝の支はシであり、キではない、という頭になってきたわけです。それで今になるまで読めなかったわけです。

ところが冒頭の倉田命題つまり、「倭人伝の術語は中国側が書いたのでなく倭人が書いたと考えなくてはおかしい」という問題を思い出して、言われてみれば確かにその通りだと思うようになってきました。本来は倉田命題が出た時、尾崎理論は壊れて良かったのですが。なぜかというと尾崎さんは全部陳寿が書いた、という建前で言っています。ところが倭人が書いたとなると倭人側がその漢字をどういう音で使ったかということであり、それは陳寿にわかるはずはないのです。

簡単に言えばシかキかわからないということです。支がキであれば先程のように次々と意味が取れてきました。倭人伝の場合はキなのです。では倭人伝が全部キかというと、そうでもないとわたしは思っています。というのは伊都国の項で「伊都国に到る。官を爾支といい」とありますが、これはどうもニキではなくてニシではないかと思っています。これは博多に住んでおられた方から聞いた話ですが、「博多の土地の人は主（ヌシ＝主人）のことをニシと発音します」ということでした。伊都国の場合もニキでは何の意味かわからないが、ニシなら主と言うことになり、意味が通じます。

漢字の流入
——第六回

倭人伝に出てくる漢字で、伊都国の官職は泄謨觚・柄渠觚などと非常に読みづらいです。他の本は大体われわれは読めるのに、これはわれわれが読んでいる字の世界じゃない。中国から入ってきた文字は同時点にどっさり入ってきたわけではなくて、いろんな段階で入ってきたと考えられます。つまり、われわれが読めるような漢字のレベルの世界、千字文的レベルの世界と、違う世界の漢字表現があるわけです。鹿児島の方にこのようなのがありますが。

伊都国の官名の方は古い、別種の、流入の時期・ルートがあったのではないかと思われます。ここから先は推定が強くなるのかもしれませんが、先ほどの「遼西令支人也」の所で公孫瓚の遼西というのがあり、この令支というのは遼西の地名です。遼東半島の遼東に対して遼西と書いてあり、遼東半島より西側にある令支というのが出てくる。遼東半島より西というと北京に近づきます。北京に近くなることは類推が類推を呼びますが、あの有名な『山海経』で、「倭は燕に属す」というのと関係してきます。「属す」というのは意味が複雑ですが、何らかの政治的関係があったとは言えるのでしょう。

政治的関係だけで漢字などは拒否したということはないはずです。当然漢字は入ってきているわけです。だから燕の側の漢字表記が倭国に入ってきている可能性があります。つまり縄文時代に、令支の支をキと読む形で、入ってきている可能性があるわけです。それで倭人伝ではキを現すのに支を使っています。論理的とは言えませんが燕に属したという歴史と、この遼西の令支が同じ発音だという可能性がどこかでつながる可能性がなくはない。要するに結論としてはそういう来歴のいきさつは別にしても倭人伝の大部分は支那の支をキと読むという、その立場で俄然すらすらと読めてきた。今回三十カ国が読めた大きな原因がここにあります。

理解しがたいメディアの動き――第八回

NHKで「邪馬台国と卑弥呼のヒミツ」という放送がありました。ご覧になった方はご存じのようにひどい内容です。憤慨してわたしのところに電話してこられた方があったくらいで、わたしに憤慨されても仕方がないのですが、要するにわたしの論文など、もちろんなかったことにしているわけです。最新の研究というところが最後に出てきて笑っちゃったのですが、「邪馬壹国」という字が大きく画面に出てきたわけです。「へ」と思ってみていると、NHKは邪馬台国と読みます。豆の入った「壹」（いち）という字の活字を大きく出して、「ヤマタイコク」と読んで聞かせるわけです。ずいぶん、ひどいなあ、と思ったら、そのうちに、これを「やまいちこく」と言っている人もあります、といいます。え、と思ったら、新潟の方で、新潟では「いち」を「えつ」とか、そんな発音をする場所があります。そこで新潟へ行って「いち」を発音してもらった。そうすると確かに「えつ」とかに発音した人が何人かいた。これで邪馬壹国は新潟であることがわかりました、というのが最新研究だとか言っていました。何を言っているのかと思いました。

もちろん古田武彦の名前など一切出ません。いわんや、『俾弥呼』を見ればおわかりのように、三種の神器がしょっちゅう出土しないとおかしい、絹と錦が出土しなければおかしい、――これが今度の『俾弥呼』の中の一つのキイ・ポイントです。

NHKもそれを知っているわけです。絹と錦の問題はわたしが前から何回も書いています。ところが、それはなかったことにして、新潟では「一」を「えつ」と発音する人がいるから、地名（越）と合っています。これが邪馬台国の最新の研究だと、NHKのご推薦です。

ちょっとこれは視聴者をバカにしている。憤慨してわたしのところに電話してこられた方があったのも無理ないという感じが致します。他に「まぼろしの邪馬台国」とか松本清張さんとかというのは紹介してゆくわけです。しかしキイ・ポイントは本当に現在の、わたしなんかが提起した問題など存在しなかった、という形になっているわけです。

やっつける話ばかりで申し訳ないのですが、ついでに申し上げておくと、『週刊朝日』に邪馬台国問題が五回にわたって連載されました。二〇一一年九月二十三日から十月二十一日までの五回ですが、この内容がまたひどいのです。だって『週刊朝日』は朝日新聞社から出しています。わたしの本は朝日新聞社から最もたくさん出ています。最近『「邪馬台国」はなかった』の復刊版が出始めたのも、もちろん、本文は朝日文庫の再現です。それなのに『週刊朝日』は、一切そういうものは「なかった」扱いにしています。その代わり、森浩一さんの文庫本『倭人伝を読み直す』をタネにしています。

若干前に遡りますが、森浩一さんの文章につきましては、わたしも興味を持ちまして、去年の初頭、『西日本新聞』を取りました。

『西日本新聞』はもちろん博多の新聞ですが、京都にいても、一日か二日遅れで取れるわけですから、何カ月か連続して取ったわけです。ところが取り終わってがっかりしました。結局森さんの話はわたしから見ると非常に古い話です。要するに博多湾が奴国である、と決めつけておられる。もう一点は近畿説はダメと、盛んに言われます。理由は、近畿からは絹は出ていない。ところが九州には出ています。近畿説の人が絹に触れないのはフェアでない、ということは今まででも何回か書いておられる。

ところが森さんが推奨されるのは筑後川流域です。筑後山門を森さんはクローズアップされて、筑後山門に行って、土地の人にここはなんというところですか、と聞くと、ここは「ヤマト」ですという返事をもらいます。これに大変な印象を受けます。現地にいかないとこういう経験はないのだということを森さんは書かれています。

ところが筑後山門の「ヤマト」に、たくさん絹が出ているかというと、全然出ていないわけです。近畿説をやっつけるときには使った道具を、自分が筑後山門とかあるいは筑後川流域とかというときには忘れ去っているわけです。これが森さんのやり方です。

わたしもしょっちゅう森さんの所へお伺いしていた時期があるのですが、京大の樋口隆康さんと、同志社の森浩一さんと、何か考古学的な問題があるとすぐ両方へ飛んでいって、お二人は、仲は悪かったのですが、そんなことはわたしには関係ないですから、お二方の意見を聞きに飛んでいって、親切に教えていただきました。そういう記憶があって、もちろん、お二方も、わたしのことはよくご存じのはずです。

ところが今度の『週刊朝日』の話に戻って、『西日本新聞』の内容を五回に分けて、今度は『週刊朝日』が書いているわけです。『週刊朝日』は『「邪馬台国」はなかった』を出した朝日新聞社が出しています。それでわたしの『「邪馬台国」はなかった』というのが「なかった」というのは、また、ミネルヴァ書房からの『俾弥呼』もなかったというのは、やはりこれはアンチモラルと言いましょうか、モラルな姿勢ではない、というふうにわたしは考えます。

特に今度の『俾弥呼』は、連載の二回目の時には出ていましたから、これをご参考にと『週刊朝日』に送ったわけです。しかし、知らぬ顔をして、『俾弥呼』がなかったような顔で、最終回（十月二十一日号）を迎えています。

朝日新聞社も今はかなり堕落しています。ＮＨＫと同等の水準になっています。嫌な史料は「なかった」ことにして済ませています。原発問題と同じですね。そういうことを感じました。

まあ、しかし、これはたいした問題ではないので、天動説の時期に本当は地動説が正しいのだということがわかっている人はわかっています。しかし公には天動説でいかなければならなかった何百年かがあると思います。それに似た時期にＮＨＫも朝日新聞社も過ごしているというだけのことで、五回連載したからそれが本当になった、という話じゃないし、ＮＨＫが全国の再放送でやったから、新潟が邪馬台国になったりすることはありません。いわゆる見る人を面白がらせて、バカにしているのがＮＨＫであり、『週刊朝日』であります。別にわたしはＮＨＫや『週刊朝日』が憎くて言っているわけじゃないですが、ただ日本の代表的なメディアの一つ二つですから、それについて触れさせていただきました。関係の方もおられるかもしれませんが、悪しからずお聞きください。

『三国志』序文、二つの序文——第七回

日本評伝選『俾弥呼』を書いているとき、わたしにとっては思いがけない大発見がありました。『三国志』の序文を発見したわけです。『三国志』の第三〇巻に烏丸鮮卑東夷伝というのがあり、この中に序文が二つあるのです。

つまり先頭に烏丸鮮卑伝というのがあります。これはちゃんとした序文です。これを書く目的は四夷、つまり周辺の蛮族が軍事的な変化を今後起こしていく、それに対応するためにこれを書いた、これは単なる記録ではなく、あくまで軍事的な目的で、中国の周辺の、彼らの言う夷蛮が軍事的に変化を起こすのに対応するために書いたのだという立派な序文です。

その後、烏丸鮮卑伝というのが三つほど続き、もう一回序文が現れます。それが東夷伝序文です。これはちょっとおかしいのです。『三国志』の先頭に序文がないのは我慢するとして、巻三十という魏志の最後に、二つ序文が入るというのは本来おかしいです。

親鸞は序文の好きな人で、親鸞の『教行信証』には三つの序文があります。總序、信巻序、後序という三つの序文です。（注＝古田武彦『親鸞思想——その史料批判』冨山房、一九七五年、五四二ページ参照）。『三国志』の場合は巻三十に二つも序文があるのです。

結論から言えば一つの序文はよそから持ってきてはめ込んでいるわけです。当然本来の序文は烏丸鮮卑伝に、周辺の軍事的変化に備えてと言っているのですから、堂々たる烏丸鮮卑伝の序文です。それに対してもう一つ東夷伝序文なるものはその内容を見れば、堂々たる『三国志』全体の序文なのです。

序文読み下し
――第七回

原文（『三国志』中華書局版、一九五九年、八四〇ページ）は紙面の都合で省略し、読み下し文のみ掲載します。

「書に称す。東は海に漸《いた》り、西は流沙に被《およ》ぶ。其の九服之制、得て言うべきなり。然るに荒域之外、重譯して至る。足跡車軌の及ぶ所、未だ其の国俗殊方を知る有らざる者なり。

虞より周に曁《いた》り、西戎に白環之獻有り。東夷に肅愼之貢有り。皆世を曠《むな》しうして至る。其の遐遠《かえん》なるや、此の如し。

漢氏の張騫を遣わし、西域に使し、河源を窮《きわ》めしむるに及び、諸国を経歴し、遂に都護を置き、以てこれを總領せしむ。しかる後西域之事具《つぶさ》に存す。故に史官得て焉《これ》を詳載するを得たり。

魏興り、西域に尽くす能わずと雖も、其の大国に至りては龜茲、于寘、康居、烏孫、疎勒、月氏、鄯善、車師之屬、歳として朝貢奉らざること無し。略漢氏の故事の如し。

而して公孫淵、父祖三世に仍りて遼東を有す。天子其の絶域の爲に委ぬるに海外の事を以てするも、遂に隔斷し、東夷、諸夏に通じることを得ず。

景初中、大いに師旅を興し、淵を誅す。又軍を潜め、海に浮び、樂浪帯方の郡を収め、而る後海表謐然、東夷屈服す。其の後高句麗背反す。又偏師を遣わして討窮を致す。（注＝中華書局版では討と窮の間で切っている）。極遠に追い、烏丸の骨都を越え、沃沮を過ぎ、肅愼の庭を践《ふ》み、東大海に臨む。長老説くに異面之人有り。日の出ず（づ）所に近しと。遂に諸国を周觀し、其の法俗を采り、小大区別、各名號あり。得て詳紀するを得可し。

夷狄之邦と雖も、俎豆之象存す。中国礼を失うも、之を四夷に求むるに、猶信あるがごとし。其の国を撰次し、其の同異を列し、以て前史の未だ備えざる所に焉《これ》を接せしむ」。

序文の意味するもの——第七回

この序文の内容としては、先頭は「書に称す、東は海に漸り」から始まっています。

これは要するに周公の時に倭人が初めて行ったこと、これも周は周辺から信用がなかったこと、それは、周が匈奴に追われて、殷に亡命を求め、殷の許可を得て西安、長安に来ていた。その大恩人の殷に対して反乱を起こし、殷の紂王を殺したわけです。忘恩の国周ということが周辺にとどろいていました。だから誰も周へは国交を求めてこなかった。ところが初めて倭人が国交を求めてきたことが論衡に書かれています。

「周時天下太平、越裳献白雉、倭人貢鬯草」（『論衡』巻八、中華書局版、一九九〇年、三七五ページ）

「成王之時越常献雉、倭人貢暢」（『論衡』巻十九、中華書局版、八三二ページ）

これを前提に、『尚書』の周書に出てくる、「海隅日を出だす、率俾せざるはなし」（『全釈漢文大系 尚書』集英社、一九七六年、四三二ページ）は、太陽の出る所から軍隊の長と使者がやってきたと、周公が喜んでいる文章と解釈できます。周公は兄から依頼されて子供を助け摂政としてきたが周辺の国からは相手にされなかった。それが晩年になってやっと倭人が国交を求めてきた。自分の生涯の念願が叶ったのです。

この「率俾」の「俾」は、倭人伝に普通書かれている「卑弥呼」の「卑」ではなく、『三国志』帝紀に最初に出てくる「俾弥呼」の「俾」です。倭人伝はその省略形で人偏がないだけです。本来は倭人側は俾弥呼と書いてきています。書いた方は当然尚書に書いてあることを知って、それを背景に俾弥呼という署名できているわけです。

当然、これを陳寿はちゃんと知っているわけです。だから俾弥呼の話から東夷伝序文は始まっているわけです。最後にいきますと有名な「異面之人有り。日の出ず（づ）る所に近し」と長老が説いているわけです。『漢書』の西域伝には「長老傳聞」となっていています（注＝『史記』の場合は西域の入り口のところで止まっている。班固はそれを越えて張騫が西に行って安息国の話を聞き、「日没する処に近し」と書いています。〈『漢書』中華書局版、一九六〇年、三八八八ページ〉）。

当然『漢書』を陳寿は読んでいるわけです。それに対して今度は東の方です。いわゆる周公の頃には、日が出るところが日本だなどと簡単に言いますが、三世紀の倭人伝の時は違うわけです。つまり、魏の使いが行って女王に会っているわけですから、今更女王国から太陽が出るなんて思うはずはありません。ではどこから出るか。当然倭人の住む倭国からさらに東南船行一年の所に国があります。裸国・黒歯国です。「日の出るところに近し」と。

倭人の長老は二つあって、一つは俾弥呼のいる女王国の長老、もう一つはさらにその先の侏儒国の長老です。里程列伝は不彌国でストップしていますが、女王に会ったあと再び里程が始まるわけです。それが東へ千里、南へ三千里、合わせて四千里です。そこの侏儒国の長老に「東南船行一年と国名」を聞いてここに記録できたのです。

序文というものは本文を書いた後に最後に書きます。陳寿は裸国・黒歯国のことを知っているわけで、今更日本列島から太陽が出るなんて言うはずはないわけで、「裸国・黒歯国」に近い所から太陽がでる。これは司馬遷の『史記』も及ばなかった、班固の『漢書』も及ばなかったところです。しかも『漢書』は日の没するところの国名を書いていない。ところが陳寿の『三国志』は国名が書いてあります。「裸国・黒歯国」です。それを序文の最後の華にしているわけです。

これは東夷伝の中における、ちっぽけなプラス・アルファでは全然ないわけです。『三国志』が司馬遷の『史記』や班固の『漢書』を上回るすばらしい歴史書をわれわれ（陳寿たち）は作ることができたのだという、言ってみれば大きな序文です。

それではなぜそれを先頭に置かなかったのか。すぐ推察できるわけですが、陳寿は魏の時からいたのですが、西晋の歴史官僚として『三国志』を完成した。当時、張華という人が魏の天子の下の最高実力者でしたが、彼が、蜀から洛陽に来ていた青年陳寿に目をつけて彼を非常にかわいがり、スポンサーになって『三国志』を書かせたわけです。負けた国の貧しい青年に、本来そんな大事なことができるわけはないのですが、張華のおかげで、陳寿は願いを叶えて『三国志』を完成したわけです。

ところが完成する直前、張華が失脚するわけです。荀勗《じゅんきょく》というライバルと争って敗北して失脚します。敵の荀勗派の西晋朝になったわけです。だから完成したけれどそれを晴れがましく提出することはできなかった。そして彼は死んでいきました。ところが再び荀勗が政局で敗れて、張華派が再び権力を握ったわけです。四世紀の初めです。それで陳寿の失われていた『三国志』を再び献上させて、それを西晋の正史に認定した、という有名な事件があります。

そういう事情で『三国志』を作ったけれど、正式に序文をつけて晴れがましく公の場で天子に報告できなかった。だからこの序文を東夷伝の所にはめ込んだわけです。百パーセント同じか東夷伝らしく手直ししたかはわかりませんが、本質的には東夷伝の枠を越えたものであるし、巻三十に二つの序文があるなどというのは異例中の異例です。何かおかしいと思わない方がおかしいのです。今度気がついてみると、これは全体の序文の性格を持っていました。しかもその内容は倭国の俾弥呼の問題が『三国志』のハイライトであることを宣言していたわけです。

2　邪馬壹国は何処にあったか

魏志倭人伝の記述——第三回

倭人伝では、中国の使いが行った場所は基本的には、「里」が書いてあります。そして、不弥国で「里」の記載が終わっています。邪馬壹国は、自動的に九州沿岸となってしまいます。ところが、後の方で侏儒国の記載に「里」の表記が出てきます。ということは、中国人は侏儒国が最終目的地だったことがわかります。『漢書』の「日の没するところ」の記載に対応する新知識として、「日の出ず（づ）るところ」について記載するのが倭人伝の目的だったということです。つまり「近日之所出」が、最も書きたかったわけです。

中国人は、「近日之所出」の情報を誰から得ていたか。『漢書』の王莽伝に、「東夷王度大海」が出てきます。大海の長老から情報を得ていたと思われます。「新」の貨泉が瀬戸内海沿岸・九州から出ているし、また貨布が大野城から出ています〈注＝貨布〈かふ〉、最初仲島遺跡から一九八一年〈昭和五十六〉に見つかった青銅製の貨幣で、中国新〈西暦八～二五年〉代に作られたもの〉。そのころから情報を得ていたはずです。

俾弥呼のいた場所——第八回

俾弥呼のいた場所は、要するに邪馬壹国で、倭人伝を見れば、はっきり書かれています。なぜかというと里程、つまり、帯方郡、ソウル近辺を出発して、女王国にやってくるのに何里、何里という里程と方角で書かれています。ところが、その里程が書かれているのは、不彌国止まりです。不彌国というのは博多湾岸であることは、まあ大体動かない。女王国はその南にある、とあるのですから、不彌国が博多湾岸なら女王国も博多湾岸、つまり、女王国の入り口が博多湾岸です。ということになりますと、女王国は博多湾岸ということにならざるを得ません。今、これを言うのに、一分もかかりませんでしたが女王国の場所ははっきり書かれています。

もう一つの方法、これは『「邪馬台国」はなかった』でわたしが強調したテーマですが、「部分里程の総和は、総里程である」ということです。里程が次々と書いてあり、総里程が一万二千余里と書いてあります。ということは部分部分を足したら総里程にならないといけない。これは当たり前の話です。

東京から名古屋までの新幹線と、名古屋から京都までの新幹線の二つを足したものは、東京から京都までの新幹線の距離と一致しなくてはならない。まったく当たり前の話です。

そうすると倭人伝についても、部分部分を書いてあるのを全部足したら、全体の一万二千里にならなくてはおかしいわけです。ならないとすればそれはどこか見落としがある証拠です。その見落としを発見したのが、わたしが『「邪馬台国」はなかった』を書こうと思った理由です。

それまで何回も朝日新聞社の米田保さん、わたしにとって本当に、恩義の深い、大阪の朝日新聞社の編集者でしたが、この方が何回もわたしに本を書けと、勧めてくださったけれど、何回もお断りした理由は、部分々々を足して全体にならないようなことを本に書いても仕方がない、ということでした。それがある夏の日に発見されました。つまり對海国、一大国は方四百余里、方三百里と、明らかに里数で書いてあるのに、これが全然足し算に足されていなかった。これを足さなければいけない、四辺だから四回足すと元に戻る、一辺であると通り過ぎたことになり、里程で書く必要がない。そうすると半周、正方形の二辺として計算したのではないか。そうすると、四百里と四百里で八百里、三百里と三百里で六百里、足せば千四百里になります。わたしは千四百里足りないと、明けても暮れても悩んでいました。その千四百里があったわけです。

何回も書いたことですが、夢中で二階から、一階で洗濯をしていた妻のところに飛んでいって、「わかったわかった」と言った覚えがありますが、その時にわたしは『「邪馬台国」はなかった』を書くことができると感じたわけです。

「部分里程の総和は総里程である」ということになると、部分里程の最後である不彌国までで、一万二千余里になったことになります。そうすると女王国は博多湾岸です。というのがわたしの『「邪馬台国」はなかった』のキイ・ポイントをなす論理です。

それだけではありません。中身を見るといろいろな内容が出ています。例えば前の訓読の中で「車軌の及ぶ所、未だ其の国俗殊方を知る有らざる者なり」とあります。ここで殊方という言葉があります。こういう言葉は辞書を引いてもありません。『諸橋大漢和』にもどこの辞書にもありません。あるのは殊俗という言葉です。国によって皆風俗が違うということです。その一般的な言葉を元にして陳寿が新しく造語をしているわけです（注＝『漢字源』（学習研究社）によれば、殊方とは故郷などとまったく風土の異なった地方とあり、杜甫の「殊方日落玄猿哭＝殊方に日は落ちて玄猿哭す」が例として載っています。陳寿の造語を杜甫が使ったということか）。

「方」というのは何かというと方法のことで、方法というのは現在のメソッドの意味ではなくて、中国に『周髀算経』などの天文算術の本が出ていますが、そこですでに、正方形で距離を表す言葉として使われているわけです。一般の図形は正方形ではないですが、これを含む正方形で示すという方法です。いろいろ余りの部分はありますが、比較の問題としては正確にキャッチできる。現代のグラフと同じ考えで、それと同じ考え方が古代の中国で発見されて使われているわけです。「方」という言葉は、例えば、方何々里という、里数で表しています。

『三国志』の中に対海国方四百余里、一大国方三百里、とかという方法で書いてあります。これは『三国志』が始まりではなく、中国では歴史書が、例えば『史記』でも『漢書』でも、この「方法」で書かれているわけです。有名な例を挙げますと、項羽が漢の四面楚歌の垓下を逃れて故郷の領地に引き揚げるときに、烏江に来ます。そこで渡しの船主が「江東雖小地方千里、衆數十万人、亦足王也」（『史記』中華書局版、一九五九年、三三六ページ）と言います。「だからあなたは再び故郷の呉越に帰って再起を期しなさい」と言われます。そうすると項羽は、「わしはどんな顔をして父や年寄りに会うことができるだろうか。戦に敗れ多くの青年たちを殺した。ここで戦って死ぬ」。有名な名場面ですが、そこで誰でも知っている、司馬遷は「江東（中略）方千里」と書き、『三国志』では「江東方数千里」と書いてあります（注＝原文は「割據江東地方數千里、兵精足用」『三国志』呉書、中華書局版、一二六一ページ）。

ということは司馬遷の『史書』に使われている方何里と、わたしが『三国志』で使った方何里とは一対五、六の比率で里数が違うということを自分で宣言しているわけです。

『三国志』では、いわゆる里数を表すもう一つ大事な場所があります。それは、倭国は、会稽東治の東に当たる、簡単に言うと会稽山の東に倭国があると言っているわけです。倭人伝の方は帯方郡から女王国までが一万二千里です。洛陽から会稽山までの距離とほぼ等しい距離であると言っているわけです。会稽山は司馬遷の『史記』にも出てくる有名な山ですから、洛陽と会稽山の距離は当然よく知っているわけです。歴史的にもよく知られているし、あの当時魏は呉と戦っていたから、呉の距離を知らないで戦うということはあり得ないです。短里と長里を間違えていたら、六倍とすると三六倍の範囲で戦ったということになり、そんなことはあり得ないです。当然呉の面積は知っているわけです。洛陽から会稽までの距離も当然知っているわけです。その距離と、帯方郡から女王国までの距離は相対応していると言っています。この一事を見ても本文の中身が短里であることは間違いないです。

『後漢書』の范曄はここで大きなミスを犯して、これを東冶という県名に直してしまいました。東冶というのはたいていの人は知りません。そういう所を洛陽からの距離と比較しても意味がないし、仮に東冶だったとしても、今の長里では対応できるはずがないのです。

『三国志』の内部を、あれを長里だとがんばっている人がいますが、それは間違いで、やはり『三国志』の中は短里です。倭人伝と同じだということを示すのがこの大事な言葉です。『三国志』の里程と司馬遷の『史記』の漢代の里程は一対五ないし六の比率で違っています。「方何里」と言っても違っているということを序文でちゃんと示しているわけです。こういうことを今まで意識せず議論せずにきたのがおかしいのです。

もう一つだけ今の序文の終りの辺に「遂に諸国を周観し、其の法俗を采り、小大区別、各名號あり。得て詳紀するを得可し」とあります。詳は「詳しく」で、「紀」は本来糸で筋道をつけることで、『日本書紀』の紀と同じですが、中国から裸国・黒歯国へ行く道筋を詳しく書くことができたという意味になります。「東南」に、二倍年暦の「船行一年」です。何気ない表現で全体をにらみつける、堂々たる序文です。

長里と短里（質問）
──第六回

『後漢書』は長里だと言われましたが、『論衡』に明らかに短里としか思えないくだりがあります。人間が目で見たり声が聞こえるのは十里を越えないと書いています（注＝『論衡』書虚篇に「蓋人目之所見、不過十里；過此不見、非所明察、遠也」とある〈『論衡校釋』第一巻、中華書局版、一九九〇年、一七一ページ〉）。漢の時代は長里という理屈でいくと、四キロ強のものを常に人間が見たり耳に聞こえるということにはなかなかならない。短里でいきますと七五〇メートルぐらいとすれば、十里の外に出ないという書き方ですから人間の耳目は、目で見たり耳で聞いたりする範囲は七五〇メートルもいかないことを王充が書いているわけです。王充は班固と同じ時代の人ですからもしもそれが短里となると『漢書』は短里だったかという疑問が生まれてきます。

もう一つは『後漢書』です。もしこの時代に長里であったとするならば、王充が言っています、目で見たり耳で聞いたりするのは七五〇メートル以内ですよという書き方との整合性を教えていただきたい。

（回答）

里数問題はいくら時間があっても足りませんが、ご質問の件に限定してお答えします。これは司馬遷の『史記』を考えてもらえばよくわかるのですが、司馬遷の『史記』は前漢のことが出ているわけです。漢代はもちろん長里です。ところが中に短里も明らかにあります。「千里の馬」などと出てきます。周代が短里ですから、その周代にできあがった概念を使って書いていれば短里です。

漢代の話は長里です。司馬遷の『史記』には短里と長里が併存しています。何回も書いていますが、それが基本的な『史記』に対する理解です。同じく『論衡』も漢代です。当然それには周があって漢になるわけです。だから周を受け継いで書かれた文章なら短里です。漢独自の文章なら長里です。この場合、今の『史記』と違って『論衡』というのはそんなにたくさんないから、確定できる場合がありませんけれど、使う場合にはその二つの可能性があるという頭で使わなければなりません。

『後漢書』における長里と短里――第六回

（質問）

『後漢書』の方も倭人伝の方も帯方郡から一万二千里となっていますが、『後漢書』ではこの部分は短里と考え、拘奴国への距離だけ長里に考えるわけでしょうか。特に『後漢書』では拘奴国が東へ千里と書いてあるその一行後に「女王国より南四千余里朱（侏）儒国に至る」とあるのは短里ということでよろしいでしょうか。

（回答）

その通りです。『後漢書』は独創的に全部范曄が書いたのではないわけです。『三国志』をモデルにしていています。『三国志』と共通な部分はいっぱいあるわけです。だから一万二千里もそれを受け継いで書いているわけです。范曄の机の上にも『三国志』はあったわけだし、読者の机の上にも『三国志』はあったわけだし、いずれも一万二千里と書いてあります。それで彼は一万二千里と書いたわけです。そこにいわゆる自分の独自資料を持ってきて、拘奴国に関する独自資料をそこに挟み込んだわけです。その挟み込んだ例としては金印の記事がそうです。それと同じ例が拘奴国です。挟み込んでいるわけです。『後漢書』が全部長里になっているとか全部短里になっているとかそういう話ではないわけです。いずれにしても長里と短里の複合状態であることは変わらないわけです。さっきの司馬遷の『史記』と同じです。

『三国志』以外に出てくる短里と長里――第八回

（質問）

短里、長里のことなんですが、先生のお話ですと、風土記や記紀の中に短里が埋もれているのではないかという話でしたが、『三国史記』の鬱陵島、地方一百里、とありこれはまさに短里ではないかと思います。鬱陵島は約八〇平方キロ（正確には七二・八二平方キロ）短里方百でいけば非常に近い値になります。長里だと佐渡島より大きな島になってしまいます。佐渡島の二倍くらいの大きさになります。

『三国史記』には短里がたくさん載っているのではないかと思いますが、いかがでしょうか。

（回答）

わたしも関心は持っていますが、簡単にいかない。方法は簡単です。つまり『三国史記』の里数を全部取り出して、調べていけばいいわけです。『三国史記』の里数が、短里か長里かどちらかである可能性はなくはないが、『三国史記』全体を見るべきで、鬱陵島だけで判断するのは危ない。

全部抜き出して、それを逐一検討します、時代によっても違うでしょうし、そうやった結果、こうなったというようにしなければならない。かなり広い島であることは間違いないです。岩だけの島でないことは間違いない。吉田松陰もそれを開墾するのは賛成だと言っていましたから。

（質問）

倭人伝では韓国内を陸行した、とありますが、その時韓国の大きさは方四千里、つまり縦横四千里です。韓国の四千里はいつからわかったのでしょうか。

（回答）

四千里と言うのは『三国志』に書いてあります。四千里と書いてあることについて、あそこは漢の領土だったわけです。自分の領土がどのくらいあるかということは当然中国側は知っていました。その知っていた地域がそこに書かれているわけです、だから漢の判断の下にその地域の『三国志』も書かれているわけです。それをもとに四千里は書かれていると考えます。

ところが對海国や一大国の大きさは、『史記』にも『漢書』にもその他の本にも書かれていません。そこで魏の使いが行って、そこで何らかの方法で方四百里、方三百里という数字が出てきました。漢の領土の時一切韓国の領土を計らなかったということはできません。四千里というのは漢の直轄地だったから当然里程は知っていたはずです。

漢の一里と魏の一里は違っていましたが、その関係は知っていました。長里のところを短里で言えば四千里だということは中国側にはわかっていました。

ついでに里程について話しますと、わたしの理解では里程は中国側であり、倭人がすでに知っていたということはもちろんあり得ない。

大事な問題は帯方郡から女王国に来る日程ですが、「水行十日陸行一月」であると書いています。倭人伝の中で一番大切な記事は、帯方郡から女王国までの日程である、という説を『俾弥呼』でも紹介しています。彼らは趣味や遊びで来ているのではなく、あくまで、張政という軍事司令官が戦争に備えてやって来ているわけです。というのは、一番可能性のある問題は、呉が倭国を攻めてきた、というケースで、それが魏としては一番怖いケースだと思います。

また、次いでは呉と関係を持っている、いわば親呉倭国ともいうべきもので、倭国内の国々が卑弥呼と戦う、これはほおっておけば呉の支配下の倭国になるから、そうすると魏としては非常に窮地に陥る。つまり日本列島から北上する呉の軍隊と戦うことになり、呉自身も本拠地から北上して魏を襲うということになる。呉としては有利な展開になりますが、魏としては非常に怖い展開で、蜀ばかり相手にしておれないわけです。

ということで、倭国にいったん問題が起きたときに、何日で帯方郡から軍事勢力が到着できるか、これは他のどんな情報よりも重要な情報です。わたし以外の方が「水行十日陸行一月」を不彌国以後の問題とするのはアウトです。これが基本のテーマです。

さらに順序は逆ですが、煮詰めていけば要するに、帯方郡から出てきて、博多湾岸と見られる不彌国で里程が終わっています。南に女王国があると書いていることは、博多湾岸が女王国です。博多湾岸を中心に女王国が存在する、ということは簡単に、最初からわかっていることになります。

一大国からの里程――第八回（質問）

狗邪韓国から千里、對海国から千里、一大国から末盧国まで千里となっていますが、末盧まで千里というのは実態にあわないと思います。

一大国から、博多湾までいけば千里になります。前原のあたりに松浦という地名があります。今の地図には消されていますが、明治時代の小字の一覧表の中に松浦、松ヶ浦、また箱崎あたりにも松浦という場所があります。そうすると松浦というのを博多湾岸に持っていってもいいのではないかと思います。

九州自然歩道というのがあり、糸島郡松浦背振山脈にそって東南東に向かって三十八キロぐらいになります。ちょうど五百里です。背振山脈の南の辺に伊都国があってもよいのではないでしょうか。

（回答）

まず、千里、千里があわないのではないかというのはその通りです。千里、千里、千里を海上で、どうやって計るのか。海上を計る道具はまだ、中国では発見されてないわけです。だから、海上は非常におおざっぱです。この場合考えておかなければならないのは、彼らは、おおざっぱの正確さという概念をちゃんと捕まえています。「方法」というのが、もともとおおざっぱです。実際の土地で正方形の土地などないのですから。大体いろいろな曲がり方をしています。それを方で表すと、全部実態とは違うわけです。しかし方という方法でひっくくることにより、全体の「おおざっぱ」の比較ができるという、それが彼らの発見した方法です。現在のグラフも同じ思想です。そういう目から見ますと、千里、千里というのは、おおざっぱではあるが、すばらしいことです。

もう一つ重要なことは「南北に市糴す」ということが對海国にも一大国にも出ているわけです。これは狗邪韓国へも南北、一大国へも南北、末盧国へも南北です。大分へもっていった人は一大国から東へ千里もっていって、博多湾岸へもっていきました。高木彬光さん。あれは「南北に市糴す」を無視しています。やはり、「南北に市糴す」とあれば、その先にある末盧という名前は、松浦の末盧で、それが正しいと思います。

伊都国を有明海にもっていく方法についても、東南というのをそのまま取ってありますが、伊都国は厳然と存在するわけです。歴然と存在する伊都国を無視して、もう一つの伊都国を有明海に作るというのは非常に無理があります。邪馬壹国という国名がそのまま残っているかという問題は、一つひとつの現在ある地名が関連あるかどうかという問題とは、レベルが違うわけです。中心国名は時代によって変わりうるけれど、関連の地名を全部、時代によって変えたということはないわけです。そういう意味で歴然と存在する伊都国を、無視することはできない。

またこれは、弥生の出土物からしても無理があります。伊都国はたくさんの弥生の出土物が出る。しかし、他に伊都国があると言ってみても、そこに果たして弥生の出土物が集中して出るかどうか。おそらく出土していないと思います。というようなことから、わたしの理解したような立場で考えざるをえないであろう、と思います。

今のように理解すると、博多湾岸に三種の神器が集中している、絹・錦が集中していることになっているという、物の論理とも合致します。伊都国を有明海の方にもっていって、そこに三種の神器が集中して出るかというと、ないわけです。

一つの仮説としてみることはできるが、それが物の分布と一致するかしないかが、やはり、それに対するイエスかどうかの決め手にならざるをえないと思います。

周旋五千余里　（質問）

――第六回　倭人伝に「倭の地を参問するに（中略）周旋五千余里」とあります。一方で一大国から末盧国まで千余里と書いてありますので、概略長方形と考えると、倭国の地は一辺千余里ぐらいになるのじゃないかと認識しておりますが、先ほどの三十国の関係で、特に巴利国が尾張ということになると到底周旋五千余里ということにならないと思いますが、いかがでしょうか。

（回答）

倭人伝で行路記事でない三十国は投げ出しているわけです。わたしが大へんお世話になっているお医者さんの加藤一良さんのアイデアを修正採用しまして、生口三十人の出身地が三十国ということで、これは行路記事ではないわけです。巴利国というのは三十国の一つですから、行路記事の中に入れて考えるのは無理ということになります。

また一万二千里というのは帯方郡治から女王国までの総里程、また四千余里というのは女王国から出発して侏儒国に至る里程です。女王国が最終目標ではないわけです。女王国が倭国内の最終目的ですが、中国人にとっては本当の最終目的は侏儒国です。なぜ侏儒国ごときがと思う人がいると思いますが、それから先は一年かかって裸国・黒歯国あり、というあの記事です。中国側にとってはあれが女王国以上に大事なわけです。なぜかというと『漢書』で班固が、イラン、イラクから西へ進んでいくと、そこは「日の入る所」に近しと。その日程が後でコロンブスが行った日程と一致しているわけです。つまり、今のアメリカ大陸に至る日程が書いてあって、それが「日の入る所」に近し、という情報をイラン、イラクの古老から聞いて記録しています。そこに『漢書』が非常に優れた歴史書であるという価値があり、『史記』の司馬遷にはできなかったことです。彼はシルクロードの入口で終わっています。それをさらに「日の入る所」まで班固は書いたわけです。

それに対して陳寿は、『漢書』の及ばなかった「日の出る所」を書こうとしたわけです。「日の出る所」というのは今の侏儒国から東南に船行一年の所に近い。それを記録したということが司馬遷の『史記』よりも優れています。さらに『漢書』の班固の及ばなかった世界を『三国志』は記載しています。人類の地理的認識、これを得ようとしているわけです。歴史書に地理は関係ないと言う人もいますが、それは間違いです。そういう意味で言えば女王国は途中経過地です。里程で書いているのは彼らが行った所だからです。

これも意外な裏づけが出てきたのは、いわゆる稲作の放射能測定です。当然ながら博多湾岸・佐賀県などが古いのですが（ＢＣ一〇〇〇年ぐらい）、それに次ぐのが奈良県ではなくて高知県です。高知県が接近していて、それからちょっと間隔を置いて近畿です。この事実を佐倉の歴史民俗博物館が図に書いたりしているのですが、なぜですかと聞いたら、わかりませんという答えです。

われわれにはわかると言うと生意気ですが、わたしはさっきのように理解しています。侏儒国というのは当然倭国によって支配された地域なのです。そこへ中国の使いが行って、ここから先東南に一年かかる所に「日の出る所」に近い所がある、という記録を『三国志』に残したわけです。ということですからここの四千里は一万二千里の中ではなくて外です。

倭人伝と測量技術——第八回

（質問）日本では風土記に多数の野火、飛ぶ火が記載されています。烽火台は朝鮮半島にもたくさんあります。黒色火薬は唐の時代には実用化されていたとされていますが、魏志倭人伝の頃の狼煙台や火薬は中国の『史書』に出てこないでしょうか。またこの時代の測量技術について『三国志』には記述はないでしょうか。

（回答）ここでいう狼煙台のことはその気で探せば記事があると思いますが、今のところ存じておりません。『三国志』の場合は諸葛孔明のところに里程を計る車を発明したことが書いてあります。倭人伝のところには書いていませんから、倭人伝だけ読んでいると知らないままで過ごす人がいます。蜀は陳寿のお膝元ですから、ここでいわゆる里程を計る車を孔明が発明というか、改造しました。いわゆる記里車は漢代に発明されたようですが、『三国志』蜀書五諸葛亮伝第五に魏氏春秋（注＝中華書局版、九二八ページ）に盛んに応用した様子を書いております。

測量の仕方——第八回

（質問）記里車を孔明が発明したということですが、北京の観測台とかいうところに観測機器など展示しています。たぶん、車が回ると歯車が組み合わさっていて、十回転につき、一回転すれば十分の一、とか、その次の桁のように、次々桁が出るような車ではなかったかと思います。それで距離が出る。それは伊能忠敬が日本を測量して歩くとき同じ原理の機械を使っています。ただ、それは道が良くて川がない限りOKです。川があるとつながらない。

そこで思うことは、倭人伝の時代に旅行した人は距離がわからないはずです。あそこに書いてある里は前もって誰か計っていたのではないでしょうか、あるいは経験でわかっている値を聞いて、来たところは何里であったと書きこんだのではないでしょうか。そうすると測量する専門の人が必要になると思いますが。

また、朝鮮半島から日本へ海を渡って来るわけですが、あそこが何里というのを計る方法は旅人にはないと思います。

(回答)

『三国志』魏志倭人伝に関して言いますと、もし魏の使い以外にすでに距離を計る専門家がいて、その人たちが知っていたのを聞いて写しただけだとしたら、至る所に里程がなければおかしいわけです。例えば投馬国までいくのに二〇日とか書いてあるわけですが、もし専門集団がいたとしたらちゃんと里程が書けるはずです。

里程を計る専門家がいたという前提に立つなら、日数だけでなく、里程が全部書けるはずですが、里程を書いているところはごく限られたところだけです。限られたところというのはわたしの理解では、魏の使いが行ったところです。行かないところは書いていないわけです。ということはそれ以前にヒミツの技術集団がいて、すでにわかっていたのだという仮定に立った場合は、説明ができないわけです。

倭人伝で里程が出てくるのは、中国としてそれを知ったことは明らかですから、実際に一緒に行って計ったものを記録していると考えざるを得ない。

それから、記里車が初めてか、あるいは孔明の前に計る方法はなかったかというと、それはわかりません。おそらく、孔明以前にも里程はありますから、より誤差の少ないものを孔明が発明して、効率化したただけであろうと思います。

もう一つは水の上は全然計れないというのはその通りです。それが証拠にもなりますが、倭人伝は、陸についてはかなり正確な感じがしますが、海は大きな誤差があります。釜山から對海国、對海国から一大国、一大国から末盧国が全部千里になっています。実態は全然長さが違います。あれは、目見当でやっていて、計る方法がないので大体の数字を与えているだけです。海上については大変不正確です。逆に海上に比べれば陸上が正確であるということができます。

ということで、中国が、里程を計るノウハウを発明して、西域とか各地で計り、それを歴史書に記録していることは明らかです。それには欠陥ももちろんありますが、しかし欠陥があるなしより、そういうのはその時代世界中にない所がほとんどで、それに比べると、非常に先進的な距離の測定法が中国で発達したということは認めるべきであろう。その一端が倭人伝にも使われている、という認識です。

3　倭国と関係する国々

倭人伝を読む原則——第六回

『三国志』の魏志倭人伝に三十国の国名があります。職名についても長官とか副官とかが出てきますが、どちらもよくわからなかった。そのため『「邪馬台国」はなかった』でも、邪馬壹国問題は論じましたが、それ以外の三十国問題、官職問題には立ち入っていません。

他の人は、三十カ国を大体自分流に読んでいます。わたしから見れば、自分が邪馬台国と見なす場所を中心にして後の辻褄合わせとか修正をしたりして、無理矢理合わせているように思えます。わたしにはそういうやり方は駄目です。

一定の法則というかルールによって決めていく。それが間違っていればルールが間違っています。そういうやり方で今回ほぼ読めたと思っています。

一大国——第六回

わたしは『「邪馬台国」はなかった』を書いたときには、倭人伝の中の国名とか職名とかは中国側がこれを表記したと考えていました。ところが、同本を世に出したとき、それに対してクレームがきました。当時佐賀県の地家裁判所の所長をしておられました倉田卓次さんからで、「古田説に一つだけ反対の所があります。それは倭人伝の国名とか職名は中国側が表記したと書いていますが、それは間違いであると思われます。その例として、壱岐のことを一大国と言っています。中国側はあんな小さな島を一つの大きな国と書くはずがない」ということです。

わたしはすぐに、おっしゃる通りですが、自分は現在代案がありませんのでこれから考えますというご返事をしたのを覚えております。それ以後わたしにとっては「倉田命題」として引きずってきました。

これを裏づける発見はまもなくありました。一大国は『古事記』のまたの名で天の一つ柱（天之比登都柱）として呼ばれ、八大国の一つとして重要視されていて、他の七国名と比べて一本の柱の名前を国名とするという一見特異なものになっています。これは結論から言うとアマは海士、海士郡、海士族のアマです。一つのヒは太陽のヒ、トは神殿の戸口、ツは港の津です。意味は「太陽の神殿の港」。ハシラのハは植物で広い場所がハ、シは人に生き死にする場所。ラは接尾語のラ。全体で「天（海士）族にとって太陽の神殿のある港を前に持った人の生き死にする広い場所」という意味になる。これは有名な原の辻です。

原の辻にはいわゆる弥生のものが集中して出てきます。あそこはハシ、人の生き死にする広い場所です。小さい道を通るとすぐ港に出るわけです。その港が太陽の神殿のある港です。原の辻のことを日本語で表現しているわけです。

要するに一大国とは日本語であって、それを漢字に当て直したわけです。ヒトツというのは日本語で数字のヒトツ、それを漢字の一に当てたわけです。ハシは広い所ですのでこれを大とした。それで一大国とした。一大国というのは中国側ではなく倭人側が漢字表記を工夫して表記した名前です。

對海国――第六回

もう一つ對海国ですが、これは簡単なようで、そうでないのは、海に対する国というのであったら、日本中のほとんどの国が對海国です。対馬だけを對海国という理由はないわけです。結論を言うと、対馬では天之狭手依比売（アマノサデヨリヒメ）という女神を漁師たちは各神社で祀っています。そのサデとは熊手のことで、島根県でも広島県でもサデと言います。海の貝などを集めるときに使い、熊手で集めるのを「サデる」と言います。漁師にとっては非常に重要な道具です。

これが成立するのは縄文時代から弥生時代にかけてだと思いますが、天（海士）族にとって重要な道具はサデであって、ヨリというのは「よりしろ」、つまりサデをよりしろとしておられる女神というのが、「あまのさでよりひめ」の本来の名前です。

一方對海国の對というのは、人間が神様に対面するということです。今では人間同士でも対面・対人などと使いますが、『諸橋大漢和』では人間が神様の面前にあるというのが対という字の本来の意味です。（注＝『諸橋大漢和』では對について①こらえる②あたる③むかうとあり、この場合對＝嚮とある。嚮の例では戒六神輿嚮服とある）。

次に海ですが、われわれは塩辛い海だと思っていますが、本来海の神様のことを海という（注＝『諸橋大漢和』では、海の項で①海②……⑩水の神とある）。

もともとの意味を忘れてわれわれは応用編ばかりやっています。對海国というのは、海の神に対して対面している国という意味になる。これは何かというと漁師が年に何回かお祭りをして、天之狭手依比売に、神のおかげで上手く過ぎたことに感謝し、神の作ったルールを守らなくて事故を起こしたことを詫びる、それがお祭りです。対馬は、神社がたくさんあり、そういうお祭りをする国だから對海国なのです。海が周りにあれば全部對海国というような薄っぺらな意味ではなかった。對海国の名がつけられるのはもちろん中国側ではなく、倭人側が文字の使用を理解して使っているということになります。

任那――第六回

倭人側が表記したもので典型的なものは任那です。通常ではミマナなどと読めません。任という字は任務の任ですが、ここで人偏を取って考えます。金印ですと倭人の倭に人偏がありません（委）。倭人伝でも釜山から唐津に来るまで三回海を渡っています。一回目の渡るは「さんずい」がありません（度）。二回目三回目は「さんずい」があります（渡）。結論から言うと、「さんずい」のあるなしに関係なく、ともに渡るという意味です。倭も人偏のあるなしともに倭です。任那と書いている任の人偏を取ってみると俄然意味がはっきりしたわけです。

人偏を取ると「壬」は北方という意味しかない。漢字では一つの字でいろんな意味があるのが普通ですが、壬には意味が一つしかない。「那」はナの津の那で大地という意味です。当然日本語です。北方の領地という意味で任那と言っています。当然倭人がその意味を与えたのです。中国人や韓国人が釜山近辺を北方の領土という意味の字面を使うことはあり得ない。だからこれは倭人側が書いた字ということになります。

このように倭人がかなり彼らの頭を使って、漢字表記をやっているということがわかったわけです。さらに高句麗好太王碑に任那が出てくることは、高句麗の金石文に日本語が刻まれているという問題が出てきます。

その他の具体的国名（三十国）――第六回

「使訳通ずる所三十国」が次々と読めてきます。三十カ国のうち、最後から二番目に烏奴国（ウヌコク）があります。ヌはノと同じですから、岡山県の宇野に当たります。

その前の支惟国（キイコク）で、支については一つ大事なテーマがありますので、後から詳しく説明しますが、ここでは支はキと読んで、キイ国、和歌山の紀伊の国です。

次に巴利国（ハリコク）あり。これは尾張です。尾がついているだけで尾張の「ハリ」国です。

最後から五つ目に躬臣国（クシコク）というのがあります。躬という字は、自らという意味しかない。臣は臣下です。自ら臣下になった国という意味で、以前は出雲と思ってきましたが、これは「クシ」国が正しいと思います。筑紫、つくしのクシ。ちくしのチは神様のチ、ツは港のツ、つけ替えが違うだけで本体はクシです。クシ国が自ら臣下になったのは当然天孫降臨からです。猿田彦なんかがニニギノミコトを出迎えました。出迎えたのは嘘で、侵略・支配したことをそういう形で美しく言っただけです。

侵略する軍隊について言えば、いわゆる一大国に関連して一大率があります。あれを文字通り読めば、一大国の軍隊と読むべきです。先入観を持たずに倭人伝を正確に読めば、一大国がまず出てきて、しばらくして、一大率が出てくるのですから、一大率は一大国の軍団の長官というしかないです。

天孫降臨とは要するに対馬・壱岐のアマテラスの海上軍団が、稲作の行われていた博多湾岸を侵略・支配したということで、天孫降臨という名前の支配・占領が行われたことに他なりません。猿田彦が出迎えたという名の下に、筑紫は、自ら臣下になったとして「クシ国」と言われたのです。これは出雲ではなくて筑紫です。

その前の邪馬国（ヤマコク）、これはヤマトです。神武は三世紀より前ですから、奈良にヤマトがないはずはない。邪馬壹国の分国です。

その前の鬼奴国（キヌコク）、キノ国ですね。岡山鬼ノ城のある所です。

その前の爲吾国（イゴコク）、爲は伊豫のイで、コはヒコのコではないかと思います。

その前の鬼国（キコク）、これは福岡県に基山（キヤマ）があります。

順序がずれますが對蘇国（タイソコク＝未定）、これは阿蘇山に対する国です。

姐奴国（ソノコク）、これは阿蘇山近辺です。

蘇奴国（ソノコク）は、阿蘇を取り巻く原野の国です。

華奴蘇奴国（カノソノコク）、ここだけ二階建てのような言葉になっています。蘇奴国が阿蘇を取り巻く原野で、その上の華奴というのが今までよくわからなかった。それが解けたのがこの問題を解いた第一関門です。すなわち華というのはファイア、燃える火。日本流に見ると同類に見える華。火の燃える原野、阿蘇山の火口のある国です。これが蘇奴国に属しています。

今は行政区画で言う場合は、広い所を言って次に狭い所を言いますが、早い段階では逆になっています。海上の民族にとっては自分が拠点としている場所、それをもとにして全体の神話を表現する。そういう言い方の方が古いわけです。要するに狭い所を先に言って広い所を後で言う。その言い方で、火の燃える原野のある阿蘇の河口の原野、阿蘇山そのものを指しています。

それからその前の彌奴国（ミノコク）これは美濃の国です。岐阜県です。

斯馬国（シマコク）、これは糸島からわかります。

己百支国（イワキコク）というのは「いわら」というのが三雲の所にあります。

好古都国（コウコトコク）。これが国名読みの最大のポイントでした。これをわたしは出雲だと思います。ここで好き古き都と言っています。つまり三世紀の俾弥呼の側からみて古き好き都ということです。好ましいとほめているわけです。そうするとこれは国譲りの出雲しかないと思われます。躬臣国は「クシ国」で筑紫です。そうすると出雲はどこかということになると好古都国、好ましき古き都ということになります。これは意味からきているわけですが、音も無関係ではありません。琴というと、われわれは平安時代の琴を思い浮かべるのですが、『古事記』の中では、銅鐸を「こと」と呼んでいます。「ぬおと」で「ぬ」が銅鐸、「ぬおと」というのが『古事記』に出てきます（注＝『岩波古事記』三二九ページでは、鐸を「ぬりて」と読ませている）。小銅鐸は楽器ですから、あれを「こと」と呼んでいます。

出雲から銅鐸がたくさん出ましたが、あれは音楽の宗教儀礼の道具です。ですから銅鐸のことがシンボルになっている国です。だからここで「古都」と言っているのはその銅鐸の音の方の「こと」それと古き都の古都とかけているのです（「こと」の件、『俾弥呼』一一六〜一一七頁参照）。

爲吾国――第八回

三十国の中の爲吾国を「イゴコク」と読んだのですが、加藤一良さんは「イワレ」と読んではどうか、「イ」と「ワレ」です。「かむやまといわれひこ」の「いわれ」のことではないか。音と訓のまぜこぜですが、成り立ちうる話ではあります。その場合邪馬国が大和でなくなります。

そうすると、春日市の方に字ヤマというのがあります。あそこを邪馬国と言っているかもしれない。これは一つの私案でありまして、三十国あるいは二十一国について、これは間違いない、こうだということは言えないわけです。

狗奴国＝拘奴国――第八回

最後に狗奴国（コウノコク）の問題があります。倭人伝に、それが俾弥呼の国と敵対しているということが書いてあります。国王とおぼしき人物の名前が出てくるが、長官、副官みたいなものも書いていない。非常に不思議な出方をしているわけです。

問題は狗奴国の位置です。以前「古田史学の会」四国の合田洋一さんから位置の質問を受けた時、「これはもしかしたら長里かもしれない。つまり倭人伝は位置が曖昧なままで明白な表記ではないけれど、『後漢書』の方は表記があります。女王国から東へ千里と書いてあります。国名は『後漢書』では拘奴国、倭人伝では狗奴国になっています。発音は同じと思われる。ところが『後漢書』にあるということは後漢代の位置表示で、『後漢書』を書いた范曄は南朝劉宋の五世紀の人物だから、彼が千里と言った場合は長里で考えなければならない。況や彼が見た資料は当然長里です。つまり短里の六倍ぐらいの長さになる。そうすると千里というのは九州の東岸部どころではなく、瀬戸内海を越えて大阪府茨木市、銅鐸の製造元である交野《かたの》あたりになるのではないか。だから狗奴国というのは銅鐸圏の国ではないか」というふうに答えたわけです。

その後わたしにとっては確定したテーマになってきています。もう一度言いますと倭人伝は短里です。しかし後漢や南朝劉宋の時は長里です。だから范曄が狗奴国を「東へ千里」と言った場合は長里の千里で、瀬戸内海を越えて近畿になっていくという論理です。

親魏倭王の意味――第六回

今回さらに『後漢書』をよく読んでみると、拘奴国が出ていますが、拘奴国が倭国と争ったという記事はありません。今まで何となく拘奴国というのは女王国と争ったということが頭にありました。『三国志』と『後漢書』を混同して読んでいるわけです。争っているのは倭人伝だけです。このことは、両者の対立は三世紀になって俾弥呼の時代になって出てきた新たな事件だということになるわけです。それはなぜか。

倭人伝の場合は親魏倭王の国です。魏に服属している国は、逆にいうと反呉倭王の国で、呉に対立する国なのです。蜀はかなり遠い国ですから倭人と直接関係ないと思われますが、魏と呉は両方とも倭国の真ん前ですから、どちらと手を組むかで、えらい話になる。公孫淵などにも大きな影響があります。

親魏倭王ということは同時に反呉倭王となります。その証拠に吉野ヶ里や有明海に入ってくると彼らはなぜか博多湾岸を目指しています。南の方でなく北を目指しています。敵は北を目指すに決まっているかのようにして吉野ヶ里が作られています。すなわち吉野ヶ里のもうすぐ北からは女王国です。女王国が博多湾岸になければ吉野ヶ里を持つ地理的理由がないわけです。

もう一つ不思議なのは、弥生時代の終わり近くなって埋め立てされています。その中に弥生の後半期から終わり近くの弥生土器が一緒になって出てくるわけです。土器が堀に埋められていたのです。

この理由は、吉野ヶ里は呉を敵として築かれたと考えられます。西晋に統合されて呉が滅亡すると、呉のかつての地は西晋になっています。にもかかわらず堀を掘っていたままでは、今度は西晋に敵対することになってしまう。「反呉時代」でなくなり、親魏倭王から親（西）晋倭王になったわけですから、当然軍事的要塞は埋めなくてはならないわけです。

要するに、倭人伝というのは親魏倭王の国の伝記ということになります。親呉倭王の国のことはほとんど書いていない。今の狗奴国というのは親呉倭王の国です。その地理的位置はわからないはずはないのに書いていない。官職名、長官副官名はないはずはないのに書いていない。われわれは親魏倭王の国の立場ですという報告だけ書いてあるわけです。

加うるに、張政という軍事指導者が倭国に来て二十年も倭国に留まります。かつてＮＨＫにおられた木佐敬久さんが、「張政が最初出てきて壹与のときにまた出てくる。その間二十年経っています。二十年間倭国にいたわけで、その軍事報告をもとに倭人伝は書かれているわけだから、古田が言ったように軍事報告書として理解しなくてはならない」という、きわめて重要な指摘をされました。

今回、なぜ二十年もいたかということがわかりました。要するに張政は親呉倭王の国と、特に拘奴国などと対決して倭国を守るために来ているわけです。二十年間いなければならなかったわけです（呉の滅亡は二八〇年）。倭人伝はそういう二十年間を見た親呉倭王の国に対決する位置づけで書かれているのです。

三十カ国訪問の行路——第六回（質問）

魏志倭人伝の行路は狗邪韓国から順番に邪馬壹国まで来るようになっています。ところが邪馬壹国は次に次にとありますが、先生は順不同にされました。次に次にと書いてあるのに順不同とする考え方がちょっとわかりかねます。

（回答）

倭人伝に「三十国を次々歴訪した」と書いていますと、今おっしゃるような話になると思いますが、そうじゃないわけです。書き方が行路順ではないわけです。壹与の時に生口三十人というのがあります。生口は地方代表であると考えると三十国と生口三十人とが対応するのではないか。そういう場合でしたら邪馬壹国に至る場合のように行路記事になっている必要はまったくありません。なっている方がおかしいわけです。だから行路記事とそうでないものの区別をおさえていただければ問題は解けると思います。

倭人伝の狗奴国と『後漢書』の拘奴国——第六回

（質問）

倭人伝に出てくる狗奴国と『後漢書』の拘奴国は一緒だということで質問させていただきますが、倭人伝の場合は、邪馬壹国のあと、次に次にと二十一カ国出た後に、「その南に」狗奴国があるとなっております。

ところが『後漢書』の場合は女王国から東に千里渡海し、拘奴国が出てくるわけです。基本的には南か東かで全然方向が違います。問題は千里だけでなく方向も重要な要素ですので、これが同じだと解釈する場合にはかなりの問題が出てくるのではないかと思いますが。

（回答）

要するに倭人伝の場合は曖昧なわけです。女王に属する国々の南に狗奴国があると書いていますが、女王国の南にとは書いていないわけです。国をたくさん、三十国並べてその端っこの南となっています。端っこがどこにあるかは倭人伝では正確にキャッチできないわけです。

最後に奴国があります。要するに三十国あって、その中の一端に奴国というのがあって、その南に当たっていると言っているわけです。それ自身は文章としてはわかるけれど、女王国とはどういう位置関係にあるかはわからない形で倭人伝はできています。だから、客観的に誰が読んでも女王国との方角関係がどこにあるかということはわからないわけです。それでわたしの解釈は、密かな解釈といえるかもしれませんが、京都府の北の日本海岸の籠神社のあの辺が端っこと見てその南と大体理解しています。しかしそれが絶対正しいという証拠は倭人伝からは出てきません。

いろいろの人がその人の主観で取っています、熊本だという証拠はない。女王国の南とは書いてないですから。女王国そのものの南と書いてあれば、可能性が強くなりますが、書いてないのですからその人の主観で、熊本にしたい、とかいうだけの話です。

わたしも何となく九州説や熊本説が多かったので、何となくそういうムードで書いた所が一カ所ありまして、早速読者の方からクレームがありました。「貴方の論旨からすると熊本にならないよ」と。その人が書いていたのは「博多湾岸が邪馬壹国で鹿児島が投馬国でその間に狗奴国があったとして、それが女王国と対抗しているとするとおかしい」。その人とは詳しく議論してきたのですが、簡単に言えばそういうことです。わたしもなるほどと思い、それ以後は、熊本説はまったく書いておりません。

それで繰り返しになりますが、倭人伝に関する限りでは、狗奴国の正確な位置はわからないというのが厳密な答えだと思います。

それに対して『後漢書』ではわかるわけです。女王国の東とあります。女王国が決まれば当然それより東になります。方角がはっきりしています。問題は千里というのを、はじめは短里で千里だと思ったのですが、後漢代にせよ、南朝、劉宋の五世紀にせよ長里の時代ですから、長里で理解するべきだと考えるようになりました。現在でもその考えは変わっていないわけです。

女王国から見て東に長里で千里の所にある。これは銅鐸圏ですから、明らかに三種の神器と対立していて不思議はないわけです。

行路の順序——第六回

（質問）

倭人伝では女王国より北はよくわかっているように書いています。その後で、次に○、次に○、次に○ときて、その南となれば当然女王国の南が狗奴国となるのではないでしょうか。

（回答）

行路文であればその通りで、不弥国までは行路文の形をとっています。その後の、次に、次には行路文ではありません。資料の表現形態が違います。次に次にの表現は倭人伝だけでなく、この形式では地理的関係はわからない。他に、次に次にと書いてある用例の調査作業をやるべきです。そのもとになるのは三十国で、もしそれが行路文であれば、行路文だという証明をしなければならないわけです。

三十国の生口が地方代表としてその名乗りを書いているだけであり、その位置はどこかわからない。倭人伝では地理的位置はわからないというのが正解です。一方『後漢書』では地理的位置を明示しています。

三十カ国の順番——第八回

（質問）

『俾弥呼』を読んで、三十国、二十一国というのがあり、二十一国はどこを指すのかよくわからなかったのですが、順番を見ると、福岡（しま）、福岡（いはら）、徳島、美濃、出雲、筑後、熊本、熊本、山梨、熊本、岡山、奈良、岡山、奈良、筑紫、播磨、紀伊、能登のように書かれていますが、あまりにも国の順番がありません。通常倭人がものを言うときに、方向的にどこからか、近い順とか、国の大小とか、何らかの統一性をもった言い方を、倭人といえどもするのではないかと思います。

（回答）

九カ国は順番になっているのですが、あとの二十一カ国を何らかの順番にしようとして失敗した歴史だと思います。どの人がやったのも順番通りになっているのはないはずです。だから、そうじゃないのではないかというのが、加藤一良さんです。

それはつまり倭国から貢献物を持って行った、その貢献物を持って行った順番に書いたのではないか。三十国というのがあとにも出てきますが。生口を捕虜というのは間違いで、三十国の人々がそれぞれものを持って行った。その順番で書いてあります。それをわれわれがもう一回ご破算にして、何かの合理的順序をつけようと思うから、無理なのです。作れると思う人はやってみればよいのですが、今までの人はみんな失敗しているわけです。

だから、そういう順序が作れるという発想をやめて、あれはこちらからの貢献物の順番か、あるいは、上表文に書いてあったものを再録しただけだと思われます。だからそれを何らかの順序に当てはめて、解釈しようとするのが無理なのです。というのが、わたしが「加藤命題」として持った非常に大事なことです。その結果読めてきたという点があります。ということですから、いや自分は何らかの順序でもう一度読むよ、と思われる方はどうぞご自由にやっていただいて、それに成功すれば大歓迎です。しかし今までわたしがやったのでも、他の人がやったのでも、それは成功していないのが事実であります。

三十カ国の意味――第八回

（質問）

元百余国、その後三十国という形になりますが、その間の経緯をご説明ください。

（回答）

三十国の問題は、今回『俾弥呼』ではっきり意識して書いたテーマです。要するに漢の時代には百余国が朝献していた。ところが魏になって、三十国に減っています。ということは後の三十国以外、百四十国とすると三十国を引いた百十国は親魏倭国ではないわけです。親魏倭国ではない国は、一つは親呉倭国。大分などが多分そうだと思います。その中間に魏にも呉にもどっちにもつかないもの、蜀につくということは遠いから考えにくいのですが、魏にも、呉にもつかないで両方にいい顔をしているというか、そういう国々が数は一番多いのでしょう。仮に言えば百四十国とすれば、親魏倭国は三十国だが、あと百十国は親魏倭国ではないわけです。かりに親呉倭国を二十国としますと、九十国はどっちつかずの倭国と言うことになります。

どっちつかずが三世紀前半ぐらいから後半にかけて、大変動揺したというふうにわたしは考えます。今回初めてわたしはそういうふうに考えたわけです。

くり返しになりますが、三十国というのは「親魏倭王」の国に入るわけです。「親呉倭王」の国じゃあないわけです。銅鐸圏は親呉倭王の国です。だからここで倭国として扱っているのは、あくまで魏に味方した連中の国を三十国挙げています。だから壹与の時に生口三十人が行った、その連中の国です。日本列島にある国を順に書いていったわけではないのです。

倭国と朝鮮半島　（質問）
——第　六　回

『なかった』創刊号で（ミネルヴァ書房、二〇〇六年、八五ページ）、天孫降臨は倭人同士の間で生じた事件であると結論づけられていますが、九州の縄文人が腰岳の黒曜石を半島に持ち込んでいることとの関係をご説明願いたいのですが。

（回答）

倭人伝に示されているように、倭人は九州にいて韓国にいなかったわけではない。当然海洋民族ですから、両側にいたわけです。『三国志』では朝鮮半島の南端は倭地であったわけです。これは『山海経』に書いてあるわけです。北半分はピョンヤンを中心にした国であるが、その北は燕です。中国遼東半島の北は燕で南が倭地であると書いてあります。

海の向こうが倭地であるという書き方でなくて、今の北朝鮮のピョンヤンの南あたりから倭地と書いてあり、それは燕に属すると書いてあります。それを素直に取ると朝鮮半島の南は倭地であると理解するより仕方がないわけです。ということですから倭地というのは九州側も南朝鮮側も倭地ということになります。


一方、天孫降臨は、壱岐・対馬の海洋民族が、彼らは船が得意で中国から来た金属器の武器をプラスして最強の軍事集団となり、それで今の稲作が栄えていた博多湾岸、板付などを征服しようとした。これは倭国内部の事件です。もし仮にアマテラスたちが高句麗人だったら、高句麗語なんかでくるわけですが、そうすると『日本書紀』でも支配者は高句麗語になっていなくてはならない。正確には出雲王朝の頃は、倭はその一の家来だった。それが中国の金属器を手に入れることによって反乱を起こしてご主人の出雲王朝・大国主命などを追いつめて自分たちが権力を奪取したわけです。「アマテラスの反乱」という言葉をわたしは使っています。反乱をして主権を奪取したわけで、倭人圏内部の事件です。


（関連質問）

朝鮮半島と九州とは同じ倭人ではないと考えられないでしょうか。九州の縄文人が半島に行っているのだと思いますが。


（回答）

その場合『山海経』は間違いだということになりますが、そうではなく、両岸とも倭人です。九州も倭人の土地だし、韓国も倭人の土地です。

九州縄文人が半島に行くのに、同じ倭地だから、半島の縄文人が九州に来れないということはないでしょう。同じ倭地を違う倭地に無理に仕立てるから話がおかしくなります。要するに海洋民族は両岸を自分たちの領域にするわけです。だから、今の対馬海流でしたら、北岸の今の韓国部分と、南岸の九州部分両方が、倭地なわけです。黒曜石もその両方に流通しているわけです。

裸国・黒歯国――第七回

（質問）

裸国・黒歯国の伝承はなぜ失われてしまったのですか。中国人は行かなかったのですか。

（回答）

古田史学会の会長の水野孝夫さんが、一番早い段階から浦島伝説がそれだと言われていました。裸国の「ら」に接頭語の「う」がついたら、「浦」となる。裸国伝承、裸国にいって帰って来た話を浦島伝説だと言っておられますが、可能性は十分あります。

これも実証的にやるには、浦島伝説が日本のあっちこっちにありますので、それを全部、現地で収集する必要があります。大まかに亀に乗ってどこどこへ行ったということが似ていても、その前後関係がいろいろです。そういういろいろな前後関係を全部集めて、浦島伝説集を作って分析すると面白いと思います。

いつ頃、なぜ行かなくなったのかはわかりません。はっきりしたことは、裸国・黒歯国が滅びた可能性があります。外来勢力が入って来て、それ以前の部族を滅ぼした。今のインカ帝国、インカ帝国は日本で言えば、鎌倉・室町の時代ですが、そのインカ帝国が、あれ以前のものを全部潰してしまった。ないのが当たり前で、残っているのが奇跡だ。基本的にはないのですが、その中に残っている、部分的にはある、ということが現状であるとわたしは思います。

エクアドルの現地では、一つの村が全員日本人そっくりだというのを聞きました。わたしが行った所は日本人の顔は六、七割、後の二、三割はスペインかどこかの違う血が入っているような子供がいた。

ちょっと離れた所にゆくと、どの部落もすべて日本人にそっくりですよと言われた。日本人はよくテレビに出ます。だから彼らもそう思っているのです。よく似た連中だなと彼らも知っています。このあたりの研究も、わずか一週間か、二週間といったレベルのことですので、皆さんにじっくりと取り組んでいただきたい。あの村へ行けば、日本の伝承が残っているのではないか。その伝承を聞けばよい。日本人から聞かれるのは、ちっとも嫌だとは思わないだろう。わたしも若ければ、三回も四回も行きたい所です。

中国人が行ったか、行かなかったかについてはわかりません。中国側の資料をみると、『三国志』の後に、『三都賦』というのがあります。そこに黒歯国が出てきます。だから、中国人が行かなかったとは言えません（注＝『三都賦』とは、晋の左思の作で、蜀都賦・呉都賦・魏都賦がある。この賦は左思が十年を費やして苦心構想したもので、これが成るや洛陽の紙價を高めた〈語源〉。黒歯国については、儋耳黒歯之酋とあり、通常は海南省が想定される。『山海経』に出てくる黒歯国を踏襲したものとみられる。なお中国の史書には『後漢書』『梁書』『南史』に一カ所ずつ黒歯国がでてくるが、基本的には『三国志』の記述である。また『鏡花縁』という清代の小説には十カ所出てくるが、場所はわからない）。

鮮卑、流求国、白村江の戦い、そして太平洋の制海権と歴史上移り変わってきています。持論を一言言わせてもらえば、アメリカの黒船が来たのは、沖縄を支配するためだというのが、わたしの基本的現代史です。つまり、黒船が来たのは、鯨の脂を取りに来たというのは口実です。そんなのに、軍艦を使う必要はない。軍艦で来るというのは、中国まではヨーロッパの植民地であったが、日本だけはまだ、独立国で残っていた、だから、「日本は植民地にできる、その可能性がある」と彼らはみていたのです。

だから、黒船がやってきた。現在、沖縄をアメリカが押さえているのは、黒船の目的を、やっと今達成したということです。だから、総理大臣がどうこうとか、外務大臣がどうこうとかやっていますが、歴史の大きな流れから言えば、当然アメリカは「沖縄を押さえて中国と相対する」わけです。その沖縄より北を、あるいは東をアメリカの属領とするために来たのです。その中でいろんな事件が起こっている、という見地で見ないと、本当の歴史はわからないと思います。

ついでに言っておきますが、わたしは親米家です。わたしの大好きな陳寿とわたしの大好きなエヴァンズさんとメガーズさんは、わたしの本当に尊敬する研究者です。アメリカの話をしますと、わたしが一人でアメリカへ行ったことがあります。ワシントンへ行ったが、訪ねる学者が休暇で自宅にいるというので、自宅へ行った。特急で行って隣の駅で乗り換えると聞いて乗っていると、五十前後の人が来て、おまえチャイニーズかと聞いたので、いや日本人だと言った。おれの息子はチャイナに行っている。おまえは何処に行くのかと聞いたので、これこれの所へ行くんだと言うと、線路が二本あるが、一本は通るが、一本は通らない。よしわかった。おれについて来いと言って電車に乗った。そしたら、座席に立って、オイ、皆んな、と叫んだ。今、一緒に来ているのは日本人だ、何とか駅で降りると言うが、おれはその前の駅で降りるから、だれかこの日本人と同じ駅で降りる人がいたら、手を挙げてくれ、と怒鳴るわけです。そうすると何人かが手を挙げた。その駅に着くと、降りる人が一緒に降りてくれた。そして、休暇で休んでいる学者に電話をしたが、みんなが、できるかどうか心配そうにわたしを取り巻いて見ていてくれた。そして、学者が車で迎えに来てくれた。その車に乗ったが、しばらく行くと向こうからバスが来た。バスの中で手を振っている人がいたので、よく見ると、わたしを取り巻いていた連中だった。みんなが、学者に会えたことを喜んで、手を振ってくれたのだ。わたしはもうアメリカファンになりました。アメリカの庶民の暖かさ、素晴らしさを感じた。日本では、そんなことはあまりない。映画のシーンのようで感激しました。それ以来、わたしは完全に親米主義になっていますが悪しからず。

4　倭国の人々・官職・階級

景初二年（二三八）に俾弥呼が遣使したときの副使に都市牛利という名前が出てきますが、これは「都市」が姓で「牛利」が名だということがわかりました。

都市牛利――第五回

そして、佐賀県鷹島が都市さんの本家本元の場所だということもはっきりしてきました。

これを知った経緯を簡単にお話ししますと、博多の上城誠さんから、現在博多にお住まいの「都市（といち）」さんのご紹介を受けたからです。その方の本貫は長崎県の鷹島（注＝もう一つの高島は、佐賀県唐津に近い）で、わたしは、すぐに現地を訪問し、いろいろなお話をお聞きしました。要するに松浦水軍のボスの家柄であり、お墓は黒津という場所です。黒津の「クロ」は「神聖な」という意味です。「ツ」は「津」です。ここは黒潮が流れています。まさに玄界灘です。この神聖な港というところに明治の初めまで墓がありました。なお「トイチ」さんの「ト」は「戸」で神殿の戸口、「イチ」は「市」、音訓併用の読み方です。

大陸国家の魏は、松浦水軍から海流のノウハウを教えてもらい、公孫淵を討つのです。つまり、司馬懿がやったのは、東方海上上陸作戦です。ピョンヤンの方へまっすぐ東に行って朝鮮半島に上陸しているわけです。

一方は洛陽の方から迂回して挟み撃ちにして、公孫淵の首を取るのに成功しました。あれが一歩遅れていたら逆になるのです。逆というのは、すでに、呉が公孫淵と連絡をとっていました。『三国志』に出てきます。呉が洛陽を南から攻め、そして公孫淵が北から攻めていたら魏は袋の鼠になるのです。その一歩手前に海上渡航作戦をやったから魏が勝ったのです。だから呉にも勝てて三国統一もできたのです。三国統一の決め手になったのが海上渡航作戦です。

渡航作戦をするに際して、魏は大陸国家で季節や時間で大きく潮流が変わる海洋のことはあまり知りません。それを知っていたのは松浦水軍です。貢ぎ物として、布を二匹持って行ったということだけではありません。要するに海上の知識を松浦水軍はもたらしたのです。魏はそれによって海上渡航作戦に成功しました。

中国の天子の長文の詔勅が載っています。俾弥呼ないしその周辺にいる人たちは読めたということです。少なくとも中国側は倭人の漢文解読能力を知っていたということです。また俾弥呼の上表文は、漢文で書いた、天子に出す漢文ですから、ちゃんとした漢文だっただろうと思われます。

難升米の族譜 ——第五回

松浦水軍のボスだった正使の難升米は姓が難。難さん姓は韓国にありますが、河南省の石碑に難という姓の名が刻まれています。

この難さんが渡来人とすれば、俾弥呼の漢文の上表文は書けるわけです。難は北方音でダン（檀氏）、南方音でナン（南氏）に通じます。ところが博多から北九州市にかけてはダンさんというのは結構いらっしゃる。あの団さんも明らかに中国名です。中国名を持ったまま日本に来てそれを使い続けているわけです。ナンさんというのは有明海沿いにたくさんいらっしゃるそうです。二種類あって南（ナン）とそのまま読んでいる人と南（ミナミ）と読み替えている人とがあります。

もう一つ、中国の『周禮』に出てくる難さんの家柄は「鬼遣らい」（注＝追儺は、悪気がついているものを払う呪い）の職業であると書かれています。ところが太宰府の天満宮は「鬼遣らい」の神社です。一方では天満宮というのは「アマミツ」です。天満というのは、先の任那のように日本側で考えた文字資料の一つで、本来海士族のアマとミツは御港。海士族の御港がアマミツです。天満という字をあてて表記しているわけです。その天満宮の由来は「鬼遣らい」ということになります。

難升米は、鬼遣らいを示す難家です。海士族と鬼遣らい、それが合体しているのが天満宮です。菅原道真なんていうのは極最近のことです。

中国の古典『周禮』に「方相氏」として「難」があり、韓国にも中国に淵源を持つ「難」氏がありま す。「難升米」が韓国系渡来人とすると、魏への使者となった理由や上表文を書ける倭国の語学力などが説明できます。

「壇」「段」「檀（まゆみ＝真弓）」などの姓との関係も指摘できると思います。

都市牛利、難升米
――第　六　回

（質問）

都市さんの話ですが、今現在トイチと呼ばれる姓の方がおられるということですが、昔もトイチといったのでしょうか。

（回答）

要するに問題は『三国志』の術語を中国側が書いたのか倭人側が書いたのかによって違ってくるわけです。中国側が書いたとすれば、中国側があの字を三世紀にどのように読んでいたかがそのまま答えになります。ところが倭人側が書いたという立場に立った場合には、中国側がどう読んでいたかという問題とはレベルが違ってくるわけです。

中国側がどう読んでいたかもなかなか難しい問題です。三世紀の韻書というものがないですから（注＝『集韻』は宋代〈一〇三七年〉の作）。ごく部分的に引用されたものが一部残っているぐらいで、全体としてはないわけですから、基本的には判断できません。ましてや倭人側がそれをどう発音していたかは難しいけれど、幸いなことに今日わたしが示しましたように、現在われわれが使っている日本語と非常に近い共通性を持っています。そうすると逆にあの字をどういう発音で使ったかは、日本側から見てわかるという問題が今後出てくるわけです。言語学者もそういう研究をする段階にきていると思います。

日本側がどう読んでいたかという問題は、日本側が現在どう読んでいるかという問題と、無関係ではなく、関わりがあります。知っている方もあるかと思いますが、われわれが現在使っている言葉の中にはかなり古い言語が残っていると思います。それでわたしがぶつかったのを一つの例を申し上げると、鳥取県の大山です。あそこで一年に一回、確か七月あたりでしたか、神事があります。モヒトリ神事と言います。何をやるかというと、宮司さんが三十人ぐらい連なって山へ上がって行って、山の上の湖の水を汲んで持って帰って、中腹にある神社で、神前に供えてお祭りをする。それをモヒトリ神事と言っています。この辺では水のことを「ヒ」と言うのですかと聞いて回りました。鳥取で聞いて回ったのですが、誰もそんなことは言わないです。

一方火山について中国新聞社から分厚い本が出ているわけですが、それで見てみますと、あの大山が縄文時代には火を噴いていた。最初の四分の一ぐらいの時期はものすごく火が吹き荒れていた。中間の四分の二ぐらいの時期はちょろちょろ火になっていた。最後の四分の一ぐらいは消えてしまっています。消えるとすぐそこに水が溜まってそれが現在のような湖になっています。自然科学者の方がリアルに説明してくださっていました。

そうしますと、「モヒトリ」の「モ」は海の藻で、もやもやしていること。「ヒ」はやはりファイア、「トリ」はテイクで取る、だからもやもやの火を取ってくる神事ということになります。もちろん吹き上げているときは取ってこられません。もやもや火になったからと言って後は安心というわけにはいきません。また噴火することがあります。だから神様にそのような爆発がないように祈る神事が、モヒトリ神事です。モヒトリという言葉はおおざっぱに言うと縄文中期の言葉です。縄文の最初の時期では無理です。そういう言葉自身が意味を持たない。そして全部いわゆる火が消えて湖になって水を取る神事をモヒトリ神事と改めて言う必要はないわけです。そうすると今の縄文の中期以後となります。

わたしは言語の年代に夢中になっていた時代がありますが、そのときは本当に喜びました。つまり縄文中期にはファイアのことを「ヒ」と言っていた。海の藻のようなものを「モ」と言っていた。「トル」という動詞があった。それだけのことですが、大発見だったのです。そこだけ偶然縄文の名詞や動詞が残り、後は残らなかったということは考えにくいですから、われわれの生活用語の中にずいぶん残っていると思います。

都市は官職名と考えられないか――第六回

（質問）「都市牛利」は都市が官職名で牛が姓、利が名前だと考えますが。

（回答）

都市牛利の件ですが、都市は「トイチ」で姓です。「古田」と同じです。牛利が名前で「武彦」にあたります。（『なかった』第六号、九四ページ以下）。そうすると難升米について難が姓で升米が名前ではないかという問題が生じました。これもその可能性が十分あるという例が出てきたわけです。

烏丸伝の中に「漢末、遼西烏丸大人丘力居、衆五千餘落、上谷烏丸大人難樓、衆九千餘落、各稱王、而遼東屬國烏丸大人蘇僕延、衆千餘落、自稱峭王、右北平烏丸大人烏延、衆八百餘落、自稱汗魯王、皆有計策勇健」という文章があり、この中に難樓という言葉があります。ここで難が姓、樓が名前である可能性があります。可能性があるというのは蛮族でそのまま書いている場合があるのと、完全に中国風に姓一字、名一字のケースと両方あるわけです。後ろから二行目の烏延も烏が姓で延が名である可能性があります。わたしは烏丸語は知りませんから決定はできません。しかし全体の関係から見れば難が姓で樓が名である可能性は十分あります。ということは難升米の難が姓で升米はシメでしめ縄のシメとすれば名前である可能性があります。さらに難升米は烏丸の難樓の一派である可能性もあるわけです。烏丸には、中国側に敵対しているのと、親中国側とがあり、難樓は中国側に親しい方の部族です。その難婁と難升米が同族であるとすれば、俾弥呼の使いの意味が変わってきます。この間に公孫淵がいます。公孫淵を取り囲んで首を切った、その背景がわかるわけです。しかも、烏丸は北京と遼東半島の間ですから、文字が当然あるわけです。その地域の文字が伝わっていたという話との関わりが出てくるわけです。断言はできないですが、面白い問題が出てきたという感じを持っています。

牛利の牛は中国風の姓ではないか——第六回

（質問）

都市牛利の話では牛が姓、利が一字の中国風の名前だと思います。中国の名前の辞典にも牛という姓があります。都市というのは役職ではないかと思います。中国の辞書に都士というのがあり、周の時代の官職であると説明されています。倭人伝では市ですので、士と市とちょっと違いますが同じものじゃないかと思います。大夫というのも周代の役職名で邪馬壹国が名乗っているとすると都士というのも周代の役職であるというので、都市も周代の役職名として名乗っているのじゃないでしょうか。また「都」は「すべる」、「市」は「市場」で、市を監督する官職名とは考えられないでしょうか。

（回答）

面白いアイデアだと思います。問題はトイチというのは現在博多に、都市（トイチ）という人がいる、ということです。博多の上城誠さんに連絡いただき早速現地に飛んで行ったことはお話ししましたが、ポイントは、これは日本語の名前だったということです。

これをきっかけに、『三国志』の三十国がほぼ読めました。最初の出発は中国側が書いたと思いました。陳寿が書いたものだと思っていました。その後、前述の「倉田命題」をバックに着々と進展しました。

一つだけ言いますと、邪馬壹国というのは非常に大事な名前です。ヤマはマウンテンの山です。九州では高祖山です。イチのイは名詞につけて神聖な何々です。伊豆半島の伊豆はマメを書いているが、神聖な港です。伊勢は神聖な瀬です。

最近気がついたのですがイヅモのイヅは伊豆半島のイヅと一緒です。モとは海の藻のように群がっているものをモといいます。神聖な港が群がっている場所が出雲です。

漢字で出る雲なんて考えるから、そう思わなかったのですが、単語としては伊豆半島の伊豆と同じです。アイヌ語と同じです。アイヌ語が使われているのではなくて原初日本語がアイヌ語に残っていると考えればよろしい。

もとに戻って都市は音と訓と両方を使っています。三世紀に音と訓を使っているということは「倉田命題」にぶつかっても思わなかった。音で倭人側が書いたと思い込んでいた。ところが音と訓を使っていた、考えてみれば当たり前なのですが

漢字の音を知った人が、難升米にしても、音だけで漢字ができるはずはない。訓を使わないで日本語を漢字にはできないじゃないですか。だから音訓両用というのはむしろ自然な姿だったのです。

大和では神殿町を十市（トイチ）と言います。各地にトイチがあるわけです。その中でトに「都」を当てるトイチは一カ所だけ。つまり女王国にある都市です。女王国にある神殿町を「都市」といいました。それは博多湾岸です。釜山―博多間のルートが松浦水軍が握っているルートです。商業ルートです。商業ルートを捌く市が都の市、都市です。そこの支配者だから都市牛利なのです。牛利が牛プラス利である可能性も否定はできませんが。

難升米の読み方（質問）

――第　六　回

難升米はナシメとも読めると思いますが。伊予にはナバエ（難波江）という姓がたくさんあります。

（回答）

難と「ナ」につきましては別の重要なルートがありまして、ウラジオストクへ二回行きましたが、行った目的はオロチ族というのがロシアの一角にいることとの関係です。今の樺太の対岸あたりに現在の本拠地がありますが、もとは黒竜江の中流域から追われてというか、漢族に押されて海岸にやってきました。それがヤマタノオロチとまったく無関係だろうか、日本海のはす向かいの海岸のオロチとはまったく偶然の一致だろうか、何かそこに関係があるのではないかということで行ったわけです。松本郁子さんもご一緒していただき、予想以上の明確な解答が出てきました。

オロチのチは神様。オオナムチのオオナは、オオが海、ナが大地、海と大地がオオナ、ということを現地のオロチ族の長老から聞いたわけです。びっくりして繰り返しそれを発音してもらって、録音したのですが、間違いなくオオナは「海と大地」という意味です。

ムチのムは「主たる」、チは神様です。オオナムチは直訳すれば海と大地の主たる神様です。これも原初日本語があってそれが伝播したものです。

オロチ族は最初黒竜江の中流域にいたのが、押されて海岸に来たわけですが、そのときすでに原住民として存在していたのがオオナです。その言語なのです。そういう古い現地語と、いわゆる出雲に伝わっているオオナムチという言葉が同じであるということです（大国主命）。この点は『なかった』の第六号まで松本さんが次々辞書を完成しつつあります。

結論を言いますと、ナというのは大地、水辺の大地を意味する古い日本語です。

質問で「ナ」と発音すると言われるのは、どうも今のことが基本ではないでしょうか。その場合「ナ」ではなくて中国の「難」であるというケースがあってもよいわけです。その場合それとしての論証がいるわけです。それと団とか南という姓が博多湾岸、佐賀県に残っています。そういう人たちは誇りを持って団とか南という姓を変えていないわけです。もっともその人たちは何かを南に変えたのだということがないとは言えませんが、その辺の検査をやった上でお考えになればよいと思います。

繰り返しますと、「ナ」というのは基本的には日本語の一つである、ということをご理解いただければよいと思います。

生口——第六回

読み方の他に、意味の取り違いということがあります。加藤一良さんのお話で、「三十国が書かれてあるのは、倭国側が中国に書いた上表文の中にあった国の名前ではないか。つまり倭国側が書いた表記だという立場に立って考えると、いろんな産物を持って行って、その産物を産出した国の名前を倭国側から書いてあったから、それを陳寿は書いたのではないか」と言われた。

問題は、上表文は俾弥呼の時一回だけです。壹与の時は上表文を持って行ったと書いてないのです。もう一つ、産物は俾弥呼の時は、ある程度はあるがそんなにたくさんではない。第二回目はある程度はあるが三十もはないわけです。ただ壱与の所で、男女生口三十人を献上とあり、数が一致します。

従来の普通の解釈なら生口というのは捕虜となっています。捕虜と三十国とはあまりピンとこない。ところが結論を言いますと従来から生口の解釈を間違えていました。

『諸橋大漢和』で引くと二つ意味があって一つは捕虜と書いてあるが、もう一つは牛馬と書いてあります。ところが捕虜の用例を見ると「生口を捕獲する」と書いてあります。生口を捕虜と解釈すると、「捕虜を捕獲」ということになり、「馬に乗って落馬する」のたぐいで変な表現になります。そのため生口は捕虜という意味ではないと考えました。それは広島県に「いくちじま」というのがあり、生口島と書いてあります。「いくち」というのは神より賜った神聖な神のいる場所で、捕虜の島というのではない。

結論から言うと「いきとしいけるもの」という意味です。牛馬も人間も生きているものは生口です。生口の意味を従来のあらゆる学者が間違えて使っていたわけです。

献上——第六回

もう一つ献上という言葉です。『後漢書』に「安帝の永初元年倭の国王帥升等生口百六十人を献じ」とあり、この生口も捕虜とすると何倍かの兵隊も必要で、百六十人も連れて行くのは大変です。問題はここで「献じ」とあることです。

そもそも、中国は歴史書を中華思想の立場で書いてあります。周辺の国は全部献上する方です。ご主人と家来の関係でないと国交を認めないという立場です。彼らは国交があったら、なんでもそういう上下関係に直して書いてあります。それを上下関係の歴史事実と受け取るのではなく「献上」と書いてあるのは国交を結んだと理解するべきです。国交を結ぶとき生きた人間を百六十人連れて行ったということです。

同様に解釈できることは、倭人伝の冒頭に「倭人（中略）。旧百余国。漢の時朝見する者有り」とあります。百余国が朝見したという記事は百六十人の場合と同様、百余国の地方代表が一緒に行ったと解釈するべきです。もう一度言うと、生口を捕虜と考えることは間違い。朝見というのは中国のイデオロギー表現であるからそのまま取るのは間違い。要するに生口というのは生きた人間、生きとし生けるものという意味です。

邪馬壹国の官職——第六回

官職名についてですが、邪馬壹国のところで官に伊支馬（イキマ）ありとあります。イキは壱岐対馬の壱岐で、占領軍の軍事中心である壱岐です。そのナンバーツーが彌馬升（ミマシ）です。ミマシのシはチクシのシで、ミは御という敬語のミで、マは接頭語のマです。要するにチクシの国を支配しているのはミマシです。それで同じく彌馬獲支（ミマカキ）といい、カキのうち、カは神聖な水、キは城と要害、即ち神聖な水の要害、すなわち太宰府の所の、後の水城と言えます。水城というのは要するに水をためて博多湾岸にいた人々の飲料、軍事用を含めた水を補給するものです。だから博多に対して水をためる場所、それがここのミマシです。水城というのはそれが発展した七世紀段階の話です。水城の前段階もあったということです。

次が奴佳鞮（ヌカテイ）というのがありますが、これはヌカダというのが博多の吉武高木のすぐそばにあります。額田王の額田がこれではないかと言われたことがある額田です。テは手のひらのテです。ヌカテのカは水のこと。原野に多い水が手のように広がっています。今でも早良郡というのは、沼や湖が一杯あります。ですから吉武高木を守っているのが奴佳鞮、水城に発展するのが彌馬獲支、それで博多湾岸を支配しているのが彌馬升ということで、要所要所を押さえているのが第一、第二、第三、第四の要職です。しかもミマというのが第二、第三に出てきています。これは先ほどのミマナと同じです。朝鮮半島側と博多湾側にミマという王の御料地があります。そういう形で両岸にまたがってあるわけです。そのミマナが好太王碑に出てくるわけです。

奴国の官職
――第八回

倭人伝に出てくるいろいろの国の中の奴国（なこくではありません、ぬこくです）に奴国の官職名が出てきます（注＝『俾弥呼』三六七ページの一行目）。官に兕馬觚（じまこ）、副は卑奴母離とありますが、長官の方がやけに難しい。兕馬觚、最後の觚はコの訓のようですが、一番おかしいのは「兕」という字です。これはジと読みます。これは『諸橋大漢和』では、シもしくはジと読んでいます。

そこに変な動物の図が描いてあり、これが『論語』に出てきます。「兕に匪《あ》らず虎に匪らず」となっています。諸橋の解釈では「兕でもなく虎でもないのに、曠野にさまよひ苦しむの意で、賢者が災厄に遇つて、其の不幸を嘆ずる辭」とあります。『詩経』なんかに、すでに「兕に匪らず虎に匪らず」は出てくるのですが、『論語』で、兕でもない、虎でもないのに、山野をさまよっています、自分を呼んで

【兕】1369 シ ジ ム ssŭ〔集韻〕序姊切 紙

小篆 六書正譌 古文 古籀文(傳)

●獸の名。水牛に似て青色、一角、皮は堅厚で鎧に造り、角は酒杯に造る。冢(10-36375)の古文。〔說文〕冢、如野牛青色、其皮堅厚、可制鎧、象形、冢頭與禽离頭同、兕、古文从儿。〔段注〕野牛卽今水牛、與黃牛別、古謂之野牛、云云、郭注山海經曰、犀、似水牛、豬頭庳腳、兕、亦似水牛、青色一角、重三千斤、考工記、函人爲甲、犀甲七屬、兕甲六屬、犀甲壽百年、兕甲壽二百年、云云、今字、兕行、冢廢。〔爾雅、釋獸〕兕、似牛。〔注〕一角、青色、重千斤。〔韻會〕兕、陸佃云、兕、善抵觸、故先王制罰爵、以爲酒戒。●犀の雌。〔正字通〕犀、有山犀・水犀・兕犀三種、云云、兕犀、卽犀之牸者。●水に住む大獸。〔論衡、是應〕蒼兕、水中之獸也、善覆人船。●古は兕(1-1370)に作る。〔廣韻〕兕、兕、古文。●俗に兕(7-19109)に作り、或は光(1-1371)・雉(11-41987)に作る。〔正字通〕兕、俗兕字、本作冢。〔集韻〕兕、古作兕・冢、或作光・雉。

解字 象形。野牛に似た一種の獸にかたどる。凹はその頭、は其の足尾。古文は兕に作る。儿は人の脈(すね)、兕の足が人の脈に似てゐるので儿を以て其の足に象る。〔說文、兕、段注〕謂上象其頭、下象其足尾也。〔說文〕兕、古文从儿。〔段注〕蓋亦謂其似人脈也、虎足亦與人足同。

【兕中】11 射禮の時、算を入れて置くもの。〔儀禮、鄕射禮〕大夫兕中各以其物獲。

兕中(三禮圖)

【匪兕匪虎】12 兕でもなく虎でもないのに、曠野にさまよひ苦しむの意で、賢者が災厄に遇つて、其の不幸を嘆ずる辭。〔詩、小雅、何草不黃〕匪兕匪虎、率彼曠野。〔集傳〕言、征夫非兕非虎、何爲使之循曠野、而朝夕不得閑暇也。〔史記、孔子世家〕孔子於野不得行、絕糧、從者病莫能興、孔子講誦弦歌不衰、云云、孔子知弟子有慍心、乃召子路而問曰、詩云、匪兕匪虎、率彼曠野、吾道非邪、吾何爲於此。

漢字「兕」(『諸橋大漢和』 1 −1032)

くれる諸侯がいない、ということを孔子が嘆いているところに、『詩経』のこの言葉を引用しているわけです。その兕です。虎は、われわれはよく知っています。陸上の最も凶暴な、獅子がいないところでは虎が百獣の王です。それが虎です。ところが、兕というと、水の中に棲んでいる最も強い動物らしいのです。兕にあらず虎にあらずというのは陸上の猛獣でも、海中の猛獣でもないのに、わたしはさまよっている、という自分の身の不幸を嘆いたのが『詩経』にあり、孔子が引用しました。

ところで倭人伝の中にこの兕を使っています。そうするとこの兕は『詩経』や『論語』で言っている兕だということになります。それ以外に勝手に作って使う、ということはあり得ないですから、当然典拠は、『論語』ないし『詩経』ということになります。その兕というのは空想上の獣でしょうけれど、海中の一番強い動物です。

そうすると皆さん思い当たることがあると思いますが、『邪馬壹国の論理』(復刊版、ミネルヴァ書房、二〇一〇年)の先頭に竹原古墳奥室壁画(本文は二八六ページ)を載せていますが、ここに変な動物がいます。馬みたいで角みたいなものが生えています。その下に波が立っています。この動物は海中にいる動物です。一角獣というか、非常に恐るべき動物です。これは兕ではないかと思います。こういうのを兕という形で表現しているのじゃないか。そうすると官職名「兕馬觚」はそういう海中の動物を寄せつけない、守りというか、そういう意味合いの官職名ではないか。地理的にい

う と博多湾岸の須玖岡本の近所みたいです。これは倭人側がこの兕を選んでつけています。その場合、『詩経』ないし『論語』をもとにしてつけています。実体は自分たちの世界で、海中の怪物といわれている存在を当てて、つけています。本当かと思いたくなるような話ですが、兕という字の問題があります。

5　史料を批判的に読み解く

歴史家の反乱
――第六回

『三国志』を書いた陳寿はわたしの敬愛する歴史家ですが、歴史家は権力者の命令に従って歴史を書くわけですが、権力者が思いもよらない文章を潜ませることができます。

倭人伝は全体としてみれば、俾弥呼を親魏倭王として書いています。ところが、倭人伝に「國國有市、交易有無、使大倭監之」とあります。「大倭をしてこれを監せしむ」と従来読んできたのが、「使大倭これを監す」と読みます。要するに俾弥呼の国は自分の国のことを大倭と称していたということです。『三国志』では魏のことを大魏と書いてある。『漢書』では漢のことを大漢と書いてあります。ほかのところは大をつけない。倭国側もこれを知っていて大倭と称している。陳寿は「倭国はわれわれと対等な立場を主張しています」ということを言外に述べているわけです。

歴史家の反乱は『日本書紀』でもあります。『日本書紀』ができたのは七二〇年、そのとき四十歳の人は二十歳までは「評」で過ごしていました。二十一歳から突然郡になったわけです。そういう人が『日本書紀』を見たら全部郡で書かれている。当時の人が見れば、また後の人でもしっかり読めば、嘘に決まっていることがわかるように仕組んであり、歴史家も当然知っているわけです。

『三国志』と『後漢書』では文章が違います。『三国志』の場合は邪馬壹国というのは七万戸の国全体のことです。ところが『後漢書』の方は七万戸の国の名前ではなくて「その大倭王邪馬臺国に居す」と大倭王自身がいる場所を書いてあります。

五世紀の范曄にとって『三国志』は当然手元にあります。読者の手元にも『三国志』があって、そこには七万戸の女王国として邪馬壹国がちゃんと書いてあるわけです。しかしそれは七万戸はあっても大倭王のいる中心点の国名がないわけです。それを范曄は書いたわけです。後漢を対象とする記事だが、それを五世紀の記事として范曄が書いたわけです。だからそこには、今更七万戸の「邪馬壹国」のことを書くのではなく、大倭王がいるところはどこか、それは「邪馬臺（台）国」だということを書いたわけで、両者全然矛盾しない概念です。

それを学者たちは単語だけ抜き出して、「ヤマト」にくっつけようとして、「邪馬壹国」ではつけられないが、「邪馬臺（台）国」なら読めそうだから「邪馬台国」にしようということです。単語の抜き取り主義です。単語は文章の一部分なのにそれをまったく無視したわけです。

史料の取り扱い ——第六回

もう一つは、いわゆる唐代にできた『隋書』とか『太平御覧』などの中に魏志に曰く邪馬臺国と書いてあり、それを根拠にしています。これは完全に資料の扱いが混乱しています。中国の南朝と北朝は別の系列であることを忘れているのです。

この前ＮＨＫの番組でも「百済の時に文字が伝わった、それ以前は文字がなかった」と言って、それに上田正昭さんや山尾幸久さんが賛同していました。おかしいのは、百済は五世紀です。その時初めて文字が来たというような馬鹿な話はない。三世紀の倭人伝に明帝の詔書がちゃんと書いてあり、上表文を送っているわけです。

理由は明白です。唐は北朝の国です。北魏の系列の鮮卑の系列の北朝系の国です。北朝系の国にとっては、南朝はなかったことにしているわけです。その証拠に俾弥呼のことが魏の時相通じるという言葉は出ているが、詔勅を倭王に与えたという話はないわけです。それでまた、俾弥呼が上表文を出したという話もないわけです。いわんや倭王武が長文を送った話もないわけです。これらを「ある」ことにしたら、その王朝を正規のものとして認めたということになる。だから北朝としては「なかった」ことにしておかなければならないのです。

岩波文庫『新訂 魏志倭人伝他』――第六回

岩波文庫の『新訂 魏志倭人伝 他三篇』（一九八五年）ですが、これが日本歴史に大変な禍というか害を与えている。わたしは各部屋にばらまいてあるぐらい、何冊買ったかわからないほどで、おかげを被っているのですが、同時に害を与えているということに、遅まきながらやっと気がつきました。

例を挙げると、本文では「邪馬壹国に至る」とあります。そこに注がありまして、邪馬台の誤りとするのが定説であったが、近頃邪馬壱（ヤマイ）説もでた、とこう書いてあります。

これは誰の説かと思っていました。邪馬壹国説ならわたしの説の気がするのですが、わたしは「ヤマイ」と読んだことはまったくありません。むしろそう読むべきでないと、『「邪馬台国」はなかった』で十七ページ使って一生懸命書いてあります（同書、復刊版、ミネルヴァ書房、二〇一〇年、二五三ページ以下）。その理由もはっきり書いています。

これはわたしの説でないと思っていたのですが、以前大野晋さんから葉書で「古田さん、邪馬壹は〈ヤマイ〉とは読めませんよ」と好意的にそういう忠告をしてこられたことがあります。それでまだ『「邪馬台国」はなかった』を読んでおられないなと思って送ったのです。しばらくしてまた葉書が来て「古田さん邪馬壹国は〈ヤマイコク〉とは読めません」と言ってこられました。本を送られたから必ず読まなければならないということはありませんが、二回そういうことを書いてこられたわけです。

『「邪馬台国」はなかった』を読めばわかりますように、わたしが重視していたのは橋本進吉の音韻説です。これによると片仮名のイは最後にこない。最後にこない母音の例を挙げられまして、この中でイは割合例外が多いということも書いておられる。しかし例外は、例外が多いからその例外だというのではなく、わたしはイと読むべきではないだろうと、ごたごた論じているわけです。

橋本進吉さんは大野さんのお師匠さんですから、その説をもとに考えられたに違いない。その説をもとに書いてある『「邪馬台国」はなかった』を読んでない。再度にわたってそういう忠告があったからです。今回考えてみると、大野晋さんは岩波文庫を読んで、そこにこう書いてあるから古田は邪馬壹国を「ヤマイコク」と読んだと思いこんでいる、それを親切心から再度にわたってわたしに忠告してこられたのではないかと、最近読み直してみて、思ったわけです。

會稽東治——第六回

さらに「当に会稽の東治の東にあるべし」（前掲、岩波文庫、四五ページ）とあり、原文に「当在會稽東治之東」（同書、一〇九ページ）とあります。それなのに、「県の名。今の福建省閩候県附近。東治とするものあるは東冶の誤」と注がついています（同書、四六ページ）。こちらは本文を直してしまっています。先は邪馬壱と書いて「ヤマイ」と読むものもあると書いてあった。今度は誤りという判断のもとに本文を書き換えています。『三国志』は東治なのを『後漢書』が東冶と書いてあるから、間違いだという判断のもとに本文を訂正しています。わたしは『「邪馬台国」はなかった』で大変なページ数を使って論じているわけです。その結果はっきりした答えが出たわけです。というのは『三国志』の中に「会稽南郡をもって建安郡と為す」（永安三年）という記事があり（『三国志』呉志三、中華書局版、一一五九ページ）、それを調べていくと、見事に符合しており、それ以前は会稽と表現されそれ以後は建安と表現されていた。もし東冶県であるとしたら、建安東冶でなければならない。会稽東冶とは書けない。それを『後漢書』の範疇は見逃したわけです。理由は後漢時代には会稽に東治県というのがあるからです。その頭があるから、これで良いと思って会稽東治の東と書いた。『三国志』の「治」を范曄が「東治」に訂正したが、「東治」が正しい。東というのは海岸部に「東」をつけて使うのは中国の習慣ですから、会稽郡の所は東治です。会稽郡の東にあたる、ということでその通りなのです。

すごいのは「東日流外三郡誌」にでてくる安日彦長髄彦が浙江省から筑紫へ来ていることです。それが会稽東治の東です。そういう単なる地理的なことだけ言っているのではなくて、文明が東へ移ったことを陳寿は知ってそれを背景にして歴史を書いたわけです。ところが『後漢書』の范曄はそこまで知らなかったわけです。才気ある歴史家ではありますが、そこまで頭が回らなかったということです。後漢に会稽東治があるから、それでよいと思って直したわけです。しかし、会稽東治は浙江省よりはずっと南です。そこの東となると台湾か、沖縄あたりになります。九州ではなくなるわけです。

しかも倭人伝では一万二千里を道里と見ているから会稽東治の東になるのです。そういう意味で正確です。一万二千里で台湾の方まで行っては駄目なのです。范曄はそこまで地理的知識がなかったということを言わざるをえない、と『「邪馬台国」はなかった』で大変詳しく論じています。

岩波文庫の石原道博さんは、それを知らずに東冶が正しい、『後漢書』が正しいとして魏志倭人伝の原文を、『後漢書』風に改悪して、改悪の裏打ちの注釈をつけているのです。

景初二年――第六回

もう一つあります。魏志倭人伝で卑弥呼の使いが来たとき、「景初二年六月、倭の女王、大夫難升米を遣わし郡に詣り、天子に詣りて朝献せんことをもとむ」とあります。この注釈で「明帝の年号。景初三年の誤り。日本書紀所引の魏志および梁書は三年とする」としています。

この「景初三年の誤」という所は、本文は直さず、注釈で誤りであると言っています。理由は内藤湖南が挙げたものをそのまま丸写しにしています。これはわたしが『「邪馬台国」はなかった』で非常に力を入れたところです。つまり戦中遣使か戦後遣使かの問題です。内藤湖南などは、戦中遣使は無理だ、戦後でなければ送れない、そこで証拠にしたのが唐代の『梁書』です。わたしは、それは間違いである、なぜなら景初二年に行ったのは十月の秋です。明帝が死ぬわけです。そこで約束した、これだけのものを送る、と書いてあるのに約束したものを送らなかった。年を越えて一年近く経って改めて魏の側から使いを派遣して同じものを届けたわけです。あれが景初三年であったら、明帝が死んだ後ですからおかしいわけです。持ってきた人に渡せばよいのにこちらからわざわざ届ける意味がないわけです。しかし景初二年であったら、明帝が死んだという事件が入るから、明帝が生きているときに約束したのはできなくなる。そこで約束を果たすために魏側から使いを派遣して約束を果たした、と言うことです。非常に素直に辻褄があうわけです。他にも五つぐらい理由を挙げていますが、それが間違いだ、やはり景初三年が正しいと言うのであればわたしが言った理由にちゃんと反論して、それは間違いである、景初二年にしたらこの点が具合が悪いと、景初三年にすれば約束を違えた理由がもっとはっきりする、という論証がなければならない。そういう論証を誰もやっていないのです。松本清張に至っては、邪馬壹国は間違いだ、古田の言っていることは正しくない。景初二年のことを景初三年と書いてあります。岩波文庫もちゃんとそう書いてある、と松本清張にとっては、岩波文庫が「権威者」になっています。松本さんはよく資料を調べるというが嘘です。若い時はよく調べたのですが、後に忙しくなったら調べる暇はないから、岩波文庫で勝負しだしたのです。彼の晩年の堕落です。

京大の人文科学研究所教授の富谷至さんも同じことを書いています。京大の学生時代に『「邪馬台国」はなかった』を読んで刺激を受けたということを書きながら、古田が言っていることは間違いだ、その証拠に景初三年の所を二年と書いてある、というわけです。明帝の急死の問題もまったくノーカウント下参照）。

でわたしの批判を書いてあります（注＝『なかった』第六号、ミネルヴァ書房、二〇〇九年、一四六ページ以下参照）。

松本さんはともかく、京大の教授が忙しすぎてわたしの『「邪馬台国」はなかった』を見ずに、学生時代に読んだことだけに頼ってそう書くというのはちょっと問題にならないと思います。いつでも京大に行きますと言っているのですが、まだ何も言ってきておりません。この人もわたしの本を取り出して見る労を省いて岩波文庫で、そこに景初三年の間違いと書いてあることに拠ったわけです。

松本清張、京大教授、大野晋氏、みんな岩波文庫で勝負しています。日本の学会だけでなく大家も堕落しています。

以上のことは前から気がついていたのですが、その理由を今回初めて知りました。遅いですが、今回改めて最後に参考文献と書いてあるものを詳しく見ました。その中に古田武彦と載っています。わたしの論文が三つ載っています。第一が「邪馬壹国」（『史学雑誌』七八―九、昭和四十四年〈一九六九〉九月）。これはわたしの最初の論文です。次が「好太王碑文の「改削」説の批判――李進熙氏「広開土王碑の研究」について」（『史学雑誌』八二―八、昭和四十八年〈一九七三〉八月）。三番目が「邪馬壱国論争」（『東アジアの古代文化』十二・十三、昭和五十二年〈一九七七〉五月・十一月）。アッと思った。これには『「邪馬台国」はなかった』が載っていない。『失われた九州王朝』も載っていない。『盗まれた神話』も載っていない。尾崎雄二郎さんや牧健二さんと論争した『邪馬壹国の論理』も載っていない。ということは、あれは皆カットすることによって書かれているということです。

出版社の責任
――第六回

岩波文庫『魏志倭人伝』の初版本は和田清・石原道博編訳という形で、昭和二十六年（一九五一）に出て、その後連年版を重ねて、昭和五十八年（一九八三）に発行部数では二五万五〇〇〇部に達しました。その後昭和五十九年（一九八四）に改定して石原道博編訳に変わり、参考文献として昭和五十九年までのものをなるべく多く追補したことになっている（同書まえがき）。当然『「邪馬台国」はなかった』などは出て十年近く経っています。ところが文献の題だけでなく、その内容の論証は全部カットして書いてあります。だから景初二年は三年の間違いとか、会稽東治は会稽東治の間違いとかと書いてあります。「ヤマイ」とかいうのは『「邪馬台国」はなかった』を読めば書けない文章です。はっきり言って杜撰に書かれているのに、それを大野晋さんとか京大の現役教授が、あるいは松本清張などがみんなこれを論拠に答えています。あえて言えば岩波書店の罪です。『ソクラテスの弁明』以来岩波書店にはお世話になってきています。『古代への情熱』もお世話になってきているのですが、それと同時に、これだけの本が流れ出ると、日本の学会が廃れ続けることになる。教科書審議会の人もおそらくこれを読んで、これに拠っていると思います。だから九州王朝もなければ邪馬壹国もないわけです。岩波に書いてあるのだから間違いないということになります。

わたしははじめてこういうことを発見してビックリしました。これはやっぱり読者に良くない。みんながおかしい、おかしいと言えば出版社も直さざるをえない。ところが日本人は大人しいから、おかしいと思っても出版社にクレームをつけることをしないのです。その結果こういう形になっています。

郡支問題――第八回

今までの話は、版本は共通に、「壹」とか「治」とか「二」となっておりながら、学者が勝手に「臺」とか「冶」とか「三」に変えて解釈している場合ですが、字によっては版本で違う字が採用されている場合があります。そのいい例が「郡支」問題です。『俾弥呼』には倭人伝の三十カ国について書いてあります。その中に九カ国は方角、里程を書いてあり、二十一カ国は国名だけで投げ出されています。その二十一カ国について、わたしは国名を読んでいったわけでが、その中で問題になったのに郡支国というのがあります。なぜこれが問題になったかというと、本によっては「都支国」となっています。どちらが本当でしょうか。

しかも同じ紹熙本と言われているものの中にも、二種類あるということを、早くから指摘してくださった方がありまして、そのことでわたしは非常に悩んでおりました。ところがそれをミネルヴァ書房社長の杉田さんが、わたしの研究を非常に評価してくださっているのですが、ちょっと見せてくださいということで、「郡支」となっているのと「都支」となっているのとを目の前で比べて、「あ、これはいじっていますよ、都支の方の活字を削り直していますよ」、と言われました。さすがプロで、すぐそれをおっしゃったわけです。「これはやはり郡支がもとです。都支は作り直しです」。いっぺんに解決したわけです。

ところが問題はそこからさらに進展したわけです。何かというと「郡支」というのは果たしてなんと読むか。ここではグンキという読み方をしめしたのですが、どうもこれはおかしいと『俾弥呼』の校正が済んだ段階で思いつきました。それで『諸橋大漢和』なんかを調べ始めました。そうすると思いがけない解決が得られたわけです。それは、まず郡支とある場合、これをこの本ではグンキと読んでおりました。

ところが支那の支という字は二通り「読み」があって、シと読むのとキと読むのがあります。はじめシだけかと思っていたら、いやキと読めるということを「令支命題」でわたしが知ったわけです。これはわたしにとって研究上の大きな進展になりました。ところが全部支をキと読むかというと、そうでもない。例えば、伊都国の長官で、爾支（にし）というのがあり（岩波文庫本ではニキと読んでいる）、博多ではニシのことをヌシと言うのだと教えてくださった児玉さんという方が博多におられましたが、ヌシと言えば主人の主ですから、日本語です。長官名にふさわしい、ニシでも東西の西になりますから日本語にはなります、どちらにしても支那の支をシと呼んでいるわけです。ヌキとかニキでは日本語にならないわけです。

中国側は大部分シなのです。『史記』『漢書』西域伝いずれも條支国（じょうしこく）というのがあって、これはジョウキではなくジョウシです。ペルシャ・イラクの辺です。これは支をシと読んでいます。これが中国側の一般の読み方です。ところが倭国側はより古いのだと思いますが、キという読み方が入ってきていて、それが倭人伝で使われているという問題があります。「令支命題」です。言い換えればシとキと両方使われています。ということです。どっちかという判断をしなければならない。

それからもう一つは、郡というのを『諸橋大漢和』で調べてみると、クンなのです。グンとも読めるとあります。濁音もまた使われうるという形で書いてあります。本来はクンなのです。そうすると、この「クン」と支那の「シ」であると、これはクシになります。「クシ」という日本語を漢字で表すと郡支という漢字になるわけです。

「クシ」といえば言うまでもなく、チクシ、ツクシのクシです。チクシのチは古い神以前の神の呼び名です。アシナヅチ、テナヅチ、ヤマタノオロチ、オオナムチなどのチです。次のツクシでは博多湾岸をツ、港と見てツクシと言っています。福岡県と島根県の人は、チクシと発音する。それ以外の例えば奈良県の人は皆ツクシと発音する、ということがあります。本家本元ではチクシです。筑紫丘高校というのを「ツクシガオカ高校」と言って女生徒に笑われた経験があります。「チクシガオカ高校」ですと言われました。そのチクシ、ツクシに共通の部分はクシです。クシというのは福岡県でいうチクシです。チクシというのは筑紫郡筑紫野市のチクシです。弥生銀座といわれる博多から、太宰府に至る、その線の一番南端部にある、キイ・ポイントをなす地名です。大字チクシ小字チクシというところがあります。

しかもそれを倭人側が書いて、郡支という表記をしたということ、それはグンの支店だと言っているわけです。郡は、本店はどこかというと当然帯方郡です。倭国側が郡という場合は帯方郡のことです。帯方郡が本店で、その支店のあるところ、という表記になっているわけです。

張政のいた場所――第八回

帯方郡の支店に、今の筑紫野市の太宰府の隣に、帯方郡の軍司令官がいたということです。つまり二十年間いたといわれている張政という軍司令官が、女王国にいたということはわかっていましたが、どこにいたか、いままでわかっていませんでした。ところがそれは筑紫野市にいたのだということになるわけです。

ここに最近、鉄がやたらに出て困っていますという報道があります。時代がわからないという報道は合っているでしょう。鉄だから、本来七世紀頃に持っていきたいのでしょうが、それより古いのではないかと困っているのではないかと思われます。

しかし考えてみれば、鉄というと、まず韓国から鉄を持ってきたという有名な記事がありますから、韓国の鉄であろうという言い方はできます。そして、倭国で鉄を製造したのはかなり遅い、七世紀くらいです。その辺に収まればいいのでしょうが、それ以前のがあるとすると、始末に困っているのじゃないかと思われます。しかし考えてみたら、韓国や倭国以前に、鉄を盛んに使っていたのは、当然ながら中国です。中国の張政たちは鉄の武器を持ってきたはずです。木製や銅製武器だけ持ってきたはずはない。そうすると張政がいたところから、中国の鉄製品が出てきて当たり前です。それは三世紀です。そこへさっさといけばいいのですが、公的には博多が奴国で、春日市の方は女王国でないことになっています。だから始末に困っているのでしょう。

ところがわたしが見るところでは博多湾岸や春日市の方が邪馬壹国、女王国です。その本家本元の筑紫野市に、帯方郡の支店があった。つまり中国の張政たちはそこにいたということを示しています。

これは大和説ではどうにも説明がつきませんし、森さんのような筑後山門やあの近辺説や、朝倉説でもどうにもならないわけです。ところが博多湾岸とその周辺説ならどんぴしゃりです。

要するに郡支国が正しく、都支国はアウトです。都支店ならいくらでもあるかもしれません。都があることはわかっているわけですから、それに直しているわけです。改訂しているわけです。ところが本来のものは、つまり宮内庁書陵部本では、はっきり「郡」となっています。

黄幢と黄憧——第八回

さらに微妙な重大な問題が控えていたわけです。この宮内庁書陵部本で見ますと難升米に黄幢、黄色い旗を与えた、という記事があります。そのあとにもう一回出てきて難升米にまた黄色い旗を与えたように、すべての人が解釈してきました。ところが実は宮内庁書陵部本をよく見ると、違うのです。

つまり第一回（正始六年）の旗は黄色い旗ですが、幢です。ところが第二回（正始八年）は、黄色は黄色ですが、立心偏に童です（憧）。これは意味が全然違います。「幢」は旗で当たり前ですが、立心偏（憧）は心です。心理状態です。『諸橋大漢和』では「まよう」「まどう」です。二回目はそれなのです。問題は黄色く惑うでは意味がありません。『諸橋大漢和』では「幢」はハン、ホンで旗です。「憧」はショウ、トウ、ドウで「心が定まらない、あこがれ、とか、にぶい」とか、要するに立心偏ですから心が定まらない様です。一方「黄」の黄色という字を見ますと、黄色の意味に次いで「やむ、やまひ、やみつかれるさま」とあります。『爾雅』とか『詩経』にすでに出てきます。つまり病気になって疲れている様子を黄というわけです。これなら先ほどの立心偏とつながるわけです。病気になって迷い心が定まらないという意味になります（注＝後に「この『黄憧』は〝俾弥呼がやまいの中で心が定まらぬ〟さまの描写だった」と明言される〈『俾弥呼の真実』〉）。

これが最も重大な問題に発展しました。それは、間違いなく難升米に与えたという黄色い旗の問題なのです。この点については、これに深く触れた研究がありまして、それは奥野正男さんの『邪馬台国発掘』（PHP研究所、一九八三年）です。

奥野さんが主張されているのは何かと申しますと、三角縁神獣鏡が中国製だというのはおかしい。なぜかと言えば、三角縁神獣鏡の中に、旗のデザイン（笠松文様）が描かれているものがあります。しかし中国で作られた鏡、いわゆる、漢鏡にはそのようなものはまったくない。中国の鏡にまったくない旗が、三角縁神獣鏡にあるということは、三角縁神獣鏡が中国製でない証拠だと主張します。論理的にはその通りです。ということで三角縁神獣鏡国産説のものの証拠として、早い時期からこのことを主張されていたわけです。これは今考えても先見の明です。

ちょっと言い訳になりますが、わたしはこの黄色い旗の問題に触れたことはありません。もちろん奥野さんのことは非常に意識していて、奥野さんはすばらしい、奥野さんが黄色い旗の問題を指摘しているから、わたしがそれに口出しをしない方がいいと思って、これは今から考えると間違いなのですが、その時は、そう考えました。だからわたしは黄色い旗の問題は論じたことはありませんでした。

ところが、中国の著名な考古学者である王仲殊さんはちゃっかり古田説と奥野説をいただいて自分の説にしています。わたしがそのことを指摘して何回手紙を出してもまったく返事がありません。返事がないということは返事したくないわけです。王仲殊さんが自説のようにしているのは（京都大学名誉教授の樋口隆康さんは、あれは古田説であることを言ってくれましたが）、おかしいのです。

しかし、今考えるとわたしの態度は正しくなかった。奥野さんが先見の明があったということは動かない。王仲殊さんが「盗み取り」をして、自分の手柄にしてはいかんことです。かといって、奥野正男さんの立論がそれで十分かというと、今見たら、十分でないと思います。奥野さんはいつも黄幢と書いておられるのですが、実際は幢（はた）しか問題にしていない。三角縁神獣鏡に黄色い色がついているわけはありません。黄色いというカラーは奥野さんには問題外です。要するに幢が三角縁神獣鏡に入っている、それがおかしいという言い方に終始しています。昔から現在まで一貫してそうです。

今のわたしからすると、なぜ黄色い旗かという問題です。これも俾弥呼の倭国と、狗奴国が争っている、その時に難升米に黄色い幢を与えた。黄色い旗はこういう意味だという共同見解があったかというとどこにもそんなものはありません。ではなぜ黄色い幢で狗奴国側が恐れるか。これは黄色いではなくて、『諸橋大漢和』では「黄金」とあり、さらに「師古曰黄、金印也」とあります。つまり黄というのはイエローではなくて、ゴールドのことです。しかも、ただの黄金ではなくて金印だということです。黄幢も黄色いから恐れ入るのではなくて、黄金の旗、俾弥呼に金印を与えたよという印です。その証拠の旗です。親魏倭王の認印を与えたと書いてあるじゃないですか。その証拠を旗に入れ替えたというか、金印を与えた証拠の旗。ということはこの倭国と、倭国の難升米と戦う人間は、魏の天子と戦うものと覚悟せよ。俾弥呼に親魏倭王の金印をわれわれ魏の王朝があたえたのだぞ。女王一人と戦うと思うと大間違いであるぞよ、魏朝と敵対して戦っていると思え、という意味であれば、これでは狗奴国は参ります。魏の天子を相手に戦争を仕掛ける、そこまで勇気はないはずです。俾弥呼と戦うことは魏の天子と戦うことを意味する。こういう旗は非常な値打ちがあるわけです。そういう結論に『諸橋大漢和』から必然的に到着しました。

これは「黄幢」が二回ではなく一回だけ出るということに関係があるわけです。金印の旗を二回与えたのでは意味がないし、おかしいのです。確かに今回宮内庁書陵部本で見ると「黄幢」は一回だけでした。一回だから金印をしめす天子のシンボルの旗、といえるわけです。誰にでも、何回でも「黄幢」を授けるわけではないのです。二回と一回では大きく変わるわけです（注＝『俾弥呼』三六七ページ九行目には郡支国、三七五ページ五行目には黄憧とあることに注意。併せて本書一九六ページ参照）。

従来、「いきなり俾弥呼は死んだ」という形で言われています。二回も天子の旗を持って来たのに（どういう対応をしてよいかわからないまま）いきなり死んだ。「毒殺された」という説もあります。学者が想像を加えているのです。しかし、二回目は、紹熙本では立心偏の「憧」（戸惑い、悩む）となっているのを無視して、武英殿本の、二回とも黄色い旗（黄幢）となっているのを採ったからの話です。立心偏の方が文章としても続きがよく、天子の旗を二回持って来て、いきなり死んだとすれば、後は「想像」の小説で補うしかなかったのです。

奥野正男さんは二回とも黄色い旗という解釈で論じておられるから、すばらしい発見でしたが、その第一段階でストップしました。現在のわたしから見ると重大問題で、「天子の旗」です。魏の天子の旗が描かれているとすれば中国の漢鏡や漢式鏡にあるはずがない。逆に三角縁神獣鏡にそれがあるということは、日本製の証拠です。魏の天子から金印をもらったのは倭国側です。

倭人伝に出てくる似た字――第八回

（質問）

黄幢と黄憧のように、倭人伝の中にはいくつか似たような文字がありますが、例えば張元濟の『三国志校勘記』の中には掖邪拘が最初は手偏、あと二つは狗の獣偏になっています。張元濟の解釈ではこれは同音だからどちらでもかまわないと言っています。手偏で書いたものの次の行がすでに獣偏になっています。ページがだいぶ飛んでいて、手偏が獣偏になるのならわかるのですが、すぐ近くの行で手偏から獣偏になるのは何か意味があるのでしょうか。

（回答）

この立場からすると、先のご質問の、意味が違うのではないかというご指摘は、無視できません。掖邪拘と掖邪狗で違いますね。なぜ変わっているかはこれからのわれわれのテーマです。

掖邪狗については文字の使い方がおかしいのじゃないかということで、『俾弥呼』第三刷ですが、内容自体の間違いが直っていますので、三刷と言った方がよいと思いますが、ここの掖邪狗が三回出ています（三七四ページ一回、三七五ページ二回）、三七四ページでは拘ともなっており、三七五ページの最初の行と最後の行では狗となっています。わたしの一応の答えが出てきました。狗の方はいずれも中国から率善中郎將の印綬をもらったという話にくっついています。

ところが第一回目のはそうではないです、印をもらう前です。そこは手偏になっています。偶然かミスかという問題です。これは偶然やミスではないと思います、なぜかと言うと、これは俾弥呼の方と魏朝とは文字外交をしています。お互いに文字でやりとりしています。中国側が文字を使うのは当たり前ですが、俾弥呼の方も文字を使っています。上表文を出しているのですから。俾弥呼の方では手偏の掖邪拘を書いていた。ところが中国側は獣偏の掖邪狗に直して彼らは扱ったということになるのではないか。それが正確にここに表現されているのではないか、というふうに考えます。

「俾弥呼」にも「俾弥呼」と「卑弥呼」とがあります。『俾弥呼』で論じたような、ああいう問題に関連してきます。大事な問題で、どなたかのご指摘で、なるほど、と思いました。宮内庁書陵部本の厳密さから見ると、どうもそうですね。これは文字外交という前提で読んでいかなくては解決できない問題がちゃんとあったのに、わたしを含め誰も気がつかずに、いい加減なレベルで扱ってきたわけです。おかげ様でわたしにとっては大発見でした。

甕依姫と俾弥呼

——第　八　回　（質問）

甕依姫と俾弥呼の関係ですが、甕依姫は筑紫の国の筑紫神社に伝承として祀られています（注＝インターネットでは筑紫神社の祭神は玉依姫命となっており、玉依姫命は五瀬命の母。甕依姫は『岩波風土記』五〇九ページ）。甕棺と甕依姫というと、やっぱり俾弥呼と甕棺との関係が出てくると思います。

また先生は『俾弥呼』には、この俾弥呼の「俾」は太陽の「陽」であろうと書いておられます。『諸橋大漢和』では「俾」は「統べる」（govern）という意味が入っています。そうするとそれから見ると、俾弥呼は「甕を統べる」というように、中国語を解釈すれば、「みかより」と「ひみか」の関係が近くなるのではないかと思いますが、いかがでしょうか。

（回答）

『三国志』の倭人伝は全部人偏のない「卑弥呼」と書いています。ところが『帝紀』の方に一カ所出てくるヒミカは人偏のある「俾弥呼」と書いてあります。しかも俾弥呼が上表を送った近くの時点で書かれています。上表とは国書を送ったことですから、自分の自署名は絶対要ります。名前のない国書などないですから。倭国女王だけの国書も変です。そこに俾弥呼という名前が自署名で書かれていたから、陳寿は正式には帝紀に「俾弥呼」というのをまず書いたわけです。そして夷蛮伝では、略字の人偏のない「卑弥呼」を使いました。卑しめるところがないとは言えませんが、基本的には略字の方を使ったという関係です。

それでは、なぜ俾弥呼が人偏の「俾弥呼」を使ったかという問題になるわけです。これは実は『書経』の中に周公、例の武王のおじさん、周公が自分の兄から死ぬときに依頼されて、自分の小さな息子を頼む、といわれ一生摂政として兄の息子を守っていた。ところが守っていたは良いのですが、よその国々は周を相手にしなかった。なぜかと言うと周は忘恩の国です。恩知らずの国です。

周はもともとシルクロードの入口にいました。それが鮮卑や匈奴に攻められて、殷に対して西安の地に亡命を求めた。殷がそれを受け入れて周はそこに亡命しました。ところが殷の紂王の時に反乱を起こして紂王を滅ぼして自分が天子を名乗ったわけです。紂王が非常に悪い男だったと一生懸命書いていますが、あれは自分の政権略奪を美化するために紂王を悪者にしたわけであって、本当に悪者だったかどうか、われわれにわかるわけはありません。とにかく紂王を悪者にして書いてあることは事実です。それによって周が恩を受けた殷を滅ぼしたことを美化したことも間違いありません。

周辺の国は皆それを知っているわけです。だからいくら周公が頑張っても、全然使いを送ってこなかったわけです。そこへ周公の晩年に、倭人が使いを送ってきた。だからこれを日の出る処率俾せざるはなし、と書いてあります（注＝『書経』「君奭」に「海隅出日、罔不率俾」とある〈『尚書』集英社、一九七六年〉。なお、当初は『書』と呼ばれ漢代から『尚書』と呼ばれ、宋以後『書経』と称せられる）。日の出る処というのは日本です。

朝鮮半島には西海岸と東海岸があることはわかっていますから、朝鮮半島から太陽が出るとは誰も思っていないわけです。日本列島は東がどこへつながっているかわかってないから、日本列島は太陽の出る所だと、ながらく中国側ではイメージしていたわけです。だから日の出る処というのは倭人の国です。

率俾の「そつ」は「率いる」です。『諸橋大漢和』の代表的な意味は、俾は使者です（注＝俾、『諸橋大漢和』一―八一八）。使者団を率いるのが率俾です。『諸橋大漢和』はわたしには足を向けて寝られないような辞書ですが、大きな欠陥もあって、いわゆる中華中心思想で書かれています。「中国に臣服すること」と書いています（注＝率俾、『諸橋大漢和』七―七七九では「臣服すること」と注釈しており、宋代の朱熹の弟子蔡沈の『書経集傳』にある「使海隅日出之地、無不臣服」を援用している）。しかし、今の『書経』には、そんな意味はまったくありません。初めて集団を率いてやって来た、つまり一人前の王朝として、認めてくれたというのを周公は感謝感激しているわけです。ということを俾弥呼の周辺の連中も知っているわけです。だからあの周を救った、孤立から救った先祖を持つわれわれは、それから一貫して続いている倭国の王者である、とこう言っているわけです。それに引き替え魏というのは禅譲と称する略奪、それを漢からやって、この間魏になったばかりです。われわれは周を救ったその子孫です。こう言っているのが、俾弥呼の「俾」を使った理由なのです。

当然『書経』は、向こうは読んで知っているし、魏の連中も知っているし、こっちも知っています。『書経』というとわれわれは難しい本と思うけれど、あの時代にそんなに本はない。四書五経と数えるぐらいしかないわけで、しかも日本のことを書いてあるのは一カ所か二カ所ぐらいしかないわけですから、そこを見ることなしに文章を書くこと自体がナンセンスです。

受け取った方もちゃんとそれは通じているわけです。だから陳寿は一応帝紀にはそのまま書いた。それは陳寿の偉いところで、そのまま書いてあります。しかし倭人伝は略字と言えば略字だし、ちょっと貶めていると言えば貶めています。人偏のない卑弥呼ばかりを使っています。そういう二段構えを陳寿は示しているわけです。

倭人伝と『日本書紀』——第八回

（質問）

『日本書紀』の性格ですが、神功皇后のところで卑弥呼と壹与を一人にして、魏志倭人伝の中の文章を引用していますが、わずかな文章の割には間違い方がひどいということで、これだけ写し間違いがひどいような魏志倭人伝の史料が、そもそもありうるかなというぐらい誤差率が高いのです。これはどちらかと言うと『日本書紀』を作った人の、本来のメッセージが入っているのじゃないか、と思います。例えば、景初二年が三年になっています。そのほか、太守の名前が違っていたり、資格や、中国側の代表や、倭国の使者の名前や難升米が、一段上の難斗米などになっています。元々の史料がここまで間違えられるのかと思います。本来『日本書紀』の筆者の、この史書（『日本書紀』）は信用してはいけませんよ、という隠れたメッセージが入っているのではないかと思います。

（回答）

実際問題としてはずいぶんひどい本もあります。例えば『翰苑』、よく引用されますが、そこに出てくる地名などやたらに間違っています。それが中国に残っておらず、太宰府にしか残っていないので、非常に尊重する人は尊重するのですが、しかし字の間違いは非常にひどいです。『日本書紀』『三国志』にもないとは言えないのですが、それを深読みして、これを信用してはいけないというメッセージとして受け取るというのは非常に独創的です。

固有名詞の発音

——第　八　回

（質問）　中国史書中、倭国にかかる固有名詞を漢音で発音するか、呉音で発音するかの問題ですが、呉音が古い音韻を残しているとしても、所詮日本風に訛ったものである以上、その文献が書かれた時代の、中国音によって考えるべきではないでしょうか。

例えば倭人伝中の、對海国なら、對［tuəd］海［fiəg］、『後漢書』の對馬国なら對［tuəd］馬［mag］（注＝発音は藤堂明保『漢和大字典』による中古音を表記した。なお同書のカナ表記では、呉音、漢音共にタイ、カイ、マとなっている）のように発音するべきで、この藤堂明保の立場から音韻研究を深める必要があると思います。

（回答）

この問題については現在のわたしは解決したわけであります。もとはここでいう藤堂明保さんは、東大教授で中国言語研究の権威でした。この人にわたしは盛んにコンタクトを取って質問したわけです。結局これは「三世紀の発音はわたしにはわかりません」ということで「それでは何で邪馬台国がヤマトと読めるのですか」という質問をしましたら、それは一般にそう書いてあるからということでして、結論としては、藤堂さんは三世紀の読みはわからないということでした（注＝増田弘・大野敏明『古今各国「漢字音」対照辞典』慧文社、二〇〇六年、では、根拠は不明であるが、「台」の中古音に［təg］を入れている）。本人が正直にそうおっしゃってくださいました。

その辺がわたしの研究の始まりの段階でした。現在では『俾弥呼』で論じておりますように、いわゆる日本に漢字が入ってきたのは、もちろん三世紀以前です。字面だけが入ってきて、音が入らなかったということはあり得ないです。それが日本に伝わり現代に至っています。だからわれわれが漢字を読んでいるのは、三世紀より古い段階の中国音で読んでいるわけです。それに対して中国の中では、何回も政権の変動が行われています。

　例えば鮮卑が南下して来たり、西安を征服して北魏を作ったりしました。そこではもちろん天子は鮮卑訛り。あるいは鮮卑音。それで、上の軍人も大臣級も全部鮮卑音、中国語を使っても鮮卑訛りの中国語です。それに対して庶民や下級官僚は、もとからの三世紀以降の中国語という、混合の世界です。当然ミックスされたものに変わっていきました。そういう現象はしばしば起こります。元の時は元のモンゴル語が支配階級の言葉です。清の時は満州語が支配階級の言語です。そのたびに言葉が変わってきているわけです。そういう変動をした音で、倭人伝を読んでもアウトです。

　中国語の発音の研究を本気でやりたい人がいたら、それは日本語の勉強をしなければならない。日本人がこの漢字をどう読んでいるか、によって古い中国語の発音を知ることができます。日本におられて日本語に堪能な中国の方などには、絶好のテーマになるわけです。

6　文字を深く掘り下げる

邪馬壹国でなければならない——第九回

　わたしは四十年来の最大のテーマとして「邪馬壹国」をもってきました。そして邪馬壹国でよかった、邪馬壹国でなければならなかった、ということを今になってわかってきました。

　というのは、今までは、研究上のスジ論でした。邪馬台国だ、近畿だ、非近畿だとやっていますが、もとになる『三国志』は邪馬台国ではなく、邪馬壹国です。イチの豆が入っている字です。紹熙本も紹興本も邪馬壹国です。

それを邪馬臺（台）国と直したのは、松下見林です。江戸初期の、わたしと同じ京都の、医者ですが『異称日本伝』を書き、中国の歴史書に出てくる倭国関係、日本関係に関する記述を集めて一冊の本に纏めました。便利な本というか、日本人が中国の歴史書をすべて読むのは大変ですから、倭国関係、日本関係の記事を一冊の本にしたという、安直な本です。読者から見れば親切な本です。

そこで彼は、読む方は迷うことがあるかもしれないけれども、その心配は要らない。何となれば、日本の中心は大和にいらっしゃる天皇だ。中心は大和だ。「やまと」と読めなければならない。わが国には『日本書紀』という信頼できる書物がある。そこでは卑弥呼が神功皇后に当てられているので大和だ。『日本書紀』に合うものだけを採ればよく、合わないものは捨てればよい。大和と読めるようにすればよい。それさえ覚えておけば、資料が多いことを悩むことはない、と松下見林は言います。

それを最初に実行したのは、南北朝時代の本、北畠親房の『神皇正統記』に「邪馬臺（台）国」と書いたものがありますが、明確な論理で書いたものは、松下見林です。しかし、わたしはこの『異称日本伝』を読んだ時、これはダメだな、と直感しました。なぜなら、結論が先にあるからです。我が国では中心は大和の天皇家に決まっています。それに合う資料は採り、合わない資料は捨てればよいという方法です。簡単明瞭です。

このやり方で失敗したのが、わたしも三十代四十代に取り組んだのですが、当時の「親鸞研究」のやり方です。本願寺ですから京都、江戸時代というと松下見林と同じ、お坊さんとお医者さんの違いはありますが、同時代の同地域の学者が同じやり方をしているのです。

どういうことかというと、本願寺で決めたことがあります。親鸞聖人の「鸞」という字。「糸（いと）し、糸し、と言う鳥」です。ところが蓮如が若い時にアルバイトで『歎異抄』を写した蓮如本には「糸し、糸しと言う山」（巒）と書かれています。山は間違いで、鳥が正しいと本願寺側では決めていたのです。

わたしは時期的に恵まれていました。三十代後半の時期に『親鸞聖人全集』が出されました。親鸞聖人全集が出されるため、各お寺にある親鸞やお弟子さんの自筆本が公開された。全集を見れば、自筆かどうかがわかる、そんな時期に親鸞研究に入りました。それを見ると親鸞の直弟子が書いた手紙などの資料は、すべて「鳥」（鸞）でなくて「山」（巒）です。鸞という字を筆で書くと時間がかかります。だから音が同じ「巒」をつかった。親鸞がまだ権威になっていない時代です。親鸞自身が一回、巒と書いたものがあります。親鸞自身が巒という字を使っているのに、江戸時代の本願寺系の学者が「巒」を捨てて「鸞」を採ったのは間違いだった。実際の原本は「巒」が正しかった。

これらのことは冨山房から出した『親鸞思想——その史料批判』（一九七五年）という分厚い本に書いています。明石書店から後刊されました。最近、明石選書として、『わたしひとりの親鸞』という本が、今年（二〇一二年）の終わりに出される予定です（注＝二〇一二年十二月十五日発行。また同名の著書は一九七八年に毎日新聞社より発行されている）。

このように親鸞研究をやってきたわけですが、その目で『三国志』をみると、魏志倭人伝本来のもの「邪馬壹国」が間違っているということは、簡単には言えない。松下見林の論法は、本願寺の学者の論法と同じ論法です。まず結論を決めておいて、その結論に合わない資料を捨て、合う資料を採るというやり方、これは正しくなかった。こういう経験があったので、いわゆる「邪馬台国」問題は「問題だ」と感じました。

そうしているうちに、松本清張の「陸行水行」という小編が出されました。これを見てわたしは、いいことを言っていると感じました。なぜかというと、登場人物が議論して、今、学者がやっている邪馬台国論争はおかしい。自分の思うように原文を作り、議論している、結論が違っているのは当たり前だ。

南を東に直したり、一月を一日に直したり、自分に合うような原文を作っています。それぞれの原文を自分の主張に合うように直しています。だから答は、客観的に生まれるはずがない。だからダメですね、と登場人物の二人がしゃべり合うというものです。もちろん松本清張が自分の意見を登場人物にしゃべらせているわけです。

よいことを言っているなあ、この通りだと思いました。やがて松本清張は「古代史疑」という連続物を雑誌の『中央公論』に出し始め、三年越しに続きました。そこで期待したのは、今に邪馬台国はダメだ、原文は邪馬壹国だということが出てくるだろうと、邪馬壹国に戻ってやらなければ意味がない、という話が出てくるだろうと。足かけ三年待ちました。

しかし、出てきませんでした。松本清張は最後まで邪馬台国という言葉に疑いを持たなかった。終わった時わたしはがっかりしました。わたし自身がやらなければいかんな、ということになったのです。これが『史学雑誌』に「邪馬壹国」という論文を出すきっかけになりました（注＝『史学雑誌』七八―九、一九六九年九月）。

とにかく『三国志』の「邪馬壹国」は、「邪馬臺（台）国」に直してはいけないということです。一方、『後漢書』は「邪馬臺国」と書いてあるので、『後漢書』の方も「邪馬壹国」と直してはいけない、『後漢書』では「邪馬臺国」として議論しなければならないのです。

ということで、朝日新聞社から話があった時、『邪馬台国はなかった』というタイトルであったが、それでは「わたしは困る」と言い、「『三国志』の場合、邪馬台国はなかった」という意味で、「邪馬台国」と邪馬台国にカギ括弧を入れてもらったのです。

何回もお聞きになった人もいらっしゃると思いますが、スジ論で邪馬壹国から出発した。邪馬壹国が間違えているということを、完璧にして充分な論証をして、邪馬台国に直すならよいが、天皇は大和にいるのが決まっているのだから合わないものは捨て、合うものは採るというのはイデオロギー第一主義であるため、ダメであるというものです。

念のために、あれだけみんなが直しているのだから、『三国志』にミスがある、間違いがあるのではないかと調べたら、一つも間違いはなかった。わたしの『「邪馬台国」はなかった』をお読みになった人は、ご存じのことと思います。

それ以後、『三国志』の邪馬壹国は間違っているということは出ていない。森浩一さんの本をみても「壹を臺に書き換えたのだろう」、「省略したのだろう」ということしか言っていない。それではダメだ。邪馬壹国はあり得ない、邪馬台国はあり得るという論証が必要です。森浩一さんは考古学者であるため、文献はご存じないかもしれない。そうであれば、文献は知らないと書くべきです。

それはそれとして、わたしが申し上げたいのは、文献を扱うスジ論として邪馬壹国を原点としてかからないといけないということ。邪馬壹国はダメであると反論もせず、論証もせずに、邪馬台国を採用してはいけない。これはわたしの文献処理のスジだ。三十年、四十年経っても、このスジ論が間違っているという人が誰も出てこない。邪馬壹国はこういう意味でダメ、邪馬台国はこういう意味でよいのだ、という議論を一回もみたことがない。ということは、四十年前のテーマは「現在も生きている」ということです。

稲荷山鉄剣の文字――第九回

今年（二〇一二年）の検査入院のとき、初日に院長の加藤一良さんが来られ、稲荷山鉄剣に、臣下の「臣」という字が二回出ているが、と言われました。従来の大和中心の歴史観である大野晋さんも、岸俊男さんも「臣」と読んでいたし、わたしも「臣」と読んでいました。わたしは利根川の対岸の磯城宮の人物に対する臣だと理解し、従来説は近畿の天皇家に対する「臣」だと位置づけていたが、「臣」という読み方は共通していました。

ところが、加藤さんは、自分には「臣」とは読めない、「豆」ではないか、と言われた。わたしはびっくりしました。京都の自宅に帰って字形を辞書で調べてみるとお答えしたのですが、実はその日一晩でわかった。加藤さんの言われる通りでした。

このことについては『東京古田会ニュース』一四六号の学問論（第三十四回）「〈邪馬壹国〉の本質」（二〇一二年九月）で書いていますので、ご覧いただければ詳しいことがわかりますが、簡単にお話ししますと、臣下の「臣」は、国構えの一つがない。この字を「豆」に間違えることは考えられない。逆はあります。「豆」という字は、横の一棒から下の口に行くつながり、筆で書くとそのハネが下につくのではないか。ハネを字形だと金工細工人が誤解し、「豆」でないような変な字を書いたと考えられる。「臣」は「豆」と間違えにくいが、豆は「臣」と間違いやすい。字形に詳しくない金工細工人が、あのような変な字、「豆に似て、豆にあらず」のような字を書いた。加藤さんの言われた通りです。

加藤さんに言われた次の日に気がついたのは、右のテーマ以前に、倭の五王のことです。倭王武の上表文に二回「臣」という言葉が出ています。南朝の天子、順帝に対する「臣」です。「天子」に対する「臣」です。ところが稲荷山鉄剣には天子がでていない。大王しか出てこない。「大王」は「天子の家来」だ。天子を除いて「大王の臣」とは言わない。概念として成り立たない。八世紀の段階になると「天皇家に対する臣」として使われるが、あくまで八世紀の話だ。五、六世紀の話ではない。大野さんも岸さんも八世紀の用例をもとに稲荷山鉄剣を読んだが、方法として間違っています。倭の五王の時代、五、六世紀の用法に従って稲荷山鉄剣を読むのがスジです。

そして、言われた次の日に、加藤さんに、「豆」です、と申し上げました。

では、豆とは一体何か。豆（とう）とは、神様にお供えする御供物を置く台のこと。その台座、「台」を漢字にしたものが「豆（とう）」です。倭人伝でも、倭人が物を食べる時に「豆」の上に乗せて食べると書いてあります（注＝「食飲には籩（へん）豆（とう）を用い手食す」〈『魏志倭人伝』岩波文庫版、四六ページ〉）。人間が神様にお供えする時も、地べたに置くのではなく、「豆」の上に乗せて捧げているのです。稲荷山鉄剣は、最初から最後まで代々先祖を祀ってきたことだけしか書いていない。長い文章のようだけど、そのことだけのための文章なのです。

「豆（まめ）」は難升米の「升米《しめ》」と同類であり、稲荷山鉄剣が「豆」という字を当てたのは、正しかった。このようにして、加藤説が成立ということになりました。

　ところがこの加藤説の成立が、思いがけず後に大発見へとつながっていきます。要点だけお話ししますと、「邪馬壹国」に「壹」という字が入っていることです。「豆」は神様に捧げる形です。台座です。上の武士の「士」に人偏をつければ、仕事の「仕」になり、「仕事をする」、「常とする」です。神様へのお供えを台に乗せることを常としている、「壹」としている国。邪馬壹国はそれを誇りにしている国なのです。卑弥呼が国書を送った。その国書に邪馬壹国と書いてあった。だから陳寿はその通りに書いた。空想で書くはずがない。卑弥呼の国書を見ることができた官僚でした。陳寿は、目の前にあった国書を見て、邪馬壹国と倭人伝に書いた。

　かつて、わたしは、「邪馬壹国」は卑弥呼の時代の段階ではないのではないか、壹与は「壹」と同じ字を使っており、壹与の時代ではないかと思っていました。『三国志』全体を見る限りは、壹という字は「二心がなく、忠誠を尽くす」という意味です。貳（弐）という二心（ふたごころ）は、魏に使いを送りながら、保険のため、呉にも使いを送る、蜀にも使いを送る。そのため三国は悩まされていました。

　ところが、壹与は、魏だけしか「天子」と見なさない。そういう意味で「邪馬壹国」という字を使ったのではないでしょうか。そのような意味で、邪馬壹国という国名は、卑弥呼の時代ではなく、壹与の時代だと思っており、そのように書いたこともありました。

ところが「加藤命題」の進展により、俾弥呼自身が自分の国を「邪馬壹国」とし、先祖を祀ってきた国であるとしていた、となってきたのです。先祖とは何か。はっきり言えば、倭人が周公に使いを出した。「日出づるところ、率俾せざるは罔し」と中国側（周朝）が書いた。太陽が出るところからは、使いを送ってこないものはなくなった。それが倭人だ、と。

あの時まで、周は孤立していました。殷のおかげを蒙って、東アジア中央部から匈奴に追われて、今の西安・長安に来ていたのです。ところが周は、自分の亡命を受け入れてくれた恩人である殷を討伐して自分が天子になった。「裏切り者」が天子となった。このことは、周辺の国の者は、だれでも知っており、周に誰も使いを送ってはこなかった。

ところが、周公が長年努力して、やっと晩年になって、倭人が使いを送ってきた、という喜びの表現なのです。当然、中国側も倭人側も知っているわけです。あの周の孤立を救った倭人以来、先祖を祀ってきた倭人だ、われわれは。

それに比べ、魏はついこの間できた国だ。漢の後、三国分裂して魏と名乗った。つい最近できた国です。よく言えば新興国です。悪く言えば〝山のものとも海のものともわからない国〟です。しかし、倭人は「周公をして喜ばしめた、あの倭人の子孫ですよ」と言っています。言葉にしてみると、向こうから見ると、いやらしいかもしれませんが、貴方（魏朝）がたのように、この間できた国と違って、わたしたち倭国は古い伝統を持った国です、と言っているのです。

そうしますと、「邪馬壹国」でなければならない。「邪馬台国」だなんて、全くナンセンスです。天皇家は大和におられたから、「やまと」と読めなければ捨てる、読めそうな邪馬臺（台）国を採用する、そんな直し方は無茶もいいところです。

新井白石は、政治家の現役の時は近畿説だったが、引退して学問一筋になってから九州説になったらしい。発表していなかったが、日本の学者が新井家の悉皆調査をして発見した。晩年は筑後山門説、九州説になったことがわかっています。しかし、このやり方はインチキです。新井白石が発表しなかったのは、内心、自信が持てなかったからではないか。だってスジが違う。邪馬壹国を捨て、邪馬台国を採ったのは、近畿天皇家は代々大和にいらっしゃったからだ、という形で邪馬台国を採用したのに、邪馬台国を採用した結果だけを捉えて、九州にも山門がある、では、全く論理が引っ繰り返っています。

新井白石論はともかくとして、明治になると、有名な白鳥・内藤論争があります。東大の白鳥庫吉と京大の内藤湖南の華々しい論争です。東大と京大が論争することは素晴らしいことですが、わたしの目から見ると、どちらも「邪馬台国」と直した後の争いです。近畿の「邪馬台国」か、九州の「邪馬台国」かの争い、言葉は悪いが、コップの中の細波《さざなみ》みたいなものです。論争するならそれをご破算にして、邪馬壹国という原点に帰って論争すれば、立派なことでしょうが、そうしなかった。生意気なことを言わせてもらえば、東大教授もアウト、京大教授もアウト。コップの中のことです。

これまでのわたしは、スジ論でやってきましたが、今日わかったのは、スジ論ではなく、「邪馬壹国」でなければ陳寿の理論に合わないということです。なぜ、陳寿が「邪馬壹国」と正当に理解したのか、それがわかるのかどうかですが、それがわかったのです。わたしにとって大きな発見でした。

次々ページに『三国志』東夷伝序文の全文を載せていますが、これは『三国志』全体の序文であったものを、陳寿がそこに入れ込んだものだ、ということは、『俾弥呼』で強調してきたところです。いちいち繰り返しませんが、最後のところを抜き出して読み下し文を書いていますが、「東夷之邦と雖も、而も俎豆之象、存す。中国礼を失するも、四夷、猶信ずるがごとし。」となります。「東夷の邦と雖も、而（しか）も」で「而も」は読まなくてもよいが読めば「しかも」です。「俎豆の象存す」で「存」は「存在する」の「存」です。「中国礼を失するも、四夷猶」で、「猶」は「ごとし」という読み方が通例ですが、そうだとすれば「信ずるがごとし」でもよい。「猶、信ず」で切ってもよい。言っていることは、はっきりしています。中国は夷狄の国ではない、中国の周辺が夷狄の国です。夷狄の国であっても、「爼豆の象」が存在する。「爼豆」という言葉は、『論語』にも出てきて、孔子も「わたしも聞いたことがある」と言っていますが、「先祖を祀る」ということで、『論語』に「爼豆の事」として書いてあります（注＝『論語』巻第八衛霊公第十五、岩波文庫版、一九六三年、二〇九ページ）。

その『論語』の文章をバックにして陳寿が書いています。「爼豆の象」の「象」とは、「兆し」、「古い兆し」、古い姿の意味で、それが夷狄のところに残っています。中国も昔は、孔子が言っているように、そうであったが、（今では）「祖先を祀る」という礼の基本を忘れているときに、夷狄には残っている、生きている、という「誉め言葉」です。中国以上に夷狄の方が立派であると、陳寿は言っているのです。

その「爼豆の象」のことが、『三国志』のどこに書いてあるかというと、東夷伝のどこにもない、書いてあるのは倭人伝だけです。倭人伝の中の「邪馬壹国」です。「邪馬壹国」は「祖先を祀っている」、そういう「邪馬壹国」を指して「爼豆の象」と言っています。

なぜわかったかというと、証拠があります。俾弥呼が銅鏡を百枚もらっていることは、間違いない。これは俾弥呼が百枚要求した。あるいは、三百枚要求したかもわかりませんが、ともかく要求して百枚もらった。

中国側にとっては、鏡はたいしたものではない。貴人の化粧品で、信仰の対象ではない。百枚ぶらさげていても何にもならない。俾弥呼が百枚くれ、あるいはもっとくれ、と言ってきたのに応じています。

何かと言うと「三種の神器」です。「三種の神器」の玉は縄文時代からあります。剣は、剣のない権力者はいない。五尺の刀を魏は贈っています。「鏡」があって、「三種の神器」となる。鏡は「化粧品」ではなく、「太陽の顔を写す儀式に使うもの」です。

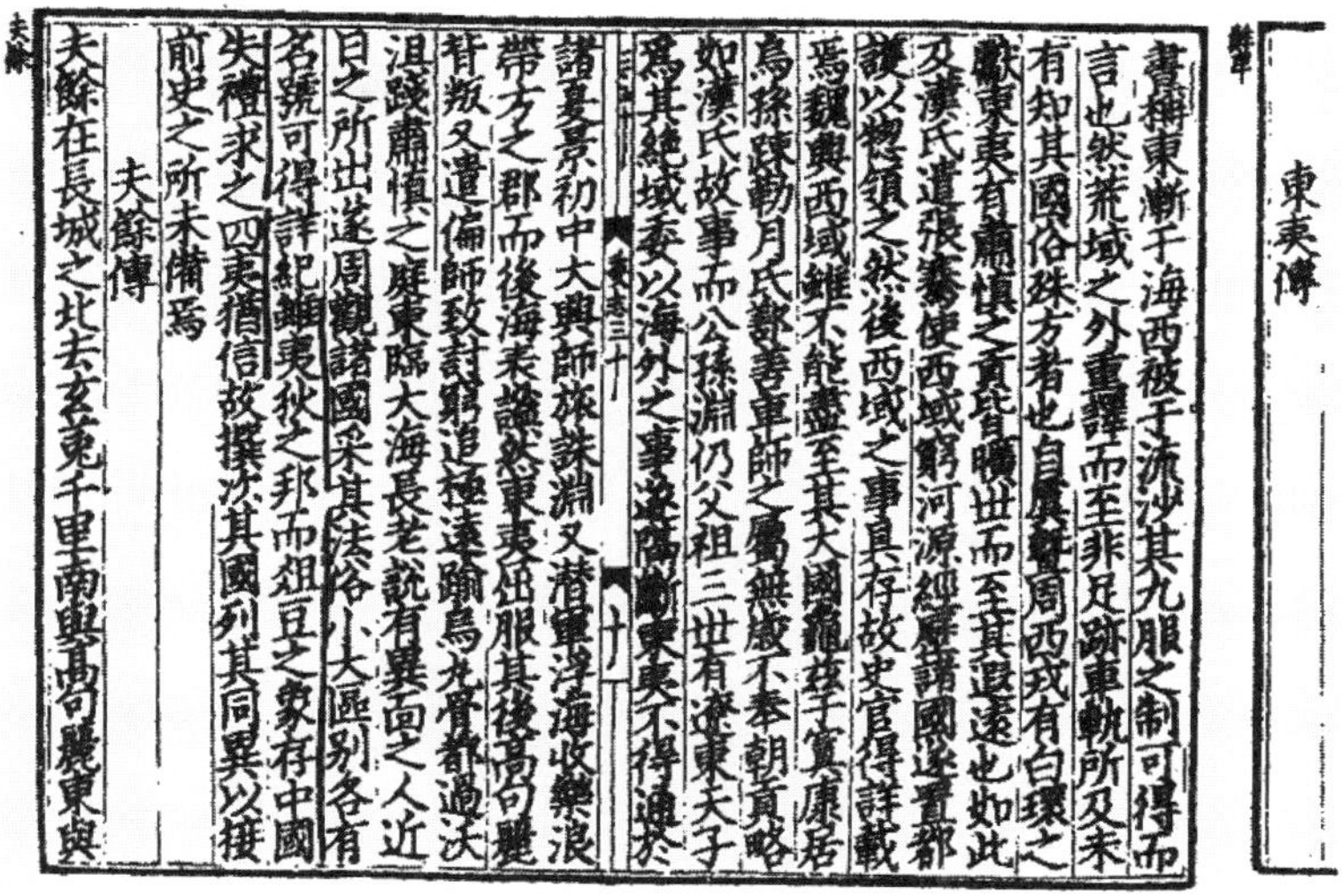

東夷傳

書稱東漸于海西被于流沙其九服之制可得而
言也然荒域之外重譯而至非足跡車軌所及未
有知其國俗殊方者也自虞暨周西戎有白環之
獻東夷有肅慎之貢皆曠世而至其遐遠也如此
及漢氏遣張騫使西域窮河源經歷諸國遂置都
護以總領之然後西域之事具存故史官得詳載
焉魏興西域雖不能盡至其大國龜茲于寘康居
烏孫疏勒月氏鄯善車師之屬無歲不奉朝貢略
如漢氏故事而公孫淵仍父祖三世有遼東天子
為其絕域委以海外之事遂隔斷東夷不得通於
諸夏景初中大興師旅誅淵又潛軍浮海收樂浪
帶方之郡而後海表謐然東夷屈服其後高句麗
背叛又遣偏師致討窮追極遠踰烏丸骨都過沃
沮踐肅慎之庭東臨大海長老說有異面之人近
日之所出遂周觀諸國采其法俗小大區別各有
名號可得詳紀雖夷狄之邦而俎豆之象存中國
失禮求之四夷猶信故撰次其國列其同異以接
前史之所未備焉

夫餘傳

夫餘在長城之北去玄菟千里南與高句麗東與

『三国志』東夷伝　序文
（台湾商務印書館百衲本二十四史三國志，1976年，4621ページ）

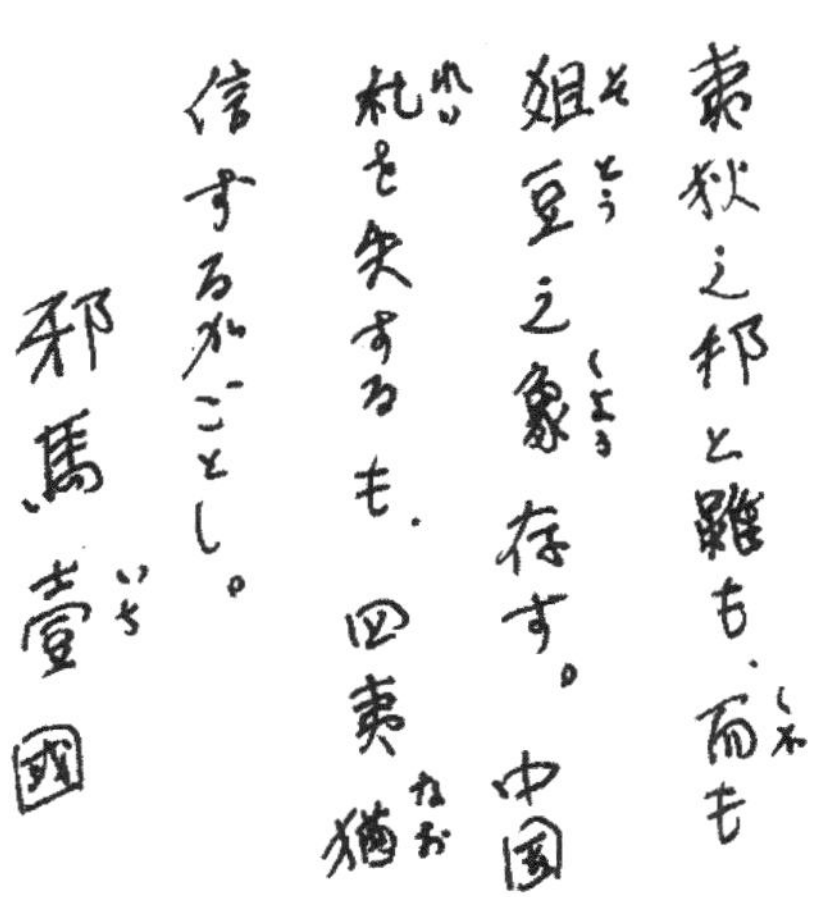

夷狄之邦と雖も、而も
俎《そ》豆《とう》之象《しょう》存す。中国
礼《れい》を失するも、四夷猶《なお》
信するがごとし。
邪馬壹《いち》国

部分読み下し

われわれ倭国にとって、大事なものだから、鏡をくれと言っています。「三種の神器」を構成する三分の一として、鏡を要求しているのです。とすれば、「邪馬壹国」は祖先以来、太陽を祀ってきた伝統のあるわれわれの国であると、説明がつく。その一点、ずばりポイントを突いて書いてあったから、陳寿は誤解しなかった。

われわれの天皇は、大和におられたから、大和に合わなければ捨て、合うものだけを採る、いや、九州にも山門がある、そこだろうと言っています。論理がぐちゃぐちゃです。めちゃくちゃの理論で、松下見林以来、白鳥、内藤、東大の教授と京大の教授で、いずれも東洋史の専門家です、そのことに気づかないで「コップの中の争い」をしてきたのです。

学界がそうであるから、いわゆる、メディア、新聞、テレビも邪馬台国、邪馬台国とやり続けています。幼稚きわまりない姿です。もうはっきりやめるべきです。わたしが言うことが正しいと思われる方は、遠慮せずにはっきりやめろと言ってほしい。「邪馬壹国説もありますよ」位の段階ではなく、三十年、四十年経っているので、はっきり止めて、邪馬壹国に帰らなければ、日本の教科書は世界中の笑いものになりますよ、と自分の知った学者、知ったＮＨＫの人、知った朝日新聞社の人がいたら、言ってあげるべきだ、とわたしは思います。

爼豆の象——第九回

（質問）

先生の「爼豆の象」のお話で、これは、先生から以前教わりました、「壹」は忠節を尽くす、「弐」は、二心がある、そういう前提がそのまま生きた上で「豆」の論証であると、理解してよろしいでしょうか。

（回答）

わたしは、従来、「壹」という字を『三国志』の中の用例によって考えていたわけです。『三国志』の中の他の用例は、「壹」は一カ所に忠節を尽くす、弐は二股膏薬、片方で魏に忠節を尽くすが、裏に回っては呉や蜀に忠節を尽くす。そういうのは『三国志』の時代、魏の王朝は嫌っていた。「邪馬壹国」は『三国志』の中で生きていたので、今までそう考えていました。

しかし、加藤さんの「豆」問題が導火線となって、「壹」というのは、「祖先を祀る」ということに到着した。陳寿はそれを称賛した。銅鏡百枚もそれに関連しています。俾弥呼が送った国書の中で、「邪馬壹国」と書いてあった。だから、陳寿はそれを採用して「邪馬壹国」と書いた。文献処理のスジ論だからではなく、実体論から見ても「邪馬壹国」でなければならないとなってきたのです。

もちろん、『三国志』の中で、今まで話していた使い方は、〝死んで〟はいない。一般の人の目から見て、魏朝だけに忠節を尽くすことという意味だと思う人がいるかもしれない。しかし、そのレベルの話ではなく、例の周公の時代からわれわれは周王朝を支持してきた、その国ですと俾弥呼が言おうとしていたのです。ということで、その理解でよろしいと思います。

『百衲本二十四史校勘記三国志』――第七回

張元濟という人は聞き覚えあるかと思いますが、『「邪馬台国」はなかった』でわたしが紹介しまして、要するに、中華民国の学者で「二十四史百衲本」を作ろうとした。それのためのいい原本がない、というのでそれを求めて東京へ飛行機で飛んできて、そして宮内庁の書陵部にあった、いわゆる紹熙本を見て、これはすばらしい写本だということで、その写真を撮って、「二十四史百衲本」に入れたわけです。そのことを『「邪馬台国」はなかった』に書いていたのをご記憶と思います。

ところがこの張元濟が『百衲本二十四史校勘記三国志』（以下『三国志校勘記』と略称）というのを書いています。張元濟は、もう亡くなっていますから、昭和三十年代に書いたと思われますが、それが比較的最近、中国側で本にして出されました（一九九九年五月）。それを見ますと、そこに非常に重要な事実が書かれています。例えば、同書一八六ページ（本書一九八ページ）の一番右側に宋本と書いてあるのが、いわゆる宮内庁の紹熙本です。これの二行目に「對海国」というのがあります。ところが殿本（注＝殿本とは清初、武英殿で御製及び経史諸書を彫刻版行したもの。武英殿本の略。誤り欠落が多いと言う。〈王雲五、一九七六年〉）などでは「對馬國」となっています。しかしこれは「對海國」が正しいというふうに張元濟は判断したということがわかります。紹熙本が発見されるまでは原本は紹興本だったのです。

次に「郡支国」と「都支国」があって、これも「郡支国」がよいと、はっきり表の形で示しています。それからさらに驚くべきことは、同書一八六ページの終わりから五行目、宮内庁書陵部本は「黄憧」と立心偏になっているとも書いてあります。これが他の本では「黄幢」と黄色い旗が二回出てきたことになっています。これはだめで、立心偏の「憧」がよいのだということをはっきり示しています。なぜそうなるかということは書いていないが、宮内庁の本が本来の姿だと書いてあります。

さらに念を押して、この『校勘記』に附漏修・誤修字表を載せており、その三三二ページには、最初の行ですが「次有郡支国」とあり殿本の所は「都」となっています。ところが備考に「汲作郡　修都誤」とあり、汲というのは写本の名前ですが、「郡に作るものがある、都と修正するのは誤り」と、はっきり書いております。そういう結論を張元濟ははっきり示しているわけです。（注＝岩波文庫は百衲本を採用しており、對海國となっているが、「黄幢」については二度とも「黄幢」となっており、「黄憧」が出てこない。『校勘記』で修正と書いてあり、補足でははっきりと誤と書いてあるにもかかわらず、修正されていない）。

陳寿は、わたしは尊敬していますが、張元濟もすばらしい学者だと思います。彼は余計な理由は一切言わないで、あくまでも写本の扱いとして、こちらがよい、こちらはだめと判断しています。張元濟がわたしの尊敬する学者の一人に入りました。一人に入りましたというのは理由がありまして、現在の「二十四史百衲本」はだめなのです。これは現在の学者が、なんと宮内庁書陵部本を校訂しています。

さっきのように、「郡支」を「都支」に、「黄憧」を「黄幢」に、直したりしています。それが現在の「二十四史百衲本」です。

細かいことを言えば「二十四史百衲本」の初版本があれば、当然これは張元濟がタッチしているでしょうから、おそらく張元濟の判断通りだと思いますが、ところが現在知っている、「二十四史百衲本」は最近の本ですから、手直し本です。ということまで今回わかりました（注＝初版本は一九三七年、十印補校本は一九七六年、新版刊は二〇一〇年である。国会図書館にある初版本は、装丁、冊数は、新版と大きく違うが、文面は基本的に変わらない。『三国志校勘記』では、宮内庁本に「郡」「憧」とあるものにしたがって「修正」するはずであったが、当初から修正されてない）。現代の中国の学者は何をしているのかと思うのですが、それにしても張元濟自身は見事な書誌学者の姿勢をしています。

版本の問題
──第八回

語句の正誤を判定するにもう一つ重要なものは版本の問題です。その点参考になるのは、尾崎康という人の本で、ここに奥書を載せておきますが、『正史宋元版の研究』（一九八九年）という本があります。これを見て驚いたのは、古田説の批判の本です。古田武彦という名前は出ていませんが、内容がそうです。わたしは紹熙本、宮内庁書陵部の紹熙本が素晴らしいと持ち上げています。張元濟が上海から日本の皇室に来て、写真をとって二十四史本を作ったと、わたしが詳しく書いています。

尾崎さんによると、紹熙本は信用に値しないと、二十ページにわたって書かれています。しかも緻密で書誌学的なスタイル、手法で書かれています。慶應義塾大学の名誉教授になられている方と思いますが、その人が、はっきりと書いています。一人で書いたというより、トヨタ財団が資金を提供し、策定委員会ができ、慶應義塾大学からも人がきて、いわば、トヨタと慶應義塾大学が総力をあげて作ったと書かれています。古田は、ダメだと言っています。

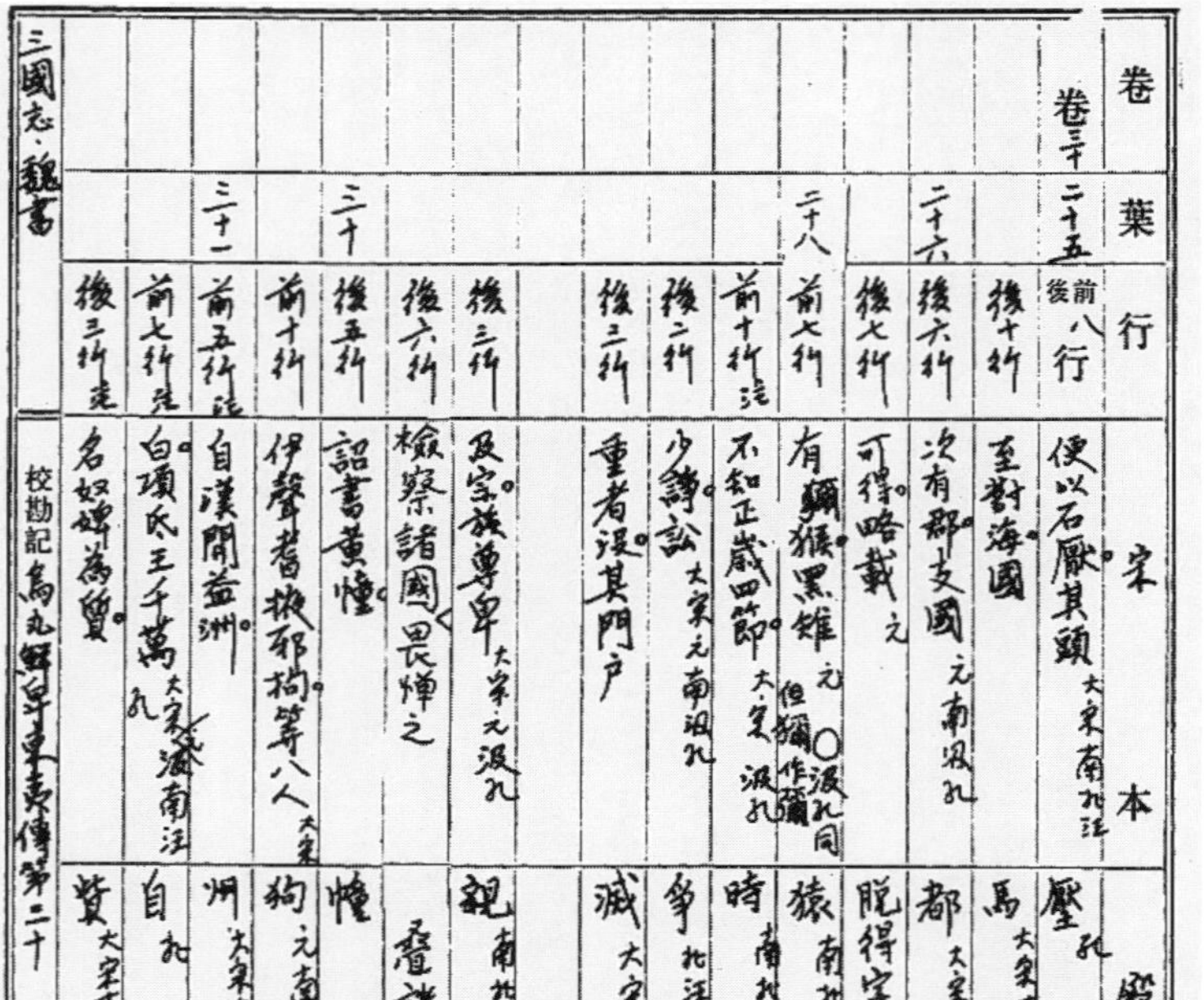

三國志・魏書　校勘記　烏丸鮮卑東夷傳第二十　一八〇頁

卷	葉	行	宋本	殿本	備註
卷三十	二十五	前八行	便以石厭其頭 大宋南北注	壓 孔	按厭壓通，見正韻。
		後十行	至對海國	馬 大宋南北汲注孔	
	二十六	後六行	次有郡支國 元南汲孔	都 大宋北注	修
		後七行	可得略載 元	脱得字 南北汲注孔	
	二十八	前七行	有獮猴黑雉 元 但獮作彌 ○汲孔同	猿 南北注	
		前十行注	不知正歲四節 大宋汲孔	時 南北注	
		後二行	少諍訟 大宋元南汲孔	爭 北注	
		後三行	重者沒其門戶	滅 大宋南北汲注孔	殿本相同於門戶如何能滅
					自以作滅為是。
		後三行	及宗族尊卑 大宋元汲孔	親 南北注	
		後六行	檢察諸國畏憚之	叠諸國二字 大宋南北汲注孔	孔挍云或少田貿諸國二字
	三十	後五行	詔書黃幢	憧	修
		前十行	伊聲耆掖邪狗等八人 大宋	狗 元南北汲注孔	拘狗二字同音
	三十一	前五行注	自漢開益洲	州 大宋南北汲注孔	修
		前七行注	白頊氏王千萬 大宋汲南注 孔	自 孔	
		後三行注	名奴婢為賨	賓 大宋南北汲孔注	孔按注即其名，可以知其以奴婢為賓財矣○修

一八六

『三国志校勘記』（商務印書館，北京，1999年，186頁）

「正史」ということについては、尾崎さんは、朝廷が自分で作らしめたのが「正史」である、学者が個人的に作った本やアルバイトで写した本は「正史」ではない、信用に値しない、これが本の名に「正史」と書いた理由です。宋元版であるから、北宋の時代とモンゴルの元の時代にできた版本で、朝廷が公認を与えた版本を研究した、という内容です。これに関連して紹熙本のことも書かれており、紹熙本ではダメだ、ダメだ、と言っています。わたしも吸い込まれるように、夢中でこの本を読みました。そして、尾崎さんの言っていることを、一つひとつ引っ繰り返すことができました。その醍醐味は久しぶ

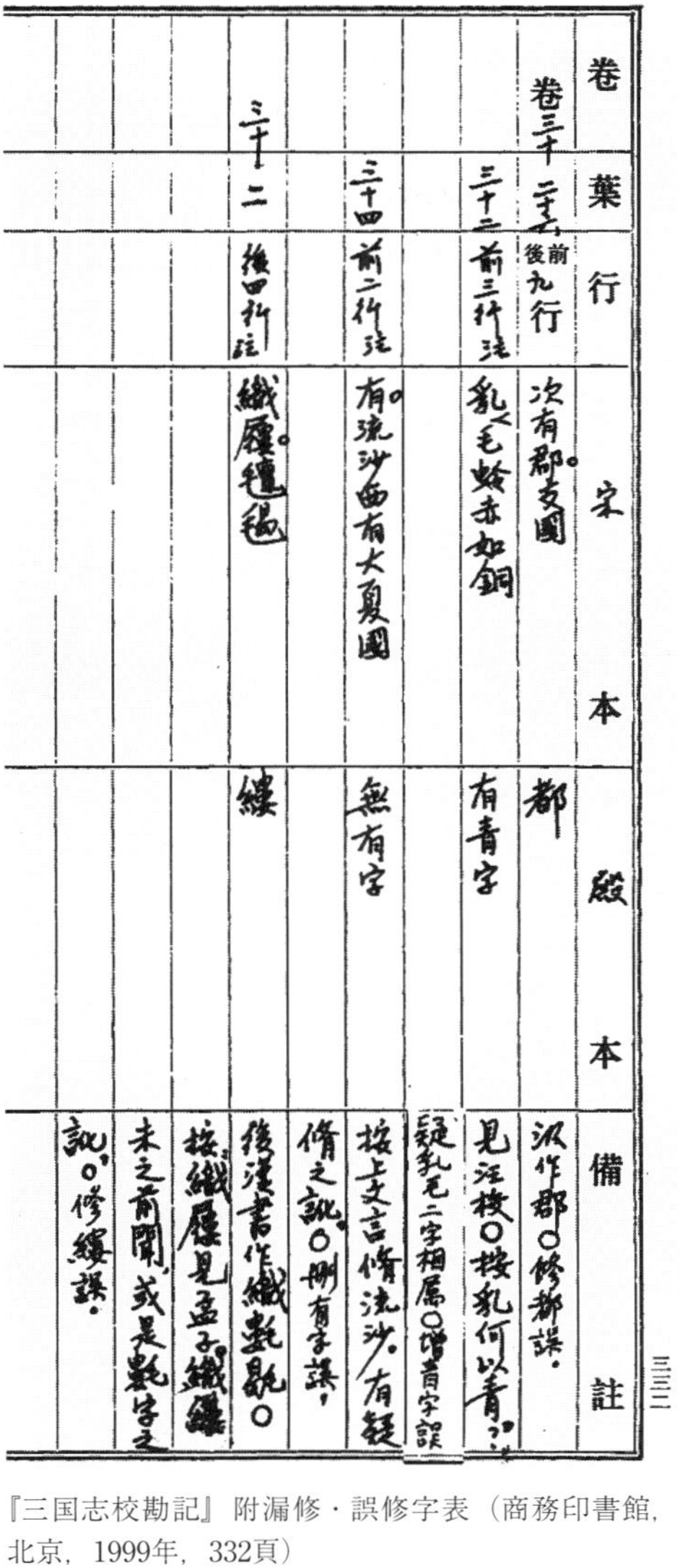

巻	葉	行	宋本	殿本	備註
巻三十	二十六	前後九行	次有郡。支國	都	汲作郡○修都誤。
三十二		前三行注	乳乳毛蛤赤如銅	有青字	見汪校○按乳何以青?疑乳毛二字相屬○増青字誤
三十四		前二行注	有。流沙西有大夏國	無有字	按上文言脩流沙,有疑脩之訛○刪有字誤,
三十二		後四行注	織履。氀毼	縷	後漢書作織氀毼○按織履見孟子,織縷未之前聞,或是氀字之訛○修縷誤。

『三国志校勘記』附漏修・誤修字表（商務印書館，北京，1999年，332頁）

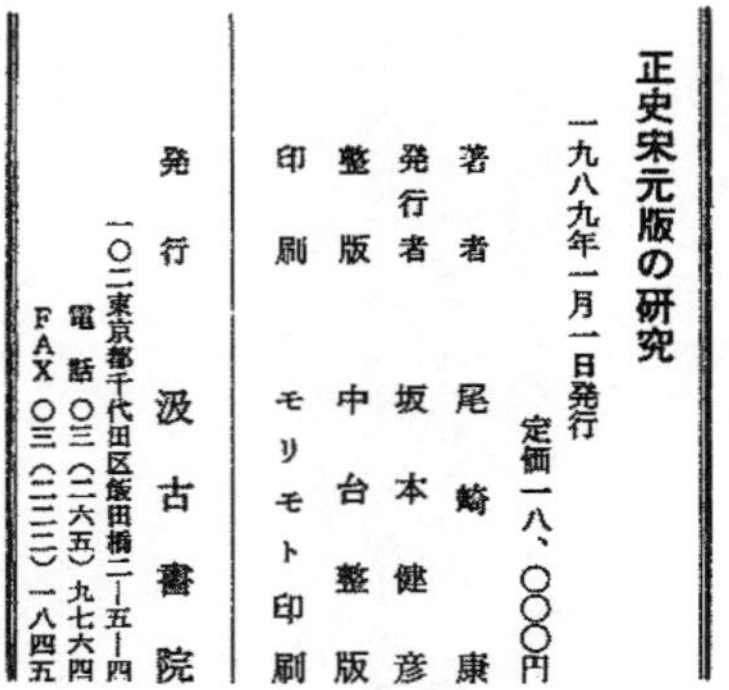
正史宋元版の研究

一九八九年一月一日発行

定価一八、〇〇〇円

著者　尾崎康
発行者　坂本健彦
整版　中台整版
印刷　モリモト印刷

発行　汲古書院
一〇二東京都千代田区飯田橋二―五―四
電話　〇三（二六五）九七六四
FAX　〇三（二二二）一八四五

©一九八九

『正史宋元版の研究』奥付部分

りでした。東京大学名誉教授榎一雄さんとの論争の時、たしか『読売新聞』でしたが、そういう感じでした。久々に論争に醍醐味を感じさせてくれた本でした。

要点を申しますと、先ほどの、朝廷が自分で作らしめた本は信用できる、それに対して、学者が個人的に作り、アルバイトなどとして写した本は信用できないという考えで、それはアウトだと思います。

『歎異抄』についてはよく話しますが、本願寺が公的に親鸞聖人はこうであったと、本願寺からみたのが「正史」、これに対し、そうでない「蓮如本」があります。蓮如は本願寺の中興の祖であり、一向一揆に乗っかかって地位を昇りつめるが、若い時、二十代、三十代、四十代の時は苦しかった。あちこちで話をしましたが、天井粥《がゆ》をすすりながら、アルバイトの写本をやりました。

本願寺では有名な話ですが、天井粥とは、蓮如は貧しいためお粥を食べる。そのお粥はほとんど液体だけであり、天井の模様が写ったという。アルバイトをしながら、その時に作ったのが蓮如本です。本願寺の立場から蓮如本はダメだと言われたが、わたしはそうではない。アルバイトをしながら写したのだから、自分の立場や認識で〝直す〟ことはない、時間がないので、あるがままに写しました。だから、それがよかったのです。

親鸞が『歎異抄』でこう言っています。人から聞かれた。同僚が専修念仏をやっていると、「素晴らしい」と言う人と、「そんなことをしていると地獄に落ちる」と謗る人もいます。どうしてだろうと。

親鸞が答えるには、それは経典に「誉める人も謗る人もいる」と書いてある。誉める人だけで、謗る人がいなければ、その経典は間違っていると思われる。謗る人がいるということは、結局経典がいった通りなのです。その時の言葉として「一定《いちじょう》おもひたまふなり」（注＝蓮如本〈第九条〉『親鸞思想』明石書店、二〇〇三年、四一八ページ）があります。ところが本願寺側は、自分の動作を「思ひたまふなり」は、おかしい。「おもひたまふべきなり」と「べき」を加えて直しています（注＝『歎異抄』岩波文庫本、一九八一年版、六二ページ）。

蓮如本は自分の動作に尊敬の「たまふ」と使っているため、杜撰《ずさん》であると言われていました。ところが、わたしが親鸞やそれ以外の自筆本で「たまふ」を調べた結果、謙譲の「たまふ」が使われていたことがわかった。自分の動作に「たまふ」を使っていたのです。「わたしはそう思います」、と自分の動作に「たまふ」をつけている。丁寧語、謙譲語の言葉です。「思うぞ」と言えば生意気だが、「思ひたまふ」と言えば、「そう思っています」と、決意は固いが、口調は丁寧なのです。蓮如本の「たまふ」が正しかった。同時代の資料に多く出ていたのです。江戸時代には、謙譲の「たまふ」という言葉は失くなっていたのです。わたしは自筆本でそれを確認したのです。

もう一つ挙げておきますと、『歎異抄』に「善題僧正」という字があります。慈円のことです。「大きな僧正」は役職です。「前の大僧正」「現在の前の大僧正」のことです。それを「善題僧正」と書いています。前後の「前」ではなく、善悪の「善」、大小の「大」でなく、題目の「題」、これは当て字です。平気で当て字を書いているのが、鎌倉、室町の早い時期のものです。本願寺側では、当て字を許さないとなってきます。

だから、「字が違っているから、くだらん資料だ」とは言えないのです。

もう一つ例を挙げると、尾崎さんは、トヨタ財団から資金の援助を受け、紹熙本の間違いを何ページもの表にし、間違い字が多い紹熙本はダメだ、と言っています。

わたしは以前印象に残る経験をしました。何かと言うと、和田家文書のことです。和田家文書というのは、明治、大正時代に和田末吉・長作が寛政原本を元に写したものが、印刷本になったものです。初めは、青森県の市浦村の村史として（五所川原市で印刷）、次に弘前の本屋から出て、そして東京の八幡書店から出ましたが、間違い字が多い。間違い字が多いから、元産能大学教授の安本美典さんなどには、和田家文書はインチキだ、信用できない本だ、というか、その心証の一つとなっていました。

ところが、わたしの見方は違っていました。何かと言うと、問題は、末吉、長作は、江戸時代に秋田孝季、和田吉次が書いた文書を見て写しました。印刷であれば、あまり間違いは起こりにくいし、見直しもできますが、筆で書く場合、元の文書が達筆であればあるほど、末吉、長作は努力家ですが、お百姓さんですから、それほど文字の知識もないので、写し間違いがあります。

親鸞だって写し間違いをしているのです。それは、南無阿弥陀仏の無という字の略字です。「无」という字ですが、もう一本、第二画と第三画の間に「ノ」の字が入っています（旡）。そんな字は中国ではあまり使わないが、日本では概念の概の右端の字と同じように一本入れています（注＝旡の字は、『三国志』には出現しないが、他の史書や、十三経にはたまに出現する。『後漢書』では四カ所に出現するが、すべて本文の中ではなく注記の中である。面白いのは、『後漢書』の四カ所の中で、「无」は三カ所で「无」の意味に使われていることである）。

親鸞が「ながあみだぶつ」のように間違い字を書いていて、親鸞のお弟子さんもみんな間違い字を書いています。それは、写す時に見た経典が印刷物ではなく、筆で書かれていたからです。「无」という字は、第二画を書いて、第三画を書く時につなぎが入っています。このつなぎを親鸞が字画、字の一部と誤解しました。誤字を生んだのは、写す時に見たのが活字本ではなく、達筆の筆で書かれていたという証拠になります。これは、一つの有名な例です。

先ほどのことですが、明治、大正時代の末吉、長作が「寛政原本」を写す時、孝季や吉次が達筆であったため、読みにくく、読み間違ったわけです。それゆえ、誤字が多いのです。本人が偽物を作る場合、誤字の多いものを作るということはないわけです。そんなスジの通らないニセモノを作って、喜んでいるバカはいない。誤字が多いということは、元本があるという証拠になります。孝季や吉次が達筆であったため、末吉、長作が「読み間違った」のではないか、ということです（これらの人々については後にくわしくお話しします。本書三九九ページ以下）。

そういう意味で、「寛政原本」という言葉を作りました（寛政だけでなく、寛政前後の、江戸中期の末頃の寛政年間が一番多いので「寛政原本」としました）。「寛政原本」はきっとあったに違いないと、商売の傍ら、和田家文書の収集・編さんに生涯をかけられている藤本光幸さんや、現実に「明治写本」を持っている和田喜八郎さんに、顔を見る都度、迫っていましたが、幸いに、二種類出てきました。

先ほどの問題に戻りますと、紹熙本に間違いが多い。だから、紹熙本は信用に値しないというのが、尾崎康さんの見解です。しかし、わたしは逆であって、「間違いが多い」というのは、写した元本が印刷ではなく、達筆であった、だから「間違えて写した」ということだと思います。本人が自分の判断で書き換えていないという証拠である、というのがわたしの理解です。

もう一つ挙げておきますが、次ページの図は、一ページを使って紹熙本を批判しているところをコピーしたものです。尾崎さんが言うには前掲書三三八ページ（本書次ページ）後ろから二行目にある、歩隲、「ほしつ」といいますが、歩隲は有名な人物です。皆さんご存知の諸葛孔明に対し、呉の側の宰相が歩隲です。『三国志』の呉志の中で、歩隲伝が数ページにわたって出ており、歩隲論が面白い。その字を紹熙本が「歩隙」と「すきま」という字に間違えています。これだけ大事な人物の名前を間違えているので、紹熙本は信用できないというわけです。また司馬文王という有名な人物の名を、司馬焉《えん》文王と

終章　正史宋元版書誌解題

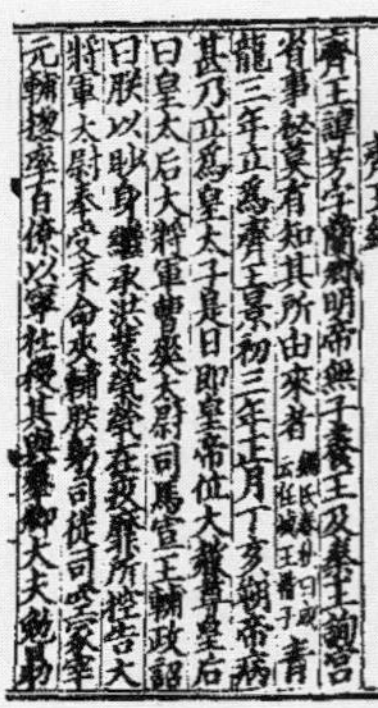

三国志　南宋中期建刊（百衲本）

及ぶ。

　巻六三の末葉（第七葉）欠。蜀書首の中書門下牒は歴然たる江戸時代の補写で、もともとこの建刊本にあったものか疑問であるが、百衲本はいかにも宋刻葉のように字様を似せている。

　巻四末に「戊辰孟夏十一夜雨中校了　昷」、巻七末に「戊午夏五戊寅晩門校対　昷」、巻八末に「戊午建午中八夜校　昷」と朱墨で識されているが、主としてこの巻八までに、朱句点、勾点、朱引を施し、眉上に朱墨両筆で見出しの標語と群書治要などとの校語が記されているのが、これにあたる。この人物について、市野迷庵が巻末の遊び紙に校証し、五山の釈氏の徒で、足利学校所蔵毛詩註疏の詩譜序の末に「大荒落歳晩夏小尽日燈下一看絶句訖藤昷」と朱筆した者と同一人ではないかという。この全文は図書寮典籍解題漢籍篇（一三一～一三二頁）に収められている。

　これとは別に、市野迷庵が朱筆で明の呉氏西爽堂本と、稀に毛氏汲古閣本との校語を記している。これがたとえば巻四には一八箇所にあるが、そのうち一一は、百衲本ではこの建刊本を誤りとして、西爽堂本に従って訂正されてある。西爽堂本には他に誤字もあろうが、この範囲では建刊本の方がはるかに劣ることになる。西爽堂本に限らず、この一八例を衢州本、元大徳池州路本、明南・北両監本、汲古閣本、武英殿版、さらには最近の校点本にみると、脱字の場合を除いてすべてこの宋建刊本だけの誤字であり、歩隲（三葉裏一行）、司馬文王（九葉表九行）などの著名な固有名詞をそれぞれ隙・焉に作るのをはじめ、明らかな誤字が大半で、この本の校正がかなり杜撰であったことを

三三八

『正史宋元版の研究』338ページ。

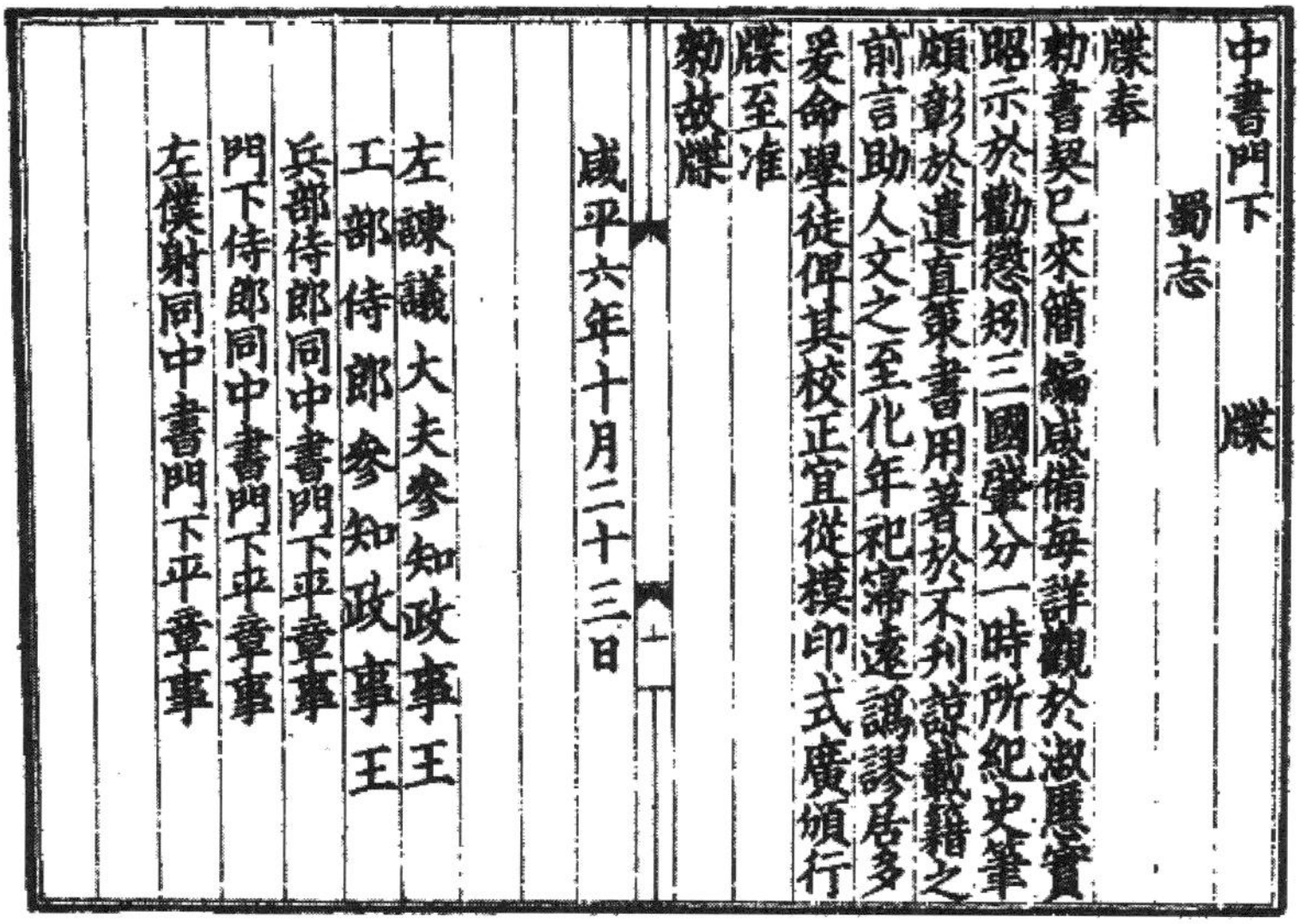
中書門下　牒
蜀志
牒奉
勅書契已來簡編咸備毎詳觀於淑慝實
昭示於勸懲矧三國鼎分一時所紀史筆
頗彰於遺直策書用著於不刋諒載籍之
前言助人文之至化年祀滯遠譌謬居多
爰命學徒俾其校正宜從摸印式廣頒行
牒至准
勅故牒
咸平六年十月二十三日
左諫議大夫參知政事王
工部侍郎參知政事王
兵部侍郎同中書門下平章事
門下侍郎同中書門下平章事
左僕射同中書門下平章事

中書門下「牒」

間違えています。司馬文王を知らない人物が書いた写本は信用するに足りない。

尾崎さんの言っていることは皆その通りです。しかし、さっきのわたしの見方からすれば、紹熙本を写した人間が、自分の判断で〝書き換え〟てはいない。印刷本でなく達筆だから、間違えたのです。そういう性格を示しています。今の「寛政原本」の場合と同じテーマです、というのがわたしの問題意識です。

もう一つ申し上げますと、「二十四史百衲本」の蜀志（『三国志』）の先頭に「牒」というのが出ています（上図）。咸平六年、宋の真宗の時、つまり、北宋の時期の一〇〇三年を示す言葉が蜀志の先頭に出ています。ところが、日本の宮内庁書陵部にあるものを尾崎康さんが調べてみると、木版ではなく、手書きで継ぎ足しています。手書きで書いたものは信用できない、手書きで書いたものは正史ではない。本人が、どんな嘘を書いているかもしれないので、資料としては使えない、と言っていますが、一つの見識ではあります。しかし、わたしの目から見ると、そうではない。張元濟は、皇室書陵部（現・宮内庁書陵部）から持ち帰った写真版をそのまま全面的に使ったものと思っていたが、そうではなく、張元濟の手元の本、紹興本、武英殿本という、清朝の時代に作られたものなどを、相互突き合わせて、張元濟の判断でよいと思うものを採り、悪いと思うものを捨てる、校訂の一材料として使っているのです。

そういう状況から見て、張元濟が、北宋の「牒」が手書きだから信用できないと思えば、捨てるべきです。捨てずに載せているということは、紹煕本は手書きだが信用できるから載せている。

紹煕本に手書きの部分があるのでダメだというのは、一刀両断のするどい批判であるかに見えるが、全体を眺めれば、そうではない。もし、偽物《にせもの》を作りたくてやるのであれば、蜀志の中に一つだけ出さずに、魏志や呉志の先頭に出せばよいが、そうなってはいない。魏志や呉志にはそれがない。紹煕本には手書きが残っているが、正しく、嘘でないと張元濟が判断したから、百衲本の二十四史に使われているのです。紹煕本は紹興本より時期は新しいが、中味は紹煕本が古いということを、わたしが言ってきたのは、その通りだったのです。

紹煕本は、尾崎慶應義塾大学教授が貶したところが全部引っ繰り返って、逆に信憑性が高かったということです。

7　南界を極めた倭人

裸国・黒歯国について——第八回

過去に金印のお話をした際（第四回）にお話しすればよかったのですが、『後漢書』に、

「建武中元二年倭奴國奉貢朝賀使人自稱大夫倭國之極南界也光武賜以印綬」という文章があります。この文章は従来から「建武中元二年、倭の奴国、奉貢朝賀す、使人ら大夫と称す。倭国の極南界なり。光武賜うに印綬を以てす」と読まれています。

しかし、これは明らかに誤りで、「建武中元二年、倭奴国、奉貢朝賀す、使人ら大夫と称す。倭国の南界を極むるや、光武賜うに印綬を以てす」と読まなければなりません。

「倭奴国」を「倭の奴国」と読んではならないことはいろいろの場所で話していますので、ここでは省略しますが、問題は「極南界也」です。「倭国の極南界なり」と訳すと基本的には主語のない文章ですが、従来のようにあえて「倭」を主語とすると、奴国はたぶん九州の南端ぐらいのちっぽけな国になります。通説の奴国という論理は出てきません。そういう国に光武帝が金印を賜うことはありません。

この文章の主語はあくまでも「倭奴国」であり、『隋書』『旧唐書』にも出てくる国と同じと考えられます。その倭奴国が、「南界を極めた」からこそ、光武帝は、金印を与えるにふさわしい国だと考えたのです。「船行一年（六カ月）にして至るべし」のところこそ、まさに「極める」の言葉にふさわしい表現です。それが、裸国・黒歯国です。

重要なことはその二つの国はお互いに交流していたのではないかということと、両国とも、日本の方に帰って来た人もいるはずです。帰って来ているからこそ一年（六カ月）であるということが言えるのではないかと思われます。

ところで、日本と関係が深いところが、南米で二カ所あります。それはエクアドルとチリの北部です。真ん中のペルーが抜けているわけです。二国に分けているのは、つながっていれば一国にすればよいわけです。はっきり二つに分かれています。そしてエクアドルの方が九州と非常に近い。例えば甕棺のようなものが出てくる。エクアドルの博物館にそっくりのものが展示してあり、びっくりしたわけですが、女性の館長さんに言ったら、館長さんも喜んで抱き合ったぐらいです。チクシと非常に関係深いわけです。

一方のチリの北部の方との関係は遺伝子、ウイルスで、この研究を田島和雄さん（愛知県がんセンター研究所所長）がされた。ウイルスの場合は、日本の高知県と鹿児島県で風土病だと言われていた病気があった。屈強な漁師さんたちが四十歳から五十歳間際まで元気でいるのに、ある日突然高熱を発して一週間ぐらいで死んでしまうわけです。理由はわからないけれど非常に悲しい病気です。わたしに告げてくださったご本人は学校の校長さんで、息子さんは京都でお医者さんをやっておられるとのことでした。わたしが足摺岬の調査をするころ、まだ風土病だということで嘆いておられました。ところがその正体がわかってきたわけです。

要するに母から子どもにおっぱいをやるときにおっぱいを通じて伝染する病気だった。それがわかってみれば簡単で、それにならないように、母のおっぱいを飲まずに、牛乳を飲めばよいわけです。それ以来その病気は根絶しました。もっともそうとしらないで現在も苦しんでいる人はいますが。前に宮城県知事をしていた方で最後の一期をやめた方がいました。自分はそのウイルスを持っているから、死ぬまで家族のために生きたいと言って、知事に立候補せず引退されました。

そのウイルスと同じものがないか田島和雄さんが研究されました。太平洋にもなく大陸にもない。念のためにと南米のチリを調べたら、ばっちりあった。遺伝子もあった。ウイルスはたくさんの分類があるのですが、それが日本とチリ型は完全に一致する。どこをどう通って来たかしれないけれど、先祖が同じだということが確認されたわけです。

有名な話があります。ヨーロッパのアルプスの氷河の中から遺体が出てきて、その遺伝子を調べたら、現在フランスにいるある一家と同じだったという。ご子孫が現在フランスに現存しておられるということです。同じような意味で日本列島の太平洋岸の人と、チリの北部の人とは、同じ祖先ということができます。

それと同時にチリの場合は千百年前のミイラがあって、それの遺伝子を調べても同じということが言えます。千何百年前から日本人と同じ遺伝子を持っています。陳寿が空想して書いて、それが偶然当ったということはあり得ないわけです。

魏の使いが第一陣としては不彌国博多湾岸まで、そこから、女王と会って、もう一回、里程を持って出発します。東へ千里、あと三千里、併せて女王国を去ること四千里、これが足摺岬です。ここが、黒潮が日本列島にぶつかる唯一の場所、そしてサンフランシスコへ行くわけです。黒潮はそこでストップせず、南下して行くわけです。そして、エクアドル、ペルー、チリ北部でストップするわけです。なぜストップするかというと、フンボルト大寒流、地球最大の大寒流が北上してきて、チリ、エクアドルのところで衝突するわけです。

魚の餌をたくさん含んだ海域になっています。魚もそうですが、亀がこれが好きです。亀がここでいっぱい食べて、延々と黒潮を逆流して、日本列島で卵を産む。亀はハワイやサンフランシスコへ行かず日本列島まで来て卵を産みます。要するに亀コースで行って亀コースで帰って来ています。浦島太郎が亀に乗って行ったというのは嘘ではないわけです。

亀のコースがわかったのは比較的最近のことで、アメリカの大学院生が、自分のアイディアを実現するために、亀に電波探知機のような物をつけて、それをキャッチする方法を実験した。金持ちに金を出してもらって。その結果亀がサンフランシスコあたりから、東北あたりへ行ってそれから南下して高知県、九州に行き、それからまたサンフランシスコまで帰って行くということを知ったわけです。それから先は金が続かなかったそうですが、当然先にも行って、エクアドル、チリの方にも行くはずです。

わたしも専門家に聞きました。黒潮で向こうへ行くのはわかりますが、帰りはどうしますかと。笑われました。暖流が一方に流れて行けば反流が逆に帰ってくる、それがなければ一方に水がたまってしまいます。海流には反流というのがあり、ほぼ同じスピードでできています。亀は行きも帰りもそれを使っているわけです。

倭人と南米の交流——第八回

（質問）

倭人と南米の交流について質問したいのですが、倭人がエクアドルやチリに達して、バルディビアなどに出土していることは読んだのですが、逆に倭人が南米から持ち帰ったものが日本から出土したとか、あるいは南米の人の骨がでたとかの例はありますか。

（回答）

その件で九州の話をまず考えると、九州に南米の遺物が出ているという問題がありますが、これがそれだという物は難しいです。共通のものは多いのですが。例えば甕棺であるとか、土面であるとか。そういう物は九州には大変多いわけです。その土面が南米の土面と関係があるかないかということを証明するのは大変であろうと思います。

それと離れて面白いテーマは、新潟にある火焔式土器が、南米の北岸部あたりにある物と非常に共通していることです。これから先は少し想像になりますが、火焔式のあの植物のような模様は南米の植物ではないかという一つの考え方があります。調べたいと思っていますが、まだ確認できていません。ということですので、今おっしゃるテーマは否定できないが肯定もできないという現状です。

南米から来た証拠はないかという点につき一つ思い当たる問題があります。南米で見ました甕棺は小型のものをいくつも重ねてあるわけです。もちろんその間は穴が開いて通じるもので、つまり、中通しになっています。それが、たくさん南米にはあります。日本でもどこかで見たことがあると思っていたら、立岩にそれがあるわけです。立岩にあるが、そうあちこちにあるわけではありません。ところが南米では、それがあちこちにあるのです。小型甕棺を重ねて中が通っているのを地中に刺しています。だから多いのは南米の方で、わずかにあるのが日本の方です。

なんでも日本が原点だという立場になれば、それは立岩だと口先では言えますが、逆である可能性もあります。つまり向こうでは一般的に、子どもを対象としたものに、それがあります。日本でも立岩などに若干あります。とするると実は南米からの伝播である、というふうに考えた方が、筋が通るのではないか。そんなことはもちろん今の考古学者は言いませんが。他にも似たものがあると思います。

中南米に残っている日本語――第六回

（質問）

南米に残っている日本語についてお話しください。

（回答）

まずチチカカ湖が非常に面白いポイントです。二〇〇七年二月に南米へ行ったときAチームとBチームに分かれて、Aチームはエクアドルばっかり、Bチームは藤沢徹さんをリーダーとして南米をかなり広く回りました。

そのとき話していましたのは、もしかしたら「チチカカ」は日本語かもしれないということでした。理論仕立てではもちろんその前にあって、アメリカには地名はたくさんついています。アメリカでは大部分は英語だが、部分的に英語ではない地名がある。ナイアガラは現地語で英語ではありません。あれは現地民の言語だと考えてよいでしょう。

南米も同じで、大体スペイン語です。その中でスペイン語やポルトガル語でない地名があります。それは現地民の言語です。現地人の中に縄文時代に行っていた日本人がいたら、日本語である可能性があるわけです。というのが基本的に論理的なわたしの判断です。

その上に立って、例えばチチカカ湖というのは、お父さんお母さんという意味ではとてもあり得ない。チは神様です。古い神様。秩父山脈もチのダブル言語です。カカは何回も出てきた川のカで神聖な水のダブル言語です。そうするとチチカカとは神様の与えたもうた神聖な水という意味になるわけです。行く前から、われながらよくそこまで言えるもんだと思いながら話したわけです。ところがそれが本当だったわけです。

最初Aチームの人が通訳の人に聞いたら、チチカカはインカ語で鉛の出る池、腐った池のような意味だと教えられました。ところが帰りにBチームと一緒になって藤沢氏が聞いてきたことは、Bチームがチチカカ湖の近いところを回ってそのときの通訳の方にお聞きしたということですが、一般にインカは日本では鎌倉室町時代と言われますが、それより前の原住民の言語のアイマラ語では「太陽の神の与えたもうた水」という意味です。わたしが言った通りでした。

太陽の神様からいただいた水。アンデス山脈の西から見るとチチカカ湖から太陽が出るわけです。太陽から賜った神聖な水というのは本当にどんぴしゃりです。ということは日本語なんです。

後でいろんな証拠が出てきました。例えばマナビ州というのが赤道直下にあります。これは「勉強する」州ではない。わたしが理解する古代日本語からすれば、「マ」は真実の真、「ナ」はオロチ語で大地、「ビ」は太陽、美しき大地の太陽の州ということになる。それが赤道直下です。エクアドルというのはスペイン語で赤道です。その中でも、まさに赤道がマナビ州です。日本語で美しき大地の太陽の州となるわけです。このへんにバルディビアがあります。日本人そっくりの顔をした人が出てくるところもそんなに遠くないわけです。

そのほか、次々と出てきますが時間の関係で省略しますが、日本人と同じ遺伝子をもった人が住んでいる場所に、日本語で解ける地名がついています。現代人の遺伝子をとっても、また一〇〇〇年以上前のミイラの遺伝子をとっても日本人と同じ遺伝子です。そこで日本語でうまく解ける地名がついています。これは日本語と見るのが当たり前で、スペイン語だとか他の言語だという方が無理なのです。ということで、予想以上に日本語地名が残っているという問題にぶつかってきました。その総仕上げがチチカカ湖でした。

感動的な話をもう一つしてみると、バルディビアの近所に行ったときに大歓迎を受けました。市長さんの演説に特に感動したわけです。市長さんは、「われわれは歴史を語ることができませんでした。歴史を語らずに未来を開くことはできません」と言うのです。

結局何を言っているかというと、われわれは日本人の子孫がここに来たのだということを知っているのだけれど、それを語ることはスペイン人に禁止されてきました。ところが今回それが話せるようになった。ちょうど左翼の大統領が選出されました。われわれが行く一カ月前に、まさかと思った少数派の民族連合体の大統領が当選したわけです。

それで少数民族の発言ができるようになりました。顔を見ると日本人そっくりの人が一杯いるわけです。だから彼らは先祖は日本人だとそれまでは内緒に、家庭では言っていたわけです。しかし公にはそれを言ってはいけないわけです。スペイン人は自分たちより前に日本人が来ているというと面白くないわけです。わたしどもが十何年前に行った時は、そういうことは言ってはいけないことになっていると博物館の館長に言われました。ところが大統領が代わってそれを言っていい時代になった。

それから一カ月後だったのです。市長さんが、われわれは歴史を語ることができるようになりました。未来も語ることができます、という名演説をしてくださったわけです。

ということで現地の人は顔を見ればわかるのです。日本人の顔をしているのですからね。そのとき七、八割は日本人の顔をしていたし、バルディビアの村に行ったら日本人そっくりの村があるという話も聞きました。テレビで日本人が出たりすると同じ顔だと、現地の人も思っているわけです。

8　俾弥呼以後

三世紀後の邪馬壹国
——第七回・第八回

邪馬台国近畿説の人は、弥生時代から近畿と言っているのですから、俾弥呼以後もずっと近畿ということになります。

わたし以外の九州説の人は、なぜか三世紀末頃に東遷、すなわち九州から大和へ移ったと言います。近畿説も九州説も一緒になって、四世紀以後は近畿が中心だ、天智・天武も、元明・元正まで大和にいたのだと、わたし以外のほとんど全ての学者の説になっています。

教科書にも、邪馬台国問題は近畿説、九州説両方あると書いてあるから、教科書も迷っているところがありますが、四世紀以後はほとんどの学者が一致して近畿だと言っていますから、それ以外は問題外だと思っているわけです。

しかし、『三国志』の倭人伝を見ますと、そこには重要な欠落というか、段差があります。三十年前のわたしは全然それに気がつきませんでしたが、今見るとはっきりした段差があります。

倭人伝そのものから言いますと、俾弥呼の時代、壹与の時代で終わっています。壹与の時に貢献して、財宝を届けて、三十人の生口が行ったということが書いてあります。それは泰始二年（二六六）ですから、魏から西晋になった翌年になるわけです。魏から西晋になった翌年で倭人伝はストップしています。

ところが『三国志』全体はそうではないわけです。少なくとも呉の滅亡は、呉志の最後に、ちゃんと書いてあるわけです。これは三世紀の終わり近くです（二八〇年）。そこまで陳寿はちゃんと書いているわけです。陳寿が死んだのは三世紀の終わりですから、呉の滅亡を知った上で死んだわけです。

呉志は呉の滅亡まで書いてありますが、倭人伝はそれよりずっと前の西晋の始まりでストップしています。ここに段差があります。この段差は非常に重大な意味を持っていて、非常に問題だと感じたわけです。俾弥呼の時には三十国というのは出てこないわけです。壹与のところで三十国が出てきます。三十人が出てくる。生口三十人です。三十という数が一致しているわけです。そうするとこの三十と関係があるのではないかと、考え始めたわけです。なおその時生口という言葉があります。捕虜のことだと『諸橋大漢和』などに書いてあるわけです。要するに生口とは生きた人間という意味です（注＝『後漢書』には捕生口虜という言葉が出てくる。『漢書』列傳凡七十卷、卷五十二、竇田灌韓傳第二十二、韓安國…大入邊。語在青傳。安國為材官將軍、屯漁陽、捕生口虜、言匈奴遠去。等）。

広島に生口島というのがあります。周髀算経に詳しい谷本茂さんはそこのご出身です。この「イクチジマ」のイは名詞の前に出て神聖なという意味を表す日本語、クは不可思議な、すばらしいという意味の形容語、チは神より古い神のチ。神聖な不可思議な神様のいらっしゃる島です。それが捕虜の島という漢字を当てると意味不明になります。それは漢和大辞典などを持ち込んで捕虜というような意味に解釈するからです。本来の解釈は、生口は生きた人間です。それを持ってくると何もおかしくないわけです。生きた人間、すばらしい人間のいた島というのを生口島に当てています。

生口島に生口という漢字を当てたのはうんと古いわけです。生口と呼んでいた段階にその字を与えています。日本の漢字の当て字というのはすごいです。谷本茂さんの疑問も解けたわけです。

俾弥呼の後継者
——第七回

倭人伝の最初の部分に、「旧百余国。漢の時朝見する者あり、今使訳通ずる所三十国」とあります。漢の時百余国がやってきたというのは何のことか。国交の記事ですから魏の正規の官僚である陳寿が間違えるはずはない。それは生口百六十人の記事だと思われます

（安帝の永初元年倭の国王帥升等生口百六十人を献じ、請見を願う〈『後漢書』岩波文庫版、五七ページ〉）。

百六十人というのは倭人の国の代表。一つの国から二人来ているのもあれば、百数十国になります。それを陳寿は、百余国来たのは彼らである、というので始めています（もっとも『後漢書』の方があとからできていますが）。漢の時に国交を結んだのは百数十国ということから始まっています。

ところがいざ始まってみると親魏倭王にくっついて来たのは三十国です。九カ国は道すがら表記されています。ところが二十一カ国は投げ出されています。併せて三十カ国です。落差があります。例えば百二十国とすると九十国はどこへ行ったかという問題があります。上田正昭さんなんかは統合されたのであろうと言います。近畿説ですが、だから統合したのは近畿であるということにします。当時としては井上光貞氏が触れなかったテーマで目新しいものです。井上光貞氏が九州説であるのに対して、近畿説が若き上田さんによって提示された有名な論文に出てくるわけです。しかし今から見ると、あれは大変無理があります。百二十国が三十国に統合されたのであれば、その統合されたことを書いてあるべきです。二、三行で書けるのですから。簡単に書けるにもかかわらず書いていないのです、書き忘れたのでなく、重要なことですから書いたら都合が悪いのです。この重要なことに、書き忘れたという概念を投入するといかにもおかしいわけです。その点を捉えても、颯爽と登場した上田説には欠落があるのです。

真相は倭人伝にある三十国というのはいわば親魏倭国だということです。女王は親魏倭王です。あそこに出てくるものは親魏倭国三十国です。単純計算して百二十国から三十国引いた九十国は貢献してきていないわけです。なぜか。一部は親呉倭国だったわけです。呉に貢献していた連中が相当いたわけです。茨木市の銅鐸圏、あの国々は銅鐸を作ったが、その銅鐸を作る技術は呉の方から来ています。それより何より、三角縁神獣鏡は、作りは皆呉の鏡の作りです。魏の鏡の作りではないわけです。呉の鏡の作りに魏の年号を入れたりしているから、紛らわしくなっています。呉の工人が大量に近畿へ来ている形跡がはっきり残っています。

だから当然、親呉倭国もいたわけです。これは当然魏に貢献に来ていないわけです。仮にそれを二十国としましょう。そうすると七十国が行方不明になります。七十国は去就を決めかねています。魏につこうか、呉につこうか、どっちにつくかで国の運命も激変しますから、どっちつかずの日和見国家というごとになります。日和見国家が七十国。併せて百二十国。簡単な算術であの時の体制が判明してくるわけです。

そうしますと呉の滅亡がやってきます。東方年表で見ると魏滅とあり（二六五年）、ここで西晋に変わったわけです。この二年目二六六年に壹与の使いが行っているわけです。この二六六年で倭人伝は記事が終わっていて、それ以後の記事はないわけです。

ところが呉が滅んだのはいつかというと二八〇年です。『三国志』の呉志はこのところまで書いてあります。（天紀四年。『三国志』中華書局版、一三六〇ページ）。だからさっき言ったように陳寿は呉の滅亡を知って『三国志』を完成したが、具体的な内容の倭人伝は西晋の初めの年でストップしています。その間が空白なのです。段差があるというのはそこなのです。

呉が滅亡すると倭国の中は大変です。親魏倭国はそれ見たことか、われわれは前から魏朝と遣使をしていたのだ。やっぱり、われわれの時代になった、とこうなるでしょうし、親呉倭国は、まったく今までの大義名分が否定されたわけです。その王国の存立も危ないような混乱に陥るわけです。どっちつかずの日和見国家は、それなりに対策に追われるわけです。ですから二六六年から二八〇年の間が、十四年間が倭国の中の大動乱の時代です。もう少し話を詰めると、呉の滅亡したのは確かに二八〇年ですが、呉の孫権がいたのはもっと前に終わっているわけです。大帝殁太元二年（二五二）、このとき孫権が死んだわけです（『三国志』中華書局版、一一五一ページ）。

このあと呉は孫亮（二五二～二五八）、孫休（二五八～二六四）、孫晧（二六四～二八〇）と受け継がれますが、最終的には二八〇年に滅亡しているわけです。呉ががたがたしている時は当然、親呉倭国はがたがたしているわけです。日和見国家もがたがたしています。実体は孫権死亡から呉の滅亡の時代が倭国側の混乱の時代です。

崇神天皇──第七回

キイ・ポイントは崇神天皇です。有名な江上波夫さんの騎馬民族説があります。つまり崇神は高句麗からの騎馬民族だという説です。それが朝鮮半島から日本列島に入ってきて、天皇家を作った。敗戦の後で、人々は一大ショックを受けたわけです。戦争中の皇国史観の頭から見ると。現在でもその影響を受けている人は例えば、森浩一さん、奥野正男さんとか、かなりいます。わたしは、江上説はまったく成り立たないと思っています。

崇神天皇については『古事記』と『日本書紀』で扱いが違います。『日本書紀』では東西南北四方に大和から軍を遣わしたと書いてあります。ところが『古事記』では三方です。つまり吉備の方のルートがないわけです。『古事記』と『日本書紀』に落差があります。どっちが本来か。わたしは『古事記』が本来であろうと思います。『日本書紀』のように四方を征服したというのが本来であったら、あとで吉備のほうを削って、少ない方に『古事記』が書き換えるということは意味がないわけです。逆に三方だったのを『日本書紀』が四方に直したというならわかります。『古事記』の方が本来系で『日本書紀』の方が解釈系である、ということを『盗まれた神話』の段階で述べたわけです。これは今考えても正しいと思います。

問題は、なぜ本来の姿の『古事記』が三方なのかということです。崇神天皇（十代）というのは非常に不幸な出生を持っています。彼の父親開化天皇（九代）が孝元天皇（八代）の妃（伊香色謎命＝いかがしこめのみこと）を自分の皇后にして生ませた子供となっています（『岩波日本書紀』上、二三六ページ）。妹も同母です。岩波版の注では、こういうことは古代でよくあったことだと書いてあります。初めはそうかなと思いましたが大嘘です。

神武天皇の場合、奥さんを九州において、近畿に来て新たな奥さんを得た。神武との間にできた子供は、綏靖、安寧とは腹違いの子供となるわけですが、殺されるという記事で始まります。『岩波古事記』一六五ページには「天皇（神武天皇）崩りまして後その庶兄當藝志美美命《たぎしみみ》、其の嫡后伊須気余理比賣を娶せし時、其の三はしらの弟を殺さんとして謀る間に云々」とあり、つまり當藝志美美が自分のお母さんを奥さんにしたというわけです。やはり父の妾と結婚するということは、あってはならない、許されないわけです。神武記を飾る話です。

そういうことからすると、崇神と妹の場合も不倫の子供です。そのために任那へ追われたわけです。大和におれなくて任那へ追われたわけです。

ミマキイリヒコは、ミマナでなくミマキです。ナはオロチ語に残っている大地です。それがミマナです。ミは御、マは真実の真、共に敬語です。ナが大地。そのミマナの中にある、城・要害のミマキがあるわけです。ミマキの長でもなくミマキの中の入江の長です。イリというのがポイントです。沖縄の西表とかいてイリオモテと読みます。ちゃんと古い日本語にあるわけです。われわれが入江という言葉を使っているのはこれを使っているわけです。

ミマキイリヒコはミマキの中の入江の部隊長。位としては低いわけです。そこに彼は妹と一緒に大和から追いやられていた。彼としては非常に不本意なわけです。不倫の子供だなんて自分たちの責任ではない。それでも厳然たる差別をされるわけですから、非常に不満が内向していたわけです。

そこへ倭国の大動乱が始まった。親魏倭国、親呉倭国、どっちつかず。瀬戸内海沿岸は大混乱に置かれたわけです。その時に崇神は故郷大和を目指した。矢印は大和から九州ではなくて九州の方から大和へ侵入した。そしてそこを征服した。おそらく大和自身も親魏と親呉で揺れていたと思いますが、そこに突入して支配した。それで自分の新しい占領地を支配した「ハックニシラス」という天皇（王）という名前を名乗った。

そうなれば『古事記』にある三方が当然です。その事情を知らないでか、忘れたか、形だけ整えたのが『日本書紀』の四方です。問題のキイ・ポイントはその次に出てきます。つまり、崇神が大和に突入して征服したのは、神武以下の天皇家の一族です。本流でない人たちが本流である兄の方を征服して、弟の崇神の方が勝ったわけです。だから兄の方は弟に仕える。昼も夜も差別される身にならざるを得なかった。ということは、被差別民というと天皇家とは別のところにそういうのがいたのだ、というイメージを皆さん持っておられたと思いますが、そうじゃないのです。それまでの兄の方が被差別民にさせられた。

神武天皇陵——第七回

こうなるとああそうかと思いますのは、神武天皇陵を作るときの話があるわけです。そのときにそこには洞（ほら）という被差別部落があった（二百八戸）。そこが立ち退きを強いられたという話を住井すゑさんが詳しく書いています。神武陵を作るときに被差別民が立ち退きを命じられたというのは有名な話で、『季刊 邪馬台国』で現地の方が書かれた詳しい報告をわたしは持っていますが（『季刊 邪馬台国』四八号）、これは従来、現在では神武天皇陵という架空のものを作る上で、現地にいた被差別民が追い出されたという形で語られており、そう理解していたわけです。そうではなくて、立ち退きを命じられたのが神武天皇以来の人たちなのです。彼らが被差別民にされたわけです。「ホラ」というのは、「ホ」は秀でるのホで、「ラ」は村々のラですから、非常に優れた場所というのがホラです。そのホラを支配していたのが被差別民です。それが、神武陵が作られた場所にいた人です。ということは天皇家の兄の方が、被差別民にされたということです。

室町時代に穢多が生まれたなどというのでは、歴史を語ることはできないわけです。倭国大動乱は、被差別部落の発生の重要な事件でした。

和田家文書に出てくる崇神天皇——第六回

「東日流外三郡誌」の中に崇神天皇が韓より渡来して、大和にいた神武系の天皇と戦ったという話が出てきます（注＝『和田家資料2』藤本光幸編、北方新社、一九九四年、一〇四ページ）。はっと思ったのは江上さんの騎馬民族渡来説です。あれはアウトだと考えていました。その理由ははっきりしておりまして、もし江上さんの言われるように騎馬民族が渡来したのであるならば、当然、好太王碑に書いているはずです。好太王は騎馬民族の本家本元です。しかも百済や新羅や倭をすごく批判しています。特に百済や新羅は属民であると書いてあります。倭が高句麗の片割れなら、本家に対して分派が刃向かっているのは怪しからぬとならなければおかしい。江上さんの説では好太王碑の百年ぐらい前のことですから、それを忘れているはずはない。

後に江上さんは四世紀の終わりに変更しましたが、いよいよおかしい。その時期ならまさに日本に渡ったと好太王碑に書くはずです。江上さんにそのことを手紙に書きましたが、答はなく、森さんとか奥野さんも江上さんに代わって答えてはきていません。

江上説はもう一つ難点がありました。江川説の論拠はミマキイリヒコ（崇神天皇）のミマキとミマナの関係で、ミマキはミマナからきたのだという地名比定というか人名比定が江上さんのヒントになっています。それは本にも書いておられます。その場合考えてみると、ミマキもミマナも日本語です。倭人伝ではナンバーワンはイキマです。

壱岐からきた占領軍の長官がナンバーワン、ナンバーツーが「ミマシ」です。筑紫の「シ」です。筑紫を支配しているのがミマシです。三番目がミマカキ。カは神聖な水、キが要害、水城になった、その前の三世紀の姿で、要所要所にいます。それとの一環であるのがミマナです。玄界灘を挟んで両岸に、日本側に二つのミマ、北側に一つのミマ、その三点セットになっているわけです。当然皆日本語なのです。

崇神がもし騎馬民族だったら、中央アジアから日本語を使いながら来たということはあり得ないし、朝鮮語というか高句麗語以外の日本語を習って日本列島に侵入するなどということもない。また日本列島に侵入した途端、高句麗語をやめるなどということもあり得ない。

ミマキイリヒコというのは日本人の名前です。それを騎馬民族と考えるのがまず間違いです。言語について江上さんはよく考えなかった。ミマキイリヒコは日本人で日本語を使っています。ミマナは韓国側の日本で、九州側と韓国側の両岸が倭地です。そこでミマナと言って北方の領土としています。倭地を支配しているのは倭人です。

倭人の朝鮮司令官と言いますか、それがうって返してヤマトに来た。つまり自分たちの親戚かご主人か、もともと神武の後を受け継ぐ正規の王朝と戦って彼らは勝ったと言っています。そのことを書いている「東日流外三郡誌」は大変なものです。

やはり大事なことは「天皇記」「国記」を探すことです。何カ所にも「天皇記」「国記」を写した人の名前が出てくる。その人たちは写したものを大事にしているはずです。偽物だと言われて困っているかもしれないが自分では大事にしているはずです。それを探したら「天皇記」「国記」が出てくると思います。写本で結構。実物も石塔山の近くにあると思います。

第五章　考古学と文献学の整合

1　考古学的出土品と時代考察

土器文明――第二回

日本の土器文明の古さは世界に冠たるものといえます。佐久の土器は炭素14（C14）で一万八千年以上前のもので、現在までで日本でも一番古いといえます。理由は日本列島の火山の多さがその背景にあるといえます。旧石器人が、なかでも子供達が、粘土が火にあたると固くなることを利用した子供らしい造形から始まったというのはいかがでしょうか。それを見た大人が生活用具に発展させていった。あり得ることです。

さらに日本人は、海に囲まれ、海と船に生活の主体を頼った海上民族集団です。食料は釣り糸さえあれば不自由はないとはいえ、後は水です。約十日ごとに降る雨を貯める容器が必要とされたことは論を俟ちません。南方文化では大きな貝殻、椰子の刳り貫き等がそれに使われたと思いますが、日本では縄文土器でその土器文化を進歩させたと考えていますす。この古さを背景にして考えれば、日本から中国への影響も異とはしません。

吉野ヶ里の秘密――第二回

『吉野ヶ里の秘密』という本を、カッパブックスから出しました（一九八九年）。その口絵に紹介しましたが、首のない胴体だけの遺体や頭だけの遺体が甕棺のなかに祀られています。首なし遺体や頭だけの遺体は、敵だった者の遺体のはず。敵の神を奉ずる敵を祀っています。上述のようなことが実際に行われていたことがわかります。文献と考古学的事実が一致しています。話はそれだけでは終わらない。首なし遺体や頭だけの遺体だけが、敵だったのかという問題が出てきます。

吉野ヶ里遺跡を見ると、十字剣や玉が入った甕棺ばかりで、鏡はほとんど発見されていません。剣と玉は縄文時代からあります。鏡が入った三種の神器は、より新しい時代の神宝だが、当時はすでに鏡が豊富な時代のはずです。吉野ヶ里に祀られているのは、十字剣を重要な神器と考える人達であるとわかります。吉野ヶ里東側から、弥生前期の青銅器製造跡が出てきました。そこは、丘陵の上で水の不便な場所です。青銅器を作るには不便な場所ではありますが、周囲の人達に作っていることを見せびらかすにはいい場所です。天孫降臨によってやっつけられたのは、土蜘蛛といういかにも野蛮な印象の言葉を当てられていますが、実際にはこのように青銅器の製造能力がある人達でした。

博多湾岸からは弥生の中期以降、絹が出てきています。須玖岡本遺跡は中国製の錦ですが、他では倭国製の絹が出てきています。博多湾の東端の唐原遺跡が弥生後期で、神籠石山城中、一番遅い遺跡となっています。博多湾岸からの絹の出土遺跡で、室見川下流域の有田遺跡一カ所だけは「弥生前期」の遺跡です。そうすると天孫降臨のとき、被征服民である土蜘蛛の首領は絹を着ていたことになります。また被征服民は絹製作のノウハウを持っていたことがわかります。いままでの話から、吉野ヶ里の大部分は被征服民を祀っていることがわかります。敵を祀るという一大イベントによって、被征服民の抵抗を抑えようとしています。吉野ヶ里の墳丘墓のすぐ西に日吉《ひよし》神社があります。祭神は大山咋命（おおやまくいのみこと）です。敵を祀る場合、日吉神社の大山咋命に祀ったことがわかります。征服者の神である天神《あまつかみ》に祀ったのではない。自分達の神様に祀ったのでは、被征服民は有難く思わない。被征服民の神である大山咋命に祀ることに意味があります。それが『筑後國風土記』にいう麁猛神を祀るということです。

　では大山咋命とは何者か。日吉神社というから太陽神の祭神と思われます。西日本で大山（おおやま）といえば、大山（だいせん）ではないかと大山に行ってみましたが、おおやまとは呼ばないとのこと。しかし、大山はおおやま。漢音読みにして偉そうにしていると思う。千葉大学の荻原眞子さんによると、黒竜江下流にクイ族がいます。このクイが咋の元になっているのではないかとのこと。そう思ってみると、日本中クイがいっぱいあります。青森県の名久井（なくい）岳、山梨県の上九一色（かみくいしき）、福井（ふくい）、大阪の三島の溝咋（みぞくい。注＝溝咋神社、大阪府茨木市五十鈴町九‐一一、『日本書紀』神代巻に「事代主神為八尋熊鰐通三島溝樴姫或云玉櫛姫而生児姫蹈鞴五十鈴姫命是為神日本磐余彦火々出見天皇之后也」とあり、この三島には溝橛耳命が鎮座し、娘の玉櫛姫を大和三輪の事代主命が見初め、丹塗矢に化けて近づき結婚。五十鈴姫が生まれ、神武天皇の皇后となったとある）、岡山の鯉喰（こいくい）神社、長野県旧更埴市の杭瀬（くいせ）、石川県の羽咋（はくい）。「くい」は神にあたるような術語なんです。九州にも字地名で「くい」がでてきます。『古事記』『日本書紀』には、「くい」の神様はでてこない。それよりも古い神様と思われる。魑魅《ちみ》よりさらに古い神様ではないか。旧石器時代に、シベリアから入ってきた神様ではないか。では、大山（だいせん）を太陽の神様として「おおやまくい」と呼ぶのはどこか。当然、その西側の出雲。われわれの知っている『出雲風土記』よりずっと古い時代の神様として大山咋があります。福岡県近辺には、大山咋と住吉のセットがあちこちにあります。それは出雲の太陽信仰の神様が残っていると思われる。それを祀ることで被征服民を納得させる。俾弥呼の役割が、まさにそれだとわかってきました。

黒曜石について
——第三回

　三年前にウラジオストクに出かけた時に、極東大学からいただいてきた黒曜石のサンプルを、沼津高専の望月先生に預けましたが紛失なさった。そこで、五月に望月先生にでかけてもらい、さらに六月にわたしもウラジオストクに出かけました。そこでウラジオストクが黒曜石の豊かな産地であるのが確認できました。ウラジオストク・白頭山・出雲がともに黒曜石の産地であるのが再確認できました。京都大学原子炉研究所の藁科哲男先生に分析してもらいました。かつて出雲の黒曜石を分析したときに産地がわからなかったものとデータが似ているとの話です。さらに、九月三十日の國學院大学でのシンポジウムでも、極東大学の教授から黒曜石のサンプルをもらいました。それを藁科先生に分析してもらったところ、北海道の北見の近くの黒曜石であるとのことでした。まだ出発点だが、これから極東大学の人に中心になってもらって、研究を進めてもらいたいと思っています。

絹と錦——第八回

「東日流外三郡誌」では、いわゆる会稽山の杭州湾、あそこの寧波（注＝『和田家資料1』「丑寅日本史総解」二二四ページ）から博多に来た、ということが一つのメインになっています。それは当然稲について書かれているのですが、絹についても当然そちらから来たということです。事実、絹には二種類あって、一つは陽高（山西省北部、内蒙古自治区に近い。近くの大同は漢代の遺跡で有名）というところがあり、そこから洛陽、洛陽から平城へ来て、平城からソウル近辺、それで唐津博多湾岸と、このルートで来ているものです。

ところがもう一つ江南から、揚子江、杭州湾から来ている稲と絹のルートがあります。その二つのルートがだぶって出てきます。この点『俾弥呼』で論じています。

そのことを示しているのが「東日流外三郡誌」です。もちろん『古事記』『日本書紀』にはそのことは書いていません。ですから、「東日流外三郡誌」を偽書だと言ってアウトにするのは、『古事記』『日本書紀』にないものがこっちにあるというのはイヤだから偽書にしようということになるのかもしれませんが、そんなことで偽書にされてはたまったものではありません。やっぱり真実の歴史を見る場合に、『古事記』『日本書紀』も意味はあるが、それだけではダメなので、やはり「東日流外三郡誌」の言っているところを見なければいけない、というテーマに、この問題もつながっていくわけです。

三種の神器
――第八回

考古学的出土物に研究を進めてくると、倭国は三種の神器を大事にする王朝であったことは疑えません。大体、鏡を百面もくれと言わなければ、向こうから進んで鏡だけ百面もくれるはずはないのですから、当然こちらから要求していると考えざるを得ません。鏡を要求するということは何かというと、当然三種の神器の中の、いわゆる玉と剣は従来からあるわけです。金属でなくても剣はあるわけです。ところが鏡というものはそう簡単にないわけです。岩鏡というのがあるけれど、あんなものは持ち歩きできない。ところが中国の鏡は、本来は婦人の化粧道具ですから、持ち歩きができるというふうで、これを加えて三種の神器という、王権のシンボルにしようとしたわけです。だから鏡がほしいと言って、それなら、鏡ならやるよと言っている文章が、銅鏡百枚です。だから三種の神器を権力のシンボルとする王朝であると考えなければなりません。そうすると三種の神器が出てくるのはどこかというと、これがまた糸島博多湾岸の両地域に集中しているわけです。

近畿にはないし、朝倉とか筑後山門にもないわけです。博多湾岸の周辺に集中しています。吉野ヶ里の場合は、玉と剣はあるが、鏡がありません。若干最近出てきたが本当にわずかで、三種の神器と言えるものではない。二種の神器です。三種の神器となるとやはり糸島博多湾岸しかないわけです。わたしの理解した女王国周辺と一致しています。

いわんや今度は絹・錦は博多湾岸に集中しています。糸島には絹・錦がありません。吉野ヶ里は、絹はあるが鏡がない。ですから三種の神器と絹・錦が集中しているのは、博多湾岸しかない。そこが、わたしは女王国だと言っています。わたしの論理と出土品が完全に一致するわけです。これが『俾弥呼』のキイ・ポイントです。

三角縁神獣鏡の分布――第八回

問題は三角縁神獣鏡の分布です。『失われた九州王朝』（朝日新聞社版、一九七三年、復刊版、ミネルヴァ書房、二〇一〇年）で三角縁神獣鏡に対する批判を書きました。有名な小林行雄さんの説は間違いである、ということを言おうとしました。そのためには小林行雄さんが作られた三角縁神獣鏡の分布図を出して、これは間違いだということを言いたかったわけです。今のわたしから見るとばかばかしいのですが、要するに、これは小林行雄さんの許可を得なければならないと考えました。それで、これを使わせてください、と何回か手紙を出しても返事がありません。そのため、小林行雄さんのお住まいは京都の北白川で、わたしも京都で近いですから、行って許可をお願いしようと思って行ったわけです。

小林行雄さんはいらっしゃったのですが、お会いできなくて、奥さんに「小林さんの本に書かれている、三角縁神獣鏡の分布図をわたしの本に使わせていただきたいと、この前から何回かお手紙を差し上げていますが」、とお願いしました。しばらくして奥さんから「使ってほしくない」と言っています、と言われました。「使ってほしくないと言っています」ということですので、使わなかったわけです。あとで笑われたのですが、それは「どこの本のどこにこの地図を載せている」と書けば済む話で、ご本人の許可を得る必要はまったくありません。京大に行っていたとき、ちょいちょい小林行雄さんに会っていたので、余計、念を押したのが、裏目に出たわけです。ということで図を使わずに批判の文章だけを『失われた九州王朝』に書いてあります。

三角縁神獣鏡分布図からの考察――第八回

三角縁神獣鏡を中国鏡だと小林行雄さんは主張し、今の考古学者も大半はそれを受け継いでいます。東大の教授（大津透氏）までそれを受け継いで、『天皇の歴史01　神話から歴史へ』という本も出ました（講談社、二〇一一年）。東大・京大そろって三角縁神獣鏡は中国製だと言い始めたわけです。

しかし考えてみたら正反対です。分布図を見ればわかるように近畿が中心で、東は東海に及びますが、西は九州までは、ほとんど及んでいないわけです。九州には二、三で、ほとんど三角縁神獣鏡は出ていないわけです。

中国からもらったのなら一番近い九州や、壱岐・対馬に出なければおかしい。壱岐・対馬は三角縁神獣鏡はゼロですから、それだけでもおかしいのです。

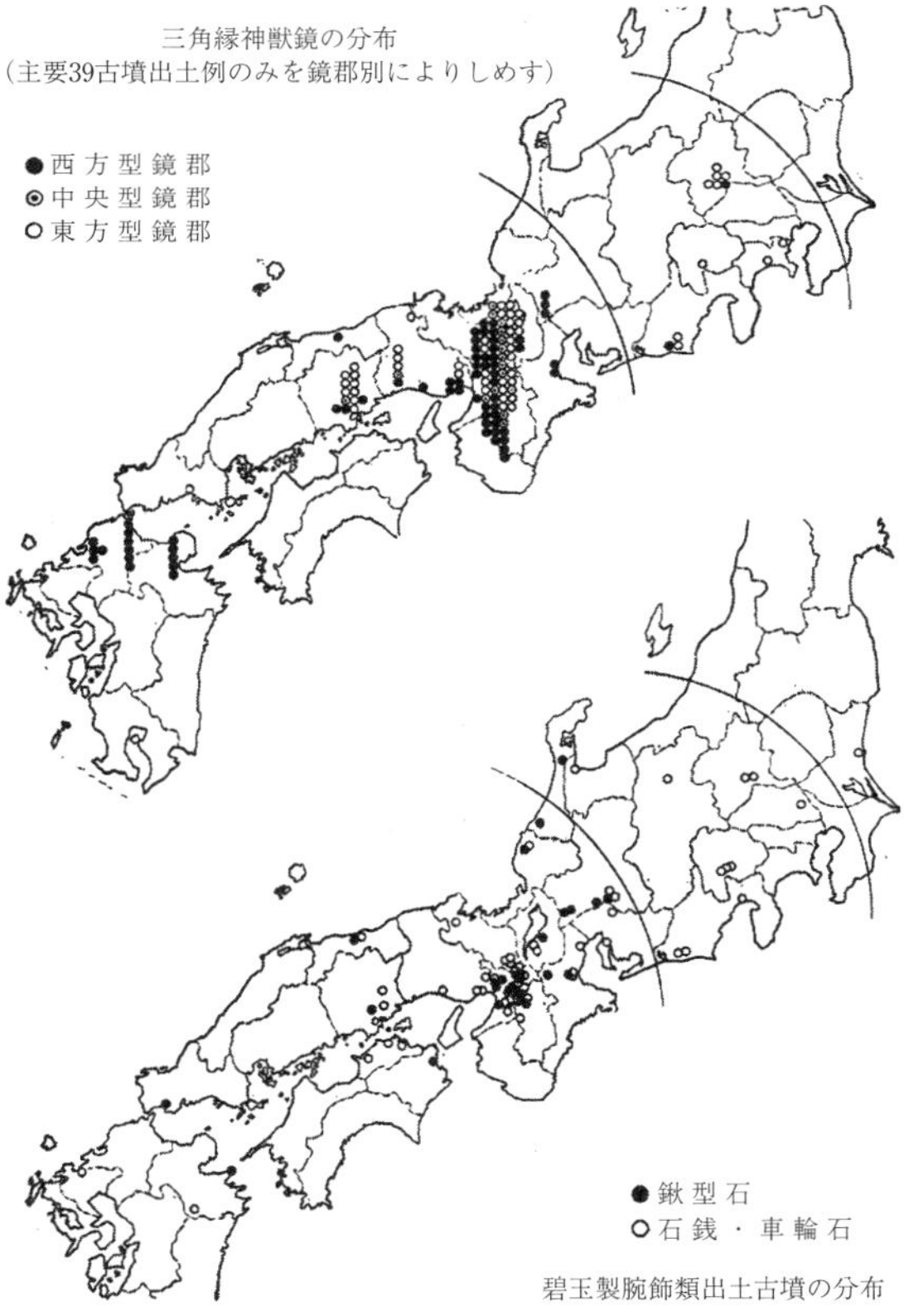

三角縁神獣鏡の分布
（小林行雄『古墳時代の研究』青木書店，1961年，220ページより）

あの三角縁神獣鏡を作ったのは近畿です。それも、もと銅鐸を作っていた呉の工人が、技術的なサポートをして作った。そしてその中に俾弥呼が親魏倭王の印をもらったということを、三角縁神獣鏡に盛り込んで、それを配った。どこへ配ったか。『俾弥呼』でわたしが論じましたように、三十国という、あれは親魏倭国で当人の直轄の地ですから、配る必要はないのです。配る必要があるのは呉の支配下にいた国々です。あるいは宙ぶらりんの国々です。そこに三角縁神獣鏡を配った。倭国は親魏倭王の国だ、これに敵対するものは魏朝に敵対するものだ、その証拠はこれだ、というのが三角縁神獣鏡の役割です。

ですからもう一回言いますと、三角縁神獣鏡の分布は親魏倭国が対象ではなくて、親魏倭国でない国々、つまり親呉倭国だった国、または、中間の国、そこに配った。だから親魏倭国にならないとこわいことになるぞ、今までのように呉に味方していたり、宙ぶらりんであったらエライ目にあうよ、ということをPRするためのものです。あの分布にピシャッと合うわけです。

そういうことで黄色い旗ということで止まっていたからよくないので、天子の、金印を与えてもらったという話のメッセージつきだということです。今の人は発掘で出てきて、それを学者が、解釈する立場です。発掘してもらうために配っているわけはありません、鏡を配ったらぺらぺら読めたということはないですから。当然口でいうヒストリー、つまり魏に味方した国は天子の旗をもらっている、それに敵対するのは魏朝と戦う覚悟をしなければならない、そういうメッセージを、その証拠品の鏡として実はそう書いてあるのだ、つまりメッセージつきの証拠品としての、鏡です。

言って見れば当たり前です。今までのわれわれと古代と置き換えているわけです。今のわれわれは、考古学者が発見し、文献学者が解読し、その結果を知らされて知るという順序で知識を得ているわけです。それは現代の話です。当時の人はそんなややこしいことをするはずはないです。発掘も何も、地上にあるのですから。それでは何かと言うと、内容を口で伝える、PRする、その証拠に、この鏡に書いてあるよ、という。そういう証拠品として頒布しています。これも今のわたしにはそれ以外考えられません。

（質問）

景初四年銘と正始元年銘の三角縁神獣鏡が日本から出土していることは、工人が、景初四年がないことを知らなかったが、一年も経たないうちに正始元年と改元されたことを知ったことを意味すると考えます。ということは、景初四年銘鏡も正始元年銘鏡もほぼ同じ時期に、すなわち二四〇年頃に作られたと考えてよろしいでしょうか。

（回答）

わたしは大まかに時期を区切っただけの話で、具体的な年代を話しているわけではありません。問題は、紀年鏡が景初四年と正始元年でストップして、それ以後のものがない。それ以後のものがないのは何でだろうという、非常に重大な質問を投げかけています。

狗奴国と銅鐸圏
――第八回

（質問）

狗奴国が銅鐸圏であれば俾弥呼の時代まで銅鐸が近畿地方に存在したことになります。一方銅鐸が近畿地方で消滅したのは、親呉倭国の滅亡の頃（西暦二八〇年前後）になろうかと考えます。先生は銅鐸が消滅したのは神武東征の頃といわれますが（『百問百答』東京古田会、二〇〇六年）、神武東征は西暦紀元元年前後とされますと（これも『百問百答』）、時代的に合わないことになります。ここで先生のいわれる崇神天皇の任那からの帰還が二八〇年前後ということになりますと、崇神天皇によって、銅鐸が消滅したと考えれば、ぴったり合うのですが、いかがでしょうか。

（回答）

これは第一次の侵入は神武で、神武が大阪湾岸に侵入して、兄を犠牲にし、神武は大和に回って、勝ったわけですが、これは奈良県のごく一部です。吉野寄りの一部を支配した。その一部の銅鐸圏は壊されたわけで、周辺は残っていたわけです。特に後期になると、でかいのが、滋賀県とか愛知県とか、周りの地方に増えているわけです。真ん中にぽかっと穴が開いて、銅鐸がなくなっているわけです。これが神武の侵入の痕跡です。ところが他の部分がなくなったのが崇神のときであり、崇神の侵入によって残りの銅鐸圏が統合されました。

俾弥呼と銅鏡（質問）
――第八回

二〇一一年十一月二日『読売新聞』の埼玉版に「俾弥呼の鏡が出土、県内に初、高坂の古墳群から」という見出しで、埼玉県ではじめて三角縁神獣鏡がでたという記事が載りました。これについての解説は「大和政権との結びつきがある有力な勢力が東松山市にあったことを示す重要な史料」云々というようなことです。これは保存状況が非常によい、ということで、三世紀中頃に大陸から輸入された可能性が高いという。最後の方で「三角縁神獣鏡は魏志倭人伝に魏の皇帝が俾弥呼に銅鏡を下賜したという記述があるから、俾弥呼の鏡と言われる。これまでに畿内を中心に福島県から九州南部までで五百面以上出土している」という記事が載っており、これについてお尋ねしたいと思います。

先生のお話の中で、黄幢の件ですが、黄幢は俾弥呼に金印を授与したという証であるということで、したがって三角縁神獣鏡に「幢」があるものについては、これは、国産であるということと、親呉倭国ないしは中間ぶらぶら国に対して、配ったというご説明をいただきました。

そうすると今まで三角縁神獣鏡について、これは国産か中国産か、という製造国の問題から始まって、枚数が非常に多いものですから、これは俾弥呼と関係ないのではないのかと思われます。加うるに、景初三年の銘の問題など、黄幢問題とどのような関係になるのか、ご説明ください。

（回答）

黄幢は黄金の旗であり、これは天子の印、金印を示す旗であると理解したわけです。そうすると、三角縁神獣鏡にそれがあるということは俾弥呼が金印をもらったという証拠が旗に書かれているわけです。三角縁神獣鏡は博多湾岸にはほとんどありません。対馬・壱岐にはゼロです。ということは、それが中国からもらったという立場に立つことは本来おかしかった。そういうことは百余国の内から三十国を引いた百十国ぐらい、いわゆる親呉倭国ないし中間の立場の国々が、三角縁神獣鏡を配られた対象の地域になっているのではないか、という解釈を申し上げたわけです。現在ではまだ三角縁神獣鏡は中国からもらった鏡というのが定説のようになっていますが、それは正しくないわけです。

この点は、それで研究が終わるのではなく、これから始まるのであって、もしその立場に立てば大変新しい史料が増えたことになります。つまり、金石文を日本で作って、それが残っているわけですから、これが歴史を語らないはずがない。

新たに金石文が国内に大量に発生したというか、出てきたという立場からの研究が、今後必要です。

銅鏡にある漢字
――第六回

博多湾岸の須玖岡本から、中国の絹が出てきたのは有名ですが、須玖岡本のすぐそばに弥生中期の鏡が出土して、それに漢字が書いてありました。それが実に下手な字で、それに京都学派の祖ともいうべき富岡謙蔵先生が注目して、これは鏡史を考える上で重要だと書いてあります。弥生時代に明らかに中国人以外が書いた下手な字が銅鏡に刻まれているのですから、それはあの時代に日本人が字を書いたという紛れもない証拠です（注＝井原出土の後漢式鏡として青柳種信『柳園古器畧考』〈文献出版、一八二四年の原本を、一九五〇年に復刊〉にあり）。

ところが京城大学の関係で、戦後分からなくなりました。樋口隆康さんや森浩一さんの意見では、行方知れずになっているとのことでしたが、わたしは事前に連絡して一人でソウルの元・京城大学に行ったわけですが、ちゃんと出てきました。綺麗に保存されて、わたしの願った実物が出てきました。それは富岡謙蔵さんが言った通りで、日本人が書いた漢字です。漢字には違いないがあまりにも下手な漢字です。それが弥生時代の銅鏡に刻まれていることが非常に重要です。

博多湾に前漢鏡・後漢鏡などたくさん出ています。あれを今の考古学界は全部中国鏡として扱っていますが、あれは怪しいわけです。今の話では下手に字を書いてある場合は日本製の証拠になったわけですが、いつまでも下手とは限らず、練習すればうまくなる。そうすると他の鏡も疑いたくなるわけです。明白なのは平原の大きな鏡は、あれは中国にないですから、あれに書いてある字は倭人が書いた漢字に決まっています。

それを考え合わせると、博多湾岸から出る鏡は、全部とは言えないが日本人が作ったものがかなりある、むしろ量的には倭人側が作ったものの方が多いと見なすべきだと思います。

銅鐸について
——第六回

（質問）

わたしは、近畿銅鐸圏をはじめとする、銅鐸というものを使っていた民族は、天孫族とは異質の先住民と考えてきたのですが、先生のお話は天孫族が使っていた神器として銅鐸があったというふうにおっしゃったように思います。しかし客観的には、銅鐸が消滅する時期と巨大古墳が出現する時期がほぼ一致しているとわたしは考えているのですが。

（回答）

『古事記』の中では小銅鐸が国生みの重要な題材と言いますか、主役になっています。『日本書紀』は初めから矛になっているのに対して、『古事記』の方は小銅鐸として出現します。だから小銅鐸の方が古いわけです。それを九州王朝が矛の国生み神話に書き換えているわけです。そういうテーマがまずあります。

一方、出雲は銅鐸の伝統を受け継いで、前からその伝統の上に立っていた。それが近畿銅鐸圏に伝わった。拘奴国の縄張りです。その地域を神武東侵で九州王朝側が滅ぼしたわけです。その滅ぼされた方の銅鐸が、いわゆる巨大銅鐸になってくると、『古事記』『日本書紀』から、まったく姿を見せなくなるわけです。ということは征服された方の宝器であるということです。

桜井市の被差別部落のあるところから銅鐸が次々出ています。銅鐸が突き壊されて出てきます。銅鐸が使われていた時代は、銅鐸は神聖な神様の現れた姿だと思います。それを突き崩すというのは、使っていた人々を侮辱する、使っていた時代のエリートを貶める、そういう作業であって、単に銅鐸を突き崩したら面白いから突き崩したというのではない。そういう面で考えれば、銅鐸の消滅という面と被差別部落の存在というものに深い関わりがあります。

文献における銅鐸——第六回

（質問）

まず、垂仁天皇の王子に鐸石別命《ぬてしわけのみこと》という王子がいて、鐸という字を使っていますが、鐸の字が偶然使われたのでしょうか。銅鐸との何らかの関連を考えた方がよいのでしょうか。

次に、鐸石別命のお母さんが丹波出身ということになっていますが、丹波と銅鐸の関わりについてどうお考えでしょうか（注＝『岩波日本書紀』上　二六七ページには鐸石別命とし、『岩波古事記』一八七ページには沼帯別命《ぬたらしわけ》とある）。

（回答）

「鐸」は『古語辞典』（角川書店、一九七六年）では「ぬで」がなまり「ぬて」となるとして、『古事記』では『ぬで』、『日本書紀』では「ぬて」と読んでいますが、現代では大阪府柏原市にある『ぬで神社』（正式には「鐸比古鐸比賣神社」）が有名で、これにならい鐸を「ぬで」と読むことにします。この「ぬで」

の件だけではなくて、銅鐸を意味する、「ヌ」が含まれている王子や王女はたくさんいるわけです。それらは銅鐸に関わりのある名前として、もう一回考え直す必要があるのではないかとわたしは思っています。また丹波ですから、当然銅鐸と関わりがあるわけです。武烈が亡くなったときに丹波に次の天皇になってくれと言って行ったら、おびえて逃げてしまったとかという話がありますが、そんなの嘘に決まっているわけです。あのように卑怯者だとしなければならない当然の理由があったわけです。それも今後考える一つの材料になると思います。

ついでに一つ申しますと、わりとわかりきったことが問題にされずに済んでいることがあるということです。それは、いわゆる邪馬台国の近畿説は成り立たない、なぜとなれば邪馬台国が近畿にあったら、魏の使いが大和に入るには銅鐸圏を通って行かなければならない。中国の使いが銅鐸を知らないことはあり得ないわけですから、当然倭人伝に銅鐸の話が出なければならない。それがないということは大和に邪馬台国はなかったという、明確な証明になるわけです。これもわかりきったことを専門家が揃って無視している例です。

伊邪那岐、伊邪那美と銅鐸——第六回

（質問）

銅鐸の関係で、伊邪那岐、伊邪那美が銅鐸を使ったということになりますと、天孫族は銅鐸を使ったというように解釈してよろしいのでしょうか。九州王朝は天孫族ということですから、女王国に銅鐸がないということと、どういう関係になりますか。あるいは神武が天孫族ではなかったのかということになると、神武はいつまでの天孫族なのでしょうか。真の天孫族は饒速日でしょうか。

（回答）

最後のポイントは従来から言われているテーマです。なぜかというと天の橋立のところの籠神社は

「元伊勢《もといせ》」の神社といわれ、御祭神は饒速日で、ここから大和に来たのだと言っています。さらに言えば、これは邇邇藝より饒速日の方が本流であると言っています。それはある意味で正しいわけです。邇邇藝よりは饒速日の方が、兄というか上から分かれています（注＝『先代舊事本紀』では饒速日尊は天照大神の子の天押穂耳《おしほみみ》尊と、高皇産霊《たかむすび》尊の女の栲幡千々姫《たくはたちぢひめ》命との間に生まれた子とされる。また『古事記』では天忍穂耳命の長男が天火明命〈『古事記』では＝饒速日とは書いていないが〉で、邇邇藝を次男としている。〈『岩波古事記』一二七ページ〉）。

　これを本当とか嘘とかいうような分け方はおかしいです。分流の分流は分流ツーで、分流スリーもあるとすると、神武の方は分流ツーで饒速日の方は分流ワンである、という可能性は十分あるわけです。その饒速日が大和に入ってきて大和に饒速日の伝承をいろいろと残しています。

　ですからアマテラスの海上からの侵入者の分派が一つだけではなくて分流がいくつもあって、神武たちの分流ツー以外にも分流ワンが既に大和に入っていた、という可能性は十分あり得るわけです。

　出雲の小銅鐸の系譜を発展させたのが近畿のいわゆる銅鐸圏で、これが巨大銅鐸になっていくわけです。それが拘奴国だと思っています。その、中期、後期銅鐸の拘奴国が滅ぼされます。

　ということで小銅鐸の系譜、詳しく言いますと国生み神話で古いのは小銅鐸神話です。アマノヌボコではなくアマノヌオトと読むべきです。ヌオトのヌは小銅鐸です。ですから小銅鐸国生み神話があって、これを国生み神話Aとします。それで国生み神話Bが『日本書紀』です。これはアマノヌボコで矛になっています。ここで国生み神話の作り替えが行われている。最初の国生み神話は小銅鐸をめぐる国生み神話、ところがこれを、アマノヌボコと――矛は楽器ではなく武器です――武器で行う征服神話に変えられているわけです。繰り返しますと小銅鐸は武器ではなく楽器です。権力のシンボルではありますが、これは韓国にも中国にも元があるわけです。権力者が来たことを知らせるような、武器ではなく楽器なわけです。その楽器を元にした国生み神話が国生み神話Aです。ところがそれを、矛という武器をもとにした国生み神話Bに作り替えたのが『日本書紀』です。

問題は『古事記』の注を『日本書紀』の立場でつけている、つけ直しているわけです。誰がつけたかというと、はっきりしています。『古事記』ですから太安萬侶がつけているわけです。それは『日本書紀』の上でつけている。弟（オト）の所を矛に直して注をつけているわけです。それを宣長がごっちゃにしたから話が混線してきたわけです。太安萬侶の目の前に既に『古事記』があったわけです。それに彼は注をつけたわけです。

元に戻りますと国生み神話には二種類あります。楽器国生み神話と武器国生み神話です。九州王朝は武器国生み神話です。海人族が武力で筑紫、稲作の地帯を征服しました。天照大神は楽器で征服したのではありません。天照大神の征服譚は矛に関わるものです。

一方出雲の小銅鐸の方を伝承したのが拘奴国です。拘奴国の奴の意味ですが、『後漢書』の場合は奴の意味が違っているのではないか、奴が銅鐸になっているのではないか、と思っています。とにかく事実として近畿がいわゆる出雲の小銅鐸を受けて、それを中期銅鐸、巨大銅鐸を発展させたことは間違いないわけです。それが九州の矛の、支配王朝を作った九州王朝の分派に滅ぼされるわけです。滅ぼされたことに関連して、そこでも被差別部落が出てくるわけです。拡大していったわけです。神武が東侵したところですでにその問題は出ています（第一陣）。第二陣が今度は、周辺の近畿の銅鐸圏を滅ぼすという段階で被差別部落が拡大再生産されて、その中で天皇陵が巨大化していくというふうにわたしは理解しています。

これはあらすじですから今後さらに精密に論じたいと思います。今言ったのは中期銅鐸とか大銅鐸とか巨大銅鐸とかいう形だけで言っていますが、デザインがいろいろあるわけですから。デザインは間違いなく一つの文明の表示、サインなわけです。

それはアメリカのメガーズさんも、土器のデザインなどを精細に調べています。実に精密な土器の分析です。同じように銅鐸についても、佐原真さんがやったのは有名ですが、まだまだ初期段階です。銅鐸のデザインには何らかのサインがありますが、それ一つとっても、ここは一本だ、ここは二重だ、だからこう違っているという、そういう精密きわまりない分析を銅鐸に対してやる研究者がぜひ出てきてほしい。残念ながら文字がないですから、デザインで勝負するしか仕方がないですね。やったら必ず成果が出ると思います。わたしが言ったのはその成果が出る前のアウトラインです。

小銅鐸と矛の関係――第六回

（質問）

伊邪那岐、伊邪那美と邇邇藝は小銅鐸につながるのでしょうか。また大穴牟遅神は、神話上は伊邪那岐、伊邪那美の系列に入らないように思いますが。

（回答）

天照大神の海人族の稲作支配、いわゆる天孫降臨という名の支配、それが邇邇藝ですから、これと、楽器である銅鐸、小銅鐸とは別です。だから邇邇藝の方は矛の方で、大穴牟遅神の方は小銅鐸の方です。少彦名命はどっちかというと、須玖岡本ですから、須玖岡本の近所から小銅鐸が出ていますから、これは小銅鐸の仲間と見ることは不可能ではないと思います。しかし場所が博多湾岸ですから、矛の国でもあり、おおざっぱに言えば少彦名命は出雲との仲介役のような、そういう位置にあるのではないかと思います。

大穴牟遅神の方は出雲です。小銅鐸で、矛ではないわけです。出雲から出てきた筑紫矛と言っているのは筑紫のスタイルの矛だからで、出雲から出てきても筑紫矛と言っているわけです。筑紫と関わりがあることは間違いありません。しかし出雲が筑紫矛を主体とする世界ではないわけです。

ついでながらその場合、出雲から出てきた銅剣といわれているものは、あれは銅矛であって、柄がついた形の銅矛です。

北九州の銅鐸
——第 六 回

（質問）

北九州から銅鐸の小さいものがかなり出ています。これはもともと北九州産なのか出雲産なのかわかりませんが、銅鐸のふるさとが九州だということを書いている人がいます。その人は、纏向は九州の香りがいっぱいすると書いてあります。前方後円墳を作ったときに使ったのに違いないが、非常に九州の香りがする、と書いています。

（回答）

銅鐸が九州原産というのなら間違いです。銅鐸は中国原産です。それが韓国に出てくるわけです。それで九州でも出てくる。須玖岡本の近辺でも出てくるわけです。九州原産というのは中国や韓国を経由しての議論です。あくまで中国の原産で韓国にそれが伝播して韓国から北部九州に伝播した。そこから日本列島、出雲とかに伝播してきています。

鐸《ぬで》神社——第九回

（質問）

鐸神社の件ですが、「ぬ」を銅鐸とされる理由を詳しくご説明ください。

（回答）

鐸神社の件は、書いたものがあるため、結論だけ述べます。大阪府柏原市に鐸神社というのがあり、「ぬで神社」と呼んでいます。銅鐸の鐸です。小銅鐸の場合は紐にぶら下げて使用しており、紐の部分を「て」といい、金属部分を「ぬ」といいます。淡路島にもあり、近畿にもあるのです。現在の鐸神社では銅鐸ではないが、風鈴のようなものを鳴らしています。『古事記』の「コヲロコヲロ」と書かれたものは楽器の音のことです。風鈴も風鐸と書いてあるように、楽器の一種です。当時の古い印刷物に

「ぬ」と書いてあるのではなく、「ぬ」と理解するといろんな表現が理解できます。『古事記』神代巻で大国主命が越の国に行きますが、沼河比賣が「ぬえ草」（注＝『岩波古事記』ではぬえくさは「なよなよした草」の意で「め」の枕詞としている〈一〇二ページ〉）の「ぬ」を鳴らして待っている場面があります。「ぬ」は楽器のようです。いくつかの例から楽器とすると解けてきます。「絶対に間違いない」というお話ではありません。

画文帯神獣鏡
——第九回

（質問）

画文帯神獣鏡が大阪府立近つ飛鳥博物館に展示されていました。白石太一郎館長が大和政権の関係のものだと言っておられるが本当にそうですか。

（回答）

この画文帯神獣鏡は、中国の後漢鏡の系列ですから、出てきてもおかしくないが、もちろんここだけではなく、九州でも出ています。中国とどういう関係を持つかは今後の問題ですが、遅きに失する問題があります。なぜ遅きに失するかというと、三角縁神獣鏡は、はっきり言うと日本製で、中国製ではない。と言うのは、銘文を漢文で書いてあるが、あそこの内容は、日本の歴史を書いているのではないか、という問題があります。金石文で、日本の歴史を日本で書いているのですから。金石文は最高の資料であるとすると、最高の資料がみんなまだ眠っている。それを考古学者が、あれは中国から来たんだという建前としています。

中国から来たものであるとしてもいいんだが、あれだけ書いてあるのだから、中国のどの地帯から来たのか、どういう状況を語っているのかを研究すればよいが、日本製か中国製かの議論でストップしている。わたしは日本製とはっきり思っています。そうすると、あれは日本の歴史を語っている。そういう金石文が大量にあるが、まだ資料として使われていない。考えによっては、未知のすばらしい分野です。これも話をすると、いろいろ言いたいことがあるのですが、中村通敏さん（ホームページ「棟上寅七」主筆）が目をつけられた通り、今後に残された重要なテーマだと思います。

炭素14年代——第二回

歴博グループが発表した炭素14（C14）年代測定で、日本の弥生時代は、従来説より八百年位遡るとの結果が出されています。

くわえて、中国の『史記』によれば堯、舜、禹の三帝は年齢が二倍年暦です。古賀達也氏の研究で周代も二倍年暦です。従来説で夏が五百年、殷が五百年、周が千年と概算しますが、この合計二千年は千年と考えざるを得ません。古賀氏の研究を重ねていえば、インド大乗経もギリシャ哲学者列伝もエジプトのミイラの物理化学的解析とヒエログリフの記載年齢も二倍年暦です。

このことをつき合わせると、日本の弥生文明の始まりは中国の殷の初め、夏の終り頃と同時期との考えに導かれます。

中国の古い言葉に「魑魅魍魎《ちみもうりょう》」がありますが、その意はおぼろげな不可思議なものとされています。これに関連すると考えてよいのが舜の事跡として、「魑魅」を従えたと記録されていますが、「チ」はテナヅチ、オオナムチのチ、「ミ」は縄文の女神のミです。いずれも日本の古い神の名称です。申し上げた中国の時代想定と整合性ありと言えます。

C14年代測定法について——第九回（物理を専門とされる参会者荒船次郎氏から補足）

通常炭酸ガス中の炭素は分子量12です。ただし、約一兆分の一の割合で、宇宙線の影響で分子量14の炭素が発生します。このC14は周期六千年で半減します。一万二千年なら四分の一となります。宇宙線の発生変動は周期性があり、大体時代ごとに発生量を推定し得、そのことからその時代のC14を補正します。また、年輪年代法とつき合わせての補正も行われ、その測定精度は誤差範囲十～二十年程度まで上げられると考えられています。

測定は加速器でＣ14とＣ12の重量の違いを利用して比率を測定します。よく調整されたサンプルなら一件一万円程度の費用です。

発表された歴博グループの測定件数は三千件位のようです。

中国「夏殷周」遺物のＣ14測定をやれば答えは出せるといえます。

Ｃ14年代測定を軽んじているのは、世界的に見て日本と韓国です。日本の各地博物館はＣ14年代測定を主張すると圧力を受け、実施され難い雰囲気があるようです。

その測定値を軸に考えると従来説の大和中心主義の歴史学、考古学が成立しなくなることがはっきりしているからだと思えます。歴博グループも測定値は正しいとしながら、従来説には触れない形の政治的妥協をしています。

捏造事件——第七回

（質問）

昔、神の手を持ったという藤村という考古学者がいました。一緒にやった文化庁の人が最近、こうやって捏造した、というような本を出したそうですが、ああいう人がいると空恐ろしいです。

（回答）

藤村さんという人が一時もてはやされた時期がありました。東北地方を中心に次々と旧石器を発見した。彼が行く所に旧石器が出てくる、という感じでした。ところが何のことはない、それは彼が自分で、前の晩に埋めて発見していたのですね。まったくのインチキだったわけです。『毎日新聞』のスクープだったと思いますが。文化庁の役人がそれと協力していて、不幸な方でした。

このことについて記憶がありますのは、仙台に古田史学の会で佐々木広堂さんという方がおられて、この方が藤村さんのファンでした。それで藤村さんをいろいろ支援して、バックアップしてこられたわけです。わたしにも「藤村さんという方はすごいですよ」ということをおっしゃっておられて、わたしも一回お会いしたことがあります。仙台でその方が講演されたときにわたしも三十分ぐらいの講演に出ていて、偶然廊下でご挨拶した覚えがあります。

その後佐々木さんから、「古田史学の会」に呼んで話を聞きたいということになり、「古田史学」というより、今で言えば「多元」ですが、高田さんが、藤村さんを呼んで話を聞きたい、と佐々木さんに依頼されました。

わたしはいいですよ、と言ったのですが、藤村さんの方から「その会は古田さんの関係の会でしょう」ということで、ウンと言わないのだそうです。何でだろう、と思っていたのですが、結論から言いますと、わたしが藤村さんに関して言っていたのは、いわゆる報告書が出ていないということです。いつも新聞には出るのですが、報告書が出ていないわけです。報告書が出ていないと、それをこちらが客観的に把握できないじゃないですか。報告書を出してもらわないといけませんよ、と佐々木さんに何回も言いました。佐々木さんはわかりましたと言って、それを藤村さんに何回も言ったと思います。その時藤村さんはピンときたのでしょう。

「あ、古田は自分の偽造がわかったな」と思ったのじゃないでしょうか。それで「古田さんの会には出ない」。これはある意味では本人の一人芝居で、わたしはそこまで突っ込んで理解していたわけじゃないのですが。

佐々木さんは、加害者であると同時に被害者ですと言われていましたが、その通りです。

ああいうことが起きるというのは、いわゆる考古学会や新聞メディアが浮わついていた証拠でしょう。そういうことを防ぐためには、それこそ最近の民俗学でも、わたしが必要ならわたしを呼んで、しっかり聞かないといけません。

2　古墳の年代

前方後円墳――第三回

いわゆる前方後円墳（方円墳）は、「武烈以前」の陵墓で、現在の天皇家とはいわば無関係の前段階の墓です。

従来の比定によればいわゆる前方後円墳（方円墳）は、第三十代敏達天皇陵で終わっていて、第三十一代用明天皇陵から方墳に変わっています。江戸後期に『山陵志』を書いた蒲生君平は用明の息子の聖徳太子の命によって中国式の墓に変えられたと解釈しました。しかし、『日本書紀』にこれに関する記事が一切ないのですから、蒲生君平のこの仮説は成り立たない。現在では、中国の薄葬令の影響だという解釈が強い。しかし薄葬令は何度も出されていて、日本が古墳時代になる前から出されています。もし、薄葬令によって変えたのならそれに関する記述が『日本書紀』に残っているはずだ。『日本書紀』が信用できないといっても、『日本書紀』の部分によりけりです。

継体天皇陵について言うと、現在宮内庁から比定されている継体天皇陵（大阪府茨木市太田三丁目、太田茶臼山古墳）ではなく、その東側にある今城塚古墳（大阪府高槻市郡家新町）が継体天皇陵であるという説が有力になってきています。しかし、わたしの考えではどちらも継体天皇陵ではあり得ない。『日本書紀』には藍野にあると書かれています。藍野に巨大な古墳がないので、平安時代の『延喜式』の作者が東に範囲を広げて現在の継体天皇陵を比定したものです。その東側にある今城塚古墳は、なおさら継体天皇陵ではあり得ない。現在の地図で見ると茨木市にある藍川の西側の藍神社の周辺が藍です。『日本書紀』に従うなら、藍神社の周辺に継体天皇陵があるはずです。直接の祖先である継体天皇陵の場所を『日本書紀』の作者が忘れるはずがない。藍神社の周辺には小さな古墳がたくさんある。継体天皇が自身でささやかな陵墓でよしという決断をした結果と考えられます。近くの小さな古墳の一つが藤原鎌足の墓であったのがその証拠と考えられます。

前方後円墳（方円墳）の年代は、年輪年代測定法によって従来の考古学編年より百年以上遡ってきていて、須恵器の年代も遡ってきています。古墳時代全体が遡ってきています。もう一つの重大な問題は、二倍年暦です。継体天皇の寿命が『古事記』では四十三歳となっているが、『日本書紀』では八十二歳となっています。『日本書紀』では宣化天皇までは二倍年暦で記してあると考えられる。そうすると、前方後円墳（方円墳）の年代はすべて武烈天皇までに収まってしまう。継体天皇の出身地である福井県は、方墳地帯である。継体天皇以降、方墳に変わったと理解できるわけです。

武烈天皇の墓がどうなっているかについて説明しますと、大和郡山市の武烈天皇陵は自然の丘であり、古墳になっていない。『古事記』の片岡を固有名詞と解釈して比定地が決められています。しかし、賢宗・仁賢も同じ片岡に葬られています。『日本書紀』にあるように傍《かたわら》の丘に葬ったのが事実と思われます。武烈天皇は桜井市の列城宮《なみきのみや》にて亡くなっているのだから、その傍らの丘に葬ったと考えられる。ただし、まわりに丘はあるが、古墳はない。葬られはしたが武烈天皇の墓はない。

武烈天皇については、暴虐記事がこれでもかこれでもかという具合に書いてあります。『史記』の桀《けつ》王・紂《ちゅう》王の悪王伝説を真似して創作したのだという説もあります。しかし、『史記』に比べて量・質ともにけた違いにひどく書いてある。中国の悪王は、王朝の最後の天子であり臣下による反乱の理由つけのために書いてある。つまり、前王朝を滅亡させ、反逆者である継体が天下を取ったことを、『日本書紀』は示しています。『日本書紀』自体が、王朝の断絶を示しているのです。葬りはしたが、墳墓はつくられなかったという事実と対応しています。

古墳の偏在
――第七回

（質問）

古墳時代三、四百年の現象を見ていますと、規模から言っても密度から言っても、近畿地方に大きなものがたくさんありますし、そこから広がったという感じも持たれます。箸墓古墳は俾弥呼の墓ではないことは、われわれはわかるのですが、あれを作った勢力は神武グループの中でしょうか、他の系統なのでしょうか。ご見解をお願いします。

（回答）

箸墓は九州王朝の分派（神武）の子孫の女性であることは間違いない。考古学的判定で七五年遡りました。それは非常に正しいと思う。あれが七五年遡るということは、後のものも全部遡るわけです。あとが全部遡るといいと思いますのは、巨大古墳が二倍年暦だから、全部武烈以前に収まるわけです。つまり武烈という元明・元正たちの王朝の前の古墳が巨大古墳だったということになります。それで継体に始まる墓は小さな方墳、ないし円墳だったということになる。非常にすっきりするわけです。彼らは巨大古墳を造ろうとしなかった。

巨大古墳を造ったのは九州を、自分たちの先祖を望みながら死者を葬る、九州の宣伝のための巨大古墳です。ということで話は非常にわかりやすい状況になっています。

箸墓での問題でどうしても必要なのは一歩の長さです。百余歩とあるのはどのくらいの長さか。三百歩が一里ですから。一里の長さのシンポジウムをやらないのがおかしいのです。この基本問題をやらずして何のシンポジウムですか。答えは当然出ています。

3 近畿王朝中心の遺跡観

飛鳥を中心にした大和の宮殿遺跡について——第三回

十一月三日（二〇〇六年）に公開講演会が行われました。久しぶりに、直木孝次郎氏の話を伺うことができました。飛鳥浄御原宮では東南の「エビノコ郭」が大極殿と考えられています。しかし、現地伝承に基づいて大極殿とされているわけではありません。難波宮でも、現地伝承ではなく『日本書紀』に基づいて大極殿としています。

さらに、博多湾岸にも難波という地名が残っています。九州王朝の史料をはめこんで大極殿記事などを作っている可能性が大です。浄御原宮を見たとき、その規模が小さいのに驚いた覚えがあります。今回の直木氏の説では「浄御原宮の規模は小さくていい」という説になっていました。

「周の王朝では、都の中心に大極殿があったのでそれを文献的に解釈して藤原宮を造った」という説もあります。しかし、目の前に長安や洛陽があるのに、なぜ周が出てくるのかわからない。北が尊いという考えは、北朝が中国を支配するようになってから発生した説ではないでしょうか。南朝なら「北のほうが尊い」という考えのはずがありません。周なら、西から侵入してきたのだから、西が尊いということになります。南朝系の九州王朝の大宰府で、難波津の南に大極殿があるのも理屈に合った考えということができます。

藤原宮——第七回

藤原宮の問題ですが、七世紀の後半にいわゆる藤原宮があったと公の歴史では決まったこととして描かれています。この問題には非常におかしな所があります。端的に言わせていただくと、古賀達也さんが提起された問題ですが、あの藤原宮はオシッコをすると大極殿の方に入る。つまり大極殿のある場所が低いのです。藤原宮の人は当然どこかでオシッコをします。

それが大極殿の方に流れて行きます。そこに大極殿と書いてあるものがあるわけです。それは実は鴨氏の宮殿のあとです。宮殿跡を大極殿跡と呼び変えているわけです（注＝飛鳥資料館の学芸員の方の説明では、藤原京が短期間であったのはその理由によるとのこと。また大極殿跡と称する現地には鴨公神社の碑がある）。

この点もおかしいのです。鴨氏というのは非常に古い氏族です。神武が入ってきたときに手助けしたのが鴨氏である。それが後には京都にも支部というか、上賀茂、下加茂という場所があり、八咫烏《やたがらす》の子孫が住んでいると言います。「古田史学の会」会長の水野孝夫さんも八咫烏の子孫です。当然八咫烏というのは人間です。空飛ぶ鳥のように錯覚して読まされているだけで、実体は八咫烏という人間です。神武が熊野を通って入ってくるときに、その辺を支配していた八咫烏、鴨氏の一族がこれに味方して、これをリードした、という話です。だから、鴨氏は神武以後の天皇家にとっては足を向けて寝られない存在です。だから藤原宮の場合も、鴨氏の神殿を中心にあの宮殿が造営されています。

鎌倉の場合も、神殿（八幡様）を中心に都城ができました。天皇家も同じで天皇家にとって頭が上がらない鴨氏の神殿を中心に造営されています。鴨氏の神殿を中心に拡げたわけですから、拡げた結果、地形的に神殿より高い位置になったのはやむを得ないわけで、オシッコをしたら大極殿へ流れることになるのです。

これに対して直木孝次郎さんが久しぶりに講演をして、「藤原宮を考える場合に困ったことがある。藤原宮の儀式に参列する豪族の邸宅がない」と。これはおかしいということで、ご自分で悩んでこられたらしい。その謎が解けたとおっしゃるわけです。難波の方は広いから豪族の邸宅が取れるが、藤原宮で儀式をやる場合は豪族たちが移動して、飛鳥へ行って参列したのだろう。大発見をしたように話されたのを覚えています。直木さんにすればそのアイデアで疑問が解けたとお感じになったのでしょうが、わたしから見れば失礼ながら「いただけない」と感じました。難波から藤原までは遠いところを、たくさんの行列をつれて何で行く必要がありますか。近所にいくらでも作れるのに、それを作らず、無理して移動して行くというのは〝口先だけ〟の理論づけでしょう。
いずれの点から見ても、あれは天皇家の宮殿だったという、教科書や学会や新聞の言うことは大嘘です。平安宮になると大極殿がちゃんとできますが。藤原宮では大極殿があり得ないのです。

4　出土物の考察

壬子年木簡および孚石都刻柱について——第三回

兵庫県芦屋市三条町から「壬子」とある木簡が出てきました。六五二年の「壬子」と思われるが、その上に「元」とあります。教育委員会は『日本書紀』の記述に合わせて「三」年と解釈した。現物はどうみても「元」。九州年号で解釈するなら、白雉「元」年で解釈できます。

また、大野城太宰府口から「孚石都」あるいは「孚石郡」とある木柱が出てきました。「郡」では年代的に合わないとして、教育委員会は「孚石部」と解釈しました。しかし、現物は「都」と読めます。「部」は、産物や天皇皇族名に由来があるという説がありますが、「孚石天皇」や「孚石皇子」は存在しません。一方山口県豊浦町には浮石神社（注＝現・下関市豊田町字浮石には亀尾山神社があり、祭神は、仲哀天皇、神功皇后、応神天皇である。浮石神社という名称では呼ばれていない）があり、その近くに原木市場があり、現在でも木材の集散地となっています。そこでとってきた木材を、「都」へ持ってきたと考えられます。

那須直韋提碑について——第五回

いわゆる「郡評問題」を論じる場合、「那須国造碑」は欠かせない金石文ですが、この金石文の読み方について、大きな疑問があります。

一般には、西暦七〇〇年、評督で那須国造であった那須直韋提を称えるため、意斯麻呂（那須直韋提の息子か）らによって建立された石碑とされ、現在この石碑は栃木県那須郡湯津上村の笠石神社の祭神本体として崇められています。

問題の銘文は次のようです。

（冒頭のみ）永昌元年己丑四月飛鳥浄御原大宮那須國造追大壹

那須直韋提評督被賜歳次庚子年正月二壬子日

従来通説は、「那須直韋提碑」の冒頭の文章は従来、那須直韋提が國造であり追大壹であったのが、改めて評督を大和朝廷の飛鳥浄御原大宮からいただいた、と読んでいました。

この解釈はおかしくて、韋提はすでに評督だったが、その評督に那須國造追大壹を改めて永昌元年に賜った、と読むのが正しいと思われる。さらに、「小野毛人墓誌」と同様に、飛鳥浄御原大宮は大和朝廷ではなく九州王朝の崇道天皇が韋提に与えたと解釈するべきです。関東からも「評」の木簡が発見されており、九州王朝の支配は関東まで広がっていたと考えることができる。庚子年は七〇〇年に当たるので、その年にはまだ「評」が使われていたことがわかります。

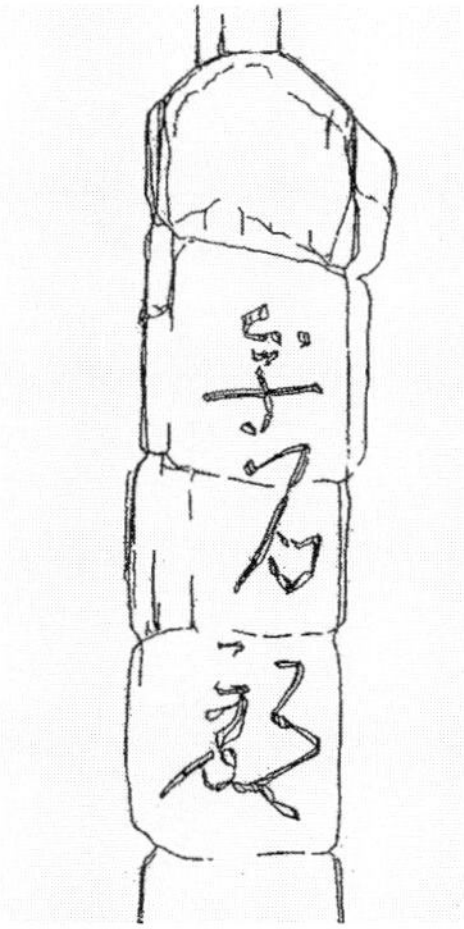

孚石都刻柱
（九州国立博物館蔵）

ここで「永昌元年」という唐朝の元号が先頭に置かれているのはなぜかということが問題になります。

この碑文には「評督」の授与者について書いていませんが、誰から授与されたか、などについては、『古代は輝いていたⅢ』（朝日新聞社、一九八五年）の「第六部　権力の交替と郡評制

度　第一章　那須国造碑をめぐって」に詳しく論じています。

那須国造碑 ——第七回

（質問）

那須国造碑についてお聞きしたいのですが、あるセミナーで古田先生の立場で質問したのですが、講師の先生は、あくまで那須直韋提が那須評の評督に任じられたと解釈しています。理由として、(1)漢文では〇〇に〇〇を賜うという、立派な文法である。(2)飛鳥京出土の木簡に「奈須評」というのがあり（七世紀第Ⅳ四半期）天武・持統の頃に奈（那）須評があったのは確かである。(3)追大壹は天武天皇十四年にできた官位で、四八階位中三三位で特記することはない。

このような考え方に対して先生のご意見をお聞かせください。

（回答）

大事な問題でぜひ申し上げたかったテーマです。

まず、唐の年号がなぜ出ているのかという問題があるわけです。白村江の後、唐が九州に入ってきて、実質上の支配権を握っていた証拠なのです。次に飛鳥の浄の宮にしろしめす天皇を従来天武天皇と解釈していた、あるいは持統天皇かもしれない。なぜかと言うと年代からみると天武天皇は退位しています。持統天皇は即位する直前です。どっちでもないわけです。

あれを天武天皇と解釈したり、持統天皇でいいのじゃないかとしたりするのは、両方ともダメなのです。両方ともダメだということを、正確な漢文ならちゃんと守ってもらわなくてはダメです。全然守っていないわけです。あれは飛鳥の「きよのみや」で〻に青ではないわけです。浄の方です。九州小郡市飛鳥の浄の大宮です。九州王朝の天皇のいる場所なのです（注＝『古事記』序文にある天皇は「飛鳥の清原の大宮に大八洲御しめしし天皇」である。なお『日本書紀』には「浄御原宮」が四回出てくる）。

「をにが来たら返れ」の問題で、「に・を」か「を・に」かで「返る」べきところです、立派な漢文なら。その人が勝手に決めた「立派な漢文」にしてそれを根拠にしているだけです。「立派な漢文」の権威者であることはないと思います。「立派な漢文」に、このようなバランスの悪い形で句を並べることはありません。

また、この天皇は天武ではあり得ないし、持統でもあり得ない。ところが小郡市の方なら当たるわけです。あの時点では唐が背景にいて、今の九州王朝の後継者がいるという状況を反映した、碑文です。

第六章　史書から抹消された九州王朝

1　地名を近畿に結びつける試み

大和の起源——第八回

大和の地名は『古事記』にも『日本書紀』にも『万葉集』にも登場しません。『風土記』の大和国は仮題にすぎません。『古事記』『日本書紀』では「倭」と書いて「ヤマト」と読ませていますが、本来倭は「チクシ」（筑紫）と読むべきものです。それを「ヤマト」と読み替えようとしたのが『古事記』『日本書紀』です。

読み替えようとした証拠はヤマトタケルの説話です。それ以後はヤマトとお呼びくださいと死ぬ間際に言ったとしています。つまり、ヤマトタケルに殺されるとき、九州の豪族がこれからあなたのことを「ヤマト」とお呼びくださいと言って死んだから、それから後は、倭はヤマトと読むのだということにしています。あの説話を生かす限りは神武から皆ヤマトと呼んでいるのはおかしいのです。あそこまではヤマトと読まないことになっているが、それから後は「ヤマト」と読んでよいという主張です。

しかしその主張を書いたのはいわゆる八世紀の『古事記』です。八世紀の立場で自分たちが倭を「ヤマト」と読むことにしたが、これはわれわれが勝手にやったのではなくて、「ヤマトタケルノミコト」の時に、ヤマトタケルによって殺された九州の豪族が、「どうぞこれからヤマトとお呼びください」と言ったから八世紀のわれわれも倭をヤマトと読むのだという、屈折した形になっているわけです。

そういう意味では、ヤマトと読み出したのは非常に新しい、ヤマト中心イデオロギーができた後にできたものにすぎない。そういうところを仕分けして現実に読んでいただければありがたいです。

「大和」の文字（質問）
——第八回「ヤマト」という発音ではなくて、「大和」という文字はいつ頃から登場したのでしょうか。

（回答）
「大和」という字がいつからかという問題ですが、ここではっきりしているのは、大和の前に「大倭」というのがあったことです。これは倭人伝の時にすでに出てきます。「使大倭」という言葉です。邪馬壹国は使大倭というのを各地に置いたということになっています。つまりあの大倭というのは、邪馬壹国は単なる小さな国ではなくて、まさに王朝に当たる存在であるということを重視しています。なぜかと言うと、大魏という言葉が『三国志』に出てきます。大漢というのも『漢書』に出てきます。しかし、大新羅とか大百済とかいうのはないわけです。大高句麗もありません。しかし大倭があるということは、大魏、大漢にならぶ国だという表示です。

俾弥呼側がそう言っているという事実を、陳寿は知らぬ顔で書いているわけです。他のところを見ると親魏倭王というのが目立ちます。中国の天子に対する家来の親魏倭王、と位取りがはっきりあるように書いている。しかしよく読むと単なる家来ではなくて、彼らは自ら、大漢、大魏にならぶ、「大倭」という立場を取っています。単なる臣下とは彼らは思ってないよ、というのが出てくるわけです。事実俾弥呼側の「率俾せざるはなし」、と人偏の俾を使っています。これは漢や、魏よりずっと古い、伝統をもつ、周に対して助け船を出した倭国、その子孫であります、だから大倭なのだ、ということを言っているわけです。だから、大倭というのは倭国側が三世紀にはすでに言っていた表現です。

それを反映したのが『古事記』で、神武から崇神までの間に「大倭」というのが何回か出てきます。それは九州の邪馬壹国から大倭を任命された、というのを誇りにして書いているわけです。だから奈良県でも大倭というのを誇りにして名乗った、何人かの王者がいたわけです。

というのが前提で、その倭の「ゐ」が「わ」という発音に変わります。これは鮮卑などが入ってきて、北朝南朝に分かれて、発音が激変して、今まで「ゐ」と読んでいたものが「わ」になるわけです。その「わ」になったあと、倭を和に書き換えるわけです。だから「和」はかなり遅いわけです。というような経緯がわかります。何年から、ということはわかりませんが、順序からいけば、そういうかなり遅い段階で大倭を大和に言い換えたということです。ここまでは言えると思います。

日本国——第六回

（質問）

『旧唐書』には倭国と日本国が二つ書かれております。倭国の最終の貢献が六四八年、日本国の最初の貢献が七〇三年ですが、倭国は九州島とその周辺、日本国は中部地方から西のエリアと考えてよいでしょうか。

（回答）

倭国と日本国が同時間帯に、ここからここまで倭国、ここからここまで日本国というように日本列島が分かれていたわけではありません。つまり七〇一年までは東北地方などは別にして、全部倭国でした。それが七〇一年以後、全部日本国に変わったわけです。

それはもちろん唐が背後にいたわけですが、時間的に、倭国時代から日本国時代へと変化しています。その変化した時点が七〇一年です。その七〇一年以前が「評」の時代で、「評」の原点は筑紫の都督府です。都督という名の下に「評督」がありました。それは太宰府を中心として関東まで及んでいました。関東の那須国造碑の中に出てくるあの、従来、天武と思われていた天皇名が出てきます。それと唐の年号が出てきます。あれは天武ではなくて、九州王朝の天皇名です。白村江以後、天子を天皇といっていますから。それが那須国造碑に、そのバックになっている則天武后の唐の年号と、九州王朝の天子の名前が出ているのです。それを、天武天皇を介在して理解していたのは間違いです。天武天皇は九州王朝の「真人」の身分であったわけです。

日本の国号
――第八回

（質問）
国号「日本」の使用例を挙げてください。

（回答）
国号「日本」の使用例については、今まで書いたものは、復刊版の『よみがえる卑弥呼』（ミネルヴァ書房、二〇一一年、四二四ページ以下）に書きましたが、福岡県の博多に「日ノ本」という字地名が密集しています。例の板付も日ノ本です。日ノ本と「ノ」が入っているものと、「ノ」のない日本となっている字地名があります。これは調べる必要があると思っています。

(1)　筑前国・那珂郡　屋形原村・日本（ヒノモト）
(2)　筑前国・那珂郡　板付村・日ノ本（ヒノモト）
(3)　筑前国・早良郡　石丸村・日ノ本（ヒノモト）
(4)　筑後国・生葉郡　干潟村・日本（ヒノモト）
(5)　筑後国・竹野郡　殖木村・日本（ヒノモト）

これは何かと言うと、あそこを「日ノ本」と呼んだのは、あそこから太陽が上がるなどというのはあり得ないことで、いわゆる中国の杭州湾の海士族《あま》が、東から太陽が出る、日本の筑紫の方から太陽が出る、と考えてそこを「日ノ本」と呼んだわけです。日本人が日ノ本と呼ぶはずがないのです。自分のところから太陽が上がるとは誰も思っていません。日本を日ノ本と呼ぶのは日本より西の地帯の人です。

それが「東日流外三郡誌」では杭州湾の海士族だということになっています。それが日ノ本、筑紫へやってきて、安日彦《あびひこ》、長髄彦《ながすねひこ》などが中心に「板付」とかを開いたと書いているわけです。だから先ほどの博多近辺に集中している日ノ本も、彼らがつけた政治地名です。字地名にも政治地名があるわけです。字地名は、ほとんどが自然地名だと思っていますが、これは字地名にも政治地名がある例です。

わたしはこれが日ノ本という言葉のもとではないかということを、『よみがえる卑弥呼』の「日本の生きた歴史」に書きました（四二四ページ以下）。

それからこの間、新聞で報道された「日本」の用例ですが、この件で中国の碑文の資料を手に入れてきました。京大の人文科学研究所の東アジア人文情報学研究センターからですが、その碑文では「日本」がよく読めます。

新聞に載ったのはこの一部分です。論文自体も全文三、四枚で、かなりしっかりしたものです。王連龍さんという人が書かれた論文です。これは七世紀頃の話ですから当然、日本という言い方は使われているわけです。中国側の石碑でそれが確認されたということです。ということが非常に新しいと言えるかと思います（注＝王連龍「百済人《禰軍墓誌》考論」〈『社会科学戦線』二〇一一年七期〉に、天武天皇七年〈六七八〉には既に用いられていた「日本」国号の記事がある。また、平安時代初期に成立した『弘仁私記』序では、日本国が中国に対して「日の本」、つまり東方に所在することが日本の由来であると説明されている）。

倭国は九州と解釈できないか――第八回（質問）

『旧唐書』では倭国は大海の中にあると書いてあります。これは九州島だと理解できませんか。大海の中にあるというのは東西南北皆海という意味で、日本国の場合は西と南は海であるが北と東は山と書いてあります。これは倭国のエリアと日本国のエリアが違うという意味ではないでしょうか。

（回答）

倭国を九州だけというのは、客観的にはできないと思います。日本国と倭国は地理的に、ここから東が日本国、ここから西が倭国というものではありません。日本海も太平洋も大海です。九州の周りだけが大海で、近畿の周りや日本海は大海ではないとかという意味ではありません。中国から見ると日本海から太平洋につながる全体が大海です。

それから東は山をもって限りがあるというのは（注＝『旧唐書』東夷日本国の条に「西界、南界咸至大海、東界、北界有大山為限」〈中華書局版、五三四〇ページ〉とある）、今の中部地方の信州のことで、日本列島の中の、これは明らかに山です。それをもって一つの限りをなして、その後にもまだ国があると、こう言っているわけです。それは関東以東の地域を当てて言っています。中部地方までは倭国で、そこから向こうが日本国だという話ではない。「東界、北界有大山為限」は倭国の話であり、倭国の地理的状況を書いてあるのです。その倭国を日本国が、分派で遺産相続をした、というようにわたしは理解しています（注＝『旧唐書』では日本国の条に「日本國者、倭國之別種也。以其國在日邊、故以日本為名。或曰：倭國自惡其名不雅、改為日本。或云：日本舊小國、併倭國之地。其人入朝者、多自矜大、不以實對、故中國疑焉。又云：其國界東西南北各數千里、西界・南界咸至大海、東界・北界有大山為限、山外即毛人之國」とあり、問題の「東界・北界有大山為限」はこの末尾である。ただし「倭国を日本国が、分派で遺産相続をした」という解釈と矛盾するものではない）。

『釋日本紀』の筑紫
——第七回

『釋日本紀』では平安時代の『日本紀私記』（注＝吉川弘文館からは『日本書紀私記』として発刊されている）を引用して説明している部分があり、筑紫州の説明もその一部です。九三六年に行われた、谷田部《やたべ》公望《きんもち》を講師とする『日本書紀』の講読会において筑紫（近畿ではつくし・九州ではちくし）という名前の意味についての質問に、谷田部が答えたものを記しています。

四つの説があると説明しています。

一、地形が木兎《みみづく》に似ているから、つくしと呼んだ。

二、筑前と筑後の境に険しい坂があり、馬の下鞍が擦り切れて使い尽くしてしまうから、つくしと呼んだ。

三、昔、その境に麁猛神《そのたけるのかみ》があり、往来の人が死んだり怪我をしたりした。人の命が尽きるから、つくしと呼んだ。その時、甕依姫《みかよりひめ》というのがいて、その人を祝《はふり》として麁猛神を祀ったところ、行路の人が害されることがなくなった。

四、往来の人が死んだので、木を切って棺を作った。それで、山の木がなくなったので、つくしと呼んだ。

これを読んでおわかりのように、筑紫が倭国の中心であったというような表現はみじんも出てきません。

「ちくし」の表示──第七回

（質問）

ちくしの表し方に二つの記載があります。竺紫と筑紫です。この竺は仏教関連書に多用されます。九州王朝が仏教国であることを表明する目的で使用したのではないかと考えますが、いかがでしょうか。

（回答）

ご意見の如くと思います。近畿人は「つくし」と称しています。したがって「竺紫」と記載したのは、九州人です。九州王朝の仏教尊重ははっきりしています。その発生国「天竺（インド）」も意識した表記であるといえます。

2　飛鳥について

九州における飛鳥──第五回

小野毛人墓誌と那須直韋提碑の二つの史料の中に出てくる「飛鳥浄御原宮」「飛鳥浄御原大宮」は、共に通説でいう天武天皇、持統天皇の営んだ飛鳥浄御原宮のことではなく、福岡県小郡市の飛鳥にあった九州王朝の天子の宮であると考えられます。まず小野毛人の墓誌を見ましょう。

「小野毛人墓誌」

墓誌の概要：慶長十八年（一六一三）、京都市左京区の崇道神社裏山の小野毛人朝臣（?～六七七）の墓の石室から発見された金銅製の墓誌（金石文）。小野毛人は小野妹子の子とされています。

銘文　（表）飛鳥浄御原宮治天下天皇　御朝任太政官兼刑部大卿位大錦上

（裏）小野毛人朝臣之墓　營造歳次丁丑年十二月上旬即葬朝臣

裏面の小野毛人の役職である「朝臣」は毛人が亡くなった丁丑年（天武六年〈六七七〉）には、近畿天皇家ではまだ制度化されていません。『日本書紀』にはその八年後に「八色の姓」の一つとして制定されたと書いてあります。小野毛人がもし近畿天皇家の寵臣だとすると制度化される前の役職で亡くなっていることになります。薮田嘉一郎という民間の学者は、この問題に関して「この金石文は毛人が埋葬された時のものではなく八世紀になってから毛人の息子（小野毛野）が作成して追葬したものである」と主張し、現在では定説になっています。学会の通念では、『日本書紀』の中で「天武紀（上・下巻）」と「持統紀」の三巻は信頼することができる史料ということになっています。したがってこの金石文にある「朝臣」は「天武紀」の記述と矛盾しているから金石文の方が間違っている、後の時代に息子が間違って書いたものを追葬してしまった、というのが学会の通説になっています。しかし、当時銅版に象《ぞう》嵌《がん》して金を塗った金石文は滅多にない貴重なもので、そう簡単にミスしたり間違ったりするものではありません。同時代史料とみなすのが筋であり、最も信頼性が高いと言えます。それではなぜ小野毛人は天武六年に「朝臣」として葬られたのでしょうか。金石文に書いてある「朝臣」は九州王朝の官職名で、小野毛人は九州王朝の寵臣だったからです。後に近畿天皇家でも九州王朝の制度を取り入れて「朝臣」を位として採用しました。「朝臣」に関する同様な話があります。柿本人麿のケースです。柿本人麿は『万葉集』には「柿本朝臣人麿」という名前で出てきます。天武天皇より早い時代に「朝臣人麿」で何回も出てきます。それは人麿が九州王朝の寵臣だったからに他なりません。小野毛人も柿本人麿も九州王朝の寵臣だったということを意味しています。

飛鳥浄御原宮治天下天皇――第九回

通説では「飛鳥浄御原宮治天下天皇」は天武天皇とされています。しかし、天武天皇は倭京、嶋宮、岡本宮と次々に宮を造って移り住み、「飛鳥浄御原宮」は数ある宮のうちの一つにすぎません。さらに、天武天皇には本名（天渟中原瀛真人天皇＝あまのぬなはらおきのまひとのすめらみこと）があります。もし金石文に天武天皇のことを書くならば本名を書くべきで、そうなっていないということは、天武天皇のことではないことになります。それではここに書かれている天皇は誰のことでしょうか。

「飛鳥」は、二〇〇八年十月二十五日、気球を上げて実験を行った福岡県小郡市の飛鳥です（注＝『俾弥呼の真実』ミネルヴァ書房、二〇一三年、六八ページ以下に詳しい）。

「浄御原」はどうでしょうか。「浄」は「キヨ」ではなく「ジョウ」と読みます。「ジョウ」は都城などの「城」と同じで、お城のことを言うのではなく（お城の意味で使うのは江戸時代以降）、要塞に囲まれた集落を「ジョウ」と言っていた。九州では奄美大島、鹿児島、宮崎をはじめ広域に「ジョウ」が使われています。地名としても人名としても数多く残っています。まさに軽気球の実験をした三井高校が「飛鳥の浄」の条件にぴったり当てはまります。次に「御原」。「原」は九州では「ハラ」ではなく「バル」。「御原」は「バル」に尊敬語の「ミ」をつけて「御原（ミバル）」となります。御所と同じ意味で、尊い人が住んでいる場所という意味です。まったくの偶然ですが、実験をやったばかりの場所が「飛鳥浄御原宮」だったわけです。したがって「飛鳥浄御原宮治天下天皇」は九州王朝の天子ということになります。

小野毛人が葬られていたのは崇道神社。崇道神社は九世紀になって桓武天皇の皇子が淡路島へ追放されて、その途中で死んだ時に崇道天皇として祀った神社と解釈されていました。しかし、現在の崇道神社は淡路島へ行く途中でもなんでもなく、話の辻褄が合いません。崇道神社に祀られている崇道天皇というのは九州王朝の天子で、三井高校のそばに正倉院を造った人です。崇道天皇が正倉院を造ったという記事について江戸時代の歴史家はウソに決まっていると言ってきました。ところが、三井高校のそばに奈良の正倉院と同じ遺跡が出てきました。その九州王朝の崇道天皇が祀られている京都の崇道神社から九州王朝の寵臣小野毛人の金石文が出てきたということになります。

『古事記』にある飛鳥――第九回

『岩波古事記』の序文の十三行目に「遠つ飛鳥」と十二行目に「近つ淡海」があります。「遠つ飛鳥」の四行前に、神倭天皇、神武天皇が秋津島に「経歴したまひき」という話があり、その後に「遠つ飛鳥」と「近つ淡海」が出ています。

そして十六行目にいきまして、「飛鳥の清原の大宮に大八州御しめしし天皇の御世に曁《いた》りて」とあります。この天皇は誰かということです。従来は天武天皇とされていました。『岩波古事記』の上欄の注釈に天武天皇と書いてあり、皆さんもそう思っておられると思います。

しかし、天武天皇と理解すると、おかしいことが一杯あります。キイ・ポイントだけいくつか挙げま

古事記上卷　并《あは》せて序

臣安萬侶《しんやすまろまを》言す。夫れ、混元既に凝りて、氣象未《いま》だ效《あらは》れず。名も無く爲《わざ》も無し。誰れか其の形を知らむ。然れども、乾坤《けんこん》初めて分れて、參神造化の首《はじめ》と作《な》り、陰陽斯《ここ》に開けて、二靈群品の祖《おや》と爲《な》りき。所以《このゆゑ》に、幽顯に出入して、日月目を洗ふに彰《あらは》れ、海水に浮沈して、神祇身を滌《すす》ぐに呈《あらは》れき。故《かれ》、太素《たいそ》は杳冥《えうめい》なれども、本教に因《よ》りて土を孕《はら》み島を產みし時を識《し》り、元始は綿邈《めんばく》なれども、先聖に頼《よ》りて神を生み人を立てし世を察《し》りぬ。寔《まこと》に知る、鏡を懸け珠《たま》を吐きて、百王相續し、劍《つるぎ》を喫《く》ひ蛇《をろち》を切りて、萬神蕃息《ばんそく》せしことを。安河《やすのかは》に議《はか》りて天下《あめのした》を平《ことむ》け、小濱《をはま》に論《あげつら》ひて國土《くに》を淸めき。是《ここ》を以《も》ちて、番仁岐命《ほのににぎのみこと》、初めて高千嶺《たかちほのたけ》に降《くだ》り、神倭天皇《かむやまといはれびこのすめらみこと》、秋津島《あきづしま》に經歷したまひき。化熊《くわいう》川を出でて、天劍《てんけん》を高倉《たかくらじ》に獲《え》、生尾《せいび》徑《みち》を遮りて、大烏《たいう》吉野に導《きへ》きき。儛《まひ》を列《つら》ねて賊《にしもの》を攘《はら》ひ、歌を聞きて仇《あた》を伏《しな》はしめき。即ち、夢に覺《さと》りて神祇を敬ひたまひき。所以《このゆゑ》に賢后《けんこう》と稱《まを》す。烟《けぶり》を望みて黎元《れいげん》を撫《な》でたまひき。今に聖帝と傳ふ。境《さかひ》を定め邦《くに》を開きて、近淡海《ちかつあふみ》に制《をさ》め、姓《かばね》を正《ただ》し氏《うぢ》を撰《えら》びて、遠飛鳥《とほつあすか》に勒《きざ》めたまひき。步驟《ほしう》各《おのおの》異《こと》に、文質同じからずと雖も、古《いにしへ》を稽《かむが》へて風猷《ふういう》を既に頽《すた》れたるに繩《ただ》し、今に照らして典教《てんけう》を絶えむとするに補《おぎな》はずといふこと莫《な》し。

飛鳥《あすか》の淸原《きよみはら》の大宮《おほみや》に大八州《おほやしまぐに》御《しら》しめしし天皇《すめらみこと》の御世に曁《いた》りて、潛龍元《せんりようげん》を體《たい》し、洊雷《せんらい》期に應じき。夢の歌を開《ひら》きて業《わざ》を纂《つ》がむことを相《あ》せ、夜の水に投《いた》りて基《もとゐ》を承《う》けむことを知りたまひき。然れども、天の時未だ臻《いた》らずして、南山に蟬蛻《せんぜい》し、人事共《そな》給はりて、東國に虎步《こほ》したまひき。皇輿《くわうよ》忽ち駕《が》して、山川を淩え渡《わた》り、六師《りくし》雷《いかづち》のごとく震《ふる》ひ、三軍電《いなづま》のごとく逝《ゆ》きき。杖矛《ぢやうぼう》威《いきほひ》を擧げて、猛士烟《けぶり》のごとく起こり、絳旗《かうきつはもの》兵を耀《かがや》かして、凶徒瓦《かはら》のごとく解《と》けき。未だ浹辰《せふしん》を移さずして、氣沴《きれい》自《おのづか》ら淸まりき。乃ち、牛を放ち馬を息《いこ》へ、愷悌《がいてい》して華夏に歸り、旌《はた》を卷き戈《ほこ》を戢《をさ》め、儛詠《ぶえい》して都邑《といふ》に停《とど》まりたまひき。歲《とし》大梁《たいりやう》に次《やど》り、月夾鐘《けふしよう》に踵《あた》り、淸原《きよみはら》の大宮にして、昇りて天位《あまつくらゐ》に卽《つ》きたまひき。道は軒后《けんこう》に軼《す》ぎ、德は周王《しうわう》に跨《こ》えたまひき。乾符《けんぷ》を握《と》りて六合《りくがふ》を摠《す》べ、天統を得て八荒《はつくわう》を包《か》ねたまひき。二氣の正しきに乘り、五行の序《ついで》を齊《ととの》へ、神理を設《ま》けて俗《ならはし》を奬《すす》め、英風を敷きて國を弘めたまひき。重加《しかのみにあらず》、智海は浩汗《かうかん》として、潭《ふか》く上古を探り、心鏡は煒煌《ゐくわう》として、明らかに先代を覩《み》たまひき。

是《ここ》に天皇詔《の》りたまひしく、「朕聞《われき》く、諸家の賷《も》たる帝紀及び本辭、既に正實に違《たが》ひ、

四五

日本古典文学大系　古事記　祝詞　二八九ページ

樂《あかりし》爲たまひて、乃ち其の隼人に大臣の位を賜ひ、百官《もものつかさ》をして拜《をろが》ましめたまふに、隼人歡喜《よろこ》びて、志遂げぬと以爲《おも》ひき。爾に其の隼人に詔りたまひしく、「今日大臣と同じ盞《つき》の酒を飮まむ。」とのりたまひて、共に飮みたまふ時に、面《おも》を隱《かく》す大鋺《おほまり》に、其の進むる酒を盛《も》りき。是に王子《みこ》先《さき》に飮みたまひて、隼人後に飮みき。故、其の隼人飮む時に、大鋺《おほまり》面《おも》を覆《おほ》ひき。爾に席《むしろ》の下に置きし劍を取り出して、其の隼人の頸《くび》を斬りたまひて、乃ち明日《あす》上り幸《い》でましき。故、其地《そこ》を號《なづ》けて近飛鳥《ちかつあすか》と謂ふ。上りて倭に到りて詔りたまひしく、「今日は此間《ここ》に留まりて祓禊《はらへ》を爲《し》て、明日參出《あすまゐで》て神宮《の》を拜《をろが》まむとす。」とのりたまひき。故、其地を號けて遠飛鳥《とほつあすか》と謂ふ。故、石上《いそのかみ》神宮《の》に參出て、天皇に奏《まを》さしめたまひしく、「政《まつりごと》既に平《ことむ》け訖《を》へて參上《まゐのぼ》りて侍《さもら》ふ。」とまをさしめたまひき。爾に召し入れて相語らひたまひき。天皇、是に阿知直《の》を始めて藏官《くらのつかさ》に任《ま》け、亦粮地《たどころ》を給ひき。亦此の御世に、若櫻部臣《の》等《ども》に若櫻部の名を賜ひ、又比賣陀君《ひめだのきみ》等《ども》に姓《かばね》を賜ひて比賣陀の君と謂ひき。亦伊波禮部《いはれべ》を定めたまひき。天皇の御年、陸拾肆歲《むそぢまりよとせ》。壬申の年の正月三日に崩りましき。御陵は毛受《もず》に在り。

弟《いろと》、水齒別命《の》、多治比《たぢひ》の柴垣宮《しばかきのみや》に坐しまして、天の下治らしめしき。此の天皇、御身《みみ》の長《たけ》、九尺二寸半《ここのさかあまりふたきいつきだ》。御齒の長さ一寸《ひとき》、廣さ二分《ふたきだ》、上下《かみしも》等しく齊《ととの》ひて、

二八九

上段：『岩波古事記』45ページ
下段：『岩波古事記』289ページ

すと、『古事記』編纂は、稗田阿禮に覚えさせ、太安萬侶に文章を書けと命じたとされ、天武天皇の意志によったとされていますが、おかしい。天武から元明まで二十数年、長ければ三十数年の間がありますす。天武が何年に命じたかが書いていないので天武の早い時期だとすると三十数年、最後の時期とすると二十数年、稗田阿禮が三十数年後も生きているという保証が、どこにありますか。天武天皇にそれがわかるのかといえば、わかるわけがないのです。これが、まずおかしい。さらにおかしいのは、『日本書紀』の天武紀は、上巻と下巻に微に入り細に入り書かれているが、稗田阿禮の「稗」の字も出てこない。天武が肝煎りで命じたのに、そこに出てこないのはおかしい。『古事記』は天武のことは書いていたとしても、天智のことは出てこない。『日本書紀』は違って、天武を誉めていますが、「天智の意志を実行した」と書いています。その他にもいろいろなおかしい所があります。

もう一つ、序文がもっている、ある意味では最大の面白い〝変な〟問題があります。「遠つ飛鳥」が出ていましたが、それと同じ言葉が、履中記の本文に「遠つ飛鳥」「近つ飛鳥」と出ています（注＝前ページ図、『岩波古事記』祝詞、二八九ページ、七、九行目）。要点を言うと、履中天皇が、大阪難波に行った時、明日、奈良の飛鳥に帰ろうと言ったから「飛鳥」という名前がついたということです。「トゥモロー」に帰るからといったので「飛鳥」となった。おかしいのは履中天皇がおっしゃった大阪が「近つ飛鳥」で、太安萬侶が書いているところが、「遠つ飛鳥」という点です。自分がいる所が、遠つ飛鳥、奈良県で、大阪が、飛鳥何とか神社があり、「近つ飛鳥」だと言います。宣長もそうであろうと言っています（注＝本居宣長、『古事記伝』〈本居宣長全集第十二巻、筑摩書房、一九六九年、一六七ページ〉）。非常にわかりにくい。第一説明自体がインチキです。「トゥモロー」の「明日」とは関係ないはずです。

わたしの考えでは、飛鳥の「あ」は『三国志』にも出てきますが、自分のことを「あ」とか「わ」といいます。現在でも女の人が「あたい」という。「す」は住む所、住まい、「住む」の語幹です。明石の近くの「須磨」の「す」です。九州にも鳥栖《とす》があります。神殿の戸口の住まいです。「か」は神聖な水がでる所です。だから、「わたしたちが住んでいる神聖な水がでる所」が「飛鳥」です。「飛鳥」という地名は、日本全国にあります。西日本には特に多い。履中天皇が「明日帰ろう」と言ったから「飛鳥」という地名がついたなどとは、そんなことではありません。これは「こじつけだ」ということには、誰も反対するものはいないと思います。

太安萬侶が「遠つ飛鳥」と呼んだのは奈良県の飛鳥です。大阪の、はっきりしないが、神社のあるところが「近つ飛鳥」だと、履中記にはそう書いてあります。それが、太安萬侶が持っているイメージ、意義です。ということは、序文の「遠つ飛鳥」は奈良県の飛鳥のことです。そうすると、次に出てくる「飛鳥の清原の大宮に大八州御しめしし天皇」とは、奈良県に都を置かれた天皇のことです。誰か。答は、継体天皇です。かつては間違って文武と書きましたが、継体が正しい。

天皇家が王者になったのは七〇一年だということは九州年号で明らかですが、文武が第一代であるということが、本当かどうかということです。文武の前までは、九州王朝の「大和の豪族」にすぎなかった。なぜ、文武が第一の天皇になり得たか、という問題が残ります。一番の根本です。結論を言えば、文武は〝継体の子孫〟だから、天皇になれた。神武の子孫であれば、天皇になれなかった。神武の子孫は武烈で切れています。武烈の子孫が行方不明になり、福井の豪族が、「わたしが天皇である」、と言った。二十年かかって、大和に入っています。筒城（大阪府）とか弟国（注＝乙訓〈京都府長岡京市と向日市にまたがる地域と推定されている〉）などに都を移し、二十年かかって奈良県の飛鳥の磐余《いわれ》で天皇になったと書かれています。その子孫が天智であり、天武であり、文武であり、元明です。だから、その子孫が正当であるということを言うために、継体が正当であるということを言わなければならなかったのです。

「評」と「郡」の制度が〝偶然変わった〟からというのではなく、「権力者が作った制度」が変わった結果論です。制度の成果から説明するのではなく、文武の系列は間違いございません、と言うためには、継体は「正当な立派な天皇でした」と言わざるをえなかった。しかも、『古事記』本文が〝怪しい〟のです。なぜ、怪しいかというと、わたしの『俾弥呼』をお読みになった方はご存知のように、武烈は『日本書紀』も『古事記』も「二倍年暦」で書かれています。『日本書紀』はそれ以後も「二倍年暦」で書かれていますが、『古事記』は継体の所で「一倍年暦」に切り替わっています。『日本書紀』の半分の年齢です。

『古事記』は、継体の記事を「新作」し、天皇家側の自分たちの新資料をはめ込んだものです。しかし、継体が二十年間もうろうろして、敵もない、ストーリーもない、何もないなどということはおかしい。何もかも消してしまって「一倍年暦」とした。その二十年間に磐井を斬っただけです。それ以前の近畿のドタバタ、悪戦苦闘など、歴史上の事実として存在したものが、全部書くとまずいので、その事実を削った。事実を削る時に「一倍年暦」を入れた。「歴史的事実」らしいものは、「磐井を斬った」記事だけです。だから、磐井の記事は、やはり信憑性のない記事です。しかし、「信憑性はない」が、本文がどうなっているかは、太安萬侶はよく知っています。だから、逆に「継体は素晴らしい天皇だ」と力説しているのです。

次に継体天皇の話がどこまで続くか、ということですが、前図『古事記』序文の後ろから三行目の所に「歳大梁《ほしたいりやう》に次《やど》り、月夾鐘《けふしよう》に踵《あた》り、清原《きよみはら》の大宮にして、昇りて天位《あまつくらゐ》に即《つ》きたまひき」とあります。『日本書紀』の継体紀をみると、大梁は酉年のことであり、継体紀も酉年です。月夾鐘は二月のことであり、継体紀も二月にそうなっています。ぴしゃりとはまります。だから、ここの天皇は継体です。

《編者補足》

一、大梁とは十二次の一つで、十二次とは中国の天文で天の赤道帯に沿って、西から東に十二等分したもの。星紀、玄枵、娵訾、降婁、大梁、実沈、鶉首、鶉火、鶉尾、寿星、大火、析木の順である。歳大梁にやどり、とは木星（歳）が大梁の位置にあることを意味する。干支は逆に廻り、析木が寅となり、大梁は酉となる。

二、夾鐘は、十二律の一つで、十二律は一般に音階の表示方法であるが、陰暦の月の異名も表す。黄鐘（十一月）、大呂（十二月）、大簇（一月）、夾鐘（二月）、姑洗、仲呂、蕤賓、林鐘、夷則、南呂、無射、応鐘の順である。

三、大梁（酉）の年の、夾鐘（二月）の即位は天武天皇とするのが通説である（『岩波古事記』四五ページ、注二一、『岩波日本書紀』下巻、四一〇ページ）。一方継体天皇の即位は、『日本書紀』では継体元年（五〇七）の二月ではあるが、その年は丁亥であって酉の年ではない（同書、二五ページ）。この点、古田先生は後述の「補説――『古事記』序文論」で訂正された。

しかし、継体は本当の天皇ではない。本当の天皇は文武からです。「文武以前」は鮮卑と同じように天皇の扱いをしているだけです。大和の豪族になったという意味です。この段の後から二行目までは継体の話です。最後の行は「是に天皇詔りたまひしく」とあるが、前書きのない天皇です。今までは、「飛鳥の清原の大宮に大八州御しめしし天皇」のように、肩書きをつけなければ特定できない天皇、「歳大梁に次り、月夾鐘に踵り」と説明がなければ特定できない、つまり、継体天皇です。

ところが、「是に天皇詔りたまひしく」と肩書きのない天皇です。これを書いたのが、太安萬侶です。太安萬侶は二人の天皇に仕えた。一人は文武、一人は元明です。元明は「皇帝陛下」と書かれているので、「前書きのない天皇」は文武です。

3　記紀の時代からあった改竄

『古事記』の「矛」と「弟」——第六回

『古事記』の中の真福寺本を見ますと、そこに弟の「弟（おと）」という字が出てきます。これを本居宣長が「矛」に書き直してきておりました。この弟は「オト」であり、サウンドの「音」です。従来読んでいた沼矛《ぬぼこ》の「ヌ」というのは小銅鐸の出す音のことです。弓が矢を放つように、音を放つのが小銅鐸である、という立場で描かれているのだという問題です。

ところが「音」というのは本当にわたしが言っているような「音」でよいのか、ということは一年前（二〇〇八年）の八王子セミナーでも申し上げました。

それで実は今年の八王子セミナーでは、真福寺本の「弟」を全て抜き出してみましたので、それを全部写真化して皆さんにお見せするのが、一つのメインの仕事かと思っていました。ところが他の問題があまりたくさん出てきすぎて、とてもその余裕がなくなってしまいました。

それでキイ・ポイントとなる二つを、プラスしておきます。一つは神武記であり、神武に対して、現地側がこれに抵抗して、しかも謀を用いて神武の使いを殺そうとしました。それでこれを逆手にとって、神武の使いの方は「横刀の手上を握り、おとゆけ矢刺しして」とこうなっています。これを本居宣長は例によって、弟を矛に書き直し、「ほこゆけ」と解釈しています（注＝『岩波古事記』一五七ページでは、「卽握横刀之手上、矛由氣此二字以音。矢刺而」と矛に直している）。しかし、横刀は槍ではなく、槍は横刀とは言いません。そりを持ったのが横刀です。横刀は振り回し、槍は突くわけです。横刀で「ほこゆけ」というのは意味不明です。「おとゆけ」というのは、横刀を振り回せば「びゅーん」と音が鳴ります。

あれが「おとゆけ」です。「ゆく」という自動詞を「ゆけ」という他動詞に使っています。これはサウンドの音（弟）でないと文章の意味が成り立ちません。それを宣長は「弟」を「矛」に書き直しています。これは書き直している例で、その「弟」がサウンドの証拠になるところです。

一番面白いのは、履中天皇の条で、曽婆訶理《そばかり》が出てくるところです（注＝『岩波古事記』二八七ページ）。薩摩の人間は裏切り者だという変な使い方をしていますが、曽婆訶理がそういう悪者に選ばれて、曽婆訶理を騙してお前のご主人を殺せと、そうしたら自分が天皇になったら大臣に取り立ててやる、という嘘をついて、曽婆訶理に自分の主人を殺させる話です。曽婆訶理が成功して主人を殺したのに、その後で曽婆訶理が酒を飲んでいる時に曽婆訶理を殺してしまう、つまり利用した後はポイ捨てにするという話です。ここでは曽婆訶理が自分の主人を殺す段です。「曽婆訶理ぬすみうかがいて、王（主人）の厠にいりて、弟（音）を以て割き殺すなり」とあります（注＝『岩波古事記』では、「曾婆訶理、竊伺己王入厠、以矛刺而殺也」とある）。宣長は「弟」を「矛」に書き直すわけです。しかしおかしいのは、われわれの年代は知っているのですが、便所には掘り込みがあって、膨らみを持った掘り込みです。そこへ便がたまるわけです。そこへぼっちゃんと音がするわけです。

このくぼんだところで曽婆訶理が待っていたということです。ご主人の便でぼっちゃんと弟（音）がしたとき、窪みにいた彼が、短い小刀で、おしりを突き刺して殺した。殺したのは、「ぼっちゃん」の音を聞いて、突き殺したわけです。リアルすぎて、笑うような、嫌らしいような表現です。ですから音（サウンド）が正しいのです。矛を持ってそんなところに隠れることはできません。矛で殺すのなら、外で殺せばよいのです。こんな所に入る必要はないのです。宣長の家のトイレはどういうふうだったか知りませんが、完全に無視して矛に直して解釈しています。

印象的な例を二つ挙げました。他も全部「弟」は「音」です。「矛」ではありません。

間違いなく従来の『古事記』は「矛」という字と「弟」という字を混同して読んでいます。天沼矛の所も弟（音）だということは疑いありません。細かく言うと八千矛の神のところでは、歌の中は「ヤチホコ」となっています（注＝『岩波古事記』一〇〇、一〇四ページは夜知富許となっている。真福寺本でも「八千ホコ」が二回出るが、二回とも「八千弟」と書かれており、これは宣長の訂正の前の話である。八千ホコが正しいならば、ここだけは「八千弟」と書かず「八千矛」と書くべきかもしれない）。しかし地の文章では八千弟（ヤチオト）です。その辺をわたしは完全に写真化しまして、弟と矛に全部マークをつけて論文を出そうと思っています（大下隆司氏による写真化掲載。『多元的古代の成立』上・下、復刊版、ミネルヴァ書房、二〇一二年所収）。

天之日矛について――第九回

次の例は、「天之日矛」です。「天」は前に言いましたが「海士《あま》」、海に武士の「士」で「あま」、「海士族」のことであり、「日」は太陽の日としても、「矛」についてては、真福寺本は「弟」と書いてあります。「太陽のサウンド」といっても、イメージがピンとこない。「矛」でよいのかなと。「矛」でよいとすれば、「矛」を「弟」と書いているのは、わたしが言おうとしていることと逆のことになる。観察を理論に合わせることはいけない、事実がどうかということが大事だ、という問題が残っています。

問題は、中近世は当て字の世界だということです。漢字を厳密な用法で使うという世界でなく、当て字を使っているということです。例えば、「善題僧正」（現在の前の大僧正）があります。親鸞研究の中でもずらりと出てきています。ということは、兄弟の「弟」は、サウンドの例にも使うが、「小さい戸口」の「戸」の例にも使っているのです。真福寺本の「天之日弟」は「太陽の神殿の入口」のことです。「サウンド」一辺倒だから気がつかず、理解できなかったが、鎌倉・室町時代は「弟」は「サウンド」と「戸口」の両方に使っているのです。鎌倉・室町時代にひどい例があります。「猿覧ことあるまじくさふらふ」とあります。「さるが何かをした」というのではなく、「そんなことはありません」ということに、平気で当て字を使っています。

「天之日弟」の「弟」の「お」は接頭語の「お」、「と」は「戸口」の「戸」であり、「太陽の神殿を祀った戸口」ということです。従来落ち着きがなかったのは、「海士族の太陽の矛」と直しているからです。新羅、朝鮮半島から「太陽を映す矛」がかなりの質量で出土しなければならないが、出土しない。文献にそう書いてあるからと言う学者もいますが、朝鮮半島から「太陽を映す矛」が出土する例がない。従来説は怪しかったのです。ところが海士族にとって「太陽を祀る神殿」があることは問題ないし、その戸口があることも問題がない。そうすると「天の日弟」でよいことになる。わたしにとって年来の疑問が解けた瞬間だったわけです。

『古事記』序文
——第六回

次に『古事記』の序文の問題があります。『古事記』序文というのは、わたしにとっては懐かしい昔の思い出のある史料です。昭和二十年敗戦のとき、仙台の東北大学に入学し、そのとき村岡先生が日本思想史の教授でした。特殊講義で扱われたのが『古事記』序文でした。山田孝雄《よしお》という有名な言語学の先生がいましたが、その人が書いた『古事記』序文の講義の本でして、村岡先生は、いつも論点は自分と意見の違う学者の話を載せて、これに対して自分はこれが反対だという形でやられました。

どういう問題かというと『古事記』序文は漢文が主だというのが山田孝雄説、村岡先生は和文が主でそれを漢文に直したにすぎない、という立場でした。

わたしはそれを聴いて、昭和二十年の五月半ばでしたが、東北大学の図書館に行って、関係書を渉猟するうち、『尚書正義』を見つけました。この本は前漢の孔安国の「尚書伝」をもとに唐代の孔穎達《くようだつ》がこれ注疏を加えたもので、『古事記』序文はそこから引っ張ってきて構文していることを知りました。これ

1	混元初闢	混元既凝
2	雖歩驟不同 質文有異	雖歩驟各異 文質不同
3	稽古以弘風	稽古以繩風猷於既頽
4	邦家之基 王化之本	邦家之經緯 王化之鴻基
5	伏惟皇帝陛下 得一繼明 通三撫運	伏惟皇帝陛下 得一光宅 通三亭育
6	御紫宸而訪道 坐玄扈以裁仁	御紫宸而徳被馬蹄之所極 坐玄扈而化照船頭之所逮
7	府無虚月	府無空月
8	名軼於軒昊	道軼軒后

「尚書正義」と「古事記序文」の比較表
（武田祐吉『古事記研究　帝記攷』青磁社，1944年より）

は山田孝雄さん以前から、武田祐吉さんも指摘していました。

上の表の上段が『尚書正義』の文章、下段が『古事記』序文の文章です。例えば一番目で『尚書正義』では混元初闢というのが『古事記』序文では混元既凝となっています。以下どれをとっても非常によく似ています。

これだけ似ていれば粉飾どころではないです。しかもより重要なことは、この『尚書正義』は何をやっているかというと、秦の始皇帝の焚書坑儒というのがありました。あの時四書五経とかが焼かれて儒学者は殺されました。その後、前漢になりましたが、前漢は困ったわけです。儒教を復興しようとしたわけですが、本がないわけです。そこで晁錯《ちょうそ》という学者が、伏生、名は勝という九十何歳の老人博士から四書五経などの内容を聞き取るわけです。彼はものを記憶するすごい力をもっていた。その記憶するのがすごい、という内容が、稗田阿禮が太安萬侶に伝授したという『古事記』序文と一緒なのです。

形態がよく似ている、まったくそっくりの表現が使われています。ですから粉飾というとき単語を使わせてもらったのが粉飾。ところがこれだけたくさん単語が似ていたら粉飾というレベルを超えています。それだけでなくストーリーが一致しています。老人が若者に変わっている、晁錯が太安萬侶に変わっているだけの同じストーリーです。

わたしは若い頃、これは「盗作」だとすぐ思いました。その後村岡さんから発表しなさいと言われ、五月の後半に発表したのですが、話し下手で半分もしゃべれないうちに時間がきました。六月に入って続きをやりなさいと言われましたが、すぐ勤労動員があって、県北の志田村に行ったので、後半は発表できずじまいでした。それから後に、二十代の終わりに神戸にきて直木孝次郎さんの『続日本紀』の研究会で話しましたら、それを論文にしなさいと言われて論文にしたのが続日本紀研究会の雑誌に載りました。それからわたしの『多元的古代の成立』上・下（駸々堂出版、一九八三年／ミネルヴァ書房復刊版、二〇一二年）の中にも入った、そういう経緯です（注＝同書復刊版、下巻、二〇五ページ以下参照）。

『古事記』序文の新たな疑問——第六回

ところがわたしはこの序文について、また新たな疑問を最近感じ始めていました。一つは、今の中国の聖天子と比較する場合、中国の堯舜のような聖天子より、日本の天武や元明の方が偉いという言い方をしています。天武の場合はまだ控えめに言っているととれないこともないのですが、元明になると完全に聖天子、堯舜より元明の方が格が高いとはっきり書いてあります。これを中国が見たら怒ります。「国家安康」の問題ではないけれど、日本を占領しに来てもおかしくないほどの問題です。ということを当然、漢文が読める学者は思ったわけです。『古事記』がなかったものにされた一つの理由がそこにあるのではないかと思います。

その後さらに問題が進展しました。それは、稗田阿禮が若いときにこれを覚えさせられたにもかかわらず、それを書き取ったのは元明の和銅四年（七一一）です。二十八歳の者が和銅四年まで何年経っているかというと、もしこれが天武の最晩年であったとしても、二十六年ぐらい経っています。天武の初年だとしたら三十何年経っていることになります。その間、稗田阿禮が生きておれるという保証はどこにもありません。それを書き取らずにきたということがおかしいのです。

このことをわたしは何年か前に書きました。安萬侶の墓碑の銘文が出てきて官職名や表記が一致したため、それまでの偽書説は学者の間では壊れました。しかし壊れた直後からわたしはその問題に改めて疑問を持ったわけです。

『古事記』序文のもう一つの問題——第六回

さらに今回気がつきましたのは、この序文は内容がおかしい。天武のことは壬申の乱を含めて長々と書いていますが、天智や聖徳太子のことが一切出てこない。

壬申の乱は『古事記』の本文にないにもかかわらず長々と書いてあり、大化改新の天智や十七条憲法の聖徳太子は一切書いていない。それはおかしいのです。仮に八世紀に元明と元正と、あるいは、天智系と天武系の二派があったとしますと、天智系はこの序文を見たら怒るでしょう。なぜ天智天皇のことを一切書かないのだと。聖徳太子派の人も怒ったでしょう。喜んだのは天武派だけです。外部の中国人が見たら怒るだけでなく、内部でもこれを見たら非常に怒ると思います。

考えてみると、和銅五年（七一二）の元明の『古事記』を書き取ったそのときは、『日本書紀』は当然なかったですが、『日本書紀』の元本もなかったのじゃないかと思われます。言い換えると、大化改新も十七条の憲法も近畿天皇家の歴史にはまだ入っていなかったのじゃないか、だから書いていないのです。

そこで前の問題をふり返ってみますと、序文は明らかに「盗作」です。しかし太安萬侶が書いたことは間違いないと思います。銘文と一致しています。だからといって、太安萬侶が「盗作」をしなかったという保証はない。つまりこの内容は信用できない。早い話が、天武天皇がそんなことを言ったということは『日本書紀』にまったく出てこないのです。

天武天皇の名前
――第　六　回

さらに天武の名前もおかしいと思います。「飛鳥の清原の大宮に大八州御しめしし天皇」とこうあります（『古事記』序文）。これはおかしいです。最後の一年間浄御原にいたと書いてありますが、本当の名前が出ていないのです。本当の名前は「なんとかかんとかの真人」となっています。ちゃんと書けばいいのに書いていないです（注＝『日本書紀』には天渟中原瀛真人〈あまのぬなはらおきのまひと〉天皇となっている）。

また、丹比真人《たぢひのまひと》は人麿に成り代わって作っています（注＝『万葉集』巻二―二二六は〈丹比真人名欠けたり、柿本人麿の心をあてはかりて報ふる歌一首〉となっている）。あれは天武と同格なんです。名前が誰かわからないというのは大嘘です。七世紀後半の人物なのに八世紀後半に名前がわからない、天武と同格の人間がわからないということは嘘で、わかっていても書けないだけです。

結論を言うと天武は「真人」だった。九州王朝から任命された「真人」が天武であって、「天皇」ではなかった。

『三国志』の場合は、最初は曹操が天子になっているわけですが、本当の天子ではなく、その息子の文帝から本当の天子になります。本当の天子の親は臣下であったが「天子」として扱っています。『三国志』の場合は一人だけです。しかし北魏の『魏書』の例はもっとひどいです。鮮卑がやってきて洛陽を支配した。それまでは鮮卑の部族であった。その部族の長が全部天子・皇帝と書いてあります。現在皇帝であるから、先祖は全部皇帝です。それを『日本書紀』は真似しています。七〇一年以後は天皇家が天皇になりました。だからそれ以前も全部天皇になりました。『日本書紀』に天皇と書いてあるからそれは疑いないというのは駄目です。全然史料批判の基本ができていない。天武は九州王朝から任命された「真人」にすぎないのです。

このように日本史に多くの嘘がありますが、その第一は七〇一年から評が郡に変わっているにもかかわらず、郡にするという最も重要な詔勅が姿を消していることです。要するに明治以後の学会は別に真実を求めるのではなくて、近畿天皇家を擁護することだけを考えているのです。

本当のチェンジは今のように真実を真実として明らかにすることです。被差別部落の歴史があればそれとして明らかにする。九州王朝の歴史があれば九州王朝として明らかにする。それがなければチェンジといえない。明治の「天皇は神聖にして侵すべからず」というあれをそのまま引きずって、現在に至っています。

昭和天皇が白鳥庫吉から学んだ歴史には、倭国が白村江で負けたことがはっきり書いてあります（注＝白鳥庫吉著『昭和天皇の教科書 日本の歴史』上、勉誠出版、一九九〇年）。陸士や海兵も白村江で負けたことを書いていたらしいのです。ところが一方で、国民は皆、「負けたことはなかった」と教科書で習わされていました。だから今度の戦争も負けないよ、と戦争に追い立てられました。馬鹿な一般国民とエリートの支配者とは、異なる歴史教育が行われていたのです。それが今度の敗戦です。

今も同じです。古田武彦が九州王朝説を唱えているとか、邪馬壹国説を唱えているとかいうことは大体知っているわけです。教科書を編集している人たちで読んでいない人はいないと思います。しかしそれはあくまでエリート用であって、一般の国民用には「九州王朝などなかった」、「邪馬壹国はなかった」ことに教科書を作ればよろしい、それで今まできています。

『古事記』序文はまったく信用に足りない。七〇一年以前の日本史は信用するに足りない。わたしは天皇家を良く言うのでも、悪く言うのでもない。どちらかのイデオロギーでやることは全部インチキです。

今言ったような問題は日本だけではない。日本は地球上全体のサンプルです。バイブルも大嘘です。先頭からして嘘です。ヘブライ語の原本では「神々」が宇宙を作ったと書いてあります。それを英語で「単数の神」に改竄しました。独仏西露語訳など全部単数形に直しています。つまりエホバの神が宇宙を作ったという大嘘のバイブルにしているわけです。極東裁判にしても嘘の合理化のもとに行われました。そういう嘘から解放されて、真実を真実として、どちらに味方するとか敵意をもつとかなしに、今後は追求できるようにしなくてはならないと思います。

『古事記』が長期間隠れていた理由——第七回

太安萬侶が書いた『古事記』は天智系や、中国には相容れないものでしたから、これを公にできたはずがありません。『古事記』は作られたけれど、永遠に姿を消したわけです。太安萬侶や誰かがひそかに隠していたものを写していたのが、南北朝時代に真福寺（注＝当時尾張国中島郡大須郷、慶長十七年以降名古屋の現在地）から出てきた。それがつまり真福寺本です。良い写本ですが、隠れていたもので、本来は出てくるべきものではなかったはずです。

隠し通そうとしたのには理由があります。内容が、大和政権の中で紛議の的になる内容だったのです。まして中国側が見れば大軍を興して来ても不思議がないような内容です。天武が中国の聖天子より偉いというようなことまで書かれています。だから『古事記』序文が表に出られたはずがありません。

もう一つ、天武の名前がどうも天武ではなさそうなことです。九州年号の真っ最中に、天武が第一権力者であるはずがない。それをあるかのように見せかけているのが『古事記』『日本書紀』です。

補説――『古事記』序文論

一

『古事記』序文の「時」について、新たな分析をのべよう。

第一、「飛鳥《あすか》の清原《きよはら》の大宮に大八州御《おほやしまぐにしら》しめしし天皇の御代」について。

従来説ではこれを「天武天皇」と解してきた。本居宣長が『古事記伝』二之巻で「後ノ諱《いみな》天武」と記し、岩波の日本古典文学大系『古事記』も「天武天皇の御代」（四四ページ）と書いている。

しかし、『日本書紀』は天武紀（上下）を詳述しているが、ここに述べられている「夢の歌を開きて」や「東国に虎歩」などの記事はまったく存在しない。

その上、『古事記』の撰録を「天武の詔」に基づくとした場合、成立の和銅五年（七一二）以前の二十数年以上（天武は六八六年以前）昔の「詔」が、なぜこれまで〝実現〟できなかったのかという難問が生じよう。

したがってこの「天武説」は非（ノウ）だ。わたしは継体天皇と見なす。『古事記』の本文（説話叙述）は顕宗（第二十三代）で終わり、以後（第三十三代まで）は系譜のみで「説話叙述」は存在しない。継体（第二十六代）も、同様である。

その上『日本書紀』でも、継体については「北陸から乙訓、そして大和」の〝転移〟を書くだけで、具体的な「歴史叙述」は一切省略されている。その上で、「磐井殺害」も〝結果のみ〟の記載で、具体的な「内容」が一切省略されている（この問題については、別に詳述。歴史事実としては、「架空」である）。

したがって「継体説」に立つ場合、少なくとも叙述上の矛盾は〝出現〟しないのである。

最大のキイ・ポイントは元明天皇や元正天皇にとって、肝心の一点が「継体天皇の正統性」の〝主張〟にあったことである。

『日本書紀』の武烈天皇（第二十五代）が「悪逆無類の天皇」として〝強調し抜かれている〟ように、旧王朝は武烈で終わり、新王朝の継体天皇こそ、「正しい皇統の祖先である」ことをしめす。これが『日本書紀』成立の主要目的なのであった。

この点、この武烈の悪逆記事を、単なる「中国摸倣の修飾記事」として葬り去った津田左右吉の「造作説」は、（彼自身の「言明」の通り）「天皇家のための学説」であったとしても、本来の、真実を求める歴史学としては当然許されぬところだ。〝自家のイデオロギー優先〟という「故意」の立場だからである。他の、すべての戦後史学の「津田史学の後継者」（井上光貞氏、上田正昭氏等）はいずれも、この「津田流儀」の亜流として久しいのではあるまいか。

いわんや明治初頭以来の「万世一系」の四文字は、薩長政権の「政治イデオロギー」にすぎず、歴史の真実とは、何の関係もない。「徳川三百年」に対抗して、この四文字を〝自家のPR〟として使用したにすぎない。その立場からは、『日本書紀』の「武烈悪逆」記事をまったく説明できない。その上「男（多利思北孤）を女（推古天皇）と同一人とする背理」を根幹としているため、わたしの「九州王朝説」など、あたかも「存在しない」かのように「無視（シカト）」せざるをえなくなっているのである。

二

第二、「歳大梁《ほしたいりやう》に次《やど》り、月夾鐘《けふしよう》に踵《あた》る」。

これは、天武天皇とされている。「諾（イエス）」である。今回の新しい、わたしの理解だ。これからが天武だ。「清原の大宮にして、昇りて天位に即《つ》く」は、継体天皇の系列として「天皇」になった、の意である。「大梁」とは酉の年、夾鐘は二月。天武の即位としたとされる「癸酉の年」（六七三年）の二月に当たっている（この点、旧稿を訂正した）。

この点、『日本書紀』では、天武天皇について「天智天皇の御意思を、実現した。その「天武」として〝位置づけ〟ているけれども、この『古事記』序文の場合、「潜龍元《せんりようげん》を體《たい》し、洊雷期《せんらいき》に應じき」の一句の中に「予告」されたものと〝見ることができる〟というレベルにすぎない。その「天智天皇のもっている、大きな意義」を、『日本書紀』は〝特筆〟したのである。これが「記紀のちがい」だ。

三

第三、「是に天皇これを詔《の》り、『朕聞く、諸家の賷（もた）る帝紀及び本辭、既に正實に違《たが》い、多く虚偽を加ふと。（下略）』と」。

この「天皇」は文武天皇である。「帝紀」は「九州王朝の歴史書」、「本辭」は「近畿天皇家内、従来の伝承」である。

「正實」は「近畿天皇家中心の立場」を指す。「虚偽」は「九州王朝中心の歴史」だ。

これにつづく「削偽定實」（偽りを削り實を定む）は有名な一句であるが、従来説では「近畿天皇家内の、系譜」、例えば「二子」を「三子」としたり、兄弟中の「一人の脱落」の補正、といった「正誤問題」などの訂正と解してきた。「否（ノウ）」だ。

そのような「正誤表」の作製めいた作業に対して「邦家之經緯、王化之鴻基」というような〝大上段の最高の評価〟を与えること、いかにもふさわしくないのである。

これはすでに述べたように、「北朝系（唐・宋）」を「義」（正統）とし、「南朝系（南朝劉宋・斉・梁・

陳）」を「偽」（偽朝）とする立場なのだ。その率直な表明、そして最も重要なテーマの核心なのである。従来説はこれを「正誤表の作製」であるかに「曲解」してきたのだった。

つづく稗田阿禮の件は、この文武天皇による「発案」だった。しかし、その実現をなしえぬまま、亡《な》くなられ、その意思が次の元明天皇（第四十三代）のとき、この和銅五年正月二十八日の「完成」となったのである。

四

第四、「伏して、惟《おも》ふに、皇帝陛下、一を得て光宅し、三に通じて亭育したまふ」以下、元明天皇である。和銅四年（七一一）九月十八日に「臣安萬呂」に詔し、稗田阿禮の「誦習」したところを「撰録」して「獻上」させた。安萬侶は謹んで「詔旨」に随って子細に採り摭《ひろ》った（注＝『古事記』には摭に似た字が採用されているが、パソコンにも『諸橋大漢和』にも、そのものずばりの字は出てこない。「ひろう」の意味では「摭」がでてくるため、これを採用した）。

本来、この「文武と元明」にまつわる経緯は『続日本紀』の「文武紀」「元明紀」に記されていたことであろう。

けれども、この『古事記』成立の八年あと（養老四年、七二〇）、『日本書紀』が成立し、『古事記』は廃棄された。「禁書」によって、それを「近畿天皇家中心の歴史書」へと「再編集」された、『日本書紀』という「公の歴史書」との「矛盾」を〝回避〟するためである。この『古事記』序文自体も、

①中国（唐朝）の経典（『尚書正義』）からの「無断借用」（盗用）をふくむ（古田「古事記序文の成立について——尚書正義の影響に関する考察」『多元的古代の成立（下）』駸々堂出版、一九八三年／ミネルヴァ書房復刊版、二〇一二年所収）。

②日本の元明天皇に対し、「名は文命（夏の禹王）よりも高く、徳は天乙（殷の湯王）にも冠《まさ》り」との
べている（『岩波古事記』四七ページ）。中国側の「聖天子以上」の名声や徳望がある、と称している。
中国（唐朝）は、これを許さないであろう。『古事記』も、「本文」とは異なり、この「序文」は
「漢文風」であるから、中国側が「文意」を〝読む〟ことは可能なのである。
後代の事例であるけれど、「国家安康」の四字を「口実」として、徳川氏が豊臣家を〝滅ぼした〟ケ
ースもあり得るのだ。

「『古事記』はなかった」こととして、『続日本紀』の文武紀・元明紀にこの「古事記撰録」記事が
〝削られ〟たのも「偶然」ではない、後代（日本の南北朝）、真福寺本の出現まで、「名」のみあって、そ
の全体像は〝知られていなかった〟のである。

この『古事記』を重要古典として生涯かけて明らかにしたのは、本居宣長その人であった。

以上によって、（当の宣長をふくめ）「誤解」されてきた『古事記』序文の「時」をめぐる考察を、ここ
に新たに付記させていただいた。——二〇一三年六月十一日 記——

『古事記』の原文
——第 九 回

今までいろいろお話ししましたが、現在の『古事記』の内容は、かなり原文と違う内容に変えられています。現在、『古事記』と呼ばれているものが、信頼できるかという問題がでてきます。

本居宣長が『古事記伝』、文字通り『古事記』の「伝」を書きました。『続日本紀』は宣長の意見によって、（後の学者によって）書き直されているという話をしましたが、その元となっている『古事記伝』が信憑できるかという問題です。実は信憑できない、という問題が出てきたわけです。このことは、また具体的に書きます。今月の後半（具体的には二〇一二年十二月）、ミネルヴァ書房から『多元的古代の成

立』の上下二巻が出ますが、その最後の「日本の生きた歴史」に、今日も来てくださっている大下隆司さんに、写真を撮ってもらっていますので、その写真版が載ります。

その写真版を今日持ってきましたが、一、二、三と、この三冊に問題の箇所を写真に撮ってくださった。書き直されているわけです。宣長が書き直しているという言い方でも間違いないのですが、宣長が元にしたのが寛政二十一年本という最も古い木版本で、その木版本を元に『古事記伝』を書いています。書くときに、その木版本自体に対して宣長の美学がありまして、日本語としてこれが正しい、日本語としてこうあるべきと、木版本を書き直しています。

賀茂真淵以来の伝統といいますか、われわれの小学校の時の教科書には有名な松坂の一夜とあったわけですが、賀茂真淵が宣長のいる松坂に来た時、行きがけには間に合わなかったが、帰りには間に合い、若い宣長が真淵に会って、一晩、話を聞いた。賀茂真淵は、『古事記』の研究がこれからのテーマであり、貴男のような若い人にやってほしい。しかし、注意することがある。従来の版本は間違いが多いので、それを正してその上で研究しなければならない、と言った。賀茂真淵に教えられて、本居宣長は感激するわけです。

しかし、今となってみればこれが間違いの発端であり、要するに、賀茂真淵は原文を次々に直す人であり、それに輪をかけてと言ってはなんですが、宣長は原文を直すわけです。宣長全集に『玉の小櫛』がありますが、この『玉の小櫛』をみると、「理由」なく、これはこれの間違い、これはこれの間違いと書いている。自分の判断で、この字はこの字の間違い、この字はこの字の間違いと直しています。小冊子といえば小冊子ですが、それにずらり並んでいます。自分のイデオロギーなり美学なりに基づいて直したものを、自分の研究の元にしています。賀茂真淵に教えられたように。しかし、わたしはこれは「アウト」と思います。自分のイデオロギーや美学に立って原文を直すのはとんでもないことです。自分の説が原文に合うのに決まっています。自分の説に合うように原文を直しているのだから。これはダメだというのが、わたしの学問に対する考えです。

具体的に言うと、『古事記』の先頭に、皆さんご存じのように、天上から天の沼矛を差し下ろして、海に突き刺し、「畫《か》きたまへ」ば、コヲロコヲロ（許々袁々呂々）という音がして、国土が形成されたという有名な話があります。高天原というのは何十万メートルもの天上であり、そこから何十万メートルもの長い矛で海を掻き雜《ま》ぜてもコヲロコヲロという音はしない。ところが真福寺本をみるとあの字（矛）は「弟」（兄弟の弟）という字になっています。先程申したように、大下さんに撮っていただいた写真を見ますと、「矛」ではなく、兄弟の「弟」となっています。

「天の沼弟」を「天の沼矛」と宣長が書き換えて使っています。正確に言えば、既に寛永二十一年本が「弟」と直しており、それに従って宣長が『古事記伝』を書いたから、宣長の独創ではなく、寛永二十一年本の独創というか解釈ですが、その解釈は間違っています。

バカみたいな昔のことですが、博多湾の一角で、筑紫矛を掻き雜ぜてみた。遺跡から出土した矛で、本物をよく貸してくれたものですが、それを使って実際にやってみた。亡くなった博多の力石さんと二人でやってみた。どのようにしても、コヲロコヲロとは鳴らなかった。想像しても鳴らないし、実際やってみても、そんな音はしなかった。

「弟」というのは、英語のサウンドのことで、音を「弟」という当て字で書いたものです。「沼（ぬ）」というのは小銅鐸のことで、それに紐をつけていた。その紐は、一メートルか五十センチ位のもので、船の上から、細い紐をつけて、海の中に入れ、掻き雜ぜていた。そうすると楽器の一種ですので、その音をコヲロコヲロと表現するのは、おかしくない。

風鈴は、『広辞苑』にも風鐸と書いてある通り、鐸の一種です。鐸といえば、鐸神社が大阪にあり、鐸（ぬで）神社と呼ばれています。（注＝鐸比古鐸比賣神社〈ぬでひこ　ぬでひめじんじゃ〉は、大阪府柏原市大県にある神社。延喜式神名帳に記されている式内社）。人間の手が腕であり、先っちょに「ぬ」をつけ「ぬで」というのが、小銅鐸のことです。本来は小銅鐸を祀っていたが、今は風鈴のようなものを祀っているのです。結論を言うと、「沼《ぬ》」とは小銅鐸のことで「沼弟」とは「小銅鐸の音」のことです。

第一というか、話の順序が逆か、逆でないかは知りませんが、天の浮橋というものがあります。わたしたちの小学校教科書に出ていましたが、天上から橋がつながっており、ニニギの命が下りてくるような絵がありました。戦後は墨で消されました。当時の人々にとっては屈辱的だったと思いますが。天の浮橋は天上から神様が下りてくるようなイメージでした。ところが、島根県の隠岐の島（注＝『広辞苑』では隠岐島となっているが、行政表示は隠岐の島となっている）へ行って、「えっ」と思ったことは、産物の展示場に一メートルちょっとの長板が置いてあって、「天の浮橋」と書いてあったことです。「天」とは「海士族」のことで「浮橋」とは、船から陸に飛び移るのは危ないから、板を渡って陸に上がるための橋です。固定していないから外《はず》すことができるので、浮橋です。「天の浮橋」とは海士族の使う浮橋のことであり、実体は長さが一メートルか、一メートル半位で、幅が人間の足が通る位の二十センチか三十センチの板のことです。現在でも隠岐の島で使われています。後からお聞きしたことですが、谷本茂さんによると、広島県でも「天の浮島」として使われているそうです。宣長はそういう頭がなかったから、「壮大な虚像」、天上から下りてくるという「天の浮橋」と考えて、『古事記伝』を作ったのです。

高天原自体が大間違いです。これをストレートに表現しているのは、あとででてくる和田家文書です。それによると、寧波《ニンポー》、中国の杭州湾の会稽山の麓にあるところに、高天原寧波と書いてあります。寧波が何十万メートルの上空にあるのではなく、杭州湾の近くにあるのに、なぜ、高天原と書いてあるのでしょう。高天原の「た」は太郎の「た」、一番のこと。「か」は神聖な水。「あま」は海士族のこと。「ばる」は原のこと。九州では原を「ばる」と言いますが、集落のことです。「神聖な水が出てくる一番優れた集落」のことです。海士族が対馬海流沿いに活躍していたとしても、海の水は飲めない。真水を飲まなければ人間として生きていくことができない。真水が出る所が一番の集落、原点となっているのです。そこが高天原です。

対馬海流は黒潮の分流ですが、その両脇のあちこちに高天原があります。壱岐・対馬の壱岐の北端部にも天の原海水浴場があり、その湾の全部が高天原です。壱岐の北端あたりを中心にしてあの神話が語られているのです。神話では一メートルくらいの紐を小銅鐸につけただけのものだとし、それを『古事記』が書いているのです。そのことを知らない宣長が、「壮大な空想」で天上何十万メートルの世界を考え、天の浮橋は天上何十万メートルから、日本列島に下りてくるという、壮大な虚像、「大きな虚像」であり、「偽物」で真実ではない虚像を宣長がイメージして『古事記伝』を書いたのです。

だから、「東日流外三郡誌」が本当か嘘かについては、既に決着がついたと思っていますが、単に「東日流外三郡誌」の信憑性を問うだけの問題ではない。要するに、宣長が間違えた「虚像の高天原」が本当なのか、「東日流外三郡誌」がいっている中国の杭州湾の寧波が高天原の一つであるという方が人間の理性に合った表現であるのか、ということなのです。「偽書」だという人は、宣長の「虚像」を守ろうとしているが、「寧波は高天原」と書いている、人間の理性から見て当たり前の話の方を、「偽書」という名前で追い払おうと虚しい努力をしているのです。という点で、この問題の持つ意味は実に深い。

宣長は他にも「弟」を軒並み「矛」に書き直しています。元の寛政二十一年本が書き直されていますが、さらに宣長は輪をかけて直しています。あちこちに「矛」が出ています。真福寺本をみても、兄弟の「弟」です。

第七章　近畿天皇家の断絶

1　万世一系も九州王朝の否定

万世多系論　——第七回

明治以後使われた言葉に「万世一系」という有名な言葉がありますが、とんでもない話で、記紀をよく見ますと「万世多系」というのが記紀の示す王朝の姿です。

まず『古事記』に不思議な文章があります。石長比売《いわながひめ》と木花之佐久夜毘売《このはなのさくやひめ》の話で、木花之佐久夜毘売は非常な美人で石長比売は非常に醜かった。それで瓊瓊杵尊／邇邇藝命は醜い石長比売を避けて美人の木花之佐久夜毘売を自分の奥さんにした。そこで「故、これを以ちて今に至るまで、天皇命等の御命長くまさざるなり」（『岩波古事記』一三三ページ）とあります。だから天皇は現在に至るまで長生きできないのだと書いてあります。

記紀では天皇の命は百二十、百三十歳がやたらにあります。平均して九十歳ぐらいまで生きているわけです。九十歳というのはいわゆる二倍年暦で、要するに百歳を超えるのが珍しくないのが記紀の示している年齢です。それなのに天皇は石長比売問題以来、長生きできないという話になっています。これは話として合いません。

これも全体を読み直してみたら、ただちに理解ができるわけです。それは『古事記』上巻の最後の段近くに「故、日子穂穂手見命は高千穂の宮に伍佰捌拾歳坐しき。御陵は即ちその高千穂の山の西にあり」（『岩波古事記』一四七ページ）とあり、日子穂穂手見命というのは高千穂の宮で五百八十歳まで生きていたが、現在ではせいぜい百十歳とか百二十歳ぐらいまでしか生きないのは石長比売問題のたたりだという解釈です。

わたしはかつて糸島郡の手塚誠さんという方にお会いして、意外な系図を見せていただきました（注＝以下『盗まれた神話』復刊版、一五八ページ以下に詳しい）。その系図はなんと明治の初めまで代々同じ名前でした。

これはいわば襲名で、歌舞伎のように江戸時代に始まったものではなく、ずっと古い淵源を持つわけです。明治以後でも襲名の風習は各地にかなりあります。

日子穂穂手見命の場合も「五百八十歳生きた」という意味ではなく日子穂穂手見命という名前を五百八十年間襲名したということです。問題はそういう襲名の寿命であるということを『古事記』の作者は理解せず、昔は五百八十年も生きたのに、今はわずか百二十歳までしか生きられないのは石長比売のたたりだというように解説しているわけです。要するに王朝が断絶している証拠です。王朝が続いていればそんなことを知らないはずはないのです。

この誤りのもとは倭人伝です。陳寿の唯一の誤りは、倭人が百年から八、九十年生きると聞いて、彼には二倍年暦という理解がなく、まともに信用したから、倭人は長生きだと書いてあります（注＝「其人壽考、或百年、或八九十年」〈『三国志』中華書局版、八五六ページ〉）。

陳寿の唯一の失敗を、記紀、特に『日本書紀』の著者は知らずに、『三国志』という中国の信用すべき歴史書に書いてあるのだから、昔は百何十歳まで生きたものだと思い込んだわけです。手元に九州王朝による二倍年暦で書かれた歴史書を手に入れて、それをそのまま当てはめたわけです。倭人伝を妄信した結果、『日本書紀』のような、べらぼうなものになりました。

ということは元明・元正天皇の王朝の人たちは、二倍年暦を知らなかった、つまり王朝は違う王朝だったということです。現に『古事記』と『日本書紀』を比べると、継体のところではっきり二対一の落差が出ているわけです。『古事記』の方では四十何歳が『日本書紀』では九十何歳となり、そこまで二倍年暦が続いていたことがわかるわけです。

王統断絶の証拠
――第七回

さらに重要なことは武烈です。『日本書紀』では武烈天皇は悪逆の権化です。津田左右吉も歴史事実と関係なく、中国の悪王伝説を『日本書紀』も真似したものとしています。

『日本書紀』がここに書いてあるのは、神武から武烈に至る王朝はここで断絶したことを示しているのです。津田左右吉がこれを造作と言うのは、まさに天皇家のための説だったのです。

記紀は一言で言えば「九州王朝はなかった」と言いたいわけです。それには磐井の乱があったということにしなければなりません。磐井の乱があったのなら九州年号などまったくナンセンスになります。『失われた九州王朝』（朝日新聞社版、一九七三年／ミネルヴァ書房復刊版、二〇一〇年）で論じたのは間違いになります。九州王朝側で、あそこであれだけの敗北をしておりながら九州年号だけ続く、また、「日出る処の天子」を九州で言い始めることはあり得ないわけです。それを消すのが津田左右吉の目的なのです。

要するに明治政府が万世一系ということを言うのは、徳川三百年は終わったのだ、今まで徳川を最良のものとして尊重してきたが、あれはたかだか三百年にすぎない、それに対して我が天皇家は万世一系だと言って、それを政治上の旗印に使ったのです。明治政府はその立場を明治以後の公的な教科書に示し、学者も御用学者、御用学会を作らせて今日に至っているわけです。三代も四代も経って、もう国民の常識のようになったように見えますが、しかし、いくら常識になっても嘘は嘘です。

（質問）

天皇の万世一系という発想はどこから出てきたのでしょうか。中国は天から権威をもらって王様になります。日本の場合は無理やり一本につないで権威をオーソライズするのですが、その思想は九州王朝になかったのでしょうか。

（回答）

万世一系というのは明治以後、天皇家が言い出したことです。詔勅などで再々、例えば開戦の詔勅にも出てきます。そういう効能書きを述べ始めた。それの動機ははっきりしていて、徳川三百年に対して、万世一系というオーバーコマーシャル、それで天皇家はすばらしいということを、国民に覚えさせるために作られた政治的用語です。それが証拠に『古事記』『日本書紀』の中には万世一系という言葉は一回もないわけです。ないどころか、むしろ「万世多系」という立場をはっきりとっている。『日本書紀』に至ってはここで切れたのだよと、武烈以前と継体以後は違うのだということをはっきり言っています。一緒にしてくれるな、というのが『日本書紀』の主張です。『古事記』でも武烈で伝承が終わったのはそれでいいとしまして、それから後がないのはおかしいのです。武烈が、子供がなかったといっても、天皇家はいわば職能集団ですから、みんなが子供がなかったというのはあり得ないことです。あれから以後は蘇我氏が伝えていました。中大兄と鎌足が入鹿を襲ったのは、『日本書紀』の方では聖徳太子の息子の仇討ちだと書いてあります。しかしそうすると時間が離れすぎています。忘れた頃に仇討ちをすることになる。ところが「東日流外三郡誌」では全然違うわけです。つまり「天皇記」「国記」を手に入れたかった。蘇我氏がそれを持っていたので、それを奪いに来たのだと。それならわかるのです。なぜかというと、継体の方は「天皇記」に載っていないわけです。せいぜい「国記」に載っていて、「国記」の中でもたいした地位ではないわけです。「天皇記」が出てきたら、継体は「天皇記」に縁もゆかりもない、粗雑な地方人にすぎない、ということがバレてしまいます。だからそれを奪おうとしてやってきたというのは非常に筋が通っているわけです。しかもそれはなかった、持ち去られて関東・東北へ運ばれていた。それを知らないからその代わりに墓を暴きました。石舞台古墳を掘っているわけです。あれは「東日流外三郡誌」には「天皇記」「国記」を探したのだと書いてあります。墓に入れるのは一つの保存方法ですが、狙ったけれどなかった。蘇我氏に対する見せしめという形で掘り散らかしにした。要するに「天皇記」を探したかった。「国記」はあったというが『日本書紀』の付録にも載せていません。「国記」を出すと余計に具合が悪いわけです。

というような問題につながりますので、どこから見ても万世一系ではありません。

万世一系を言い出したのは明治政府ですが、それの元をなしたのは山鹿素行です。『中朝事実《ちゅうちょうじじつ》』という本が出発点です（注＝『中朝事実』は、山鹿素行が記した尊王思想の歴史書。寛文九年〈一六六九〉に著わした。全二巻、付録一巻）。乃木希典は『中朝事実』が好きで、それを写してはいろいろな人に配りました。昭和天皇にも皇太子時代に渡して、これを見てもらえばよいとして自殺してゆくわけです。朱子学の影響を受けていて、その立場から見て日本の正統の王朝はどれかという問いを出し、答えを出そうとしたわけです。そこで困ったのは南北朝でした。それに対して彼が出した答えは、三種の神器です。三種の神器を持っている方が正統だと。後醍醐天皇の時は南朝が三種の神器を持っていたからそれが正統で、北朝は正統ではなかった。最後に南朝が降伏して三種の神器を北朝に渡します。それ以後は北朝系が正統ということになります。ということで三種の神器をキイ・ワードにする万世一系という考え方を思想的に定義した。その思想的定義に乃木将軍が感涙し、かつ明治政府は万世一系を裏づけるものとして歓迎したわけです。

ついでに言っておけば、昭和天皇がアメリカに提出した文書（注＝寺崎英成他著『昭和天皇独白録』文春文庫、一九九一年、吉田裕著『昭和天皇の終戦史』岩波新書、一九九二年）を見て、わたしは愕然と、むしろ唖然としました。アメリカ軍がすでに制空権を握った、伊勢神宮の上も支配し、熱田神宮の上も支配した。彼らはいつ落下傘降下して、伊勢の三種の神器の一つと考えられている鏡、熱田神宮の剣、それがアメリカ軍の手に入るかもしれない。そうなると、わたしは北朝の出であるから、いかにしても天皇としていることはできない、だから降伏した、というのです。

われわれは国民のためを思ってとかいうコマーシャルを、嫌というほど聞かされてきました。三種の神器は、天皇にとっては自分が天皇としておれるかおれないかの決め手なのです。これが『中朝事実』で示された万世一系なのです。これも作られた屁理屈です。朱子学に基づいて日本で正統の系列を決めた彼の一案なのです。それを明治維新後コマーシャルで大いに拡大しただけの話です、われわれが万世一系というと何か実体のある、歴史的背景がある事実と思うのはまったくの錯覚です。明治以降騙されているのです。今も騙され続けていることの証明です。

2　磐井の乱と継体天皇

継体について
——第三回

継体というのは「二中歴」による九州年号の最初の年号です。天皇の名前よりそちらのほうが先です。天皇の漢風諡号は、『日本書紀』成立の後つけられたという説もありますが、魏（北魏）書を見本にしているならば『日本書紀』作成時につけられたと考えてもおかしくない。南朝（宋・斉・梁・陳）のなかで、宋・斉は倭国を厚遇しましたが、梁では階級を落とされてしまい、その後、梁・陳とは没交渉となってしまいました。そうすると、年号を独自に作る必要がでてきました。継体とは正しい国のあり方を受け継ぐという意味です。その場合、正しい国とは宋・斉を指していると考えられます。『日本書紀』では、九州年号を消すためと、断絶した王朝を再建したことの説明のために「継体」を使用したと思われます。

「磐井の乱」について――第四回

磐井の乱について、『失われた九州王朝』（復刊版、ミネルヴァ書房、二七七ページ以下）では「磐井の乱ではなく継体の乱である」としました。また「日本天皇及太子皇子供崩薨」（注＝『岩波日本書紀』下、四六ページ）の「日本天皇」は磐井が子供たちとともに殺されたと考えました。そして九州年号の「発倒」がその再建を意味すると解釈しました。

しかし今ふり返ってみると、それは大義名分論のネーミングの問題であって、実体はなんら変わっていませんでした。

また、『宋書』倭国伝の倭王武の上表文の「臣亡考（亡父）済……方欲大挙、奄（にわかに）喪父兄、使垂成（まさにならんとする）之功、不獲一簣（わずかなもの）」で、済の「父兄」、すなわち讃とその子供たちがそれに当たると考えたこともありました。

しかし自分でも岩戸山古墳に行き、どうも実体が違う、「なかった」のではないかと思うようになりました。

風土記で物部麁鹿火が磐井を斬り、その際石人・石馬を壊し倒したとあります。それが今も残っていて現地に展示されています（展示されているのはレプリカ、実物は資料館に）。風土記にあって、それに対応する実物も残っている、これは間違いないと思っていました。しかし『日本書紀』によると磐井の子供の葛子が「恐坐父誅、献糟屋屯倉、求贖死罪」、つまり、継体に帰順の意を表して糟屋の屯倉を献上したと書いてあります。したがって葛子があとを継いだことは間違いない。それなのに壊れた石人・石馬を放置しておいたことは理解できない。片づけようとすれば容易に片づけて、きちんと作り直させることは難しくない。二十一世紀まで当時のままで放置されたのは本当か、という疑問が出てきました。

しかも『筑後風土記』で印象的なことは、「古老伝云、上妻県多有篤疾、蓋由茲歟」、つまり現在この地点で、不具の人が多い、それはこの事件のためである、物部麁鹿火の軍隊が石像を倒し、人々を傷つけた、そのためであると言うのです。ちょっと見るとそうかと思いますが、考えればこれはおかしいのです。風土記のできたのは八世紀前半、事件は六世紀後半ですから、百五十年も隔たっているので、その人たちが生きていて廃疾になっているとは考えられません。

隋・唐軍隊の破壊——第四回

それではどう解釈するか。石人・石馬が倒されたのは六世紀ではなく、七世紀の終わり、筑紫に唐の軍勢がやってきた（九年間に六回）ときではないか。目的は自分たちに刃向かった勢力、具体的には「日出る処の天子」の勢力を根絶することであり、軍事要塞を壊し、軍船を壊し、宮殿を壊し、墓を壊しました。隋・唐の軍隊はそれ以前にも絶えず破壊を行っていたのです。南京で南朝を倒したときも破壊しているし、百済でもやっています。武寧王陵は工事のとき偶然見つかったので例外です。それ以外の百済王墓は所在不明です。北朝に刃向かった百済の痕跡を絶滅する立場に立っていたのです。倭国に来たのも同じ目的だと推測されます。福岡県でも古い墳墓は軒並み破壊されています。吉武高木、須玖岡本、三雲・平原など、皆農作業で地下から発見されています。その上に盛り土などがなかったはずはないのですが、何もなく、祀られている形跡がありません。地下に埋めたままで人間や犬猫が通るに任せていたことはあり得ません。壊された、除かれたと考えざるを得ないのです。破壊も地下までは及ばず残されただけです。

筑後川流域の装飾古墳群も、立派な絵画が描かれていた痕跡はあるが、中はがらんどうで何も残っていません。「盗掘にあった」とされていますが、盗人が窃かにやるのが盗掘であって、あれは入口を壊して公然と全部持ち去っているので盗掘とはいえません。公権力がやっているのです。「盗掘ではなく公盗である」と書いたことがあります。

神籠石については、山城か神域かの論争がありました。バブルの直前に佐賀県教育委員会が全国から考古学者を集めて神籠石の発掘をしました。その結果あれは軍事要塞の基礎であるということが判明しました。その上に二重の柵を立てて防護施設としているのです。

判明はしたが意義は追究されていないのです。飲料水などを完備して、兵士だけでなく領域の民衆まで収容できる施設があったと見られています。しかしその上部施設は残っていません。蒸発するわけはないので、取り去られているわけです。軍事要塞を破壊し除去する目的で来た勢力によって、破壊されているわけです。

唐の軍隊が直接やったとは思いませんが、命令して行わせたと理解するしかない。岩戸山古墳の石人・石馬も同様に破壊し捨てられた。周辺の住民は反対し抵抗したでしょう。そのため殺されたり怪我をしたりした。それが七世紀の終わり頃なら話が合います。その時期は、葛子はいません。七〇一年から近畿天皇家の時代ですから、破壊されたものが放置されていて不思議はないのです。

記紀の記載と真実――第四回

この問題の先頭にあるのは『古事記』『日本書紀』に「磐井を斬る」とレッキと書かれていることで、「このことを認めないで歴史をやる余地はない」と論じている人もいます。それは感覚としてはわかりますが、方法としては正しくない。例えば日本武尊の記事にしても記紀ともに書いてはいますが、だから史実だという人はあまりいない。記紀は一蓮托生、同一傾向の記述が本質的にあるのです。『盗まれた神話』に書きましたが（注＝復刊版、ミネルヴァ書房、六二ページ）「『日本書紀』だけにあって『古事記』にない重要記事は疑う」という手法は、否定の時には強力な武器でしたが、反面両方にあっても肯定的に使うことはできません。

根本的な決め手は考古学的痕跡がまったくないことです。記紀が揃って書いているのが本当なら、六世紀の前半に磐井が殺されていれば、その時点で九州の出土物が一変するということが起こるはずです。

特に筑後川付近の出土物が一変するということが当然起きなければならない。それまで九州の土器やシンボル物だったものが近畿のものと変わる、そういうことが起こるはずですが、そういうことは起きていないのです。

岩戸山古墳の資料館におられる考古学者に電話で確かめました。「磐井のところで考古学的に変わっている状況がありますか」とお聞きすると、「いや、ないので困っています。それについてちょうど本を書いたところで、《彼ら（物部麁鹿火の軍）は、さっと倒してさっと引き上げた。だから（考古学的）影響は残さなかった》と書きました」と言われました。何か鎌鼬《かまいたち》みたいなものですね。しかし現地で研究された人の意見として貴重な結論です。しかし占領軍が何も影響を残さないなどということは、われわれの占領経験からいってもあり得ないことで、勝った軍隊が遠慮することは何もない。しかし「鎌鼬」説にしないと成り立たないのです。

文献一本の人は考古学的考慮をしないので無視しています。考古学者は記紀を無視するわけにいかないので「鎌鼬」説にならざるを得ないのです。

わたしの目から見ればはっきりしているので、「この事実そのものがなかった。磐井の乱でもなく継体の乱でもない。乱そのものがなかった」という結論に達したわけです。

継体の陵墓の問題——第四回

継体の天皇陵に関する問題があります。陵についてはは記紀にはっきり書かれています。

「御陵は三島の藍の御陵なり」（継体記）
「（二十五年）冬十二月丙申朔庚子に藍野陵に葬る」（継体紀）

藍というところは実際にあって、大阪府茨木市安威です。
安威川が流れていて、その西岸が今でも安威一丁目、二丁目……などとあります。だが京都寄りの東岸は安威とは呼びません。そこに宮内庁指定の「継体陵」があるのです。これは考古学界では否定の意見が一致して挙がっています。なぜかというと、陵の形からして六世紀のものには見えない。もっと古く五世紀半ばのものだ。本当は内部を発掘すればわかることですが、できないので、形態から判断しているのです。

そこで考古学界ではどこに比定したかというと、茨木市の今城塚がそれに当たるだろう、これなら時代的に合う、というのが一致した意見だったのです。

ＮＨＫでは宮内庁継体陵の立場で古代史ものの筋書きを作ってきましたが、二〇〇四年、今城塚が継体の墓だという放送が行われました。遅きに失したと言われましたが、考古学界の常識とは一致したわけです。

わたしは十数年前から、両方ともおかしい、宮内庁継体陵も今城塚も違っていると言ってまいりました。なぜなら、どちらも、記紀にいう藍という場所ではない。ではなぜそれで通るかというと、『延喜式』（平安時代撰述）に「継体陵・島上郡」とある。それに従えば宮内庁継体陵も今城塚も該当するのです。

しかし、わたしの考えは違います。記紀に「藍」と書いてあるのに、他の候補は使えません。記紀は信用できないと盛んに言ってきたわたしが言うのはおかしいと思うかもしれませんが、わたしは記紀が何でもかんでも作り話を書いているとは思わないのです。八世紀の近畿天皇家の利害に立って、不都合な話は削る、有利な話は付け加えるが、それ以外は史実を書いているだろうと思うのです。記紀完成時の天皇である元明・元正は継体の直接の子孫で、継体は六、七代前の祖先です。その墓のある場所を間違えて書いたということは、わたしには信じられない。他のことは誰にも負けず疑うが、これを疑うのは筋違い、「藍にあり」と記紀に書いてあるのは事実だと理解するのです（注＝『岩波日本書紀』下、四

七ページ「廿五年春二月、天皇病甚。丁未、天皇崩于磐余玉穂宮。時年八十二。冬十二月丙申朔庚子、葬于藍野陵」)。

では藍に何かあるでしょうか。一丁目に阿為神社（注＝地名は安威、大阪府茨木市安威三丁目一七―一二）というのがあります。それを小さな円墳が取り巻いています。その一つが継体陵ではないかと思います。

ささやかな陵
——第四回

継体陵は小さな円墳ではなく、大きな前方後円墳であると錯覚した主な原因は、天皇陵はデカいのがやたらにあることです。百何十メートル、二百メートル級が軒並みあります。あの有名な継体なら大きいはずだ、という思い込みが延喜式を誤らせ、記紀を改竄して巨大古墳のある地帯、「島上郡」と書き直したのだと思う。それがまた現代の書陵部も誤らせ、考古学界も誤らせたと思う。記紀には「継体巨大古墳を作る」とは書いていません。「墳墓を作り、葬った」とだけ書いてあるのに、いろいろ勝手に比定しているのです。

そこに継体の方針があったのではないか。彼が革命児であったことは疑えません。それが墳墓については「前と同じように」と遺言しただろうか。あるいは何も言わなかったとしても周囲が継体の日常の意思を推測して大きな墳墓にしたのだろうか。それなら凡庸な人物です。

安威では近くに藤原鎌足の墓が発見されています。なぜわかったかというと、有名な大織冠が出てきた、それでわかったのです。それが実に小さな古墳で、工事の際に見つかったが、誰もそんなところから出るとは予期していませんでした（注＝藤原鎌足の墓として、茨木市大字安威《あい》および高槻市奈佐原《なさはら》にまたがる場所にある阿武山《あぶやま》古墳を挙げる人が多い。昭和九年（一九三四）、京都大学阿武山地震観測所の施設拡張工事によって発見され、京都大学の梅原末治氏らによって発掘調査が行われた。古墳時代終末期の古墳で、直径約八十メートル、石室は花崗岩の切石とレンガで造られ、内側は漆喰を塗り、中央に棺台があった、一九八二年、埋め戻す前のエックス線写真の原板が地震観測所から見つかった。一九八七年分析の結果、当時の最高冠位である織冠であり、それを授けられた人物は、史上では百済王子・余豊璋を除けば大織冠・鎌足しかいないことから、被葬者はほぼ藤原鎌足にちがいないと報道された）。

鎌足がケチで小さく作ったのではないと思われます。鎌足はその思想性から小さくしたのだと思う。継体から鎌足まで百年以上経っているが、そこには流れがあって、それ以前、四世紀・五世紀は巨大古墳の時代だった、それを断ち切って拒否する精神が表れてきたと見るべきではないでしょうか。

薄葬令と古墳——第四回

そういう目で見ると問題があります。継体から用明に至る代々に古墳がありますが、小なりといえども巨大古墳の系統を引いています。欽明陵などは大変大きいとされています（注＝欽明陵は古墳時代後期の前方後円墳で、主軸長さ一三八メートル、後円部径七二・七メートル、前方部幅一〇七・二メートル、後円部高さ一一・五メートルを測る）。継体以後にも大きな古墳があるのではないかと思われます。

ところが用明からは一変して方墳になります。推古の場合は正方形で大きさも小さい。だから巨大古墳の伝統が捨てられたことは間違いありません。（考古学では）誰も知っている事実です。しかし「何のために誰が変えたか」ということがわからなかったのです。

『山陵志』で蒲生君平が前方後円墳という命名をしたのですが（三〇三ページの補注参照）、「用明よりも文武に至る寿陵、殊にこの制を欠く」と書いています。そして「鵤《いかるが》の太子（聖徳太子）が制度を変えたのであろう」と言っています。これは見識と言えないこともない。たしかに時期はこの時期、用明から一変して方円墳から小型の方墳になる、それを変えたのは聖徳太子だろうと目見当をつけた。見当をつけるのはいいのですが、これは残念ながら間違っています。

太子に比定した理由として、隋で薄葬令が出されたのに呼応して行ったとしているが、中国で薄葬令が出されるのはこれが初めてではありません。例えば『三国志』では魏の文帝が薄葬令の詔勅を出していて、「……古より今に及ぶまで、未だ亡びざるの国あらず、掘られざるの墓なし。喪乱以来、漢氏諸陵発掘せざるなく、焼いて玉匣金鏤を取るに至り、骸骨幷に尽し、焚くこと刑の如し。豈痛まざらんや。禍は厚葬封樹による……」(『三国志』中華書局版、八二ページ)として言葉を尽して厚葬を禁じています。魏では事実これ以来大きな墳墓は作られていません。これは実に名文であり、見事な思想性を持っています。

ですから箸墓＝俾弥呼墓説はおかしいのです。魏に忠誠を誓った俾弥呼が巨大古墳を作るわけがないのです。薄葬令は以後何回も出ているので、七世紀になって突然「薄葬令に従って」というのも唐突です。もしも聖徳太子のアイデアで、一大変換を行って、それまで経済的にも労働人数からも大変な努力をして作り続けてきたものを転換するというのは大決断です。『日本書紀』は口を極めて聖徳太子の業績を賞讃しているのに、天皇家に一番関係のある葬制の変更については一言も書いてない。おかしいことです。

陵墓の比定の問題――第四回

継体から用明までの間、二、三代古い方円墳があるではないかという問題ですが、最近、古墳の年代をだんだん古くしているという問題があります。箸墓など三世紀の終わり四世紀の初めと言われてきたのが遡り始めて、三世紀後半でもいいのだとか、前半の半ば、二二五年ぐらいまで古墳時代の開始は遡るのだというのが、考古学界の定説になっています。ところが古墳時代の開始が遡ると、三世紀だけ遡ってあとは元のままというのもおかしいではないですか。だから他のものも遡る。C14の問題もあって、反発しながらも年代を古くしてきた。

天皇陵についても同じです。すると継体以後の陵も変わってくる可能性があります。その間、治世七十数年、欽明天皇は少し長いが、その上大事な問題は、継体の没年です。『日本書紀』では「(継体)天皇、磐余玉穂言に崩ず、時に年八十二」とあります。ところが『古事記』では「天皇の御年、四十三歳」とあってえらく違っています。大体倍ですね。こうなると伝承のズレなどという問題ではない。これからただちに想起されるのは二倍年暦の問題です。『日本書紀』は二倍年暦で書いてあります。『古事記』は一倍年暦に変えて書いています。それ以外の理解はないようにわたしは思います。

ということは、『日本書紀』は二倍年暦で書いている、古い時期だけでなく、継体の頃まで二倍で書いています。用明の頃まで七十数年は、実は半分で、三十数年だということです。用明陵より三十数年遡れば継体の以前にいってしまう。そうすると継体以後は、巨大古墳はないことになるのです。

《補注》

現在では「前方後円墳」という命名は間違っていることが判明しています。円形部分と方形部分は前後ではない。考古学界では口調がいいので慣用しています。韓国などでは「日本では前方後円墳と呼んでいるが間違いだ。彼らの研究程度が低いことの表れだ」と標示してあって辟易する。わたしはこれを「方円墳」と呼んでいます。

継体天皇と『百済本紀』——第六回

福井県では方墳が盛んです。中には前方後方墳などもあります。これはたぶん出雲の影響でしょう。その方墳の故郷から継体は来た。そして近畿天皇家の陵が方墳になった。話は非常にわかりやすい。

大変重要な問題、それは武烈陵がないこと。だいたい武烈天皇陵なるものが存在しない。大和郡山市教育委員会が報告書で書いているが、明治以後、鳥居を立てたりしているが、その奥は自然丘陵、古墳の痕跡はない。武烈の陵は作られていないということです。顕宗の陵墓と同じところに当ててありますが、顕宗の陵墓もあまりハッキリしない。ということは巨大古墳も小古墳も作られなかった。

そのことは『日本書紀』の記載とよく合うのです。武烈紀はひどい書き方をされています。重々ご存知と思いますが、武烈の悪行をあげた部分を挙げてみます。

「二年秋九月、孕婦の腹を刳きて其の胎を観る。」

「三年冬十月、人の指甲を解きて暑預《いも》を掘らしむ。」

「七年春二月、人をして樹に昇らしめて弓を以て射墜して咲《わら》ふ。」

「八年春三月、女をして躶形にして、平板の上に坐《す》ゑて、馬を牽きて前に就《いた》して遊牝《つるび》せしむ。女の不浄を観るときに、沾濕《うる》へる者は殺す。濕はざる者をば没めて官婢とす。此を以て楽とす。」

「此の時に及りて、池を穿り苑を起りて、禽獣を盛《み》つ。而して田猟を好みて、狗を走らしめ馬を試(くら)ぶ。出入時ならず。大風甚雨《ひさめ》に避《さ》らず。」

「衣温にして百姓の寒ゆることを忘る。食美くして天下の飢を忘る。」

「大きに侏儒・倡優《わざをぎ》を進めて、爛漫《みだりがは》しき楽を為し、奇偉ある戯を設けて、靡靡《たは》しき声を縦にす。日夜常に宮人と、酒に沈湎《ゑひさまた》れて、錦繡を以て席とす。綾紈《あやしらぎぬ》を衣たる者衆し。」

これでもかこれでもかと、武烈がいかにいやらしいサディストであったかということを強調しています。これは重視すべきものだと思う。

これに対して津田左右吉が「これは作り話（造作）で全然歴史とは関係がない」と述べ、それが戦後の定説になりました。だから教科書にも書かないし、扱わない。しかしそれは大きな間違いだと思います。左右吉は「これは中国の悪王伝説の模倣で、悪王は時々現れる、それが歴史だと、『書紀』は武烈をそれに当てはめただけだから、歴史事実とは無関係だ」としているのです。

一方、左右吉は戦前弾圧のあった際、また戦後にも、「わたしは天皇家のために一番貢献したのだ。わたしの研究がなかったら天皇家は続くことができないだろう。わたしはそれを思って歴史をやってきた」と言いました。左右吉に反天皇の英雄を期待した人たちは意外な感じを持ったのです。岩波の雑誌『世界』に出した論文でもそれを強調したので、岩波書店の社長がそれを削ってくれと言ったが、断固断ったといいます。

造作説が「天皇家のために」というのはちょっとわからないと思うでしょうが、具体的に言えば、ここで武烈の悪行を消したかったわけです。「万世一系の血筋にあんないやらしい子孫がいて、それが今の天皇家ならおかしい」と言われる。それを「歴史とは関係ない」としたので、助かっているわけです。さらに「六世紀前半までは造作、七世紀からは史実」としたので、「武烈の悪行はなかった、継体の磐井征服は真実」となるわけで、天皇家としては歓迎なわけです。

左右吉が六世紀半ばに造作時点を置いた理由は何も言わなかったが、こう考えてみると理由はハッキリしているわけです。武烈の記事は造作として消したい、継体の磐井攻撃は事実として残したい、それで造作の境目を六世紀前半の後半部に持ってきた。深謀遠慮、天皇家としては歓迎です。しかし歴史を見るには、そのようなイデオロギーは抜きにして見なければなりません。

とにかく、『書紀』を作った元明・元正にとって、武烈を悪者にしなければならない理由がありました。本当に悪者だったかどうかはわかりません。その点、桀・紂も同じです。改めて『史記』の桀・紂の行為を見ても大したことは書いてありません。一、二行書いてあるだけです。武烈の場合は徹底して書いていて、質量ともに違います。

革命を起こした方は主人殺しから次の王朝のトップになっているので、悪逆で許され難い行為です。それを合理化するには、殺された天子がいかに悪辣だったかを書かざるを得ないのです。実際に悪辣だったかどうかは、当然わかりません。しかし王朝交代を合理化するためであることは間違いありません。歴史には悪王がいた方が〝面白いから〟というだけで書いているわけではないのです。

すると、それを学んだというならば、前の王朝が断絶して、それに替わったことを示そうとしている、中国の場合以上に示す必要があったと見るのが、歴史の史料を見る上の筋だと思います。

では『古事記』にはないのは？　『古事記』はそれにはノータッチでいます。『古事記』はそれを知らなかったので書かなかったのではない。しかし『書紀』はそれを強調してきました。八世紀近畿天皇家の公的な立場を示しているのです。われわれは継体から始まったけれど、それは武烈が非常に悪辣だったから、やむを得ず立ち上がったのだ、という形にしているのです。

その解釈を裏づけるのが武烈の陵墓が作られていないことです。津田左右吉は考古学にはノータッチでした。余談ですが、明治末から大正初め、当時の宮崎県知事が公費を使って大発掘をやって、三種の神器を見つけようとした。しかしまったく出てきませんでした。『日本書紀』に書いてある（当時の解釈）ように高千穂に天孫降臨があったなら、出なければならないのです。しかし出たのは後代のもので、彼が期待するような弥生時代の遺跡はなかったのです。このことは当時のインテリに重大な影響を与えました。だから梅原末治さんは文献はやらない、考古学だけやると決心しました。津田左右吉は考古学はやらない、文献だけやるという方針を決めました。そういう分離を遂げる要因になったのです。

それは『日本書紀』の本当の史料批判ができていなかったからだと、わたしは思います。そのことから左右吉は考古学には知らん顔をしているのです。このことは日本の大学の科が分かれていることのマイナス面でもあります。歴史学と考古学は分かれています。それでそれぞれの科の専門を深くすることができるはずですが、隣の専門のドアにも立入ってはいけない。それが欠陥になっています。津田左右吉は考古学に触れないことにしました。だから武烈の陵墓がないことも知らない。あるいは知らん顔をしています。

ないことにも意味はあります。悪辣だと言っておいて陵墓だけ立派なものを作る、という手の込んだケースもないとは言えませんが、一致するのが普通です。継体と武烈には大きな溝があります。だから武烈の墓など作るのは無駄だという。葬儀や祭祀はしても簡単ですが、古墳は作るとしたら膨大な費用がかかりますから、そんなことはやりたくない。それが武烈の陵墓がない、宮内庁が一生懸命探しても自然丘陵しかない、ということです（注＝ウィキペディアには次の記事がある。「陵〈みささぎ〉は、奈良県香芝市今泉にある傍丘磐坏丘北陵（かたおかのいわつきのおかのきたのみささぎ）に治定されている。公式形式は山形。陵号は顕宗天皇の傍丘磐坏丘南陵に対応するものであるが、『古事記』には「片岡之石坏岡」、『日本書紀』には「傍丘磐坏丘陵」とあり、本来南北の区別はない。なお、この二陵と孝霊天皇の片丘馬坂陵は合わせて「片岡三陵」と呼ばれる。継体天皇二年一〇月に奉葬された。元禄探陵の際は香芝市平野にあった平野三・四号墳〈消滅〉が陵に擬定され、幕末まで保護された。蒲生君平の『山陵志』は大和高田市築山の築山古墳〈磐園陵墓参考地〉を比定したが、安政の陵改めではこれを否定。幕末には諸説分かれて修陵出来ず、明治二二年〈一八八九年〉現陵が治定された。しかし、宮内庁管理下にある現陵は「古墳として造営されたものではなく、単なる自然丘」という見解が学会における一般的な見方で、陵そのものの実在を疑う意見もある」）。

伊藤さんや水野孝夫さんと一緒に行ったときも、場所が「岩槻」の「今泉」です。岩槻の語幹は「岩」、「今泉」の語幹は「井」、あわせると「磐井」です。何か変な洒落を言われたような気がしました。イワイは山に岩があってそこから水が流れていればつけ得る名前で、九州にもありますが、日本中どこにあっても不思議はない名前です。だから武烈陵のところがイワイという名前でも不思議はないのですが。

さて、九州には磐井の乱とか継体の乱とかいう痕跡が考古学的にありません。ところが近畿では継体以前と以後で大変化があります。長く続いていた方円墳が消滅して、福井地方で発達した方墳に変わった。一大変化です。

その上継体はなぜか大和にすぐ入らない。今の枚方市とか楠田とかいうところにいて、二十年目にやっと磐余（桜井市）に入って王位についた。その二十年間何をしていたか。問題になっていました。何もなく平穏に過ごしていたとは思えない。その間、大和で戦乱があったのだろうということは、今多くの人が推察しています。また、武烈の周りの人が誰もいない。姉（六人）はいるが男の兄弟がいない。

お父さん（仁賢）の兄弟もいない。また伯母・難波小野皇后（顕宗の皇后）が些細なことで自殺しています。周りの人がとにかくいなくなっています。

継体の崩年について――第四回

継体紀二十五年の分注に次の文章があります。

「或本に云く、《天皇、二十八年歳次甲寅に崩ず》といふ。而るに此に二十五年歳次辛亥に崩ずと云へるは『百済本記』を取りて文を為れるなり。其の文に云へらく、《太歳辛亥三月、軍進みて安羅に至りて乞乇城を営る。是の月高麗、其の王安を弑す。又聞く、日本の天皇及び太子・皇子倶に崩薨りましぬ》といへり。此に由りて云へば、辛亥の歳は、二十五年に当る。後に勘校へむ者、知らむ」（『岩波日本書記』下、四六ページ）

これも変な話で、元明・元正にとってすぐ前の直接の先祖の崩年が、自分たちの伝承が信用できなくて、『百済本記』で書いています。何とも不思議です。

『百済本記』ではこの月、高麗の安王が叛乱で殺されています。この点は、この記事と、『三国史記』高句麗本紀、『梁書』の記述と、年次が合わないなど問題はありますが、それはいいとして、「《日本の天皇及び太子・皇子倶に崩薨りましぬ》といふ」という部分、これが何かということで、わたし自身もいろいろ今まで迷ってきました。磐井ではないかと考えたこともあります。ところがさっき言ったように、磐井の乱の実体がなかったとなると、これが磐井の話だとはならない。その次に倭の五王の讃・珍のところで、讃が高句麗軍と戦って讃と太子・皇子が死んだことがあるのではないかと考えました。ところが最近気がついたのは、「天皇」という場合、「近畿の天皇ではない」のではないかということです。

『多元』八二号（言素論一六）で、柿本人麿が「天離る夷にはあれど」（『万葉集』巻一―二九）と、近江の宮のことを詠んでいるのですが、奈良から近江をみれば「東夷」ではない、「北胡」です。人麿は九州王朝を原点として、征夷大将軍というべき地位の天皇を題材として作歌しているので、筑紫を原点として、近江を「夷」と呼んでいるのだと論証しました。景行天皇の近江の宮のことを歌っている。その後の仲哀、その子の忍熊王のことを歌っています。

歌に「天皇之　神之御言之」とあります。筑紫の方は天皇でなく天子です。天子のナンバー・ツーみたいなものが天皇です。複数いてもいい、分国の王です。「天下　所知食之乎」（あめのした　知らしめしけむ）とは天国の下部組織・分国を統治していたということ。人麿にとって、天皇は天皇、天子に比べ格下の別物という認識。そこでこれは白村江敗戦以前の作で、もちろん壬申の乱以前の作品です。それが七〇一年以後はその名称のままで（日本国内で）ナンバー・ワンになった。だから「日本の天皇及び太子・皇子倶に崩薨」といった時、人麿にとっての「天皇」は近畿天皇家の天皇ではないか。通説の人は「わかりきっている」と言うでしょうが、そういう視点に戻ってきたのです。

ではどの天皇が「太子・皇子と倶に」死んだのか。従来説の学者たちから、この時期、両朝対立があったとして、安閑・宣化などを考えて議論が出されています。早稲田大学名誉教授だった水野祐さんなどは「悪王伝説は事実だ」という立場で述べています。非常に面白いのですが、決定していません。

簡単に言うと「この天皇は継体か武烈か」ということになります。継体のときに太子・皇子が皆死んだという形跡は見当たりませんが、継体が大和に入らなかった二十年や、方円墳の断絶、武烈の陵墓不製作などの考古学的事実などから、考古学的大変動があったと見なければおかしい。そうするとこの「日本天皇」は武烈ではないか。武烈の周辺では、兄弟がいなかったり、伯母さんが自殺したり、誰もいない形で書いてあるが、これはいたけれど、いなかったことにされているのではないか。子供がいなくても、中心者の継承には近親者が当たるのが当たり前、はるばる越前から「五世の孫」を探し出す必要はありません。でも継体が武烈を殺したとまでは言えません。そこまでの史料はないので。しかし大変動があってその中で武烈や王子らが死んだということは言わざるを得ない。その場合、継体は武烈の味方や中立勢力ではなく、敵対勢力です。つまり武烈の一族を滅ぼすに至らせた勢力が、他でもない継体の勢力だったと思います。

（質問）

先生は、磐井の乱はもちろん、継体の乱も、今現在は存在しなかったというお考えだと思いますが、わたしは継体の乱はあってもおかしくないのではないかと思っています。継体の乱は、あったけれど結局失敗した、だから文化や遺跡のそういった面での、大変革は起こり得ない状況のまま終わり、発掘されても、激変というものは見つからないと考えられないでしょうか。

継体の乱——第八回

（回答）

まず、『古事記』『日本書紀』に書いてあるのは根拠があるだろうという説。根拠なしに書くはずはない、そこから出発する考え方があります。今までそうだったのです。しかし、今までそうだったと言いながらおかしいのは、それでは武烈があんな悪役だと書いてあるのだから、武烈は悪役に違いない、というわけです。悪役でないものをあんなに書くはずはない、ということは誰も言わない。あれは中国を真似しただけで、架空のことで、事実ではない、と言っておいて、返す刀で磐井を倒したと言うことはあれだけ書いてあるのだから、武烈は嘘であるはずはない。国記があるだろう、などと両刀遣いで、両手の態度が全然違うわけです。

もう一つは『古事記』『日本書紀』を書いた大目的は九州王朝を否定することです。九州王朝は『古事記』『日本書紀』を見る限りはなかった。全然あった形跡がない。それが、日本の歴史だと言っているわけです。オフィシャルな全体像だと言っています。

なかったといいながら、実際はあったことを彼らは知っているわけで、それを滅ぼしたのだという話がなければ、なかったことにならないわけです。

それで二回もそれをやりました。一つは倭建命《ヤマトタケル》が熊曾建を殺し、熊曾建がこれ以後はヤマトタケルとおっしゃってくださいと、息も絶え絶えに言ったのだと。だから、大和が中心になった、というのが第一（注＝『日本書紀』では、日本武尊でなく景行天皇が襲国の首長を従えたとなっている）。

もう一つは磐井の乱です。ヤマトタケルだけでは童話じみて信用されないと思って、リアルに、磐井をやっつける話をします。答えは九州王朝を否定して、近畿天皇家の輩下に置くことです。

本来あったものを、結局彼らが反乱を起こしたからやっつけたということにしました。

要するに九州王朝の中心は存在しなかったということが、『古事記』『日本書紀』が言おうとしている一番大事なテーマです。それが本当かということになります。まったくこれは偽りです。

第八章　歌に隠された歴史

1　本来意味のあった枕詞——第二回

多くの枕詞

『万葉集』『古今和歌集』ともに枕詞が活躍します。枕詞のなかに意味がよくわからないものがあります。しかも、それは枝葉末節というよりも一番中心をなす、質量ともに一番よく使われる枕詞に意味がよくわからないものがあります。中学・高等学校でそういう言葉にぶつかって、「枕詞というものはわからないものがあるんだ、覚えりゃいいんだ」と、国語の先生に言われました。そういう枕詞があるわけです。ところが、大和盆地・近畿で考えると答えが出ない枕詞を、九州で考えてみると次々に答えが出てくる、ということを発見しました。当たり前だと思われるかもしれません。なお、この件については福井久蔵《きゅうぞう》さんという優れた先達の研究のおかげを被ったわけです。福井さんが著した『枕詞の研究と釋義』（不二書房、初版一九二七年）は分厚い本で、ありとあらゆる枕詞を並べてあります。そして、江戸時代からの枕詞に対する解釈をすべて採集して収録するという方針で、この本はできています。今までの枕詞についての学者の説を、完璧に知ることができる有難い本です。

明治維新のとき、国文学や漢文などの和綴じの本はガラクタになってしまいました。障子貼り等に使われたわけです。その後、そういう二束三文になった本を買いつけにきた国があります。中国の商人が買ってどんどん中国に持って帰った。それが今、中国の図書館の地下に眠っています。植民地から強奪していってオランダの図書館に眠っている史料とは意味が違うわけです。浙江大学の日本学研究所が、その目録を作ろうと中国全国の図書館に呼びかけました。そうしたら、あまりにもデータが多すぎて処理能力を超えてしまった。改めて通知を出して、中国関係の文献だけを纏めることにしたそうです。それくらい江戸時代の和綴じの本が、中国の図書館の地下に眠っています。何にも使われずに置いてあるわけです。福井さんが見つけられなかった本も、中国の図書館の地下に眠っている可能性があります。

それは余分な話ですが、福井さんは極力史料を収集しているのが素晴らしい。もう一つ素晴らしいことがあります。というのは、この人の序文というか、今までの枕詞の研究に対する見解が書いてあるかなり長い文章があります。それを見ると「ここに集められた研究結果について検討したけれどほぼ信用できない。それらの解釈について自分は納得できなかった。しかし将来の研究者のためには役に立つと思うので万遍なく収集し記録しておく」とあります。本当の学者とはこういう人だと思います。わたしの尊敬する学者のひとりです。

足引きの

一例として「足引の」についての従来の解釈を、この本で調べてみます。「山行には足を引きて歩するを以ってなり」とあります。つまり山に登っていくと足を引きずるから「足引の」山と係かるという説明が有力です。もちろん福井さんは「こういう説明は駄目だ」と判断しています。いろいろな文献の従来の説を纏めてくださっているおかげで、自分の説が新しい考えかどうか判断できるわけです。

そこでわたしの考えを述べますと、福岡県太宰府の東側に宝満山つまり昔の三笠山があります。上には二列石があり、以前は三列石であったという記録があります。「笠」の「カ」は神様の「カ」で「サ」は接尾語ですから、三つの神聖なものが「三笠」です。実際の姿に一致しているわけです。奈良の三笠山には三列石やその伝承などはなく、「三笠山」です。さらに、福岡の三笠山の麓には御笠川があり山と川が対をなしています。太宰府・筑紫野市・大野城市・春日市の一部の人たちはここから太陽や月が登るのを見るわけです。裾野が長い山なので、どの季節でもここから太陽や月が登ることに変わりない。そして筑紫野市に阿志岐《あしき》という地名があります。郵便番号簿でも確認できる。「岐」は、城や要害の「キ」です。「阿志」というは、「阿」は接頭語で、「志」は人の生き死にする場所を言う。とにかく、語幹が「アシ」でプラス「キ」なんです。ところがここから必ず太陽が出る。そこでここに「ヒ」が入る。「アシヒキ」となる。

京都ですと「山」というと比叡山をあらわします。京都盆地の人からみて太陽の登るのが比叡山だから「山」といえば比叡山となったのでしょう。土地土地で「山」といえばどの山か決まっているわけです。太宰府・筑紫野市・大野城市・春日市の一部では、「山」といえば宝満山。「アシヒキ」の太陽が出る山、なんのことはないですね。大和でいろいろ考えるから、解釈が難しくなっていたのです。

久方の

次に「久方の」光のどけき。これもよく出てきますが、なぜ「久方の」が光に係かり結びつくかということはわからない。大和盆地でいくら考えても答えは出ないと思います。そこで九州に舞台を移してみると、志賀島に白水郎《あま》舞《まい》というのがあります。君が代のお祭りをやる時に、白水郎舞という舞をやる。年に二回香椎宮に奉納に行くわけです。香椎宮に川が流れていて、そこに久原《ひさはら》・久山《ひさやま》があります。海岸部はもっと広かったはずでそこが久潟《ひさかた》。干潟の「カタ」です。そこで白水郎舞を奉納する。そうすると「久方のあま」。「久方の」光と書きましたが、「あま」にもかかりますね。では、なぜ光か。久潟の港は御津《みつ》、津にたいして神社の前だから御をつけて御津、それをしゃれて御津を光と書き直すんです。さらに段階があって光《みつ》を「ひかり」と読み直す。よく似た例に「天満宮《てんまんぐう》」があります。これも元は「あまみつ」。漢音にしたら偉そうに聞こえるということで「てんまんぐう」とした。天津神が祀られているから「天御津《あまみつ》」。九州王朝の天津神を隠して、菅原道真に移し変えたわけです。元々は九州王朝の天津神を祀ったのが天満宮です。

さらに「飛鳥《とぶとり》」の明日香。「飛鳥《とぶとり》」という字を「あすか」と読む。これも万葉学者の百人が

あすか

百人挑戦しています。それを見てみると「よく考えて理屈を並べましたなあ」という感想しか持てません。ところが、これも九州へ来ると大変簡単です。小郡市《おごおり》に井上《いのうえ》というところがあり、その小字に「飛鳥《とびしま》」という場所があります。現在は「飛鳥」であるが明治期の字地名では「飛鳥《ひちゃう》」と仮名がふってあります。漢音の字地名というのはほとんどないので、もとは「飛鳥《とぶとり》」。なぜ「あすか」と書かないか。ちょうど明治になって大和朝廷の飛鳥《あすか》に遠慮したものと推定されます。この近くに「得川」と書いて「とくがわ」と呼ぶ川があります。これは、元は「徳川《とくがわ》」と呼んでいたものを、江戸時代になって遠慮して変更したと想像されます。新権力に対する恐怖感はいつの時代にもあります。高良大社《こうらたいしゃ》では神社側と仏教側の二人のボスがいましたが、明治維新になって仏教側の大僧正が阿蘇山のほうに追われて、木に吊るされて殺されたという出来事がありました。そういう噂は、あっという間に広がります。「飛鳥《あすか》」を「ひちゃう」と書くのもささやかな抵抗なんですね。

ついでながら言っておきますと、日田と小郡の中間にある神社の祭神が明日香皇子《あすかのおうじ》。明日香皇子というのは、『古事記』『日本書紀』『万葉集』にありません。明日香皇女《あすかのおうじょ》は、あります。明日香があったから、明日香皇子が祀られています。その点からもここは「あすか」と呼ばれる土地だったといえます。

「あすか」の意味について言っておきますと、「あ」は接頭語の「あ」で、「す」は須磨明石の「す」で住まいを指し、「か」は神聖な神様を指す接尾語。要するに神聖な住まいという意味の日本語です。韓国語の安宿（アンスク）が日本語の影響を受けたかどうか知りませんが、安宿が明日香《あすか》の元だという説は「足引き」に対する従来の説明と同様なものです。

字《あざ》の井上は、地図で見ると鳥のような形となっています。そこを歩いてみると字どおりの地形となっ

ています。水路があって、そこが干上がると陸地になる。水路の跡が鳥の首のような地形になる。その陸地を、どっちの村が取るかという話になる。そこで結局どっちの村にも属させず、領主の館がある井上の土地だということになります。領主の館跡は草ぼうぼうの土地となっていました。その回りに幅四メートル前後の堀がありました（注＝現在は埋めたてられている）。それが館跡全体を取り巻いています。字の井上が飛ぶ鳥でそこの端が「あすか」、「飛鳥（とぶとり）」の明日香となります。

たらちね

もう一つだけやってみます。「垂乳根《たらちね》」の母。これは、「意味はわからないけれど覚えておけ」という説明ではなかったはずです。「垂乳根《たらちね》とはおっぱいのいっぱい出るお母さん、昔も今も変わらんだろう」という説明があったかもしれません。しかし、おっぱいのいっぱい出る意味なら、「たるちね」と言わなければおかしい。「ち」は名詞です。それに「足りる」がかかるなら、連体形の「たる」でなくてはおかしい。佐賀県の有明海側に「太良《たら》」という所があります。その奥の長崎県との境に「多良岳《たらだけ》」があります。「ちね」というのは神様の住む峰という意味です。東北にも「早池峰《はやちね》」というのがあります。「太《た》」は太郎さんの「た」で、「良《ら》」は接尾語で大いなる山という誉め言葉です。明治前期の地名を調べてみると、その「太良」近辺に「馬場《ばば》」という地名がやたらとあるんです。山の稜線にも「馬場」があるんです。そこで馬の練習をするはずはなく、べつな意味だろう。「ば」は場所の「ば」で、「は」と同じで広い場所をしめす。「ばば」といっているのはダブリ語で、南方系にはダブリ語の地名が多い。また、佐賀県には濁音が多い。それで「ばば」。もとは「はは」。太良町の北側の鹿島市の教育委員会に紹介してもらって、郷土史家の方に確認しました。そうしたら確かにその近辺では広いところを、「ばば」というとのこと。それで「たらちね」の「はは」。濁音で「ばば」。この場所で考えればなんのことはない。

「あらたまの」年をへての「あらたまの」という枕詞について説明します。大善寺玉垂宮には祭神が二つあり、一方が住吉神となっています。住吉神を『万葉集』では「あらひと神」と呼んでいます。外洋では鯨が大きいが、内海では「あら」という魚が、大きい魚の代表。それを祀ったのが「あら神」。荒神《こうじん》信仰を中国に結びつけている人がいます、中国には荒神信仰などありません。鯨を神様にした「いざなぎ、いざなみ」は外洋の神様。内海の神様は「あら神」。大善寺玉垂宮のもう一つの祭神は玉垂命《たまだれのみこと》。江戸の終わり頃、天皇の世の中になりそうだというので、宮司さんが氏子から了解を取って祭神を「武内宿禰《たけのうちのすくね》」に変更しました。敗戦後また玉垂命に戻したという歴史がありました。そういう歴史の文書が残っていることが貴重だと思います。そうすると、ここの神様は「あら神」の「あら」と「玉垂」の「玉」で、「あらたまの」となる。鬼夜の祭りは、実際には年末から始まっていて、年を越して一月七日に火祭が行われます。「あらたまの年をへて」となる。大和では開かない鍵が、舞台を九州にしたとたんに開く実例がここにもあります。

2　記紀に出てくる歌謡

記紀に出てくる、『古事記』の倭建命《やまとたける》の条で「倭は國のまほろば」の歌が出てきます（『岩波古事記』二二二ページ）。

まほろばの歌——第五回

「倭は　國のまほろば　たたなづく　青垣　山隠れる　倭しうるはし
命の　全けむ人は　畳薦《たたみこも》　平群の山の　熊白梼《くまかし》が葉を　髻華《うず》に挿せ　その子
愛しけやし　吾家の方よ　雲居起ち来も」

関東へ行ってから三重県まで帰ってきた倭建が、大和寸前まで来たのに病気になって進めない。「わたしの恋い慕う大和は、目の前に見えているのに」と言って亡くなられた、と『古事記』では書いてあって、わたしの少年時代に大好きな歌でした。大人になってから考えてみるといろいろ問題が出てきたのです。

まず『日本書紀』の景行紀に同じような歌が出てきます（『岩波日本書紀』上、二九二ページ）。

「愛しきよし　我家の方ゆ　雲居立ち来も
倭は　國のまへ（ほ）らま　畳づく　青垣　山籠れる　倭し麗し
命の　全けむ人は　畳薦　平群の山の　白樫が枝を　髻華に挿せ　此の子」

同じような歌ですが、まず順序が違っています。内容もちょっとずつ単語が違ったりしているわけです。おかしいのは『古事記』の方は倭建が三重県まで帰ってきて歌ったことになっています。ところが『日本書紀』のほうは景行天皇が九州大遠征をやって、日向に行ったときに歌ったことになっています。大成功の遠征において意気揚揚と歌ったということになっていて、『古事記』とは正反対の歌です。どちらにみたらいいのか困ってしまいます。これも困るのはわれわれだけです。

よく言われていますように、南北朝時代までは『古事記』は知られてなかったわけです。紫式部も親鸞も道元も日蓮も『古事記』は知らなかった。『日本書紀』だけ読んで、日本の歴史を考えていました。そういう人は悩む必要はないのです。『日本書紀』だけで考えていればいいわけですから。しかし、両方並べてみると、どちらが本当かと。しかも倭建命（『日本書紀』では日本武尊）と景行は親子ですから、まったく偶然としても変です。これは『日本書紀』の景行紀の九州大遠征譚が、九州王朝のX（エックス）が九州の南半分を征服した話を切りとって『日本書紀』にはめこんでいるからです。その証拠に、景行の九州遠征の話は『古事記』には一切載っていない。さらにそのXは、日向から別府へ出て関門海峡を通って博多湾に帰ったことがわかりました。その部分は、仲哀紀に入れ込んで使用してあるのです。

Xの最終凱旋地は福岡県吉武高木遺跡であり、三種の神器の王者です。

「命の全けむ人は畳薦平群の山の白橿が枝を髻華に挿せ此の子」

となっていて、平群へ着いたらもう命が全うして「凱旋できた喜べ」という歌になっています。大和にも平群はあるが、大和盆地の北東にあってそこを目指して帰るような場所ではない。九州なら、平群は吉武高木ですから歌によく合っています。歌詞の順序も『日本書紀』のほうが本来形、『古事記』は倭建の話に合わせるために順序を差し替えているのです。

「愛しきよし我家の方ゆ雲居立ち来も」

「愛しきよし」の「愛し」は早いという意味に解釈しています。博多湾岸に帰ってきて背振山脈のほうに向かうと、七月・八月ごろには、すばやく立ち上る入道雲が見られる。「多元的古代研究会」の故高田かつ子会長の調査によると、『万葉集』の中で「我家（わぎへ）」という場合は、城や館を表す場合が多いようです。「我家」は吉武高木でしょう。そちらの方から、素早く雲が立ち上がってくるのを歌った。吉武高木は三種の神器が発掘されたことで有名ですが、その東側五十メートルくらいの所から神殿跡と称されるものも出てきました。

「倭は國のまへ（ほ）らま畳づく青垣山籠れる倭し麗し」

倭（やまと）というと、文句なしに奈良県のことと読まれていたが、吉武高木北側は山門（やまと）・筑前山門（ちくぜんさんもん）です。駅名にもなっています。「まへ（ほ）ろば」はよく言われる言葉ですが、『日本書紀』の古い写本では「倍（へ）」となっています。「まへらま」は〝端っこ〟。中心ではなく、片端《かたはし》の良い場所をいう。ということで、これら三歌は九州を舞台とした歌と考えるとすぐ理解できる内容となります。

甲類・乙類についての国語学者との論争――第五回

漢字の読み方や万葉仮名について議論を進めていったところ、国語学をやっていた方からの決定的ともいえる反論がありました。

「倭」について、『日本書紀』では「夜摩苔」、『古事記』では「夜麻登」と表されています。「苔」も「登」も、橋本進吉さんによる『古代国語の音韻に就いて』（注＝岩波文庫、一九八〇年。ただし本書は『国語音韻の研究』岩波書店、一九五〇年、からの抜萃である）によれば乙類となっていて、甲類の「門」と混用されることはあり得ないというのが常識になっています。また邪馬臺国の「臺」も乙類なので、甲類の「門」をつかう「山門」は邪馬臺国ではないというのが、古田説が出るまでの趨勢でした。

ところが橋本進吉さんの本を見てみると、甲類清音は「刀斗土杜度渡妬覩徒塗都図屠」ときて、そのあとに、「・」が入っています。なぜ「・」が入っているかというと、ここまでは「ト」系列の音。ところが、「・」の後の「外砥礪戸聡利速門」は音ではない。例えば「外」は音では「ガイ」だが「そと」と訓読みすれば、その「と」をもってきて「と」と読めないこともない。「砥」も同じようにすれば読めないこともない。わかりやすい例として「戸」の音は「コ」です。意味の「と」に当てているわけです。その点、一番問題なのは最後の「門（もん）」です。どうひっくり返しても「門」には「ト」という音はないわけです。ただ意味として「戸口」の「戸」と同じ意味があります。それだけの話です。つまり表音と表意を同じ一系列にして論じているのです。しかし、これはやはり「表音」で甲類と乙類を比較すべきです。「表意」の場合は別扱いにしなくてはいけないと思います。

橋本さんにしてみれば、「・」をいれて別扱いにしたつもりかもしれませんが、お弟子さん達はそうは思いません。ここにある「門（もん）」は、疑いもなく甲類だと思いこんでしまう。性格が違うものは、やはり明確に分けて論じるのが学問的方法だと思います。

さらに驚いたことがあります。乙類清音に「臺」が入っています。ところが、『古事記』『日本書紀』

『万葉集』のどこを見ても、この用例は見つからないのです。橋本さんがおっしゃるのだから、どこかに書いてあるのだろうと探してみたのですがないのです。「臺」は、「うてな」という御殿の意味や、高台の意味では出てきます。ところが「ト」という音の表記としてはまったく出てきません。どうして「臺」がここにあるのか不思議です。どうも結論としては、邪馬臺国を「やまとこく」と読むものとして、「臺」を「ト」と読むことにしたのではないか。もちろん、そういう判断をするのは勝手です。しかしその場合は、そういう判断でここに入れたということを、付記しておくべきです。これを堂々と「橋本法則」という形で入れてしまったのが間違いです。弟子の人達が、橋本さんを神様扱いして絶対的なものとして動いてしまったのです（注＝『時代別国語大辞典』上代編〈三省堂、一九八三年〉では、「台」のみ「と」の読み方が載っており「臺」の読み方は載っていない）。

　藤堂明保さんの中国音韻学の本を読んでみたら、「臺」は「ト」であると書いてあります。手紙を出して問い合わせてみました。返事は同様に邪馬臺国を「やまとこく」と読むものとして、「臺」を「ト」と読むと書いたということでした。橋本さんも藤堂さんも、年齢は少し違うにしても広い意味では同じ東大の研究仲間でしょう。だから、同じような考え方になるのは仕方がないのかなとも思います。

　小山敦子《おやまあつこ》さんという、東大をご卒業後、長らくアメリカの大学で教授をなさっていて、『源氏物語』を言語学の資料として研究を続けてこられた、言語学の専門の方がいらっしゃいます。その方にこの話をした時、小山さんは「わたしにとって橋本先生は神様のような人です。絶対間違いがないと思っていましたが、それに間違いがあるのに納得しました」と言って感激しておられたのが印象的でした。

3　『万葉集』の歌

雷の丘の歌
——第七回

万葉の歌の中で、最もわたしの心を打つ歌は次の歌です。

二三五「大君は　神にし座せば　天雲の　雷の上に　廬らせるかも」

戦争中にはさかんにこの歌がPRされておりました。いまの高等学校の教科書にも載っていて「昔、天皇は神様でありました」と書いてあります。この歌を斎藤茂吉も褒めちぎっていたので、いい歌だと思っていました。ところが大和の現地に行って、憧れの雷《いかづち》の丘《おか》を見てがっかりしました。三〜四分で登れる小さな丘です。こんな小さな丘に雲がかかるのか、それが「神でいらっしゃる証拠です」とか、そんな変なオベンチャラを言われて天武天皇や持統天皇は喜ぶのか。この歌はトンチンカン極まりないと、現地を見てがっかりしたし、どうなっているのだと思いました（注＝二三五番では雷岳と書いているが大和には雷岳はなく、学者は雷丘〈高さ一〇米〉をあてている。近くの天香具山も一五二米あり、雷丘をあてるのはアンバランスである。なお『万葉集』自体の注に、或本に云く、として雷山の名が見える）。

これが九州に行って謎が解けました。九州に行くと福岡県と佐賀県の境の背振《せぶり》山脈の第二峰に雷山（らいさん・いかづちやま）があります。そこに雷神社《らいじんじゃ》が上宮・中宮・下宮とあります。ここは玄海灘・博多湾・唐津湾に囲まれていて三方が海です。ちょっと離れていますが南の有明海を入れたら四方になります。だから雷山は絶えず雨雲に覆われています。何回も上がったが、いつも雨雲に覆われています。晴れたのはごくまれな経験でした。ここに九州王朝の代々の王をお祀りした社《やしろ》があって、それが上宮・中宮・下宮となっているわけです。ここでこの歌が歌われたと考えたらどうか。「大君は」のところの原文は「皇者（すめろぎは）」となっていて、

「すめろぎは神にし座せば天雲の雷の上に廬らせるかも」となります。

亡くなった代々の王は神様として雷神社に祀られている、それを歌って「ここに安らかに廬を結んでいらっしゃる」となるわけです。この廬というのがキイ・ワードです。これは白村江の後の時代、要するに「民の廬は荒れ果てにけり」の状態で、そこに中国の占領軍がやってきている時代の歌です。いままでの支配者の墓地や要塞、あるいは祀られていた三種の神器が壊されていく凄惨な状態です。ところが、ここは山の上で「ここに安らかに廬していらっしゃる」。だから、「山の上でよかったですね」という意味にも取れるし、「あなたは安泰にしていらっしゃるが、あなたの子孫が統治していた土地は荒れ果ててしまいました」ともなります。そういう意味では統治者を責める歌でもあるわけです。

しかし、そこに現実にいるのは唐の占領軍です。唐の占領軍はだいぶインチキな占領軍です。自分たちが隋の天子を殺した。その罪名を濯ぐために倭国を悪者にして、「日出る処の天子」などとあんなことを言うヤツを許しておけない、それでその同盟国の百済に侵略して、機運に乗じて占領した。彼らは嘘の理由で倭国を占領したのです。まさに逆襲の侵略犯です。それを人麿は当然知っているわけです。だから、この歌の本当の目的は唐に対する批判です。

偽りの理由で他国へきて、宮殿から神籠石などを壊して回っているわけです。庶民が疲れ果てています。唐の外国軍に対する批判です。直接の理由は筑紫の君です。これは言葉に表しています。ところが「唐」は一度も言葉に出ていない。出てないのが本当の主題なのです。唐という言葉を一言も出さずに唐を批判している、すごいことです。最高の歌です。

一九九番――第七回

一九九番は高市皇子の殯宮の時の人麿の作った歌として載っています。

「かけまくもゆゆしきかも言わまくもあやに畏き……」

長歌であり、詳しくは『壬申大乱』（復刊版、ミネルヴァ書房、二〇一二年）を見てほしいのですが、壬中の乱とは内容や季節が合いません。天武側が反乱に勝ったはずなのに、この歌では中心人物は「戦場でどこかに消えてしまった。悲しいが、行方がわからん」ということで終わっています。さらに具体的には「み雪降る」とか「春さり来れば」という表現が出てきて、この歌のシーズンは真冬から早春にかけての歌です。ところが壬申の乱は真夏の戦いです。旧暦の七月、八月初めに始まり一カ月ちょっとで終わっているのです。終始、汗をかきかきの戦いであったのは間違いありません。「この歌は、九州王朝の戦いの歌である」と『壬申大乱』で論じていますので、それを見てください。要するに、歌の内容の一部は後世の写本で手直ししている部分があるので置くとしても、前書きが内容と全然違っています。全然違うところに、はめこんでいます。ここに「百済の原ゆ」と出ているから、当然百済が舞台の歌と思われます。それを「大和にも百済という所がある」などと万葉学者が言うわけです。そこで戦ったという記録も何もないのに、そこで戦ったことにしているわけです。しかし、一番有名な百済といえば朝鮮半島の百済ではないですか。朝鮮半島の百済と理解すると矛盾がないわけです。

ということで『万葉集』は、九州王朝の歌をごっそりと持ってきてはめこんで作った「盗作集」だということがはっきりしました。『壬申大乱』では、「盗作」が間違いないと証明ができるものを選んで論じています。他の歌を大和の歌と解釈して結構ですと言っているわけではありません。例えば、七夕の歌が大量にあります。どこでどう作られたかよくわかりません。この前、小郡に行きましたところ、七夕宮《たなばたぐう》という七夕のための神社がありました。そういう神社は近畿にはありません。あそこだったら、七夕の歌が大量に作られてもおかしくない。九州王朝で歌集があり、歌謡文化が栄えていたものを、近畿天皇家がいただいてきて『万葉集』を作ったと考えられます。逆にいうと、これこそ大和の歌だというものを証明するのが必要な段階に、やがて入っていくと思われます。

柿本人麿は島根県で死んだということは有名です。ところがわたしが十五年ぐらい前に行ったときに、戸田という所で柿本人麿がここで生まれて、七歳までいたという話を聞きました。それで今度映像編集事業会社アンジュ・ド・ボーテＨＤの望月さんにそれを話しましたら、望月さんがそこら中まわってきました。やっぱり浜田市の戸田というところで生まれていました（注＝浜田市に戸田柿本神社というのがある）。

それで七、八歳の時に才能、天才を発揮しました。それで都から使いが来て、都に行って教養を積んだということです。その後戻って、二十歳ぐらいまではやはり石見にいながら、しばしば都にも行っていたらしいのです。

人麿が和歌山で作った歌で、古い家があって、かつて大和にいる恋人と一緒に来て華やかに過ごした、それが今や荒れ果てていて何物も残っていないという歌が残っています（巻九―一七九八）から、近畿にいたことも否定できません（注＝『人麿の運命』復刊版、ミネルヴァ書房、二〇一二年、三四一ページ以下に詳しい）。

人麿を祀った神社は日本中に百二十ほどありますが、その八割は山口県にあります。人麿の歌碑を作って喜んでいるのが日本人かと言いたくなりますが、それは日本全体でなく大半が山口県です。

山口県はいろいろな人と関係があります。船氏の王後の銘文がその一つです（注＝『俾弥呼の真実』一九二ページに「大阪府柏原市出土の「船王後《せんおうご》墓誌」〈三井高遂氏蔵〉。七世紀中葉の年時〈干支〉をしめす銘文だ。当人の王後は辛丑十二月三日庚寅の没。「年」と「月日」の双方が干支でしめされているため、六四一年の十二月三日と特定できる。貴重だ。しかし、従来の理解では、矛盾が続出した。ところがこれに反し、いったん「九州王朝」を基準尺とすれば、諸矛盾は一挙に解消する。「乎娑陀〈おさだ〉」「等由羅〈とゆら〉」「阿須迦〈あすか〉」の三人の天皇は、それぞれ「曰佐〈おさ〉」〈筑前国那珂郡、博多〉「豊浦〈とゆら〉」〈長門国、豊浦郡〉「飛鳥〈あすか〉」

〈筑後国、御井郡、小郡市〉となろう。」とある）。あれを旧天皇家と結びつけてきたが実際はそうではなくて、三代の九州王朝の天子を指しています。その中で王後がいた豊浦宮というのは山口県の豊浦宮です。神功皇后も豊浦宮にいました。今は下関市になりましたが、神籠石が山口県の東の端まで行っています。理由は、豊浦宮が山口にあり、乎娑（おさ）は博多にあり、飛鳥は小郡市にあるからです。

つまり三つとも神籠石の内部にあります。これを近畿天皇家に結びつけることはできないのです。人麿の時に都というのは豊浦です。豊浦というと石見からすぐそばです。そこで評判になったというのは非常にわかりやすいわけです。

人麿については、他にもいろいろ言っておきたいことがあります。『万葉集』には人麿が朝鮮で作った歌もあるのです。

一三一「石見の海　角（つぬ）の浦廻（うらみ）を　浦なしと　人こそ見らめ　潟なしと　人こそ見らめ　よしゑやし　浦は無くとも　よしゑやし　潟は無くとも（以下省略）」

一三五「つのさはふ　石見の海の　言さへく　韓の崎なる　海石にぞ（以下省略）」

角（つぬ）とありますが、百済の王城が州柔（つぬ）です。州柔城は錦江中流にあったといわれ、海岸からは離れているのです。郷里である石見の都野《つぬ》、現在の江津市都野津と海はつながっていて、同じ「つぬ」だけれど、ここには浦（うら）がないと人は言うと人麿は歌っています。百済の「つぬ」と石見の「つぬ」とをかけて、この歌はできあがっています。従来の解釈では、石見の「つぬ」そのものと解釈して、そこにいい海岸がないということになっています。続いて「韓の崎なる」で百済を示しているのに、ここも従来の解釈では、石見の都野の近くにあったのだろうということになっています。

人麿の恋の歌
――第六回

柿本朝臣人麿の歌三首

五〇一「未通女等が　袖布留山の　瑞垣の　久しき時ゆ　思ひきわれは」

五〇二「夏野ゆく　牡鹿の角の　束の間も　妹が心を　忘れて思へや」

五〇三「珠衣の　さゐさゐしづみ　家の妹に　もの言はず来て　思ひかねつも」

柿本朝臣人麿の妻の歌一首

五〇四「君が家に　わが住坂の　家道をも　吾は忘れじ　命死なずは」

従来の説では、布留山を奈良県の石上《いそのかみ》神宮と解釈して、そこの巫女が人麿に袖を振っています。それで人麿が、「あれ以来あなたのことを想い染めている」。なにか、神社を舞台に恋の駆け引きをやっているように見える。ところが舞台を九州に移すと、唐津に袖振山があります。その上に神社があります。大陸に向かって船が出ていく。白村江などへの戦いに出ていく時に、神社の巫女たちが袖を振る。恋愛感情とかというものではなく、戦いに出ていく兵士たちを送っている情景の歌と解釈できる。次の歌も、「束の間」を導く飾り言葉として「牡鹿の角の」を使ったというのが、従来の解釈。ところが「夏野」は博多湾岸の「那之津の野」。志賀島《しがのしま》の志賀海《しがのうみ》神社では、鹿の角がびっしりと並べてあります。あの情景を言っています。「あのように、あなたのことを一瞬も忘れたことがない」と歌っています。さらに次の歌も、注釈をつける人は困っています。「さゐさゐ」という言葉がない。「家を出てくるとき、何も言わずに出てきてしまった。なにか言えばよかったなあ」という意味であるのはわかる。しかし、何も言わずに家を出てくるのはよくあることではないですか。ところが、百済には沙井城（さいじょう）があります。その「さゐ」を取っています。戦争にでる前に、奥さんに「自分の気持ちをしっかり伝えずに出てきてしまったなあ」と歌っていると解釈できる。最後の、人麿の妻の歌も変な解釈になっています。古代には夫が妻の家に住むことはあっても、夫の家に妻が住むことはない。それなのに、人麿の妻が「君が家にわが住」と言っているのが間違いだと、従来説は解釈しています。これも九州王朝の前提で見るとすぐわかります。

『隋書』俀国伝《たいこく》では王の号は「阿輩雞彌（あはいのきみ）」、妻の号は「雞彌（きみ）」となっています。すなわち女の人のほうを「雞彌」と呼ぶのが、本来の用法です。そして、「雞彌」を護るのに「後宮に女六、七百人あり」と言っています。これも、うっかりすると「阿輩雞彌」が「後宮に女六、七百人」抱えているように読んでしまう。それは間違いなんです。俾弥呼の伝統を受けて、「後宮に女六、七百人」いるわけです。そうすると「君が家」は「雞彌がいらっしゃる後宮」。そこに人麿の妻となった人もいて、人麿が会いに来ていたわけです。その後、人麿の妻となったが「いつもあなたが会いに来てくれました。あの時の喜びを、忘れることはありません」。これも近畿天皇家のみを考えている従来の解釈は、前提を取り違えているからなかなか解けないのです。九州王朝と『隋書』俀国伝を考えに入れるとすっと解けるわけです。

「皇者」と「大王者」の違い――第五回

『万葉集』を原文で読むといろいろなことがわかります。非常にわかりやすいのは次の例です。

『万葉集』巻第十九、四二六〇番では、

「大君は神にし坐せば赤駒の匍匐ふ田井を都となしつ

右の一首は大将軍贈右大臣大伴卿作れり」

原文「皇者神尓之座者赤駒之腹婆布田爲乎京師跡奈之都」とあり、

『万葉集』巻第十九、四二六一番では、

「大君は神にし坐せば水鳥の多集く水沼を都となしつ

作者詳らかならず　右の件の二首は天平勝寳四年二月二日に聞きて即ち茲に戴す」

原文「大王者神尓之座者水鳥乃須太久水奴麻乎皇都常成通　作者未詳

右件二首天平勝寳四年二月二日聞之、即戴於茲也」

四二六〇番では皇者（訳文＝大君は）―京師（訳文＝都）、とあるのに対し、四二六一番では大王者（訳文＝大君は）―皇都（訳文＝都）とあります。これはアンバランスではないかと思われます。

この二つの歌は、両方とも多利思北孤を歌ったものです。

唐の占領軍が見ているから、多利思北孤は生きているときは天子でも、今は皇（天子）と呼ばず、大王と呼ばなければならない。死んだあと、皇と言い、京師と言いました。

白村江以前の多利思北孤を讃美したので、「作者未詳」となっています。『万葉集』の編者は作者を知っているのですが、固有名詞を出しては問題となるだけです。

しかし、天平勝寶（七四九～七五七）と記録しているのは、『万葉集』の編者は歴史家として鋭いと思います。なお「水沼」は皆さんご存知の福岡県久留米市三潴町の潴（みぬま）です。

『万葉集』の一、二、三、四巻までは人麿自身の表記は正確ですが、巻六以降は近畿天皇家一元のイデオロギーで扱っています。史料批判をしっかりしないといけないと思います。

『万葉集』の中の九州王朝の天子の奥さんの歌――第六回

『万葉集』巻第十三、三三二九番「白雲の　たなびく國の　青雲の　向伏す國の　天雲の　下なる人は　吾のみかも　君に戀ふらむ……この九月を　わが背子が　偲ひにせよと……この九月の　過ぎまくを……」

右の歌では「白雲のたなびく國」と「青雲の向伏す國」という二種類の国に分かれています。直接支配の国と、間接支配の国に分けています。どちらも天の下にある。「この九月を待ってくれ、万代にこの九月のことは伝えられるだろう」と言ってあなたは出ていった。ところが九月を過ぎ、年が明けてもあなたは帰ってこないという歌。白村江の戦いは、八月に始まり九月に敗戦が確定しています。九月には結論が出たが、それはこの歌のご主人が言っていたのとは逆で、敗戦という結論が出てしまった。このご主人は、直接支配の国と間接支配の国をともに支配する倭国統一の王者だった。それを証明できることがあります。漢の武帝に「秋風辞《しゅうふうのじ》」という歌があります。漢の武帝が戦争に出た時に汾河《ふんが》というところで、奥さんを恋い慕って作った歌として有名です。この歌が先程の「白雲のたなびく…」の範になっています。まず「秋風辞」も白雲が始めにあります。先程の歌では「數（よ）みも敢へぬかも」で終わっています。この部分は写本では「鳴」で終わっていて、『岩波万葉集』三は原文書き換えを行っています。「秋風辞」は、「簫鼓鳴兮發櫂歌（しょうこをならして、ようかをはっす）」で終わっています。「鳴」があります。もちろん「鳴」は日や時を知らせる太鼓を鳴らすという意味で使っています。「白雲のたなびく…」の歌では、太鼓の音をたよりに「九月までもう何日」と待っていたが、しかし帰ってこない。「白雲」で始まって「鳴」で終わる秋が舞台です。漢の武帝の場合は、武帝が奥さんのことを思って歌っています。「白雲のたなびく…」の場合は奥さんが戦争に出ていって帰ってこない旦那のことを歌っています。

この奥さんは「秋風辞」を知っていて、知っているだけでもすごいのに、それを元にして歌を作っています。清少納言が「香炉峰の雪は」と聞かれて簾を上げる程度のレベルではない。「秋風辞」を元に痛切極まりない歌を作っています。従来の『万葉集』の研究家はこの歌にまったく注目していません。九州王朝という視点がなければ気づかれない歌です。『万葉集』の端にこの歌をよくぞ残してくれたなと思います。歌を作ったのは天子の奥さんだけではない。他にも白村江で敗れ悲しんだ歌の数多くが改竄されて使われています（注＝「秋風辞」の全文は、「秋風起兮白雲飛、草木黄落兮雁南帰。蘭有秀兮菊有芳、懐佳人兮不能忘。泛楼船兮濟汾河、横中流兮揚素波。簫鼓鳴兮發櫂歌、歓楽極兮哀情多。少壮幾時兮奈老何！」である）。

4 『古今和歌集』

『古今和歌集』の深層、紀貫之の「目線」と編集の立場を探る――第二回

『古今和歌集』(以下、『古今集』と略称)巻七、第三四三番に次の歌があります。

「わがきみは　千世にやちよに　さざれいしの　いはほとなりて　こけのむすまで」

これは、『古今集』の中でも最も有名な歌で、現在の「君が代」とは頭のところが違っているだけです。問題は、これだけ印象的で有名な歌がなぜ「題しらず読人しらず」なのかということです。明治以降、国歌にしたから有名になったのではなく、仮名序のなかで「さざれいしのいはほとなるよろこびのみぞあるべき」と引用しており、紀貫之自身にとっても大事な歌であったのは間違いありません。では、なぜこれだけの歌が「題しらず読人しらず」なのか。この歌の内容から見て、明らかに権力者に奉り祝った歌です。事実、賀哥《がのうた》とされています。そうだとすれば、縄文時代の話ではないですから、名称不明な天皇に名称不明な人が奉ったというのはおかしいのです。そのために、単なる地方の長者に対する祝い歌だという説も発生しています。しかし、『古今集』は勅撰和歌集です。単なる地方の長者に対する祝い歌だというのは、解釈する人にとって、その方が都合がいいという再解釈にすぎません。勅撰和歌集で「わがきみは」といえば、本来天皇を指すものとしなければいけない。それが地方の祝い歌に転化していったということは十分ありうる。しかし、地方の祝い歌が本来だというのは、勅撰和歌集の性格から言って無理があります。

では、『古今集』の中の「題しらず読人しらず」とは何者かということについて、検討しなければなりません。まず、『古今集』の中に「題しらず読人しらず」がどのくらいあるかを客観的に調べねばな

らない。「多元の会」の故高田会長に調査してもらいました。勘定の仕方で異同があり、何度か勘定し直していただいて最終版というわけではないのですが、現在のところ『古今集』千百十一首のうち四百三十二首が「読人しらず」となっています。これだけでも変です。一人や二人なら、いい歌だから「読人しらず」だけど載せましたというならあり得ます。しかし、全体の三分の一強も「読人しらず」というのはあり得ないことです。そうすると、これは何かあるということになります。しかも「読人しらず」であって「題しらず」というのはさらに変です。

結論を言いますと、有名な例があります。『平家物語』には、平家が都落ちするときに平忠度《たいらのただのり》が藤原俊成《しゅんぜい》のところにやってきて、次の勅撰和歌集に忠度自身の歌を載せてくれるようにと、百首あまり持ってくる話があります。そして、平家が滅亡して源氏の世の中になった後、『千載和歌集』という勅撰和歌集を作ることになった。そのとき藤原俊成は、平忠度が作った「さざ浪や志賀の都は荒れにしを昔ながらの山桜かな」という歌を、「故郷花《ふるさとのはな》」という題で、作者は「読人しらず」として載せた。平忠度が作った歌であることは、藤原俊成は承知なわけです。作者が歌を自分で持ってきて置いていったのですから。しかし、いったん朝敵となった人間だから、「読人しらず」として載せた。朝敵と言っても、同じ朝廷でその支援者が変わっただけの話なのに「読人しらず」とするのは、今のわれわれから見るとおかしいと思いますが、そういう世界のようです。作者を知っていても、政治的理由で「読人しらず」としたということです。そうすると『古今集』の「読人しらず」も同じなのではないか。紀貫之が歌の作者を知らなくて「読人しらず」としたのではなく、政治的理由で「読人しらず」にせざるをえなかったのではないか。こう見るのが筋ではないかと考えます。しかも、平忠度の歌のときは題がついています。「君が代」は題すらつけていない。例えば「わがきみに」とか「やちよに」いう題にしてもいいじゃないですか。ということは、二重に朝敵だということです。『古今集』で「題しらず読人しらず」が六十六首、「題しらず」だけとか「読人しらず」を合わせると、『古今集』全体の三分の一強もがそういう訳ありの歌だということになります。わたしが思うには、「題しらず」とか「読人しらず」がどのくらいあるかという研究は、『古今集』研究の最初に行うべき研究です。高田さんが苦労して何度も数えなくても、大学などでとっくに集計が終わっていて当然だと思います。しかし、『古今集』の研究書をいくら調査しても、誰もこういう研究をやっていません。もし、そういう研究をした方をご存知だったら教えてほしい。なぜ「題しらず」「読人しらず」の研究をせずに、『古今集』の研究書が出せるのか、不思議としか言いようがないと思います。

では、『古今集』とは何物か。当然、いにしえの歌と今の歌があるから『古今集』という。歌の作者として名前が載っているのは、ほとんどは平安時代の人であり、若干の奈良時代の人が入っています。とすると、名前が出ているのは皆今の人です。いにしえの人として扱われているのは、人麿です。人麿は七世紀後半で、文武天皇と背中合わせだと書いてあるのだから、紀貫之の認識ははっきりしています。七〇一年以降が今ということになる。名前の出てない三分の一強がいにしえの歌です。三分の二が今ということで、非常によくバランスがとれています。問題は、七〇一年より前の歌をなぜ「読人しらず」としなければいけなかったのかということです。従来の近畿天皇家一元史観では答えが出ないが、九州王朝の目から見れば簡単に答えが出ます。違う部屋の鍵を持っていっても開かなかった鍵が、正しい鍵でさっと開くようなものです。いままでの『古今集』の研究者が「題しらず」「読人しらず」にノータッチだったのは、近畿天皇家一元史観の鍵では、鍵が開かなかったからだと思われます。しかし、開かなかったら「開かなかったよ」と書くべきです。少なくとも統計の計算ぐらい、本を書くのだったら真っ先に行うべきものだと思う。九州王朝の目から見れば、九州王朝の時代の人間の名前は出せないということで、すぐわかります。

そこで、派生する問題があるわけです。「『万葉』の歌と『古今』の歌はまったく違う。『古今』の歌は下らん歌ばっかりだ。『古今集』の三分の一が七世紀以前の歌だなんてとんでもない」という疑問が当然起きてきます。その場合まず考えてほしいのは、『万葉』の歌といってもいろいろあるということです。

『万葉』の歌が全部人麿の歌と同じようなレベルの歌ばかりかというと、そんなことはないです。人麿レベルの個性なり感情が込められた歌は『万葉』のなかでもそうはない。もうひとつは、『古今集』は宮廷歌だということ。『万葉』は宮廷の歌もあれば庶民の歌もあります。そうすると、『万葉』と『古今』では層が違うわけです。宮廷の歌と庶民の歌が、同じ風格の歌を読んだかどうかということです。時代が下がってくれば、宮廷は宮廷らしい歌が成立し、庶民は庶民らしい歌が成立するのは当然のことです。違う層の歌を単純に比較して、時間的な前後関係に並べることはできない。新年になりますと歌会始めが行われますが、くだらない歌が多いですよね。なぜくだらないかと言えば、本人の苦しみや悩みや辛さが出ていない。例えば、「嫁が憎い、殺してやりたい」という歌はないです。現実には、そういう事件はたくさん起きていますが、歌会始めの歌にはありません。同時代であっても、歌会始めの歌は庶民の感情を歌った歌とは別なのです。

紀貫之自身、「万えうしふにいらぬふるきうた」を『古今集』に入れると書いています（注＝実際は『万葉集』の中の歌がいくつか採られている）。『万葉』が七・八世紀、その後が『古今』という明治以降教えられてきた常識を考え直してもらう必要があります。

次の問題は、橋本進吉さんが分析されたように、『万葉』では甲類・乙類に分けて記述されているのに、『古今集』ではそんな区別はないということです。しかし、人麿の歌など万葉仮名で書かれた歌を現代仮名遣いで書き直すことを考えてみてほしい。簡単に書き直せるでしょう。紀貫之は甲類・乙類があることは当然知っていたが、平安時代の現代仮名遣いで『古今集』を書いたということです。ある意味彼自身は、万葉仮名遣いで書くほうが楽だったかもしれない。しかし、「われわれの日常では甲類・乙類は使っていないのだから、日常の表現で歌集を作りたい」。大変な勇断です。今もいにしえも、平安時代の現代仮名遣いで表記したということです。当然反対があったと思う。わたしも戦後、国語教師をやっていて、現代仮名遣いで教科書が表記されているので、教えるのに違和感を感じました。歴史仮名遣いという言葉がありますが、あれは平安時代の現代仮名遣いのことで、それで『古今集』を書くという大英断を紀貫之がしたということです。

さらに『古今集』の仮名序には、「人丸はあか人がかみにたゝむ事かたくあかひとは人まろがしもにたゝむことかたくなむありける」とあります。従来の解説本では、人麿と赤人が同等だと言っていると説明していますが、わたしにはそうは読めない。いにしえの人麿より今の赤人のほうが上だと、言っているとしか見えない。いにしえより今の方が優れていると言わないと、平安時代の朝廷では受け入れられなかったでしょう。紀貫之自身の美学そのものでも、そうしたかったのでしょう。

『古今集』漢文序
――第二回

『古今集』には仮名序の他に、その三日前に紀貫之自身が書いた漢文序があります。

漢文序を書いて『古今集』を献上したところ、天子のほうからクレームがついた。それで書き直して仮名序をつけて再提出したと考えられます。これも『古事記』と『日本書紀』との関係に似ていて、漢文序は存在しないはずだったものが残ってしまったと考えられます。三日間のうちに書き直したのではなく、三日後に書き直しを指示されたのかもしれない。仮名序の最後は「いにしえをあふぎていまをこひざらめかも」となっていて、いにしえと今と両方顔を立てているように見えます。これも「今が後世から見たらいにしえとなるだろう」という意味だという解釈もあります。

『新撰万葉集』に「菅家万葉集」というものがあります。これは、幾千なるかを知らない歌を数十巻に編集し、そのなかから三百有余首を選んで新撰万葉集としたという菅原道真の文章があります〈注＝『新撰万葉集　京都大学蔵』〈臨川書店、一九七九年〉一〇九ページ〉。菅原道真・紀貫之の時代にも、朝廷にはたくさんの史料が残っていたということだと思います。ただ、そこには唐と戦った人たちの名が残っているので、一般の人には見せていなかったということです。

『古今集』巻第十九の歌について――第二回

一〇〇一「あふことの　まれなる色に　おもひそめ　我身はつねに　あまぐもの　はるゝときなく　ふじのねの　もえつゝとはに　おもへども　あふことかたし　なにしかも　人をうらみん　わたつみの　おきをふかめて　おもひてし……えふの身なれば　なおやまず　おもひはふかし　あしひきの　山した水の　こがくれて……」

この歌も「題しらず読人しらず」となっています。「あふことの…」で会いたい人に会えないわけです。「我身はつねに…」で、憂鬱な気分でいることがわかります。会うことができないことと、富士山が関係しているようです。「えふの身なれば」は、従来は閻浮提〈えんぷだい・人間界〉のことと解釈されてきました。これについては後で説明します。「あしひきの　山した水の」で、筑紫野市近辺にいるのがわかります。たぎつ心を嘆きながら、ひとりで立ってやすらんでいます。春になったら会えるかと思うが、とても会えそうにもないと嘆いています。

「えふの身なれば」の、「えふ」。どの写本を見ても「え」。『諸橋大漢和』によれば、「役立」を「えだち」と読んでいます。「役夫」は「えふ」と読んでいたはず。「役夫」は、「人に使われるもの。使用人。人足。人を賤しんでいふ語」とあります。そして「役夫夢《えきふのゆめ》」という言葉があります。「人生の富貴栄華は、夢のやうにはかないといふ喩え」と説明があります。これは『列子』の中で周の穆王《ぼくおう》のところに出てくる話です。その説明の最後に、「何所怨哉〈なんぞうらむるところならんや〉」とあります〈注＝『列子』「周穆王」の条に、「役夫曰：〈人生百年、晝夜各分。吾晝為僕虜、苦則苦矣；夜為人君、其樂无比。何所怨哉？〉」

とある）。先程の歌では、「なにしかも　人をうらみん」。偶然の一致でしょうか。『列子』を読んでいる人が、先程の歌を作っていると思われます。

「ふじのね」とは何か。『古事記』『日本書紀』の世界では、木花咲耶姫《このはなさくやひめ》であり、九州王朝の天子の奥さんを表しています。「おきをふかめ」は天照大神《あまてらすおおみかみ》の娘である沖の島の三人の女神を表しています。つまり、奥さんと娘さんに対する思いが深いと歌っていることになります。自分の奥さんや娘さんに「春には会いたいと思うが、おそらく無理だろうなあ」。つまり『列子』を教養に持っている人が、人足・人夫に落とされているということになります。この歌が『古今集』の実質的な最終巻である巻第十九の先頭にきています。

それに対をなして巻第七の先頭の賀哥として「君が代」があり、どちらも「題しらず読人しらず」です。「これまで構成していて、まだわからないの」と紀貫之は言っているのです。「君が代」が歌われている相手は「役夫」なんです。もちろん「君が代」の歌自体は、もっとずっと昔に作られたものでしょうが、「役夫」が天子だった時に歌われていたのが「君が代」なんです。そういう構成になっているのです。もちろん紀貫之の思い違いで、こういう構成にしているのかもしれない。とにかく、『古今集』の構成はそうなっているということです。

ついでに申しますと、沖の島の三人の女神は天照大神の娘であり、木花咲耶姫は瓊瓊杵尊／邇邇藝命の奥さんということになっていますが、それは『古事記』『日本書紀』の世界での話です。実際には、天照は弥生時代の人物ですが、沖の島の三人の女神も木花咲耶姫も、ずっとそれより古い縄文時代あるいはそれ以前からの神様です。天孫族が倭を征服した後、現地の人を取り込むために、娘や奥さんだという話にしたものです。済州島には、三人の女神が日本からやってきて結婚したという伝承があります。これも、『古事記』『日本書紀』の頭で話を聞いていると、あまりピンときませんが、三人の女神が縄文時代あるいはそれ以前からの神様だと考えると、古くからの交流の様子がよみがえってきます。

墨染めの衣の坊さんの格好をした人間が、役夫として労働させられているのが不思議かもしれません。坊さんにもいろいろあって穢多非人の坊さんがいるのですからね。もう亡くなってしまったが、わたしと同様な考えで親鸞と被差別民との関係を研究なさっていた、惜しんで余りある河田光夫《かわだてるお》さんの論文のなかにも、穢多非人の坊さんの話が出てきます。もちろん河田さんが調査したのは鎌倉時代の穢多非人の坊さんの話です。

現在でも、漢文が好きな人だといっても『列子』まで読んでいる人は少ないのではないでしょうか。しかも歌を読んだひとが、「これは天子だった人が作った歌だ」とすぐにわかってしまうことがないように歌を作っています。

えふの歌について——第二回

（質問）

「えふ」の歌は、どこで詠まれた歌でしょうか。『列子』の内容と「えふ」の歌とでは、立場が逆と思われますが。また、墨染めの僧侶についてもうすこし詳しくご説明ください。

（回答）

この歌では「あしひきの　山した水の」とありますから（注＝『岩波古今和歌集』三〇七ページ）、宝満山の下、太宰府・筑紫野市近辺で歌が詠まれたと考えられます。この歌の中では「あしびきの山」しか出てこないから、そのあたりがこの歌の原点と考えられます。

この地帯は、被差別問題が深刻な地域です。「墨染めの」と「しろたえの衣」とで、僧形しているのがわかります。僧侶というとお寺に住むいい身分という印象があります。江戸時代は、役所の一部の機能をお寺がしていたので、そういう印象を受けるのも無理もありませんが、僧形には別なものがあります。穢多非人の一部あるいは頭領としての僧形の人たちということもあります。河田さんは中世の絵巻物を利用して、緻密に論証しておられる。親鸞の葬式にもそういう人が参列している記録があります。ここからは想像になりますが、穢多非人の僧形の人たちが中世になって突如として現れたとは考えられません。それより前の社会構造を背景として存在していると考えられます。今年（二〇〇五年）亡くなられた藤田友治さんの話では、大阪の高等学校の教師として、貧しい被差別部落の家庭を訪問すると、そのそばに天皇陵があるという経験を何回かされたとのこと。そこで、被差別部落と天皇陵に関係があるのではないかと気づいたとのこと。従来の同和教育では、被差別部落は江戸時代の身分制度のなかで、でっち上げられたものということになっています。しかし天皇陵は江戸時代のものではない。さらに古い時代に被差別部落の淵源があるのではないかということで、わたしのところに訪ねてこられた。そこで古墳の分布図と被差別部落の分布図とがそっくりなことを説明しました。

例えば北海道や沖縄には、古墳も被差別部落もありません。東北地方の北半分にも、古墳はないし都市部を除いて被差別部落もない。そうすると、古墳時代と被差別部落とが関わりがあるのではないかということになる。魏志倭人伝を読むと、生口奴婢が出てきて倭は差別社会であることがよくわかる。弥生時代でそうなのだから、その後の古墳時代が差別社会であるのは当然のことです。さらに、縄文時代に差別があることがわかってきました。縄文時代は平等だというのは、マルキシズム理論による幻想にすぎません。日本の縄文時代を知っていて、原始共産制をマルクスが考えたわけではありません。現在の教科書もマルキシズムが背景にあって、国家の始まりは弥生時代としています。わたしは、それはおかしいと思います。鏃が突きささったままの縄文人の骨が出てきており、縄文時代にも戦争が行われたことを示しています。

それに対する説明が面白い。「動物を狙った弓矢が、誤って当たったもの」とあります。「見てきたようなことを、よくも言えるなあ」と思います。動物を殺せる弓矢が、人を殺せないわけがない。マルキシズムの理論に合わせて、縄文時代を理想化することはおかしいのです。

青森県の太平洋岸に縄文中期から後期にかけての遺跡があります。甕棺《みかかん》に入れられた女性の遺骨がたくさん出てきています。たくさん出てきているといっても、すべての女性が甕棺に入れて葬られているわけではありません。ということは、その女性は統治者か司祭者といった特別の存在であることがわかります。さらには、縄文時代にも奴隷があったこともわかってきています。

人麿と読人しらず――第二回

(質問)

九州王朝の人の歌は、「題しらず」「読人しらず」になっているというお話でしたが、そうすると、なぜ柿本人麿の名前だけが残されて、大々的に取り上げられているのでしょうか。

(回答)

柿本人麿問題のキイ・ポイントは、『日本書紀』に柿本人麿が一切出てこないということ。『万葉集』では、天武天皇や持統天皇のときに柿本人麿は大活躍しているわけです。それを知らんふりして、『日本書紀』が一切何も書かないといのは、まったくおかしいわけです。梅原猛さん等は「柿本佐留《さる》がこれだろう。処罰を受けたので人麿を佐留と書き換えたのだろう」と言っておられるのですが、わたしは反対です。もし、人麿を佐留と変えたのだったら、そういうふうに『日本書紀』に書けばよい。仮説を立てられるのは自由だが、人麿を佐留と変えたのは近畿天皇家ではないですか。天武も持統も権力者のままでいるのだから、遠慮せずに書けばいい。書いていないことを、解釈で結びつけるのはおかしいのです。

紀貫之はこの問題に対しても、一癖二癖ある一文を入れているわけです。すなわち柿本人麿は正三位（しょうさんみ＝おおきみつのくらい〈序文の表現〉）であったということを、仮名序に入れているわけです。それに対し、紀貫之が間違えて書いたのだというのが定説となっています。その定説の根拠は、『万葉集』で「柿本朝臣人麿の死《みまか》りし時」と書いてある、「死」とは従六位以下の人に使われるので、紀貫之が正三位と書いたのは誤りであるということでした。

わたしは次のように考えます。柿本人麿の死についての文章を、紀貫之は見ていると思います。紀貫之こそ近畿天皇家の官職官位の時代に生きた人です。「死」という表現が身分の低い人に対するものだと気づかないはずがない。そのうえで彼は正三位だったのだと言っているのです。「『万葉集』では人麿に対して『死』という字を使って、しかるべき敬意を払っていない。人麿は本当は正三位だったのだよ」と言っているのです。空想で正三位にして喜ぶわけがない。要するに七世紀以前の段階で「正三位の地位にいたが、『万葉集』では消し去ったのだ」というのが紀貫之の主張だと思います。最初の漢文序では、無難に纏めて、そんなことは書いていません。仮名序に書き直すときに、天子の指示で遠慮せずに断固書く、ということにしたと思われます。あれだけの歌を人麿が作るには、相応の身分にいないといけない。せめて三位ぐらいでないとおかしい。近畿天皇家の人物ではないので、『日本書紀』に書いていないが、仮名序で紀貫之は断固それについて書いたということが真相だと思います。

第九章　九州王朝の王者、天子たち

1　倭の五王

倭の五王と『日本書紀』の対比（編者補充）

古田先生は八王子セミナーにおいて、特に倭の五王にテーマを絞った講演をされていません。けだし、倭の五王は当然にしていません。また、『日本書紀』等の天皇の比定も行われていません。けだし、倭の五王は九州の天子（王者）であり、九州王朝の否定から始まる『日本書紀』等の天皇を倭の五王のそれぞれに比定することはおよそ無意味であると思われます。ただし読者にとっては、倭の五王の時代と『日本書紀』の時代を対比することについては、若干意味なしとはしないと考え、独断と偏見で表を作成しました。

なお、従来説では次のように比定しています（ウィキペディアより抜粋）。

『日本書紀』などの天皇系譜から「讃」→履中天皇、「珍」→反正天皇、「済」→允恭天皇、「興」→安康天皇、「武」→雄略天皇等の説がある。このうち「済」、「興」、「武」については研究者間でほぼ一致を見ているが、「讃」と「珍」については「宋書」と「記紀」の伝承に食い違いがあるため未確定である。他の有力な説として、「讃」が仁徳天皇で「珍」を反正天皇とする説や、「讃」は応神天皇で「珍」を仁徳天皇とする説などがある。「武」は、鉄剣・鉄刀銘文（稲荷山古墳鉄剣銘文　獲加多支鹵大王と江田船

「倭の五王」と「『日本書紀』の天皇」時代対比

西暦	中国王朝	中国元号	倭王	記　事	日本書紀天皇
413年	東晋	義熙9	讃	東晋・安帝に貢物を献ずる。(『晋書』安帝紀，『太平御覧』)	允恭
421年	宋	永初2	讃	宋に朝献し，武帝から除綬の詔をうける。おそらく安東将軍倭国王。(『宋書』夷蛮伝)	允恭
425年	宋	元嘉2	讃	司馬の曹達を遣わし，宋の文帝に貢物を献ずる。(『宋書』夷蛮伝)	允恭
430年	宋	元嘉7	讃？	1月，宋に使いを遣わし，貢物を献ずる。(『宋書』文帝紀)	允恭
438年	宋	元嘉15	珍	これより先（後の意味以下同），倭王讃没し，弟珍立つ。この年，宋に朝献し，自ら「使持節都督倭・百済・新羅・任那・秦韓・慕韓六国諸軍事安東大将軍倭国王」と称し，正式の任命を求める。(『宋書』夷蛮伝)	允恭
				4月，宋文帝，珍を安東将軍倭国王とする。(『宋書』文帝紀)	
				珍はまた，倭隋ら13人を平西・征虜・冠軍・輔国将軍にされんことを求め，許される。(『宋書』夷蛮伝)	
443年	宋	元嘉20	済	宋・文帝に朝献して，安東将軍倭国王とされる。(『宋書』夷蛮伝)	允恭
451年	宋	元嘉28	済	宋朝・文帝から「使持節都督倭・新羅・任那・加羅・秦韓・慕韓六国諸軍事」を加号される。安東将軍はもとのまま。(『宋書』倭国伝)	
				7月，安東大将軍に進号する。(『宋書』文帝紀)	允恭
				また，上った23人は，宋朝から軍・郡に関する称号を与えられる。(『宋書』夷蛮伝)	
460年	宋	大明4	済？	12月，孝武帝へ遣使して貢物を献ずる。	雄略
462年	宋	大明6	興	3月，宋・孝武帝，済の世子の興を安東将軍倭国王とする。(『宋書』孝武帝紀，倭国伝)	雄略
477年	宋	昇明1	興（武）	11月，遣使して貢物を献ずる。(『宋書』順帝紀)	
				これより先，興没し，弟の武立つ。武は自ら「使持節都督倭・百済・新羅・任那・加羅・秦韓・慕韓七国諸軍事安東大将軍倭国王」と称する。(『宋書』夷蛮伝)	雄略
478年	宋	昇明2	武	上表して，自ら開府儀同三司と称し，叙正を求める。順帝，武を「使持節都督倭・新羅・任那・加羅・秦韓・慕韓六国諸軍事安東大将軍倭王」とする。(『宋書』順帝紀)（「武」と明記したもので初めて）	雄略
479年	南斉	建元1	武	南斉の高帝，王朝樹立に伴い，倭王の武を鎮東大将軍（征東将軍）に進号。(『南斉書』倭国伝)	雄略／清寧
502年	梁	天監1	武	4月，梁の武帝，王朝樹立に伴い，倭王武を征東大将軍に進号する。(『梁書』武帝紀)	武烈

山古墳の鉄剣の銘文　獲□□□鹵大王）の王名が雄略天皇に比定され、和風諡号（『日本書紀』大泊瀬幼武命、『古事記』大長谷若建命・大長谷王）とも共通する実名の一部「タケル」に当てた漢字であることが明らかであるとする説から、他の王もそうであるとして、「讃」を応神天皇の実名ホムタワケの「ホム」から、「珍」を反正天皇の実名ミヅハワケの「ミヅ」から、「済」を允恭天皇の実名ヲアサヅマワクゴノスクネの「ツ」から、「興」を安康天皇の実名アナホの「アナ」を感嘆の意味にとらえたものから来ている、という説もある。（以下略）

倭の五王の勢力

範囲——第八回

（質問）

俾弥呼のころ百余国が三十国になったが、倭王武のところでは、「東は毛人五十五国、西は六十六国の衆夷、海北を平ぐること九十五国」という形で国の数がいろいろ変わってきております。その間の事情をご説明ください。

（回答）

倭の五王が九州であるということは、やっぱり動かない。なぜかと言うと多利思北孤を九州と見る以上は、倭の五王だけを大和にするわけにはいきませんから、倭の五王も九州の五王だということになります。

そうすると倭の五王のところに書いてある国名も九州、筑紫を中心とした数です。しかしそれが、どこどこであるかということは、あの数からして割り振ることはできません。割り振ってもそれは小説のようなもので、歴史学とは関係ないわけです。「割り振ることができない」というのが歴史学です。ただ原点が筑紫であることは動かない、という立場です。

2 『隋書』の随所に見える九州王朝

『隋書』が書かれた大きな目的について、はっきり書かれているのは、帝紀の最後の恭帝で、最後の天子の記録です。その中に、

唐の高祖の大義名分——第七回

十二月癸未薛擧自稱天子、寇扶風。秦公爲元帥、擊破之。

という文があります（『隋書』中華書局版、一九九四年、一〇〇ページ）。

薛擧という人物が自分は天子であるということを勝手に称したわけですが、これは許せぬということで、これを攻めて滅ぼしたという記事です。

『隋書』の大目的は、わたしの論証では、「日出る処の天子」の問題によって唐の高祖の「反乱」を美化する、ということです。それは全体の文脈です。さらにこの問題には続きがあり、『隋書』の今の箇所では、「此の後ついに絶つ」（此後遂絶〈中華書局版、一八二八ページ〉）という言葉で結ばれています。

この場合、日本側が絶交したのだと解釈する人がいるようですが、まったくの間違いです。『隋書』が、日本側が書いた文章なら、それは日本側が「絶った」と理解できますが、日本側でなく書いたのは中国側ですから、唐が、そういうけしからぬ日本と絶交したと書いているのです。

しかもここで改めて確認したのは、この『隋書』というのは、最後は唐に至っているわけです。反乱軍を正義の兵とし、隋の天子を殺して高祖が天子になったというところまで書いています。唐になっていた段階が現在の段階で、「この後ついに絶つ」というのは唐の時代まで絶っているということです。これは仲良くしたという『日本書紀』の言うこととは全然合わないわけです。

さらにその後の話があります。『旧唐書』に、

「貞觀五年、（六三一年舒明天皇三年）遣使獻方物。大宗矜其道遠、勅所司無令歳貢、又遺新州刺史高表仁持節往撫之。表仁無綏遠之才、與王子爭禮、不宣朝命而還。至二十二年、又附新羅奉表、以通往起居。日本國者、倭國之別種也。以其國在日邊、故以日本爲名。」（『旧唐書』中華書局版、一九七五年、五三四〇ページ）

この中で重要なことは、「王子と礼を争い朝命を宣べずして帰る」とあります。大事件です。ところが岩波文庫の注では、「礼を争ったことは日本の記録にないが当時の実情としてありそうなことである」とあります（『旧唐書』岩波文庫、一九八六年、三六ページ）。『日本書紀』には仲良しだとばかり書いてあるのに、礼を争うということは最高の表現ですから大変なことです。身分上の大義名分で衝突したということですから、これだけひどい衝突はないわけです。それで帰ったというわけです（注＝『新唐書』は「與王禮不平」とあり〈中華書局版、一九七五年、六二〇八ページ〉、「王子」でなく「王」となっている。また岩波文庫、三六ページは王子〈王〉とは聖徳太子であったかもしれないと説明している）。

さらに「二十二年にいたりまた新羅に附し表を奉じて持って起居を通ず」とあります。要するに、この時点までは、『隋書』がいうように絶交状態に陥っているわけで、非常に貴重な資料です。

無故火起——第七回

近畿原点で読むと『隋書』俀国伝に阿蘇山が出てくることについては説明しようがありません。阿蘇山は明らかに九州にあります。なぜ俀国伝に阿蘇山が出るのか、という問いに対して、目立った火山だから、自然描写として書いただけだ、中国にとって火山は珍しいから書いただけだ、などというのが、従来の人たちの解釈でした。

ところがその解釈には、わたしの目から見るとおかしい、つじつまが合わない点があります。なぜかというと、そこに「故なくして火起こり」（無故火起）と書いてあります。故なくして、理由がなくして火が起きといいますが、火山に火が起きるのは当たり前であり、火山に対してお前けしからぬ、理由なくして火を噴いている、など言ってみても仕方ないことです。だからそういう解釈は成り立たない。火山が珍しいから書いたのであれば、その前で止めておくべきです。一語一語しっかり抑えてみると変なのです。わたしは、これはおかしいなと思い始めました。これを検討してゆくと、それは火山の話ではなかったのです。つまり神籠石で囲まれた山城、それの描写でした。神籠石はご存じのように阿蘇山の溶岩で作られています。整然と長方形に切られて置かれているのが、神籠石です。

この点は九州の場合も山口県の場合も、変わりがないわけです。ところがそれだけではなくて、それは下から一メートルか二メートルの範囲に石を煉瓦のように切りそろえたものを、下石に使っているだけで、そこに三メートルぐらいの木柵が建てられていたことがわかりました。これはバブルの時代、日本にお金が余っていた時代に、意味のあることに使ったことの好事例ですが、佐賀県の教育委員会が全国の考古学者を集めて神籠石を調査して回りました。そうしてみると大部分が福岡県、太宰府周辺、佐賀県に至る神籠石で、一番東には山口県と広島県の境、石城山（下関に対する上関）に至るのもありますが、皆同一のスタイルで、阿蘇山の溶岩を長方形に切ってそれを下石にして、その上に三メートルぐらいの木柵を建てています。しかもそれが二重に作られています。二重というのは、一重であれば、飛び越して来る、二重だと飛び越すと間に落ちて、越えられないわけです。そういうように、人が飛び越えて来られないようにした、防壁としての、いわば山城である、ということが判明したわけです。

戦前からあれが、霊域か、山城かという論争があったのですが、それが山城であるという答えが出たのは、その佐賀県教委の調査からわかったことです。その場合も霊域という性格もあると松本清張さんなんかは言っていましたが、それはその通りで、霊域と山城は矛盾する概念ではない。山城であるのは確かだが、そこは霊域でもあったということになると思います。

とにかくその神籠石山城のことを書いた文章です。こう考えると、この木柵がありますから火事が起きては困るわけです。ですから、勝手に火を焚いてはいけない。そういう意味の標語だったのです。

これは中国の漢代から唐代まで、役所には皆、「無故擅入《せんにゅう》」、つまり勝手に立ち入ってはいけないという立て札が立っていました。官庁には門があり、壁があるのですが、許可なく勝手に立ち入ってはいけない、という意味でこの看板が一般に使われていました。その言葉を取り替えて、勝手に火を焚いてはいけないということが書いてあると中国側が記録したものであったということが、わかってきたわけです。

これに対して『多元』を編集されている安藤哲朗さんの方から「無故」の用例について異論が出ました（注＝『隋書』には「無故」という言葉が三十二回出現する）。それでさらに研究して、また新しいことがわかってきました。それは『周禮』の記事で、「春秋、木鐸をもって火禁を脩《おさ》む」というのがあります。

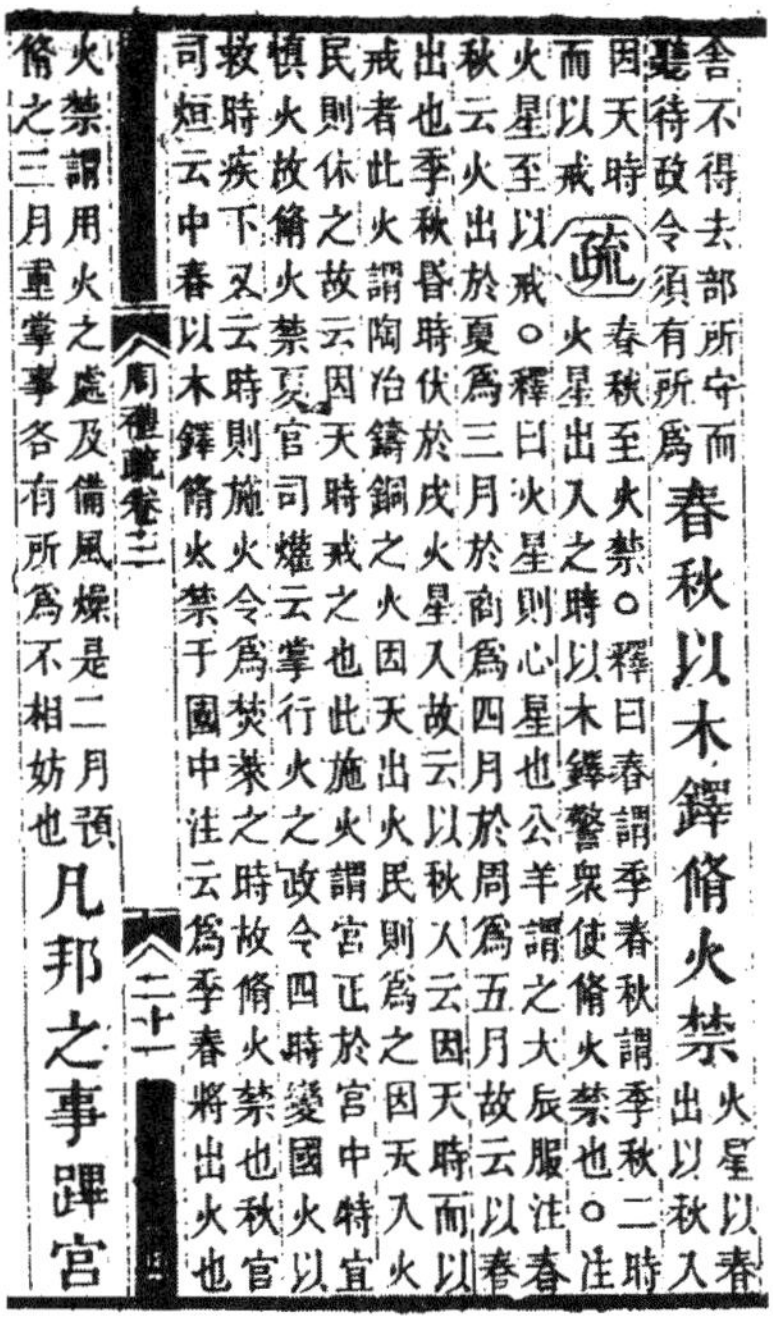
舍不得去部所守而
甚待敵令須有所爲
春秋以木鐸脩火禁
火星以春
出以秋入
因天時春秋至火禁○釋曰春謂季春秋謂季秋二時
而以戒［疏］火星出入之時以木鐸警衆使脩火禁也○注
火星至以戒○釋曰火星則心星也公羊謂之大辰服注春
秋云火出於夏爲三月於商爲四月於周爲五月故云以春
出也季秋昏時伏於戌火星入故云以秋入云因天時而以
戒者此火謂陶冶鑄銅之火因天出火民則爲之因天入火
民則休之故云因天時戒之也此施火謂宮正於宮中特宜
愼火故脩火禁夏官司爟云掌行火之政令四時變國火以
救時疾下又云時則施火令爲焚萊之時故脩火禁也秋官
司烜云中春以木鐸脩火禁于國中注云爲季春將出火也
周禮疏卷三　二十一
火禁謂用火之處及備風燥是二月預
脩之三月重掌事各有所爲不相妨也
凡邦之事蹕宮

「春秋以木鐸脩火禁」の例（『十三經注疏』「周禮注疏」中文出版社，1977年，1414ページ）

それは孔子『論語』「八佾第三」に「木鐸」という言葉が出てきますが（「天下之無道也久、天將以夫子爲木鐸」〈『論語』岩波文庫、五〇ページ〉とある）、木鐸というのは「新聞は社会の木鐸である」というように、木の鐸をならして、人々に教えを伝えるものです。現在、新聞やメディアは木鐸にあた

士師之職掌國之五禁之灋以左右刑罰一
曰宮禁二曰官禁三曰國禁四曰野禁五曰
軍禁皆以木鐸徇之于朝書而縣于門閭左右
周禮疏卷三五　七
助也助刑罰者助其禁民爲非也宮王宮也官官府也國城
中也古之禁書亡矣今宮門有簿籍官府有無故擅入城門
有離載下帷野有田律軍有嚻讙夜行之禁其觕可言者○
灋音法左右音佐下音又注左右助也同徇似俊反縣音
玄觕劉音粗〈疏〉士師至門閭○釋曰凡設五刑者刑期于
沈才古反　無刑以刑止刑以殺止殺殺一人使萬人
懲是欲不使犯罪令於刑外豫施禁禁民使不犯刑是左右
助刑罰無使罪麗于民也云書而縣于門閭者爾雅云巷門
謂之閭則縣于處處巷門使知之○注左右至言者○釋曰
云宮王宮也者謂皐門也云官官府也者謂廬宮人聽事之
門云國城中者若王城十二門云古之禁書亡矣者謂在儀
禮三千條內而在亡中故舉漢法以況之云離載下帷者謂
在車離耦耦載而下帷恐是姦非故禁之云觕
可言者古之禁書具不惟如此故云觕可言也以五戒先
後刑罰毋使罪麗于民一曰誓用之于軍旅

「無故擅入」の例（前ページ同書，1888ページ）

るものだといわれているわけです。銅鐸との違いで、銅鐸は金属、銅です。木鐸は木でできています。だから火をその近所で焚くと、銅鐸の場合は別に火を焚かれても困りませんが、木鐸の場合は火を焚くと焼けるわけです。だから火を焚いてはいけない、ここに「火禁」とあります。火を脩むることを禁ずる、あるいは、火禁を脩むと読んでも意味は変わらない。つまり、木鐸の場合火を禁ずることが春秋に書かれています。そういう文章が中国側にあるわけです。

これはもちろん中国では『周禮』を読んでいるわけで、インテリは間違いなく読んでいるわけで、本がたくさんある時代ではないから、基本文献の一つが『周禮』なわけです。

そこに木鐸があるところでは、火を焚いてはいけないということが出ているわけです。これが背景になっているので、日本の場合、やはり、理由なく火を起こしてはいけない、という言葉がここに出てきているわけです。突拍子もなく出てくるのではないわけです。『周禮』の言葉を背景に描いてあるわけです。

これについて『周禮』に注疏があり、これは漢代の注ですが、「無故擅入」という言葉があります。今そう書かれているというのは漢代に書かれているという意味です。「無故擅入」とは『諸橋大漢和』で、「無用の者猥りに入ることを禁ず。漢代、官府の門に掲げられた禁制」とあり、『周禮』の注釈を『諸橋大漢和』で使っているわけです。

それで、『隋書』俀国伝の「無故火起」というのは、やはり断りなく火を起こしてはいけないという禁制の言葉です。無は「なかれ」という意味です。『諸橋大漢和』第七巻、四二六ページに「③なかれ。禁制の辭」と出ています。「無故擅入」の「故」はことさらにという意味です。「擅」はほしいままに、の意味。ことさらにほしいままに入ることを禁ずる意味です。これが漢代に書かれており、唐代にもこれが受け継がれています。これが孫詒譲の『周禮正義』に記されています。そういう漢から唐にかけての「無故擅入」という字句をバックにして『隋書』の「無故火起」というのが出ています。ことさらに許可なく火を起こしてはいけない。火山ならそんなことを言っても意味がありません。火山ではなくて神籠石山城、二、三メートルの石の壁の上に、二、三メートルの木柵を二重に立てていると、火が出ると焼けるわけです。ということでそれを禁じた文章です。

神籠石山城のことを書いた目的——第七回

問題はなぜ神籠石山城のことを書いたのかということがあります。そうすると、ここで新たにクローズアップしてくる言葉があります。『隋書』で「日出る処の天子」ということを多利思北孤が言いますが、そうすると煬帝が「けしからん。もう二度とこういうことを言ってくるな」と。「復た以て聞するなかれ」と言います。あれをわたしは、以前、機嫌が悪くなったぐらいの意味に取っていました。これはやはり、はっきり言えば間違いです。言ったのは煬帝、天子です。天子が一回言ったことは元に戻らない、という有名な言葉があります。決定的になるわけです。煬帝が言ったことは決定的になるわけです。何が決定的かというと「日出る処の天子」などと言ってきた俀国のことなど、二度と言ってくるな。相手にしない、という意味です。天子がもう二度と相手にせぬと言った以上はもうダメなのです。国交は成立しないのです。そういう言葉を言ったとまず書いてあります。ところがそれを言った後に、裴世清を派遣しています。そして多利思北孤に会って、会話をしているわけです。話までして男か女かわからない、天子か摂政かわからないなどという、ばかげた話はあり得ないが、要するに会って話をしています。

ということは、一見天子が言ったことに反するように見えるが、しかしそうではない。派遣したのははっきり煬帝です。もう相手にしないと言った当人が、裴世清を多利思北孤のところに派遣しています。ということは、表面は国交をしている、仲良しのように見せかけながら、内面はこの国とは断絶する。戦う。そのためにその国の、軍事的な情勢を調べさせるために遣《や》っています。裴世清が来たのは何も、会って、ちゃらちゃら会話をするのが目的ではない。それは表面の姿であり、本当の姿は俀国と戦うことに決めて、その俀国の軍事情勢はどうであるかを、裴世清が確認に来ているのです。そのように読まなかったのは、わたしもそうだし、いわんや他の人が、ただ珍しいから書いただけだ、みたいな解釈をしてきたのは、実は全然成り立たない話でした。

その立場から見ますと、海流が非常に重要なわけです。海流を見ないと戦いはうまくいかないわけです。それで裴世清は竹島に行くわけです（注＝竹島は現在の竹島ではない〈後述〉）。竹島は女島よりもう一つ北の重要な島です。あそこがいわゆる現在東鮮暖流（東韓暖流）です。その東韓暖流と、北から南下してくる、北鮮寒流がぶつかって鬱陵島に行くわけです。エクアドルの沖合と同じで、暖流と寒流がぶつかるから魚の餌が豊富にできる海域です。今の争いもそれに関係してくるわけです。

日本の漁船もあの辺で捕まったりしますが、それはやはり魚が豊富に獲れる海域だからです。同時にあそこは海流の分岐点になっています。もう一方の海流が瀬戸内海に入ります。時間帯によって反転します。ということはこの関門海流が、俀国、首都圏の西側を南下している海流です。だから俀国と戦うときはこの海流の認識がなければ戦えないわけです。だから裴世清は竹島へ行っているわけです。何も名所観光に行ったわけではなく、軍事的に開戦する前夜として、軍事情勢の調査に行っているわけです。だから一方では阿蘇山の溶岩で作った神籠石、あれも大津波や地震に対応したという要素も本来はありますが、第二義的でも重要なのは、中国や韓国や高句麗からの敵がやって来たときに、これを受けて戦う城壁になることも確かです。

もちろん中国側では大地震とか大津波はあまり関係ありません。しかし自分たちが攻めたときに彼らがどう対応するかを知るには、これは不可欠の対象になります。要するに陸と海と、両方で俀国の軍事的な環境を調査に向こうは来ているわけです。非常に成績も上がっているわけです。要するに、竹斯王国から、東は皆俀国に帰属しているという。十余国を経て海岸に達す、瀬戸内海に達する、というのは海流があるのと対応した表現になっています〈注＝『隋書』中華書局版、一八二七ページには「俀国〈中略〉又東至一支國、又至竹斯國、又東至秦王國、〈中略〉又經十餘國、達於海岸。自竹斯國以東、皆附庸於俀」とある〉。これはいずれも太宰府を中心にする九州王朝というものが、終始一貫、『隋書』で問題になっている国家だということです。「日出る処の天子」と言っているのは、その国家であるという立場で見た場合のみに、解答が出てくるわけです。それを、大和朝廷が、推古天皇が中心だと、今までの歴史学の立場で言い続けてきたのでは、まったく説明がつかないことです。

阿蘇山の件も、たまたま火山を珍しがっただけであろうでは説明できません。なぜ、それなら、火山に対して、「故なくして火が起きる」と言えるのか、いわんや「竹島」がなぜ出てくるのか。知らんよということになるわけです。とにかく推古天皇が中心であることはわかりきっているからというやり方を、とってきたのです。これも本居宣長以来ですが、明治維新以後、天皇家中心の時代に入ってきたわけで、冷静に歴史学の目で史料批判することをやらずにきている、ということをわたしが問題にしたわけです。

『隋書』にある竹島——第七回

竹島について、『隋書』俀国伝を見ておりますと、竹島というのが出てきます。

『隋書』にはその前に高句麗伝、百済伝、新羅伝等があるわけですが、百済伝や新羅伝ではなくて、俀国伝のところに竹島があるという話があります（『隋書』中華書局版、一八二七ページ）。ここでは他の国名、例えば竹斯國（筑紫をチクシと表現している。「大和」側ではツクシと呼ぶ）、一支國（壱岐をイキと表現している）、都斯麻國（対馬をツシマと表現している）というようなところは、実に当時の発音をそのまま再現しています。その発音というのは当然日本語の方の発音、俀国側の発音で表記しています。そういう中に竹島がある、と書いてあります。

これもやはり、日本語の竹島と理解せざるを得ないわけです。その竹島とはどこかというと、古代としては実は鬱陵島です。鬱陵島というのはかなりの広さを持った島です。壱岐・対馬の壱岐にも比較すべき、かなりの広さを持っているわけです。断崖に囲まれているけれど、その中には平野というか、耕せば耕せるような耕地が広がっています。それが鬱陵島で、それを竹島と呼んでいます。鬱陵島を竹島と呼んでいる証拠は、意外なところにあります。江戸時代の終わり頃になりますが、吉田松陰が弟子の桂小五郎（木戸孝允）に対して手紙を書いています。その手紙が、『吉田松陰全集』に載っているわけです。そこに竹嶋（原文）を朝鮮鬱陵島と注記しています。竹島に対して開墾するという私案が出ているが、賛成であるということを書いているわけです。

ということは、吉田松陰の頃は、山口県から見て、竹島と言われるのが現在の鬱陵島であるというのが、客観的に見れば明らかです。

四〇六　桂小五郎に與ふ　安政五年二月十九日　松陰在萩松本 桂在江戸

久坂実甫（玄瑞）東遊僕同志之士ニ付何事も老兄へ致ニ商議一候様申置候抑幕府之事情ハ詳ニハ不レ被レ測候へ共本藩ハ抑々ノ有様委細久坂承知ニ付不レ申候閣老而下水野・河路等之有名家ノ持論何如拙案ニモ六十六国迚も手ノ下シ處ナキ次第ニ相成候哉と覚候茲ニ一名利奇男子長府人興膳昌藏と申ものアリ竹嶋（朝鮮欝陵島）開懇（墾カ）ノ策アリ此段得ニ幕許一蝦夷同様ニ相成候ハヽ異時明末ノ鄭成功ノ功モ成ルヘクカと被レ思候此深意ハ抑置幕吏変通之議興利之説今日之急ニ候へモ竹嶋開懇（墾カ）位ハ難事ニ非さるへし是一御勘定ノ主張ニて被レ行可レ申と默筭仕候委細玄瑞存知之事ニ付御運籌可レ被レ下候天下無事ナラハ幕府ノ一利事アラハ遠略ノ下手ハ吾藩ヨリハ朝鮮満洲ニ臨ムニ若クハナシ朝鮮満洲ニ臨ントナラハ竹嶋ハ第一ノ足溜リ

安政五年　一一

安政五年　一二

ナリ遠ク思ヒ近ク謀ルニ是今日之一奇策ト覚候高論何如久坂生江戸ノ事体畧相分リ候迄ハ江戸留学固也秋頃より様子次第上田藩ノ櫻井（純藏・才八郎）・恒川ナトニ便リ信濃ノ髯叟（佐久間象山）へ従学セハ誠ニ妙ナルベシト被レ存候此事も御商議被レ下度く候

本藩今日ノ大患ハ言路壅塞之一條御座候此大弊打破、下ニ哀痛之令一、求ニ切直之言一ト申趣ニ不ニ相成一ては迚も何事も致方無レ之候国相府ニては萬々此勢無レ之候君公ヲ責ムベシ行相・侍御史ヲ責ムベシナンデモ御帰城已前一令下ラデハ不ニ相濟一候高論何如

二月十九日　　寅二拜白

桂君足下

竹嶋ノ議（別ニ書ナシ）福原淸介等も同説ナリ此地ノ様子書中難レ尽委細玄瑞口頭ニアリ

（東京市木戸幸一氏藏　校合濟㊞）

吉田松陰が桂小五郎に宛てた手紙（『吉田松陰全集』岩波書店，1986年）

つまり、その鬱陵島が、百済領や新羅領ではなくて、「日出る処の天子」の、俀国の領土の一つとして書かれている、というふうに考えざるを得ないわけです。

そうすると、現在の領土問題に大変な関係を持ってくるわけです。現在の領土問題では、呼び名が全然違っており、鬱陵島ではなくて、岩だけの島があって、それが竹島だということで、日本側が明治以後、主張しています。韓国側は、とんでもない、それは韓国領だ、という形での争いというか、権利の衝突が行われていることは皆さん、ご存じの通りです。

現在の国境問題は後回しにしまして、歴史上の事実としてはどうなのか、わたしには一番関心があるわけです。その歴史上の真実から見ると、少なくとも七世紀においては、竹島と呼ばれている岩だけの島どころか、鬱陵島が俀国領、簡単に言えば「日出る処の天子」の領土であるというふうに解さざるを得ない。

この件も、歴史上の事実の認識と、現在の政治問題とは分けて考える、一緒にしない方がよい。例えば、『三国志』によれば、朝鮮半島の南岸部は倭地である、韓に属するのは、東海岸、西海岸で、南海岸というのは書かれていない、そしてそこは倭地であるという形で、書かれているわけです。それは歴史上の事実です。しかしそれを歴史上の事実として指摘することと、二十一世紀の現代でも、朝鮮半島の南岸部は日本領だと主張することとはまったく関係ありません。歴史上、三世紀にはあそこは倭地として中国側が認識し、書かれているという歴史事実と、現在朝鮮半島の南岸部は、日本領だという主張をするということは全然別の次元の話です。そこを混同すると話が非常にややこしくなってくる。混乱というのをなお丁寧に言えば、三世紀に朝鮮半島南岸部は倭地であったから、現在も日本領であると言い出したら、えらくとんでもない、歴史的な変遷を無視しているわけです。

逆に現在、朝鮮半島の南岸部が韓国であることは疑いないことです。その疑いないという事実に立って、三世紀にも、朝鮮半島の南岸部は倭地であるはずはない、というふうに言い出すと、それは現在の国境問題を元にして、それに合わせて歴史を変改する、自分の都合のいいように考え改めるというか、言い換える、そしてそれを教科書に書いたりして、自分の国民にそういう認識を広めるようになってくると、国境問題はつまらない衝突を招くことになります。戦争ということにもなってきます。そうならないためにも、歴史的な事実を冷静に、深くこれを追求してゆくことが大事です。

ヨーロッパでも有名なアルザス・ロレーヌなども、現在は一応落ち着きを保っておりますが、ドイツ領かフランス領かで非常にながらく争ってきたという歴史があります。アジアでわれわれはそれ以上に冷静に、歴史上の事実と、現在の国境問題を、ちゃんと分別して議論する。ヨーロッパ人ができなかったような歴史認識の模範的なルールをわれわれは建てていかなければならない。これがわたしの、基本的な考えです。

それを『多元』に書いた「竹島」という論文で述べたわけです（『多元』一〇五号）。ところが今回「竹島論第二」というのを書いて、それを皆さんにお配りしたわけですが、お読みいただければわかりますが、その要点を言いますと、竹島が日本領だ、つまり俀国領だということがわざわざ『隋書』に書かれなければならなかったのかという問題が、一番疑問のポイントだろうと思います。

これはわたし以外の従来の立場の人は、要するに七世紀前半については、推古天皇、聖徳太子の大和朝廷が中心である、これを確固不動の原点と考えています。その立場から『隋書』を見るので、明らかに男性であって、妻もいる多利思北孤を推古天皇と同一人物に扱う、というむちゃくちゃなやり方が、明治維新の初めにとられました。先述しましたように本居宣長に基づいて、明治以後さらにそれが強化されました。

そういう立場をとった場合、大きな疑問が生じるのは、どうして大和朝廷が竹島と関係があるのか、つまり、隋の使いが大和朝廷に来る場合になぜ竹島に寄ってきたか、というのは理解できない、ということがあります。簡単に結論を申しますと、『隋書』「日出る処の天子」を近畿を原点で読むからそうなるわけです。

誤解された多利思北孤――第七回

明治以後の学校教育を受けた人は、全員が日本の原点は大和と思わされてきていたわけですが、大変な間違いです。これを決めるのは、「日出る処の天子」という有名な言葉（明治以後、教科書で愛用されてきた言葉ですが）の出ている『隋書』俀国伝です。一般には倭国伝と直されていますが、「倭」と似て非なるものが「俀」です。

結論から言いますと、「大倭《たいゐ》」と日本側で書いていたものを、向こう側が弱い国だと卑しめて「俀」と書き直しています。ここに有名な「日出る処の天子、日没する処の天子に書を致す、恙無きや」という名文句が出てくるわけです。

それを明治以後の天皇家中心の教科書が大変愛用して、百三十年間国民に教えて今日に至ったわけです。ところがこれは考えてみれば間違いであることはすぐわかるわけです。この「日出る処の天子」と言ったのは多利思北孤という男性の王者、雞彌という奥さんがいるわけですから男性に決まっているわけですが、その男性の王者が言った言葉です。それを大和の推古天皇の言葉にして明治以後使ってきているわけです。推古天皇は言うまでもなく女性で、男性と女性がイコールだなんて、世界中何処へ出しても通用できる話ではないわけです。

さらにもっと簡単なことは「日出る処の天子」の言葉の直前といっていいところに、

「有阿蘇山、其石無故火起接天者」

という非常に名文句が書いてあるわけです（『隋書』中華書局版、一八二七ページ）。他に例えば大和三山有りとか瀬戸内海有りとかいう文章はないわけです。もし阿蘇山を通って、その後で瀬戸内海を通り大和に行ったのであれば、当然「瀬戸内海有り。海有り湖水のごとし」などと書くはずです。簡単で明瞭な表現をするはずです。大和盆地では「山々有り、山迫りて天狭し」等、名文句を書くはずです。全然書いていません。

3　リアルな九州年号

年号の持つ重要性――第七回

年号というものは、もともと中国で、皇帝が時をも支配するという思想から、漢の武帝の時（紀元前一四〇年）から始まったものですが、単純に考えて、九州年号があること自体、九州に、この世を支配する王朝があったと言えるほどのものです。

九州年号については、またお話しする機会があると思いますが、重要なポイントは、九州年号はリアルであるということです。中でも二中歴は一番古い原型を示している、と考えています。

その二中歴には不思議なことがあります。一つの年号は、大体五、六年前後しか続いていません。七年、九年というのもありますが、それは例外です。ところが一つだけ飛び抜けているのがあります。それが白鳳二十三年です。段違いです。なぜここだけ二十三年も続いたのかというのが、この九州年号問題の一つのキイ・ポイントです。しかもそれは量的な問題だけではないわけです。ここで見ますと白鳳というのは、始まったのが六六一年、それから二十三年間続いたという意味です。その最初の年が六六一年。これは白村江より前です。白村江は、中国側の『旧唐書』によると六六二年です。『日本書紀』によると六六三年。この誤差は意味があります。日本側は南朝系列の暦を使っています。中国側は北朝系列の暦を使っています。ここに誤差があるわけです。暦というものは天皇の在位などで作ると、ぴたっといかないわけです。一番早い話は、三世紀の呉が魏の年号を使っていた話があります。そこで金石文に刻まれている年号は、魏の方の年号と一年誤差があります。誤差がある呉の年号が日本の三角縁神獣鏡にも現れています。ないはずの景初四年が出てきたりする。そういう別の王朝を結びつけるときには当然誤差があります。

この誤差の話の一つを挙げましょう。わたしと「東日流外三郡誌」で有名な和田喜八郎さんは同年です。わたしが大正十五年八月に生まれたのに対して、彼は十二月の終わりに生まれた。四カ月の違いです。ところが届け出は年明けて元旦にしました。元旦は昭和二年でした。昭和元年は一週間ぐらいです。四カ月しか違わないのに大正十五年と昭和二年の違いがあります。こういうのはあらゆる場所で起こるわけです。北朝系と南朝系に誤差があって当たり前です。『旧唐書』の六六二年と『日本書紀』の六六三年とは一年誤差があって当たり前。つまり北朝系と南朝系の誤差です。

四カ月でも見せかけでは二年の違いになります。至る所で王朝と王朝の暦を結びつけるとそういう問題が起きます。

六六二年もしくは六六三年としても、いずれにせよ白鳳元年は白村江より前となります。ということは天子を称していた頃の年号です。その時は実は斉明の終わり頃に当たっています。

斉明の最後はおかしくて、摂政として天智が天皇ではなく、あとの人が読んでもわからないような曖昧な形に書き直しています。わたしの目から見ると「白鳳」は斉明の時の年号です。それが二十三年間続きました。つまり白村江を挟んで継続したことになります。ということは、斉明は白村江以前から天子として在位していたということになります。

その場合、唐の占領軍が入って来たという問題があるわけです。また、天智紀の中に九年間で六回唐の軍隊が来たことになっています。これもおかしいのです。六回も来てあと全然来ていないように書いてあります。これは、『日本書紀』の書き方の流儀であって、例えば、屯倉問題では安閑天皇のところにほとんど集中しています。前後に若干ありますが大半、安閑天皇のところに集中しています。津田左右吉もこれはおかしいと言っています。

大化改新もおかしい。詔勅が年二回も連続して、詔勅だらけです。官僚が以前からたくさん、一生懸命詔勅を書き用意していた、ということはありえない。要するに九州王朝のいろいろな詔勅を全部纏めてあそこに書いただけのことです。九州王朝の歴史書から纏めて、大化改新の頃に入れたわけです。それが『日本書紀』です。ということで唐の軍隊が来たのも九年間に六回も来たのではなくて、六六二年から七〇一年まで何回か来ているわけです。

最後は七世紀の終わりに来たと思われます。それは筑後の『風土記』で古老が言ったことの中に怪我をした人たちが今でも不具のままで残っているという話があります。これが筑後の『風土記』ではいかにも磐井の乱の時の話として入れているわけですが、磐井の乱は『風土記』ができた百五十年も前の話です。百五十年前に怪我したのが百五十年後に長生きして、足や手がもげた人がたくさんいたということは、あり得ないわけです。

白鳳がキイ・ワード——第七回

九州年号では、白鳳がキイ・ワードです。白鳳は、白村江以前に作られた九州王朝が天子を名乗っていたときの年号が、白村江以後も使い続けられています。

学界の通説は、室町時代の僧侶が勝手に九州年号などをでっち上げたのだろう、ということです。それに対してわたしは、それはおかしい、もし室町時代の僧侶が九州年号をでっち上げたとすれば、『日本書紀』に書いてある白村江のことを知らないはずはない。それを前後にまたがる白鳳という年号を作るはずがない。後世造作説はその点でも破綻しています。九州王朝・九州年号否定説は学問的には破綻しているわけです。白鳳問題がこの問題の決め手です。

もう一言言いますと、白鳳の次が「朱雀」です。二年間です。朱雀門という言葉があるように、天子の年号であるわけです。太宰府にも朱雀門の名前が残っています。白鳳だけでなく朱雀も天子の年号です。それに対して次の朱鳥と大化は直接天子を示すものではありません。

ところで聖武天皇の詔報には白鳳以来とか朱雀以前とかと言っているものが何カ所かあります。「《神亀元年（七二四）十月丁亥朔》冬十月丁亥朔。（中略）伏聴天裁。詔報曰。白鳳以来。朱雀以前。年代玄遠。尋問難明。亦所司記注。多有粗略。一定見名。仍給公験」（『岩波続日本紀』一九九〇年、一五二ページ）

要するに、遠い昔のことだからわからない。そんな事を言うな、ということが書いてあります。これをわたしはよく九州王朝実在の証拠として引用しています。九州王朝が実在しなければ、聖武天皇がそのような詔報を出すはずがない。九州王朝が実在し、それを使って文句を言う連中がいるから、詔報が出ているわけです。

九州年号が実在したということは、わたしにとってはわかりすぎています。問題は九州年号の中で、「大化」や「朱鳥」ではなくて、「白鳳」と「朱雀」がなぜ狙い撃ちにされているかということです。白鳳と朱雀は天子の年号だからです。白村江以後になお使われ続けていた天子の年号です。それを聖武は狙い撃ちにしています。その後の朱鳥や大化については、『日本書紀』に取り込んで年代をずらしたり、細工をしているわけです。これで聖武詔報がなぜ白鳳と朱雀を取り上げたか、ということがわかると思います。

何が真実か　　（質問）

——第七回　　近畿王朝のウソをどのように立証するべきでしょうか。

（回答）

今話したように、「日出る処の天子」は阿蘇山下の九州王朝の天子であり、男です。推古天皇は女であり、これがイコールであることはまったくあり得ない。従来説の人のように、磐井のところが本当で、他はウソだと言っていたのでは済まないわけです。

男と女が同じだということの証明にかからなければならない。ところが、それはわたしの知らぬことで、磐井をやっつけているところだけが本当だ、ということで満足しているのです。それでは、歴史理解にはならないわけです。おそらく不可能な証明だと思います。

さらにいうと、九州年号が継体に始まって、七世紀末まで続いています。これは王朝が連続しているから九州年号があるわけで、磐井が斬られたりして、なおかつ九州年号が続くというのはおかしいわけです。わたしが『失われた九州王朝』で取った態度は大変まちがっていました。

年号の中に「継体の乱」めいた言葉を見出して、解説できたように思っていました。あの時一番、読者の方から、おかしいという反応があったのは、その問題であり、これは反応の方が正しかった。やはり、「磐井の乱」みたいなものがあったにもかかわらず、九州年号がそのまま連続しているということは、どう考えてもおかしいわけです。年号は王朝の中心のものが存在してこそ、あり得るものだということです。当然のことです。

近畿天皇家の方に、六世紀の前半から年号があったということはない。三つばかり九州年号を盗んで、挿入しているだけですから、三つ「飛び飛び飛び」の年号などはまったく無意味です。

三つ入れることによって、あの「九州年号」は嘘、あれは公認しないという、「メッセージ」としての役割しか持っていません。ということで今考えると非常にすっきりします。

その次に、もし「磐井の乱」が嘘でも、なにか種があったであろうという話になります。嘘の種は、その痕跡を何も残さないようなかすかな事件をタネにして嘘をついた、という議論になります。何にも痕跡を残さないような事件があったか、なかったかという証明は難しい。もしその人がかすかな事件を見出したければ、かすかな事件があったということを、例えば考古学的出土物の中から証明する、ということになります。

よくあるのは、九州の中で、そういう大変動があった、それをバックに嘘が作られたのではないか、という立場の人は、かなり一般的に九州の研究者の中にもいるわけです。

その場合も、そういう立場に立ったときに、やらなければならないことは、ある段階、すなわち六世紀前半の段階で、土器やデザインの様式が九州の中で一変するというようなことがあるならば、同じ九州でも同じシンボルや同じ土器に変わったということがあると、九州内部で大変動があった、それを種にした、九州と近畿の話にすり替えた、という議論も一応成り立つかもしれない。しかし実際は、九州の中でもそういう大変動が起きたという話はないわけです。

逆に、近畿の方で、かすかな、何も痕跡がないような事件があって、それが題材になった、こうなるともう小説と一緒です。歴史学で扱う題材ではなくなってくるわけです。

というのがわたしの現在の理解です。だいぶ悩んだ時期が続きましたが、悩む方が悪かったのです。嘘の根拠を一生懸命探して悩んでいただけです。

4 白村江と斉明天皇

白村江の後
——第七回

白村江の戦いのあと、どうなったのでしょうか。『日本霊異記』に白村江の戦いで伊豫の国の越智の直という人物が捕虜になって、十年間そこに捕囚生活を送らされたということが記録されています。『日本霊異記』には記録としてありますが、それ以外に現地でいろいろ伝承が残っています。

木村賢司さんという方が、伊豫の出身で、自分の先祖の伝承をわたしに話してくださいました。それを『壬申大乱』で「越《をち》を恋うる嬬の歌」（二六三ページ以下）として二十ページぐらい書いています。そこで示されているのは、まず越智の国が九州王朝側と運命を共にしました。近畿天皇家側に従って早々と引き揚げたり、実際上の利敵行為や裏切りはしなかったのです。また越智の直という人が白村江の時、捕虜になります。

しかし越智の国の全員が捕虜になったわけではなく、大半はちゃんと越智の国に帰ります。捕えられた一人の越智の直が数奇な運命に遭いました。十年間向こうにいてあちらの女性と一緒になって帰ってきたという漂流譚が書かれています。ということは、越智の国は白村江以後も九州王朝と深い関わりのあった国であった。言い換えれば斉明は白村江の敗北のあと越智に本拠を移して、ここで白鳳年号のもとに統治していた、ということになると思います。白鳳年号というのは天子の年号であり同時に斉明天皇の年号です。

ところで越智の国では「サイミョウ」という字地名があると「古田史学の会」四国の今井久さんが報告しておられます。「サイメイ」でなく「サイミョウ」です。面白いのは、普通サイメイと耳慣れていますが、これは漢音です。サイミョウというのは呉音で南朝音です。愛媛にサイミョウという南朝音が残っているのは非常に意味が深いわけです。当然本来はサイメイでなくて、サイミョウであったはずです。それを七〇一年以後は、近畿天皇家は北朝側の庇護のもとに、サイメイと北朝音で言い直しているわけです。その言い直されない前の姿が愛媛の国に残っているのです。逆に言うとサイミョウという地名が元で、斉明天皇という名前がつけられたのだと思います。

そのほかにも朝倉天皇とか、すぐに理解できないような名前がいろいろ残っていることを、「古田史学の会」四国の合田洋一さんからお聞きしたのですが、皆非常に意味があります。紫宸殿だけあって他に何もないようでは困るわけで、今までの知識では理解できない天皇名や行宮名が残っていることに、非常に意味があります。

もちろんこれは白村江以後、九州王朝の残映が愛媛だけで存続したわけではないわけです。有名な資料としていわゆる『続日本紀』にまず、慶雲四年（七〇七）七月、山沢に亡命し軍器を挟蔵して、百日首（もう）さぬは複罪（つみな）ふこと初めの如くせよ」とあります。

つまり七〇七年段階においてまだ山沢に亡命している連中がいます。百日のうちに出てこないと許さないといっているわけです。

次は翌年の和銅元年（七〇八）正月、「山沢に亡命して禁書を挟蔵して百日首さぬは複罪ふこと初めの如くせよ」と。

武器ばかりではなく「禁書」も持ったまま百日も出てこないと許さないぞ、と恐喝のように脅しているわけです。

元正天皇養老元年（七一七）十一月には、「山沢に亡命し兵器を挟蔵して、百日首さぬは複罪ふこと初めの如くす」。

『日本書紀』ができる三年前です。ですからこの段階、七〇七年から七一七年の間、十年間なお兵器を持ち、禁ぜられた書物、当然九州王朝の書物ですが（佐伯有清さんなんか占いの本だなどと言っていますが、とんでもない話です）、九州王朝のれっきたる正統の本です。それを持って、近畿天皇家に服さないものがいる、ということを言っているわけです。

このあと九州王朝系の「禁書」は手に入って、それをもとに『日本書紀』を作る話になっていくわけです。『古事記』と『日本書紀』の関係ですが、要するに『日本書紀』ができるキイ・ポイントが、養老元年のケースです。

ということですから、七〇一年で、例えば「評」から「郡」にぱっと変わりましたが、二中歴もそこでぱっと変わっています。しかしそれは表向きの変化であって、それ以外そんなに、ぱっと変わるはずはないのです。その変わらなかったことがここに表現されているのです。

では山沢はどうなるか。例えば信州松本、穂高に残る八面大王の話は現地では有名な話です。八面大王というのがいて、あの辺で勢力を張っていた。いろいろな地名まで残っています。田村将軍がこれを征伐した。その首が飛んでこの辺に落ちたから〇〇首という地名になる。血が飛んだから〇〇血。そういう地名が八面大王の関わりで説明されているわけです。柳田國男はこのような話は一切拒否しました。これらは九州王朝の残映なのです。八面というのは八女の大君です。しかも松本、穂高を取り巻いて久留米の玉垂宮がいっぱいあります。玉垂宮は今の筑後川の神籠石に囲まれた地域に密集しています。それの分派が信州松本、穂高を取り巻く地域に分布しています。やはり九州王朝の末裔です。曲水の宴のあとが松本に残っています。玉垂の水というバス停もあります。というようなことで九州王朝の残映は信州にもあるわけです。

また阿蘇には「井」という姓の方がたくさん、電話帳で調べると八割もおられる部落があります。名前を言わないと通じないほど井さんが多いのです。倭国は、ワは鮮卑音であって、本来「ヰ」ですから。その井を名乗っている一派が阿蘇山を取り巻いています。それのもとは対馬にあるということです。これも九州王朝の一派です。阿蘇山は山沢にふさわしいです。

ということは各地にそういう残闕があるわけです。九州年号も七〇一年以後の残闕があるのではないかということが古賀達也さんたちによって報告されていますが、十分あり得るわけです。そういうのを含んでやはり九州王朝を議論するべきだと思います。

もう一つの重要なことは、九州王朝の終末期の問題です。この点は『古田史学会報』一〇〇号（二〇一〇年）に合田洋一さんが書いた文があります。そのキイ・ポイントは愛媛県の越智の国に紫宸殿という字地名が残っている、ということをもとに議論を展開された。ただ合田さんが展開された考え方には、わたしは若干疑問を持ったわけです。

合田さんのお考えでは、越智の国に紫宸殿という言葉ができたのは白村江以前であろう、白村江で負けて以後そんなものができるはずはないと。ところが白村江以前となると、九州太宰府に紫宸殿という字地名が残っていたことは、わたしが繰り返し述べており、現在では江戸時代の文書でいくつか紫宸殿と呼んでいる資料が見つかってきております。それと伊豫の国の越智に紫宸殿があった。合田さんはそれは白村江以前の遅い時期で、早い時期が太宰府の紫宸殿であろうという仕分けをされた。この点が疑問で、白村江以前の前半の紫宸殿が太宰府にあり、後半が伊豫にあるという仕切りがはっきりしない。論理の都合で仕切りを作られただけで、歴史的な実体が背景にない。しかも同じ白村江以前に紫宸殿が二カ所に作られる、つまり太宰府に作られ、伊予に作られるのはおかしい。紫宸殿という言葉は同時代には一つしかないという言葉です。紫宸というのは一つしかない星ということで天に紫宸が一つのように、地にも紫宸殿は一つだけ、という唯一絶対を意味するための名前です。内裏とか大里とかいうのとは全然性質が違うものです。それが、二カ所に紫宸殿があったと想定することには、わたしはやはり大きな矛盾があるのではないか、と考えます。

九州年号で白鳳という年号が白村江の前から、二十年以上続いてます（六六一〜六八三年）。当然九州王朝の天子が作ったことは決まっています。それが、白村江が終わってもなお変わっていない。これは九州王朝の系列が少なくとも日本側では継続していた、ということを示しています。飛躍して言うと白村江以前の紫宸殿が太宰府、白村江以後の紫宸殿が伊豫に移っている、ということになるのではないでしょうか。

さてわたしの立場では、『日本書紀』でおかしい点の最大のものの一つは、皇極天皇と斉明天皇を同一人物にしていることです。ここで九州王朝が消されます。皇極天皇は輝ける人物として登場する、しかし斉明天皇は「気違い」とまで言われています。「狂心《たぶれごころ》の渠《みぞ》」といわれるものは、大切な治水です。大規模な工事は大和でなく九州で行われました。神籠石、水城、運河などです。高句麗・唐に対する防衛施設だった。それでも負けたのは、近畿天皇家の裏切りのせいです。中大兄などが引き揚げたので、仕方なく難攻不落の地を飛び出していって海で敗れる。唐が来て、残った軍事設備を非難したとき、あれは「気が狂った女王」がいてわれわれに作らせた。われわれも大変迷惑した。その役割を振られたのが斉明でした。つまり斉明は九州王朝の天子だったのです。斉明と皇極の二人の女王を一人にするのは、神功皇后の場合と同じです。ここで九州王朝を消し去っているのです。

斉明天皇と薩夜麻
――第　七　回

（質問）

斉明天皇が白鳳時代の天子であるという話で目から鱗が落ちた気がしましたが、斉明天皇と筑紫君薩夜麻との関係はどういうことになるのでしょうか。また、倭国が降伏した記事が『旧唐書』『新唐書』共にないと思いますが。

（回答）

まず薩夜麻と斉明との関係について、わたしは、以前は薩夜麻が白鳳年間の九州王朝の王者ではなかったかと考えた時期がありました。しかし、今考えると半ば本当で半ば本当でない、変な言い方ですが、つまり薩夜麻は皇太子ないし摂政ではあり得たが、天皇・天子であったのは斉明である、という形で理解しなければならない、と思っています。

前は薩夜麻の年号が白鳳と考えましたが、捕虜になったのに、その後も白鳳の年号があれほど続いているのはおかしい。白鳳は薩夜麻の年号ではなくて斉明の年号です。その時、皇太子か摂政として、前線に飛び出していったのが薩夜麻です。天子が前線に飛び出すというのは、あの時代では不自然だと思います。唐側は、占領政策がうまくいかなくて途中で薩夜麻を返してきます。返して倭国を統一するという方針に切り替えてきた、と解釈します。

それから、それが中国の歴史書にないが、これは大丈夫かというお話ですが、これも考えてみますと、中国の歴史書はたくさんあるわけです。それは周辺との関係を皆書いているわけです。ところが周辺との関係を書いていますが、これを捕虜にした、これを捕らえた、といちいち年次別に書いてくれてはいないわけです。ほとんど書いていないわけです。攻めて占領したというのは書いてあっても、だれだれを捕虜にした、国王はどうだった、皇太子はどうだった、などということをいちいち書いていない。書いていないからそんなものはいなかった、とは判断できないわけです。当然現地の歴史書や伝承にはあったわけです。しかし中国の歴史書の書き方、目の粗さからいうとそんなことをいちいち書くような立場になかったのです。

また中国の歴史も時代によります。『三国志』は同時代の史書です。ただし西晋の泰始二年（二六六）のところまでは、かなり直接史料で書いているわけです。ということは同時代史料で書いていることです。ところが『旧唐書』などというのはずっと後ですから、ずっと昔の唐の歴史を、文献に依ってその中で取捨選択して、残すものを残し、残せないものは大量に捨てて、それで『旧唐書』ができているわけです。その取捨選択を大量にやった結果、ここにないから、『日本書紀』にあっても嘘だろうというのは、歴史書に対する判断のバランスを欠くことになります。『日本書紀』が根っこから創作で作られたとは思えない。

薩夜麻が捕虜になって帰ってきたということは、『日本書紀』ができた頃にはまだ薩夜麻は生きていたか死んだばかりの頃でしょう。その時薩夜麻を捕虜として扱った連中はまだ生きているわけです。彼らは漢文が読めるから、『日本書紀』は読めるわけです。『日本書紀』にもし大嘘を書いたら、そんなことはない、薩夜麻は返したではないかなどと簡単にクレームが出てくる。唐の方が現場を知っているわけですから強いわけです。すぐバレて、すぐ面目を失するような嘘を書く必要はどこにもないわけです。『日本書紀』で、薩夜麻が捕虜になり、後で返されてきたということは大筋では嘘ではないと考えています（注＝持統四年冬十月に筑紫君薩夜麻、天智十年十一月に筑紫君薩野馬と出てくる）。

年代などは、『日本書紀』はかなりいじっています。『壬申大乱』に書きましたが、持統期の吉野参詣を三十数回したことが麗々しく書いてあります。それまでわたしは、桜見物をしたければすればいいので、関心がないと思っていたのですが、多元的古代研究会の新庄智恵子さんがわたしの所に、「吉野がそんなに繰り返し行きたい所とは思えません。九州王朝の歴史を、あそこに取り込んで書いたのじゃないでしょうか」という手紙をくださいました。

ショックを受けて調べてみるとその通りで、『壬申大乱』に述べていますが、要するに一年中平均して吉野に行っている、桜の時だけではないわけです。真冬でも同じぐらい行っているわけです。決定的なのは持統の時代にない干支が書かれてあります。ということでこれを戻していきますと、七世紀の半ばになるわけです（注＝『日本書紀』にある持統八年〈六九四〉夏十月には丁亥の日がない。一方白村江の直前の斉明六年〈六六〇〉には夏四月に丁亥がある）。この丁亥の干支を合わせると、最終が白村江の直前で終わっています。そうすると吉野に行くというのは、吉野ヶ里の吉野ということになります。そこへ行く目的は桜見物ではなくて有明海に集まる軍船の査閲です。出発点は太宰府か小郡。ここからなら吉野に行ってすぐ帰れます。そこに普通の陸地の道路と違う、三メートルぐらい高い所に、幅五、六メートルの道路ができています。それが太宰府から吉野につながっていました。一部痕跡が現在も残っています。

それに乗って行けばすぐ、さあっと行けるわけです。この話を、つまり九州王朝の天子が軍船を視察しに吉野ヶ里へ行ったその話を持ってきて、時代をまったく変えて、持統天皇の所に吉野という単語だけを合わせて、はめ込んだものです。横滑りに書いてくれればまだ役に立つのですが、目的も時間帯も完全に変えています。桜見物のようなものに書き換えています。それだけ無茶をやって、要するに九州王朝の歴史を題材にして歴史物語を作ったみたいな、そういうやり方をしていることを、新庄さんのおかげで初めて知ったわけです。

『日本書紀』の史料批判をする場合、そういう立場で行わなければなりません。『日本書紀』は基本的に正しいのだとして、大阪あたりの歴史に、九州王朝の歴史をちょいちょい持っていって、当てはめて解釈するのは、大阪あたりに住んでいる人にはそうなりやすいのですが、それはアウトです。

倭国の降伏ということは何を意味しているか。白村江で負けたことが、降伏とイコールなのかというと、そうではないと思います。なぜかというと、両方とも天子という立場で来ているわけです。降伏なら、「両方天子」というのは取り下げなければならない。取り下げたら天子を元にした白鳳年号を止めなければならない。止めていないわけです。だから降伏していないわけです。

確かに唐の戦勝軍が来ていますが、太宰府で続けているわけではなく、第二の首都のようにこの時点では伊豫に移っていきます。そこに紫宸殿を築くというふうになっていくのだと思います。紫宸殿を築いている間は降伏していないわけです。

降伏というのは一つの契約です。

第二次世界大戦では、八月十五日か九月二日かが問題になります。国際的には九月二日です。これはソ連軍の北への侵入を合法化するようなものです。ソ連が後から来たのは違法行為になり、国際法を踏みにじった行為になるために、無理矢理九月二日を戦争が終わった日にしているわけです。アメリカとソ連が結託して違法行為をしている証拠です。

降伏というのはそういう意味で難しいのですが、公には七〇一年のところで「評」という九州王朝の制度が廃止になって、「郡」という近畿天皇家の制度が始まったのですが、このときが「降伏」に当たり、降伏という言葉は正しくないですが、王権の交替に当たることは間違いありません。しかしこれは中央の話であり、各地においてはまだ九州王朝でがんばっています。信州とか、阿蘇とか、いろいろあったわけです。

斉明天皇と有間皇子——第八回

（質問）　斉明天皇は九州王朝の天子とおっしゃいましたが、そうすると近畿を舞台とする有間皇子に関わる『日本書紀』の話は成り立たないことになりはしないでしょうか。

蘇我赤兄による有間皇子への挑発の中での斉明天皇の失政が、近畿での話ではないと考えられますので、そこで斉明帝を奉じる中大兄皇子の九州遠征の話は成り立つのでしょうか。


（回答）

『日本書紀』は九州王朝の歴史を持ってきて、大幅にはめ込んでいるというのが基本だと思います。それではその中で、初めから近畿の話が入っていないかというと、論理的には近畿の話も入っているということが、あり得るのです。しかしむしろ、それはその証明をしなければなりません。

『日本書紀』は近畿で作ったから、近畿の話にしておくのは遠慮はいらない、という態度ではいけないわけです。基本的に九州王朝に持ってきて、はめ込んでいるわけですから。

しかし、この場合はそういうケースではないのだ、と。本来近畿にあった話だという論証をやって使うということが大事だと思います。

斉明の名前
——第八回

（質問）
斉明は近畿天皇家で諡したものではないのですか。九州王朝の天子の名前なのですか。

（回答）
斉明は九州王朝で使われていた名前であり、近畿天皇家では諡をしたとはどこにも書いていません。あの継体も諡ではなくて、その当時使われていたものです。

これに関して面白い問題があるのは、安徳天皇です。九州ではよく安徳天皇の業績が語られています。ふつう、われわれの頭では、安徳天皇は壇ノ浦で幼くして死んだことになっています。ところが大人として、筑後とかあの近辺で活躍しています。そのような伝承がいろいろ残っています。

これは安徳という名前だけが一緒でも二人は違う人物で、大人の安徳というのは九州王朝の天子の名前ではないかと思います。

太宰府の、川を隔てて少し西よりのところに、安徳台という平地がかなり広がっておりまして、今は果樹園がざーとあります。その安徳台です。そこに居所があったから、安徳天皇と言われていたのではないか。赤ちゃんの時に入水した安徳天皇とは別の人物ではないかと思います。

ということで、九州王朝では後で追諡したのではなく、生きている間に漢風諡号が使われています。そういう天皇名があちこちに残っています。

安徳天皇についてある記憶がありまして、土地の古老にきてもらって聞いたところ、「安徳天皇は、この木の下でお亡くなりになりました」「敵に囲まれて、弓矢に撃たれて、ここでお亡くなりになったのです」という説明を聞いたのを覚えています。当然赤ちゃん安徳とは違います。

もう一つ、そういう九州王朝の伝承は果たして消えたのかというテーマがあります。結論から言えば消えていないと思います。例えば『日本書紀』第十、一書にあるように、女の神が「妍哉可愛少男（あなにあや、えおとこ）」と言って、為夫婦（みとのまぐあい）をして淡路島が生まれました。そして男性の輝ける太陽神である「ヒルコ」が生まれました。これは明らかに旧石器から縄文前半期に成立した話だと思います。それが『日本書紀』の元本となる九州王朝の史料に書かれているということで、すごく年代が経っているわけです。それだけ長い間伝わって残っているのを見ると、三世紀や七世紀などから現在までは、たいした時間ではありません。それが全部消えてしまってなくなっている方がおかしい。民俗学では、民話が残っているのは江戸時代のもので、いくら遡っても鎌倉が一番早いところです、と梅棹忠夫さんがまだ生きておられるときに、国際的な学会の席で話されているのを聞いた覚えがあります。それが現在の民俗学側の常識で、いまでもそれほど変わっていないのではないかと思います。

しかしそうすると、さっきの旧石器時代の話は残っていて、記録されているのとあまり落差がありすぎます。日本人の記憶力が激減したような感じです。

何を言いたいかというと、三世紀や七世紀の説話も現代に残っているというふうに考えざるを得ない。どのような形で残っているかというと、俾弥呼・壹与の話は、「神功皇后の話」として残っています。これも例があるのですが、中近東で、「『旧約聖書』の中の話なども現在あるのですか」と聞いたわけです。アメリカの長年中近東に住みついている学者に聞いたのです。「残っています。それを土地の人は語っています」。そのあとで、「……とマホメット様がおっしゃった」と言うのです」。だとすると、日本の場合でも、天皇家のだれだれと言葉を変えればいいわけです。

狂心の渠（質問）

──第七回　斉明のいわゆる「狂心の渠」は九州にあり、その近くに俾弥呼の墓があったのではないか、という話を先生からお聞きしたような記憶がありますが、ご確認ください。

（回答）

わたしは、俾弥呼の墓に一番近い存在は須玖岡本であろう、ということを『俾弥呼』で書いていますが、それも断言ではなくて、三種の神器とか、絹・錦などが出ることからみて一番近いお墓は須玖岡本だろう、というレベルの話です。

「狂心の渠」は、飛鳥で比定されているものは、まさに治水工事であり、これは、為政者は当然やるべきことです。『日本書紀』では、白村江で負けた反唐勢力の九州王朝はナシにしておき、「狂心の天皇」ということで斉明天皇の悪口を書いて悪者にしています。あの程度の掘割で「狂心」とはおかしい。大きな土木工事は水城が最たるものです。また筑後川流域に運河が残っています。長者堀といわれています。何のためか。本来筑後川があるのに、それに沿って運河を作るのはあまり意味がないです。有明海から敵が筑後川を上って侵入してきたときに運河を切って水を流すわけです。谷間にも運河のようなものが作られています。いわば軍事施設のようなものです。それ以外の目的は考えられません。三百メートルほど運河が残っていました。実際にはそれは「斉明」がやらせているわけです。それが「長者」と名前を変えています。「斉明がやった」というのでは具合が悪いので、「長者堀」という形に変形されて、現在も残っているわけです。

もう一つ小郡市の飛鳥で、前にお話ししましたが小郡の「井上」のところに住宅のような場所があって、三、四メートルの幅で半円のような形で「水路」が回っています。後の半円はもう陸地にされていましたが、残りの半円は最初に行ったときは残っていました。二回目に行ったときはそこが陸地化されて、ぐちゃぐちゃになっていました。そこの堀に囲まれた中に、「長者原さん」がいたといいます。

偶然といいますか、面白いことがあります。あそこで飛鳥が上空から見て飛ぶ鳥に見えるか実験をしようとしました。わたしの家の近所に大きな銀色の紙を売っていましたのでこれを飛鳥の地に敷き詰めて上から写真を撮れば、何もないところを撮るよりはしっかりするだろうと考えました。その銀紙を売っている店の本社が東京にあることを聞き、こういう紙が大量に手に入るかと聞きましたが、部長さんが出てきて「入ります」ということでした。たまたまその方が「長者原」という方でした。その方が、ルーツを自分で調べられたら、小郡でした。「今の人の前は、わたしの先祖がいたようです」、というのが長者原さんの話でした。本人も大変感激して、大量の銀紙を安く売ってくれましたが。そういう長者原さんがいまだに東京におられます。

長者という名前はあちこちに残っています。邪馬壹国や、九州王朝はみな、長者と名前を変えられています。伊豫朝倉にも長者屋敷というのがあります。

罪をかぶせられる天皇——第七回

（質問）

斉明天皇は九州王朝の天皇なのに、近畿王朝の方に取りこんで罪を押しつけたのでしょうか。

（回答）

斉明天皇、正式にはサイミョウと読むべきと思いますが、これは九州王朝の天子です。九州王朝の終末期近くの天子です。それを近畿天皇家が取り込んで、近畿天皇家の系列に組み込ませています。組み込ませる場合に、近畿天皇家側の皇極天皇（つまり、天智と天武のお母さん、いわゆる大化改新の時の天皇とされている）とイコールで結びつけて、同一人として扱ったということです。皇極は近畿の豪族です。皇極は非常に晴れがましい役、斉明に対しては、気違いの嫌らしい役を押しつけています。

同じように継体も九州王朝の天子の継体、年号にも現れている継体です。これを近畿の天皇の名前に取り入れて使っています。景行天皇も九州王朝の天子の名前を近畿天皇家のように取り入れて、『日本書紀』はプラス・アルファしています。一連の「盗作」の手法です。

斉明について合田洋一氏の補足——第七回

（合田氏）斉明の地名は今現在は今治市なのですが、以前は朝倉大字太之原《こうのはら》字斉明、江戸時代まではこの太之原は皇之原といい、斉明の場所には橘《たちばなの》広庭宮《ひろにわのみや》跡の伝承があります。これは完全に『日本書紀』にあるわけです（注＝『岩波日本書紀』三四八ページには、朝倉橘廣庭宮とある）。磐瀬宮（『日本書紀』には磐瀬行宮とある）も全部伊豫にあります。

つまり斉明の末期の神社の名前から、地名は朝倉から西条にかけて全部あるのです。それから考えましたのは紫宸殿の問題で、白鳳年号が二十三年続く。これがキイ・ポイントだと思います。

『日本書紀』は九州王朝を消し去るのと同じように、越智の国も消し去ったのだと思います。ところが九州の朝倉にはそういう斉明伝承というものはわずかしかないわけです。ところが伊豫にはやたらとあるわけです。斉明天皇の行宮跡だけでも六カ所あります。天皇地名が何カ所もあるわけです。

越智の国は博多と難波の中間になるわけですから、その中間に皇居があったということになります。政庁の移転まで伴うかどうかは遺構の発掘が行われていませんのでわかりませんが、ただ紫宸殿という七万四千平方メートルの長方形の広大な地が、丹生《にゅう》川というところにあるわけです。紫宸殿のところは少し高台になっており、まわりは何度も氾濫に遭っているのですが、紫宸殿のところだけは今まで氾濫に遭っていません。

そこから、山一つ越えたところが朝倉の斉明というところです。このあたり一帯が徒歩でも何時間もかからないで行ける地域です。大体は平野です。朝倉だけは山に囲まれた盆地ですが。

紫宸殿跡から遺物が発見されていました。しかし発掘した人たちは紫宸殿という名前の重要性がわからなかったために、その遺物が行方不明になっています。愛媛大学の下條信行先生に一生懸命探してもらっていますが。

紫宸殿・大極殿・陵──第九回

合田さんの報告を若干補足いたします。

合田さんが住んでおられる愛媛県に「紫宸殿」という字地名があり、今井久さんが報告されています。この前、連れて行ってもらいましたこの紫宸殿は、わたしの直感、判断から言えば、リアルです。なぜかというと、わたしの住んでいる京都府向日市に大極殿という字地名があり、土地の人は大極殿と言っています。大極殿なんて「デタラメ」と言われていましたが、長岡京の歴史解明に一生を捧げた中山修一さん等が発掘され、長岡京の全貌がわかってくると、「大極殿」と呼ばれる字地名のところの中心に大極殿がありました。長岡京市ではなく、その隣のわたしの住んでいる向日市の方に大極殿があったのです。

同じく奈良県にも「大極の芝」という地名がありました。「大極の芝」という芝があって、土地の人が「大極の芝」と呼んでいました。「これは大極殿である」と言っていた人が迫害されたのですが、発掘してみるとそこが大極殿だったのです。遊び心で「大極の芝」と呼ぶのは勝手だが、皆がそれに従うことはあり得ない。大極殿という、神聖で特別な名前だから人はそう呼んだのです。そういう経験があったので、伊豫の紫宸殿についても同じだと思いました。「紫宸殿」という字地名が残っています。誰かが勝手につけたものではない。

この前、この地に行ってみると、半分くらいが住居で、残りは田んぼでした。今なら発掘できます。文部科学省が掘ってくれればよい。字地名が残っているのが、紫宸殿があった証拠だと思っています。いつの時期かというと、唐の軍隊が来た後のことです。その前は太宰府です。太宰府に、「紫宸殿」という字地名があるし、あったが、教育委員会がそれをカットしています。資料的にも「紫宸殿」という字地名を使っている資料が江戸時代にかなり残っています。明治時代になると「怪しからん」と憤慨している地名辞書もあります（吉田東伍『大日本地名辞書』第四巻、冨山房、一九〇七年初版、一九七一年増補、一六二ページ)。しかし、紫宸殿という言葉が使われていたのです。そこに天子がいたのです。天子がいないのに、そこの人が自分の趣味で「紫宸殿」と言い、回りの人もそれに従ったということはあり得ない。あそこを紫宸殿としていたのは白村江までで、もっと言うと、唐の軍隊が入って来る前です。それ以後、唐側が「紫宸殿」と言ってくれるはずはないし、日本側に言わせたはずがない。では「紫宸殿」の主はどこへ行ったのか。どこかと言うと、それが伊予の「紫宸殿」という字地名の所に移って行ったのです。白村江の後です。というようにわたしは理解しています。論理的にそう考えざるを得ないということです。それを考古学的に発掘して確認してほしい。国にその予算を出してほしい、と願っています。

斉明天皇の陵についても合田さんの報告がありますが、愛媛県今治市朝倉に、伝斉明天皇陵がありま す。西条には二カ所、斉明天皇の行宮跡があります。また、現地の記録にある長坂天皇、長沢天皇、朝倉天皇などは九州王朝の天子ではなかったかと論じておられます(合田洋一『新説伊予の古代』創風社出版、二〇〇八年)。

(質問)

牽牛子塚古墳について――第八回

斉明天皇の牽牛子塚古墳が斉明天皇の墓だとした人たちは、大事なことを隠していると思います。といいますのは『日本書紀』に斉明天皇の遺言があります。四年の五月に孫の建王《たけるのみこ》が八歳でなくなった、そのときに自分が死んだら自分の陵に合葬せよといっているわけです(『岩波日本書紀』下、三三二ページ)。

ところが斉明天皇陵と比定した人たちは、間人《はしひと》皇女との合葬だと言っています。間人皇女は別に墓があるわけです。そういう『日本書紀』に言っていることとまったく矛盾したことを言いながら、斉明天皇陵だと言っています。これは大和朝廷一元史観の人たちにとってもおかしいことではないでしょうか。

（回答）

おっしゃるとおりで、『日本書紀』とか律令の記録にまったく合っていないわけです。それを八角墳がでたということで、天武とほぼ同時代の八角墳だから斉明以外にないという理論です。今おっしゃったことを含めてまったく矛盾しているわけです。反対の人がいれば反対の人を呼んで議論する、それが学問です（注＝天智六年春二月壬辰朔戊午。合葬天豊財重日足姫天皇与間人皇女於小市岡上陵〈『岩波日本書紀』下、三六五ページ〉とあり、建王でなく間人皇女と斉明天皇とを合葬したことになっている）。

第十章　九州王朝滅亡の後に

「廃評建群の詔勅」の欠如――第二回

　坂本太郎氏と井上光貞氏との間の郡評論争は、学会を巻き込んで行われましたが、事実関係ははっきりしました。七世紀末までが評で、八世紀初めから郡になった、ということです。これは疑うことができません。問題はその次です。明らかに、「廃評建郡の詔勅」が文武四年（七〇一）に出たはずです。これも百パーセント間違いがないと思います。この重要な詔勅が『続日本紀』から消されています。

「評」という言葉を廃するということは、「評」という制度を有する国家を廃するということに他なりません。ということは「評」という制度は近畿天皇家のものでなかったということを物語ります。

「大化改新」と称して、五十五年遡って、「改新の詔」を出したことにしたため、「廃評建郡の詔勅」が消されたものと思われます。新しい雑誌（『なかった――真実の歴史学』二〇〇六年五月創刊）は、この問題から取り上げていこうと用意しています（注＝本講演は二〇〇五年十一月のもの）。

評から郡に移った理由――第八回

（質問）

　七〇一年の評から郡に移行したということについて、なぜ評から郡に移したかということですが、唐に対して慮って、評を使うとまずいから郡にした、また評というのは南朝の制度で、郡は唐などが使っていた制度だという認識でよろしいでしょうか。

（回答）

評は九州王朝の制度です。南朝の制度とは言えない。中国のあちこちにあるかというとありません。しかし中国に評というのがまったくないかというとそうではなくて、評督という官職名は出てくるわけです。それで日本側で「評」という制度を作ったことはわかっているわけです。そこから先はわたしの解釈で、評を支配しているのは「評督」であろうと思います。「評督」の上が「都督」です。そうなってくると、日本に「都督」という名前が残っているのは筑紫の太宰府の都督しかない、という形で理解しています。

郡は中国でも古い制度です。日本で郡という制度に変わったのは七〇一年以後です。

この点はわたしが言ったというよりは戦後、坂本太郎氏と弟子の井上光貞さんとの間で郡評論争があって、井上さんの方の論点は、『日本書紀』は大化改新以後「郡」と書いてあるが、あれはおかしい。「評」でなければならないという問題提起をしたわけです。坂本さんは郡でよいと言うので、学会は真っ二つに割れて郡評論争というのが十数年行われました。その結果、井上さんの方が勝ったというか、弟子の井上光貞氏の言った通りであったわけです。

木簡が七〇〇年の所まで出てきて、七〇〇年まで評を使ったことがわかりました。奈良県からも出てきたし、静岡県の駅の構内からも出てきました。いずれもそれは七〇〇年まで、あるいはその近くまで使われていたという証拠になります。

ところが『日本書紀』はその頃すべて郡ですから、『日本書紀』は評を郡と書き直したものであるという、結論が出ました。

問題はそれからで、井上さんは、『日本書紀』の大化改新で郡を評に書き直せばリアルなのだと、つまり評が本当だから、何かの理由でそれを郡と書き直しているのだから、もとの評とすればリアルな歴史になる、とするのが井上史学の基本であったわけです。

それに対して坂本太郎さんは、確かに結果としては井上氏の言う通りだが、なお、なぜ事実、評であったものを郡としたか、書き直さなければならなかったかが、わたしには疑問である、としました。

わたしはここから出発したわけで、本来評であれば、それをいちいち郡と書き直す意味がないわけです。というのは、やはり、ここに王朝の交代があったわけで、評は九州王朝の行政単位です。それに対して新たな郡というのを七〇一年から近畿天皇家が始めた、というふうにわたしは理解した。

これと関連するのが九州年号です。平安時代に書かれている二中歴では九州年号は七〇一年で終わっているわけです。

偶然の一致ということはない。二中歴ができたのは平安時代（その写し）ですから、それが平安時代より後の、最近の論争の結果と一致したというのは、二中歴がリアルであることを示しています。九州年号が七〇一年まで使われたことは、本当であるといえます。つまり九州年号は実在であるというふうに考えざるを得ないのです。

評の用例――第八回

（質問）

評について、評の官職名を少し挙げていただきましたが、問題が二つありまして、一つは、あの評をどう読んだかということです。郡評論争後、あれは郡も評も「こおり」と読んだのだというのが通説になっています。ある大学教授に評を「こおり」と読むのはなぜですかと聞きましたところ、「それはそう決まっている」という返事でした。たしかにそれを「こおり」と読むのかどうかという質問です。

もう一つは「評の君」という位、というか官職名があったのかどうか。「笠評君」を調べていて、「評の君」という書き方は他にないのだろうと思っていたら、正倉院の幡残欠墨書銘に「阿久奈弥評君女子」というのが出てきます。やはり「評の君」というのが使われていたのではないか。そういう官職名があったかどうかということですが。

(回答)

最初の問題は評と郡で「ひょう」とは読まなかったか、「ぐん」とは読まなかった、あれを「こおり」とだけ読んだかという問題ですが、わたしはそんなことはないと思います。やはり「評」という字を見て「ひょう」という発音ができない人は七世紀にはいなかったと思います。

郡を見て「ぐん」と発音できない人はいなかったのではないか。評郡《ひょうぐん》で日本語になっているのだと思います。ただ評郡を倭語で言ったら何になるかという話です。評・郡を両方とも倭語で「こおり」と言ったというのは一つの仮説です。「こおり」と仮名をふっているわけではない。合っているかもしれないが、合っていないかもしれない。

「評の君」というのはあったと思います。仏像に出てきます(注=銅造観音菩薩立像(法隆寺献納、銅製鋳造鍍金、東京国立博物館蔵)の台座台脚部に「辛亥年七月十日記笠評君名左(又は大)古臣辛丑日崩去辰時故児在布奈、太利古臣又伯在□古臣二人乞願」の銘文がある)。

『日本書紀』の手本
——第六回

『日本書紀』は、『魏(北魏)書』を手本にして作られています。『魏(北魏)書』では、実際に北魏を建国した道武帝よりも前の鮮卑時代の支配者にも帝の名前をつけています。それと同じことを、『日本書紀』はやっていて、八世紀より前の九州王朝の一分家時代の近畿天皇家の支配者にもすべて天皇名をつけています。そのほかにも『魏(北魏)書』を真似したところがいろいろあります。例えば、魏紀と言ったり、魏書紀と言ったりして併用されています。『日本書紀』のなかの帝紀部分を日本紀あるいは日本書紀といっているのと通じます。また鮮卑は魏(曹魏)・晋(西晋)と友好関係を結んでいます。だから『日本書紀』は北魏の後継者である唐におべっかを使うために、編年を無視して「俾弥呼・壹与」の両者による魏（曹魏）・晋（西晋）への入貢を同一の神功皇后の業績として挿入しています。

次ページに掲載したのが『魏書』です。本論に入る前に若干説明しておくと、この表は百衲本『魏書』の巻頭にあるものです。これは北魏（三八六〜五三四年）の『魏書』であり、その目次に該当します。北魏は、皆さんよくご存知の通り、白村江で勝った方が唐で、それを受け継いだのが宋、この唐と宋が北魏の系列です。その元をなす『魏書』という本が北斉の時に作られました。

それを見ますと彼らは本来、「鮮卑」と呼ばれていました。三八六年から四〇九年までいたのが、下の段の第二にある、太祖道武帝です。この太祖道武帝が西晋に侵略し、南下し、洛陽、西安を占拠し、北魏を作った。当時は「魏」と称していたが、われわれは（三世紀の魏と区別するために）北魏と呼んでいます。

問題は上の段です。第一序紀に名前が並んでいますが、最初が成帝、「毛」というのは鮮卑としての名前です。皆、「何々帝」「何々帝」と書かれています。キイ・ワードとなる名前が左ページの三行目、始祖神元帝、その四行後の、太祖平文帝です。画期をなす名前なのでしょう。画期をなす名前であっても、鮮卑の首長であることには変わりはありません。「鮮卑」の首長であっても、「皇帝」と書かれています。

何を言おうとしているかは、おわかりのことと思います。結論から入っていきますと、実際の近畿天皇家が始まったのは七〇一年。文武天皇の時、初めて「天皇」になりました。それ以前は近畿天皇家の時代ではなかったのです。どこの時代かというと、九州王朝の時代です。

はっきりしているのは、七〇一年以前の「評」が、七〇一年以後の「郡」に変わりました。自然に変わったなどということは、あり得ません。「国が変わった」のです。「郡」になって近畿天皇家の時代と

魏書目録
魏收撰
帝紀十二 十四卷
第一序紀　魏書一
成帝 毛　節帝 貸
莊帝 觀　明帝 樓
安帝 越　宣帝 推寅
景帝 利　元帝 俟
和帝 肆　定帝 機
魏書目録　一
僖帝 蓋　威帝 儈
獻帝 隣　聖武帝 詰汾
始祖神元帝 力微　文帝 沙漠汗
章帝 悉鹿　平帝 綽
思帝 弗　昭帝 禄官
桓帝 猗㐌　穆帝 猗盧
太祖平文帝 鬱律　惠帝 賀傉
煬帝 紇那　烈帝 翳槐
昭成帝 什翼犍

第二　魏書二
太祖道武帝 珪
第三　魏書三 闕
太宗明元帝 嗣
第四上　魏書四
世祖太武帝 燾
第四下　魏書四
世祖太武帝　恭宗景穆皇帝 晃 附
第五　魏書五
魏書目録　二
高宗文成帝 濬
第六　魏書六
顯祖獻文帝 弘
第七上　魏書七
高祖孝文帝 宏
第七下　魏書七
高祖孝文帝
第八　魏書八
世宗宣武帝 恪

・8601・

百衲本『魏書』，卷頭部分（台湾商務印書館，1967年）

なりました。ところが、文武天皇以前も「天皇」と書かれています。神武天皇も崇神天皇も継体天皇も天智天皇も天武天皇もみんなそうです。鮮卑も遡って皇帝と書かれていますが、それと同じです。天皇家も「大和の地方政権」にすぎなかったのです。九州王朝の一の家来、二の家来であった連中が、「天皇」と書かれています。

証拠はいくらでもあります。天武についてみると、「真人」と書かれています。「真実」の「真」に「人」です。「真人」は八色の姓のナンバーワンです。ナンバーワンというのは、「ナンバーワンの家来」ということです。「天武は家来でした」という名前だったのです。「天皇にはならなかった」という、はっきりしたマークが出ていたのに、〝気がつかなかった〟だけです。「万世一系」というイデオロギーに誤魔化され、気がつかない〝ふり〟をしています。『日本書紀』は、はっきり「家来段階だ」と言っているのです。

また天智天皇は「天命開別（あまみことひらかすわけ）」と言っています。「〝あま〟あるいは、あめみことひらかす」、つまり天皇家に「天命が下りた」のは七〇一年です。これを開いた人物が天智と言うわけです。それを誉めているだけです。「別（わけ）」というのは姓で、「家来」のことです。実質、「天皇ではございません」というサインが書いてあるのです。

「万世一系」と称して〝塗り変え〟てやってきました。本居宣長が気がつかなかった。彼は医者で屋根裏に籠もって『古事記伝』を書いた。わたしは本居宣長のファンであり、尊敬していますが、尊敬することと彼の説が正しいということとは、別です。

一番よくないのは明治以後です。明治になると、宣長が「神秘化」され、「天皇家中心」になってしまった。宣長が言ったことは、すべて正しいと。先ほど言ったように、宣長が言ったので直した、宣長が言ったので直した、と軒並みに書いてあります。宣長のイデオロギーに従った「本文」を、「本当の本文」だと思い込まされていたのです。

それほど、宣長に無批判でした。わたしの先生の村岡典嗣さんも、本居宣長が大好きで、「本居さんはね」「本居さんはね」とよく言っておられた。しかし、学問というものは「師の説にな泥《なず》みそ」、先生の説に拘泥するな、と本居さんが言っているよ、と村岡さんから何回も聞いたのです。宣長が間違っていると言っても叱られることはない。わたしが死んで本居さんに会った時に、むしろ感謝されるのではないでしょうか。

とにかく、そういうことで、読み方が間違っています。わたしが何回も書いており、皆さんも耳にたこができるくらい、ご存じのように、「日出る処の天子」は阿毎多利思北孤で、多利思北孤の奥さんは雞彌《きみ》であるから、間違いなく男性です。これに対して同時代の推古天皇は、間違いなく女性です。『日本書紀』にさんざん女性と書かれています。「男性と女性がイコールである」と称して明治時代から「万世一系」を主張してきた。大嘘を元にした「万世一系」は結局ダメです。

神聖な「日本の歴史に帰れ」、それが「保守」だ、と言っている人がいますが、本当の「保守」であれば、「九州王朝」に帰らなければならない。嘘でもよいから、天皇家は一番偉いのだとして、それに反する研究者を、学界からも、NHKからも、朝日新聞社や読売新聞社などの大手メディアからも追い出せばいいんだとする、そんなたぐいの「保守」はまったくのインチキです。

「日出る処の天子」は唐の初めにできた『隋書』だけに出てくる。「多利思北孤」は隋に国書を送っており、向こうからも会いに来ています。

「日出る処の天子」は国書に書かれています。国書に署名がないことなどはあり得ない。国書にある署名が「阿毎（アマノ）多利思北孤」だった。魏徴が『隋書』を書いた。隋から唐にかけて生きた人物であり、歴史官僚だから多利思北孤が送ってきた国書を見て、国書に「阿毎多利思北孤」と書いてあったから「阿毎多利思北孤」と書いた。使いが多利思北孤に会って、会話をしています。それぐらい念入りに信憑できる資料に基づいて描かれているのです。それを嘘にして、「なかった」ことにして「推古天皇だ」、「聖徳太子と間違えた」などとしています。今の学者は、でたらめをこじつけており、そういう人が大学の教授になったり、文化勲章をもらったりしていますが、ナンセンスです。文化勲章をもらったからといって嘘が本当になることはあり得ない。ということで、これもダメです。世界中から笑われるような教科書を作っておいて、「日本人を信用せよ」と振る舞ってもダメです。これを遠慮せずに言うべきです。

今の二つでわかりますように、阿毎多利思北孤は「阿蘇山のある九州の天子」です。これに対し、推古天皇は大和という「地方豪族のトップ」にすぎない。聖徳太子もそうです。筑紫の九州王朝と大和の地方政権とが「同一化」することなど、あり得ない。明治以後「万世一系」とか何とか称して、〝横取り〟して、推古天皇や聖徳太子が「日出る処の天子」だという教科書を作り、それに合う学説だけを取りあげ、学者、東大教授、ＮＨＫ、朝日新聞社、読売新聞社、その他のメディアが、それに右へならえをしています。

始まりは嘘でもよい。始まりが嘘であれば、その後は全部嘘に合わせていくのが「公の教育」だ。明治以後の教育はそれです。東大を作ったのは、明治政府が自分たちのイデオロギーを国民に周知徹底させるための原点であり、京大や東北大学を作ったのもそうです。〝作られた〟中の人たちは権力者の要請に従って、高等学校や中学校や小学校の先生を養成していきました。これが、明治以後の教育という名の大嘘の仕組みです。

『続日本紀』——第九回

文武天皇が死んだのはいつか、どう言って死んだのか、確認したいことがあって『続日本紀』を見ていたら大きな発見をしました。『續日本紀』（国史大系本、吉川弘文館、一九八二年、二九ページ）に遺言が書かれていました。

「（慶雲四年〈七〇七〉六月丁卯《ていぼう》の朔、（中略）辛巳《しんし》（十五日）天皇崩ず。遺詔すらく、擧哀三日、凶服一月せよと。」という遺言です。長くやらずに短く終えろ、つまらぬ費用をかけるな、葬式で悲しみに耽るのは三日でよい、天皇の死を悼むのは一カ月で止めておけ、と解釈しています。他に何か言っていないかと思って前のページを見ると、二八ページの前半部に長い詔勅が書かれていました。

「詔して曰はく、天皇詔旨《おほみこと》を勅久《のりたまはく》、汝藤原朝臣……」とあります。汝とは藤原朝臣不比等のことで、不比等に呼びかけた詔勅です。不比等はどういう存在かというと、父の鎌足が天皇に対した態度と同じだという。文武天皇の前が持統天皇、さかのぼって皇極天皇等、女であったが、それに対して男の鎌足が補佐をした。文武天皇は持統天皇の孫であるが、自分たちに対して鎌足の子供、不比等が補佐しているという詔勅です。その中で建内宿禰（『日本書紀』では武内宿禰、『古事記』『続日本紀』では建内宿禰）と一緒だと言っています。彼がやったことと同じことを鎌足が皇極天皇たちにやってくれた。わたしが死んだらお祖母さん、女の元明が天皇になるので、お前が補佐してくれれば有難いという内容です。ハッとしたのは、鎌足と不比等の役割を肯定する理由、誉める理由です。建内宿禰のやっていることと同じだということ。では建内宿禰はだれの補佐をしたのか、神功皇后です。女の神功皇后を建内宿禰が補佐した。あのやり方を受け継いで、鎌足が、女の皇極天皇等を補佐した。わたしが死んだら、不比等よ、お前が女の元明を、天皇となるので補佐してくれ、と書いてあります。驚いたのは神功皇后が原点になったやり方です。神功皇后は女性です。皇極天皇や持統天皇も、元明天皇も女です。わが国の伝統である神功皇后に対して建内宿禰がしたと同じ意味をもっています。鎌足や不比等の役割を肯定する詔勅です。

『岩波日本書紀』も他の諸本も「神功皇后」と書いています。しかし、皇后であれば、補佐役は要りません。神功皇后と言っているが「天皇」として扱っているのです。神功天皇です。女性です。それを補佐しているのが、建内宿禰です。これはわが国の伝統です。この伝統を受け継いでいるのが、鎌足であり、不比等です。こういう理論構成です。神功は、文武天皇の詔勅では、皇后でなく「天皇」です。

この本を見ていると面白い問題が出てきました。神功皇后の所です。仲哀天皇の次に神功皇后が出てくる。神功皇后の所で神様が現れる。天照大神だ。そのお告げの文章が出てくる。『岩波日本書紀』上巻の三四四ページに出てきます。神功皇后が難波へ行こうとして船を出したが、船が進まない時のことです。

「是に、天照大神、誨《をし》へまつりて曰はく『我《わ》が荒魂《あらみたま》をば、皇后に近つくべからず、當に御心を廣田國に居らしむべし』とのたまふ」。

「わが（あら）みたま」と仮名が振ってありますが、原文を見ると違います。「魂」と書いてあり、井上光貞さんや大野晋さんなどが「みたま」と仮名を振っています。「みたま」と仮名を振ると人の話となる。原文には「御」がない。「我が」は天照大神が自分のことを言います。「たま」は「魂」という字を当てているが、天照が「わたしの魂」というはずがない。当て字であり、「たま」は飾りに使う玉だ。女の天照が自分の飾りに持っている玉が「わがたま」であり、「わがみたま」とふりがなをつけるのはおかしいのです。意味が変わるのです。

わたしの理解では「あらたま」と言っているのは、「あらというたま」のことで、「あら」は荒れるの荒だ。先般来皆さんご承知の言葉だ。「荒吐《あらはばき》」のことで、「東日流外三郡誌」に絶えず出てきます。「はばき」はもったいぶった言い方であり、「はば」は「は」のダブり語で、南方系の言葉、人名や地名にあります。「はばき」は広い要害という誉め言葉です。実体は「あら」で、日本近海の最大の魚です。遠海の最大の魚は鯨で「いざな」という。男が伊邪那岐で、女が伊邪那美で、男女の神様になった。それ以前に、近海最大の魚の「あら」を神様の現れとしたのが「荒吐」です。

天照大神は本来人間です。対馬の阿麻氏留《あまてる》神社で長老の代表から、うちの神様は一番偉い神様だから、出雲に行く時は一番遅く行き、帰る時は一番先に帰られる、待たなくてもよい、という話を聞いて、ぎょっとしたことを何回も書きました。天照大神は「家来の神様」の一人で、ご主人は出雲の大神です。各地の神様は十月に出雲に参集しますが、行かない神様もあり、天照大神は一番偉い神様だから、最後に行って、最初に帰るという。


この天照大神は超能力を持った天照大神ではなく、人間の天照です。彼女にとっての神様はだれかというと、「あら」です。「あら神」を表現した、玉を彼女が身につけています。井上さんや大野さんは「御」を補って、「みたま」と仮名を振っているが、おかしい。文脈が壊れています。

『古事記』『日本書紀』のど真ん中で、天照大神がしゃべっている重要な所で、「東日流外三郡誌」と同じ神様が現れています。安日彦、長髄彦にとっての神が「荒吐」、天照大神にとっての神が「あら」。「あらたま」をシンボルとして、首にかけているのが天照大神という人間だ。『古事記』『日本書紀』は別個のもので、関係ないとか、「東日流外三郡誌」は「偽物」で、『古事記』『日本書紀』は「偽物」でないとか言っているが、そうではない、大事な所で結節点が出てきたわけです。

先程言った問題に帰りますが、皇后と書いてあります(『岩波日本書紀』上、三四四ページ)。天照の言葉の中の「我が荒魂をば、皇后に近つくべからず」です。漢文もそうなっています。注の小さな番号がつけてあるので辿っていくと、原文はそうではなかった。原文は「皇居」です(同書補注九―二十、六一五ページ)。北野本、熱田本などは「居」であると書いてあります。従来説では『先代旧事本紀』に書いてあるのを「嘘ではない」と考えれば、「皇后」に直すべきだと考えた。井上光貞さんや、大野晋さんが勝手に推測して直したのです。原文は「皇后」ではなく、「皇居」です。「皇居に近づくべからず」はわかるが、「皇后に近づくべからず」では訳がわからない。しかも天照が言っている言葉です。簡単に書き換えては困る。天照は女だ。女の天照が言っています。仲哀が死んだから「皇居」を支配しているのは神功だ。「皇后」に近づくべからずでは、旅にも行けない。「皇居」に近づいてはならない、という意味です。井上さんや大野さんが内容を変えてしまっています。ただ、わたしも今までは本当だと思ってきたので、同罪ですが。

ここから面白い問題が進展します。「稚日女尊、誨へまつりて曰はく」と書いてあります（前掲書、三四四ページ）。大野さんたちが「稚日女」を「わかひるめ」と読んでいます。井上光貞さんが補注（同書、三九―三）で、『先代旧事本紀』には「天照の妹」と書いてあるので、それを採用すれば「わかひるめ」と読んでよいと書いてあります（同書、一一四ページ注一、大日女に対する稚日女）。ところがこれはダメです。『先代旧事本紀』は後で作られた本で、後で作った人の解釈です。それを根拠に書き直すのはわたしの学問の方法ではアウトです。

「稚」は幼稚園の「チ」、日はお日さまの「日」、太陽のこと、「日女」は女の「ヒメ」です。「チ」は男か女かわからないが、古い言葉です。アシナヅチ、テナヅチ、ヤマタノオロチの「チ」で神話の古い言葉であると、先輩の梅沢伊勢三さんが論証された。「チ」は古い縄文時代の言葉です。幼稚の「稚」は、古い神様の「チ」。「日女」だから女。「天照の妹」というのは「大嘘」です。天照が「チノヒメノ尊」に仕えており、そのシンボルが縄文時代からある玉です。天照がしゃべっているのです。どちらをとるかで、神話体系が変わってきます。当然「チノヒメノ尊」の神話が膨大にあったわけです。その一部を『日本書紀』がここにはめ込んだ。その元は、荒吐の「荒」と共通の神様であったということです。

今言ったことを纏めると、天照は人間であり、彼女にとって、神様がいた。それは「チノヒメノ尊」という女の神様であった。膨大な内容の一部を『日本書紀』が本文で利用したにすぎない、というのが結論です。

この問題からさらに面白い問題に進展しそうです。

これはたまたま、井上光貞さんや、大野晋さんがやった「例外的な手法」ではありません。「仲哀・神功紀の構成とその成立」(前掲書、六〇六ページ)という長い補注を井上光貞さんが書いているが、これを見ると、井上さんの史料批判のやり方が出ています。歴史上、一つのストーリーを作り、そのストーリーから、あっちがよい、こっちがよい、として好きな写本を取ってつなげています。井上さんはこのやり方を「史料批判」と考えているが、この方法ではだめです。

他の場所を見るとみんな井上光貞さんや大野晋さんが書き直しておられる。それが、この本(『岩波日本書紀』)です。また、吉川弘文館刊の『新訂増補 国史大系續日本紀』前編・後編(一九八二年)です。この本も、『古事記』によるとか、宣長の見解によって書き直した、と書いています。他の箇所も、書き換えられているのではないか。手直し原文が吉川弘文館から出ていることになります。手直し原文を見ている限り、大した進展は期待できません。

先ほどの天照の言葉の所は「皇后に近づくべからず」ではなく、「皇居に近づくべからず」が正しいと言いました。解説(凡例)を見ると、『岩波日本書紀』(上巻)に使用した古写本は次の通りです。「田中本、前田本、宮内庁本、北野本、鴨脚本、卜部兼夏本、水戸本、卜部兼凞本、卜部兼敦本、丹鶴本、熱田本、伊勢本(神宮文庫本、穂久邇文庫本)、内閣文庫本」。これだけの古写本があるが、落差があり、信用できるのは、古い熱田本、北野本、伊勢本です。卜部本は後の方で書き換えられています。議論する場合は、熱田本や北野本、伊勢本でやるべきです。古い方の熱田本、北野本、伊勢本は「皇后」でなく、「皇居」です。『先代旧事本紀』を尊重することも不可能ではない、と考えて、井上さんが直したのはおかしいのです。熱田本、北野本の写真版が出ているので、ポイントとして抑えて、学術論文を書かねば、と考えています。

『続日本紀』に出てくる高天原――第九回

『新訂増補 国史大系續日本紀』の一ページをみると、巻第一の先頭が文武天皇であり、「天之真宗豊祖父《あまのまむねとよおほち》（『岩波続日本紀』ではおほぢ）天皇」となっています。継体天皇や天武天皇のように「記念すべき第一号」でもないし、「別（わけ）」という姓でもない。「祖父」といったもったいぶった名だが、祖父という姓もない。それはよしとしても、問題は次（四行目）の「高天原廣野（たかあまがはらひろの）天皇」。これは「持統也」と書いてあるので、持統天皇のことですが、この持統天皇の和名に「高天原」がついています。この高天原は「どちらの高天原か」という問題です。

「東日流外三郡誌」が書いているように、「海士《あま》族の神聖な水の出る集落」という意味だとすれば、持統天皇が「海士族の水の出る集落」の天皇では、つまらなくなり、自慢することもない。どこの高天原にも「天皇」がいなければならない。そうではなく、この高天原は「空想の高天原」です。宣長が空想したのと同じ「空想」をすでに文武天皇がやっていることになる。太安萬侶がやっている、元明、元正がやっている。太安萬侶、元明天皇、元正天皇の世界は、「高天原空想」説の一端であり、本当の高天原の理解を失っており、自分勝手に天上何十万メートルか知らないが、「空想の高天原」を書いています。それを持統天皇の名前につけているのです。宣長の解釈や、宣長が依拠した寛永二十一年本のミスということに留まるのではなく、実質的に第一代の天皇である文武天皇の時代から、大嘘の高天原に拠った名前をつけています。断絶があるということです。九州王朝には高天原と名乗っている天子はいない。完全に断絶した後、彼らは本当の高天原の意味を見失って、「空想の高天原」の天皇を名乗っています。それが持統天皇です。

第十一章　「東日流外三郡誌」

1　偽書説は滅びる

寛政原本の出現——第三回

今まで「東日流外三郡誌」が偽書であると攻撃されていたものは、一義的にはいわゆる「明治写本」であり、その紙の品質が江戸時代のものではない（それは当然なのですが）、あるいは明治時代のものでもないということでした。また内容に非常に誤りが多く、しかも、江戸時代では知り得ない内容が含まれているから、江戸時代のものの写本とは言えないと断じられました。そして最大のポイントは、「明治写本」に出てくる、筆跡、筆癖、誤字等が、現在生きている人たち（特に和田喜八郎氏）のそれと酷似している。これは和田喜八郎氏が作った偽書であるという非難でした。

しかし、われわれにとっての最大の幸せは、この「明治写本」の元になる「寛政原本」を入手したことです。「東日流外三郡誌 寛政原本」のうちの数点に、昨日（二〇〇六年十一月十日）、ついに接することができたのです。故藤本光幸《みつゆき》さんの妹さんである竹田侑子《ゆうこ》さんが、息子さんの竹田元春さんに託して昨日この大学セミナーハウスに持ってきていただいた史料のなかにあったのです。

当面は数点にすぎませんが、この数点だけで、偽書派の主張する論拠はことごとく打ち砕くことができるのです。願わくば遠くない将来、多くの寛政原本が発見され、併せて、従来から主張している、「天皇記」「国記」の原本が発見されて、書き換えられた日本の歴史が、正しい姿に戻ることを期待しております。

なお、今日皆さんにお見せできるものは、「東日流外三郡誌」第二百十巻（寛政原本）だけですが、この寛政原本は、いろいろな人の筆跡のものが綴じ合わされて一冊になっています。明治写本の場合は、一巻丸ごと同一の筆跡で、対照的です。また、明治写本に比べて、寛政原本は虫食いの度合いが激しいと言えます。

「東日流外三郡誌」　寛政原本

和田家文書「北斗抄」に使用された美濃和紙を探して——第三回

（「古田史学の会」東海の竹内強さんの報告）

和田家文書「北斗抄」には美濃和紙の裏紙が使用されています。それを故藤本光幸さんから借用して皆さんに披露します。

和田家文書「北斗抄」の美濃和紙には山下商店（「∧セ」）・岡田商舗（「〇小」）・白龍（「「ト」）の三種類の角印が押されています。

まず、住所が明記されている岐阜市元濱町山下商店について調査してみました。元濱町は金華山の下で長良川沿いのところにあります。現在、山下商店は存在していません。図書館で美濃和紙についての本を調べてみたところ、大正年間に山下清一さんという方がいたことがわかりました。裏紙には屋号として「∧セ」と記されているので、山下商店は山下清一さんではないかと思いました。明治四十一年には営業していたことが確認できますが、大正五年には名簿に載っていないので、その間に廃業したか他へ移動したのかもしれません。

そうしたら岡田商店の岡田兵助さんという方が電話帳に載っているのがわかり、現在紙ナプキンを取り扱っているその店の子孫の方にお話を伺うことができ、岡田商舗の角印「〇小」は現在の岡田商店のものであるのを確認してもらいました。岡田商店は大正の初めに紙ナプキンのみを取り扱うことになってしまっているので、岡田商舗の角印のある紙は、明治から大正初めにかけて売られたものであるのは間違いないと、子孫の方に確認していただきました。

『瀛奎律髄《えいけいりつずい》』にある（秋田）孝季の署名

さらに、美濃市の資料館で白龍の大判「┐ト」の現物が展示されていました。かつての今井商店（白龍）の工場が廃業して資料館になっていたのがわかりました。ここも昭和の初めに廃業してしまっています。裏に印を押したような紙は、通常の商品にはならないので戦後になってから古本屋などに出まわることはあり得ません。記録にあるように、明治から大正の初めに五所川原の紙問屋「又上」さんに出荷され、直接和田家に渡った紙であると確認されました。

和田家文書の筆跡の問題——第九回

和田家文書の筆跡については、今まで具体的な話をしませんでしたが、寛政原本がでた現在でも、まだ偽書説に拘泥している人々がいますので、今回は、偽書説が主張する重要な根拠である筆跡について、説明しておきたいと思います。資料は次ページ以下A1、A2、B1、B2、B3、B4です。

A1が寛政原本で、秋田孝季の筆跡と見られます。序巻と第一巻が合本となっており、その第一巻に出ているのが、秋田孝季の筆跡

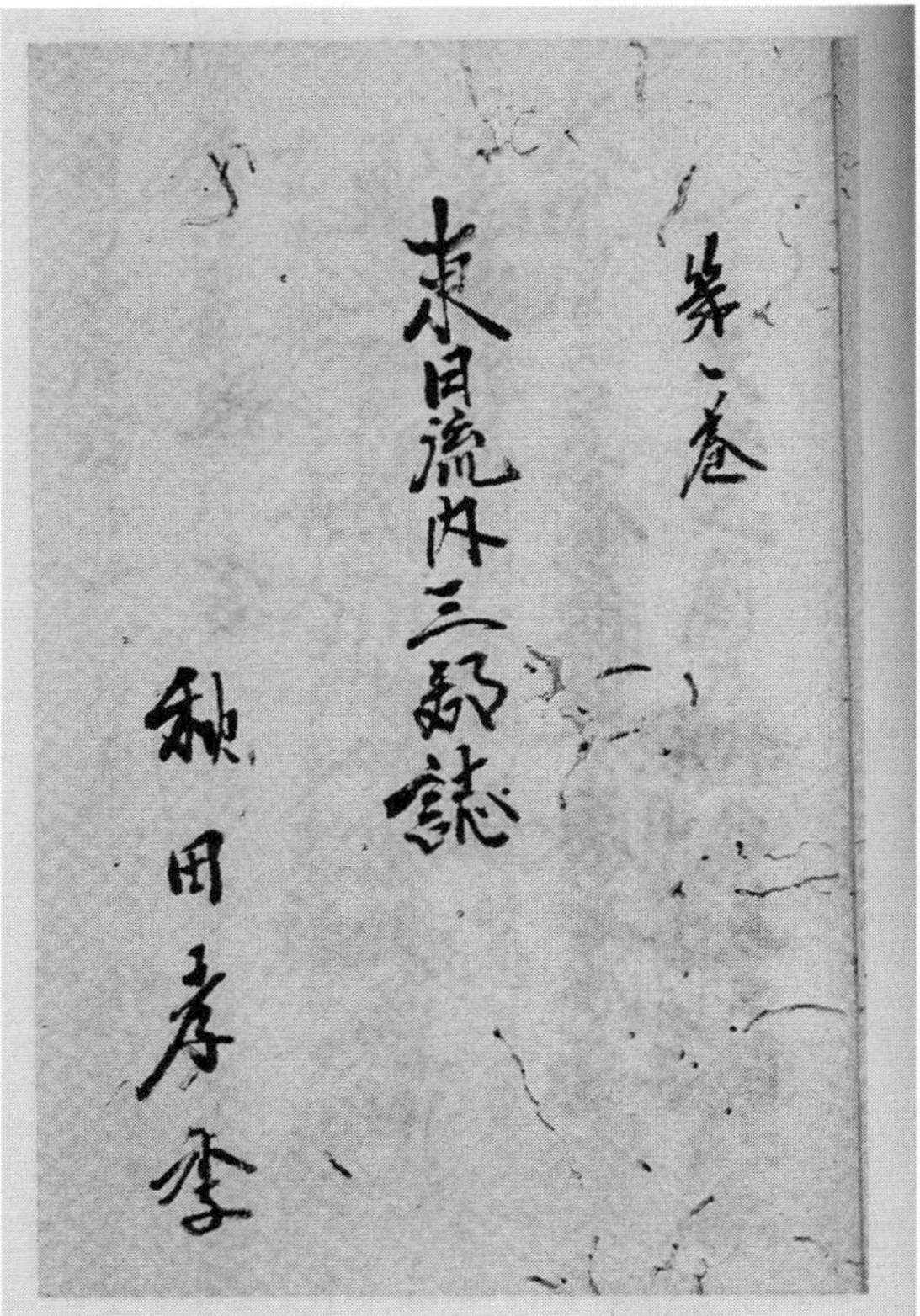

Ａ１：和田家文書の秋田孝季の署名

と思われます（注＝『東日流［内・外］三郡誌』オンブック、二〇〇八年、二四九ページ参照）。これがその秋田孝季の自筆である証拠は、孝季の道中慰讀書です。それは詩集『瀛奎律髄《えいけいりつずい》』でその下巻だけに、先頭と最後に秋田孝季が署名しています。奥付のハンコは和田さんの押した所蔵ハンコで、秋田孝季と関係がない。この筆跡とＡ１の筆跡が一致しています（注＝『東日流［内・外］三郡誌』二九八ページ参照）。

Ａ２は和田長三郎としか読めない。ちぎれている所は、吉次と書いてあった可能性が高い。寛政五年七月でしょう。「東日流外三郡誌　二百十巻」と書いてあります。その後に天台山の関係の資料があり、最後は下手な曹洞宗のお坊さんが書いたものが一枚ついているという形のもので、これが寛政原本です（注＝『東日流［内・外］三郡誌』一〇九ページ参照）。

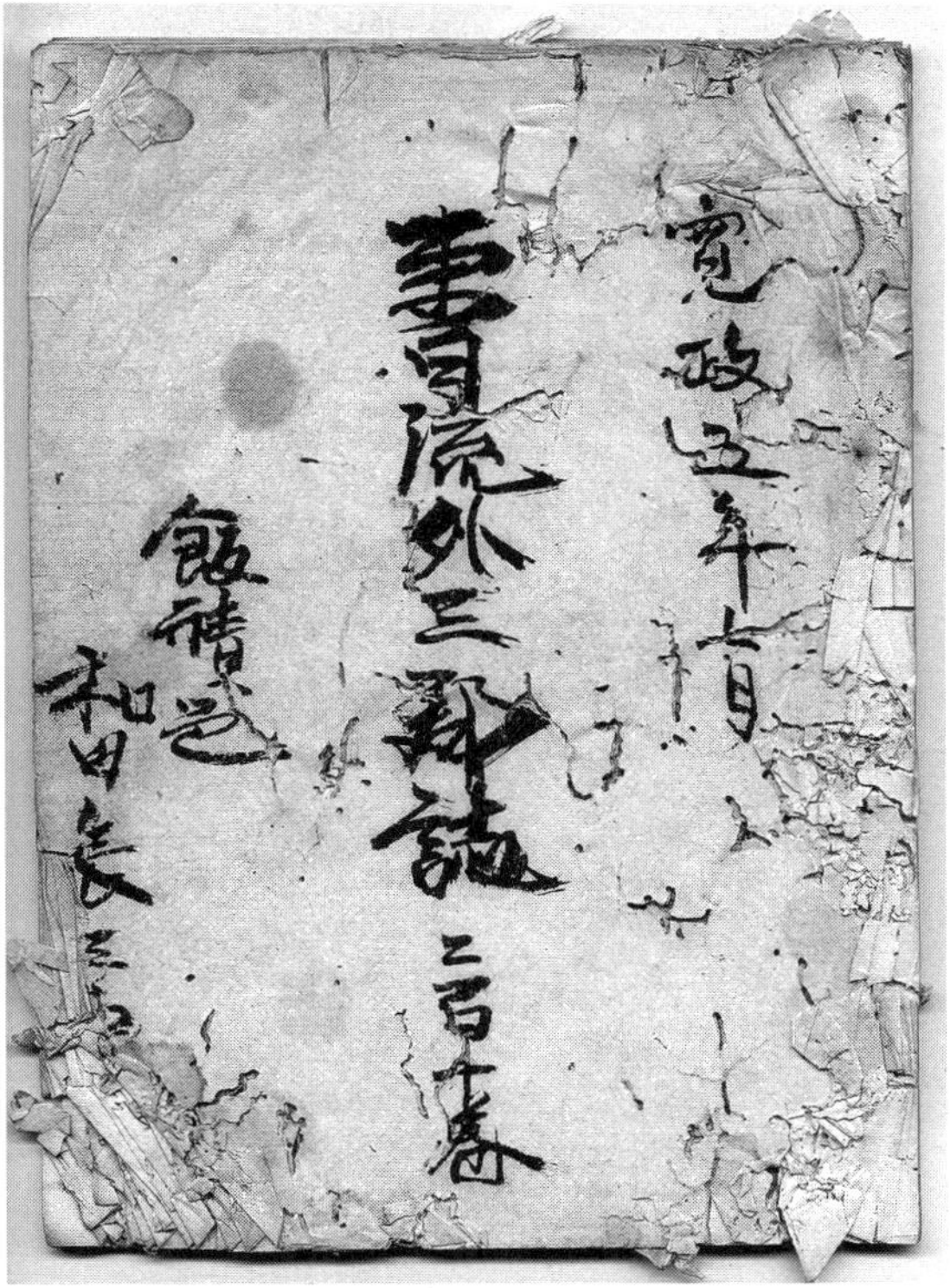

Ａ２：和田長三郎（吉次）

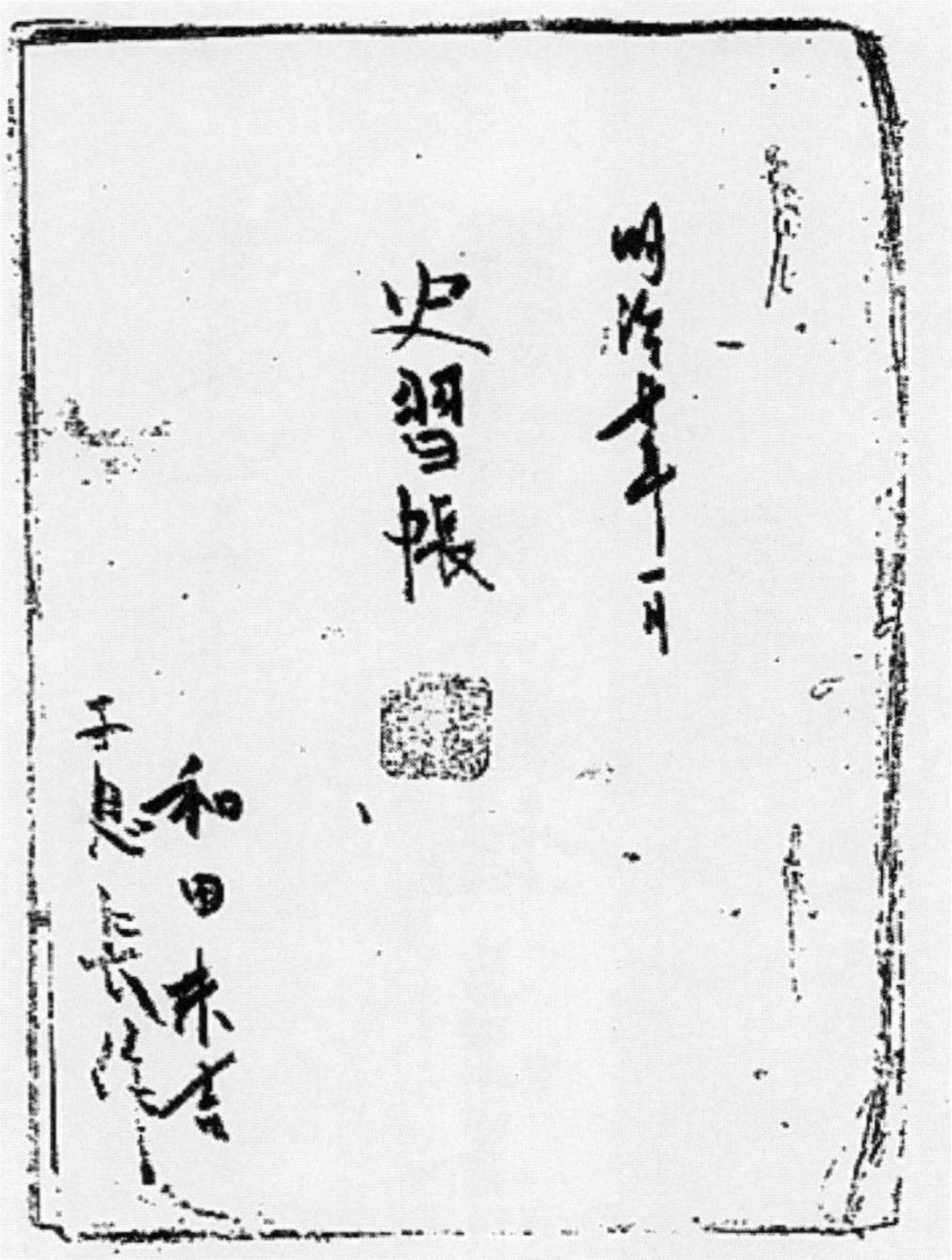

B１：和田末吉，子息長作（竹田侑子氏蔵）

Ｂ１は史習帳という明治十年一月に書かれたものです。面白い名前です。ハンコは後から押したものです。和田末吉は自分の名前の「末」を未来の「未」と書くクセを持っていた。逆に子供の長作の方は上手い字を書いています。

Ｂ２は和田喜八郎さんの字です。史習帳の末吉や長作の字とはまったく違います。

Ｂ３は和田長三郎が明治十年に書いたもので、末吉の代わりに花押が押してある。原図は秋田孝季が寛政五年八月二日に書いたもので、それを明治十年五月六日に写したもの。原本が「寛政原本」です（注＝『東日流［内・外］三郡誌』三〇八ページ参照）。

Ｂ４は「本邦初公開」の和田喜八郎さんの字です。喜八郎さんが、わたしの所に送ってきた封筒です。

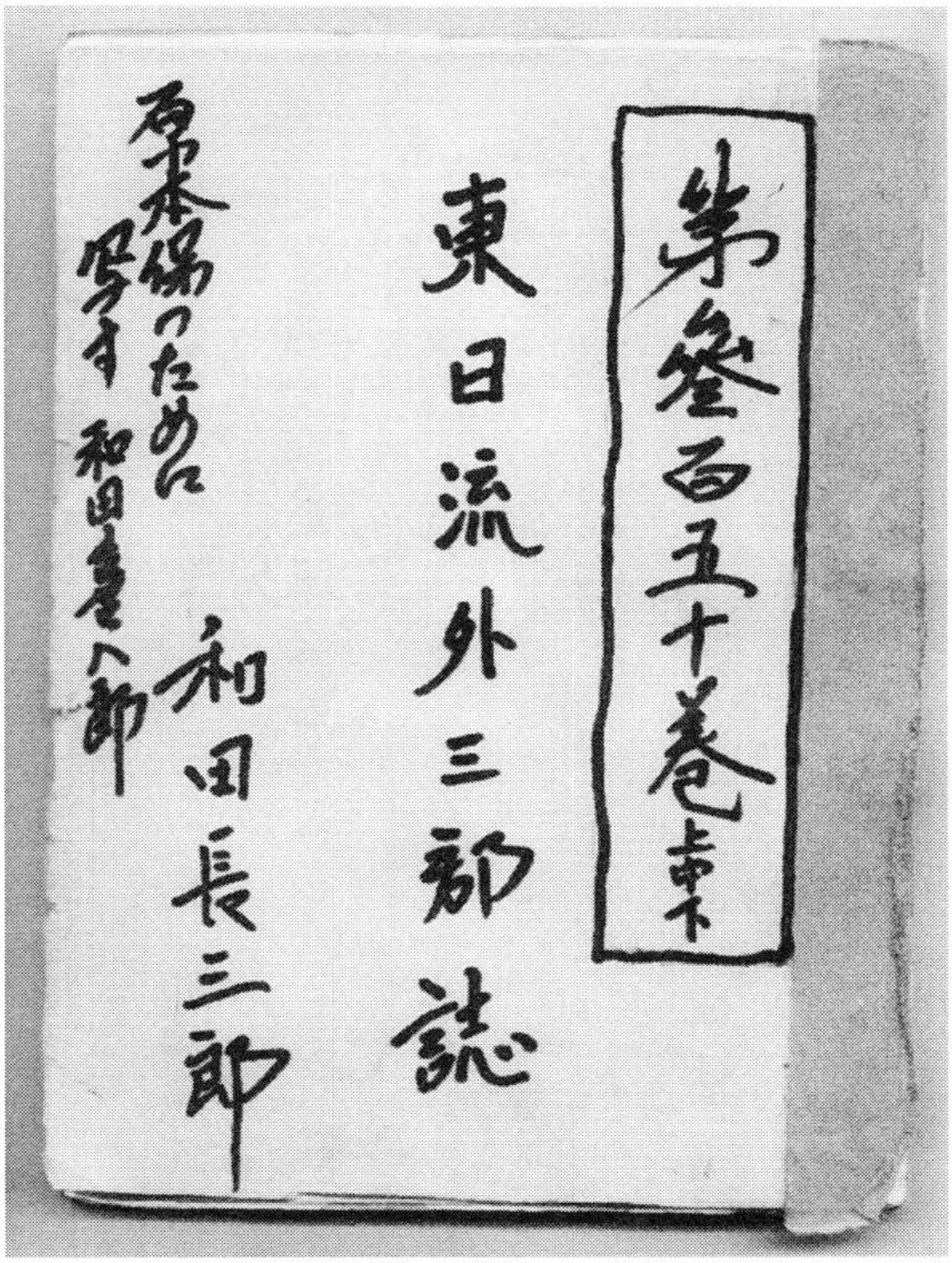

Ｂ２：和田喜八郎（竹田侑子氏蔵）

彼は三十代、四十代の頃に「東日流外三郡誌」をノートに写しています。万年筆で、彼がノート書きしたものを、わたしはたくさん持っています。これは資料を送ってきた封筒で、古田武彦様と書いてある。北鑑第廿二巻平成七年六月十四日到着とあるのは、わたしの下手な字です。心覚えのために書いた。裏面は和田喜八郎さんが書いたもの。この和田喜八郎の字を寛政原本の筆跡と比べて見てください。全然

B３：和田長三郎（竹田侑子氏蔵）

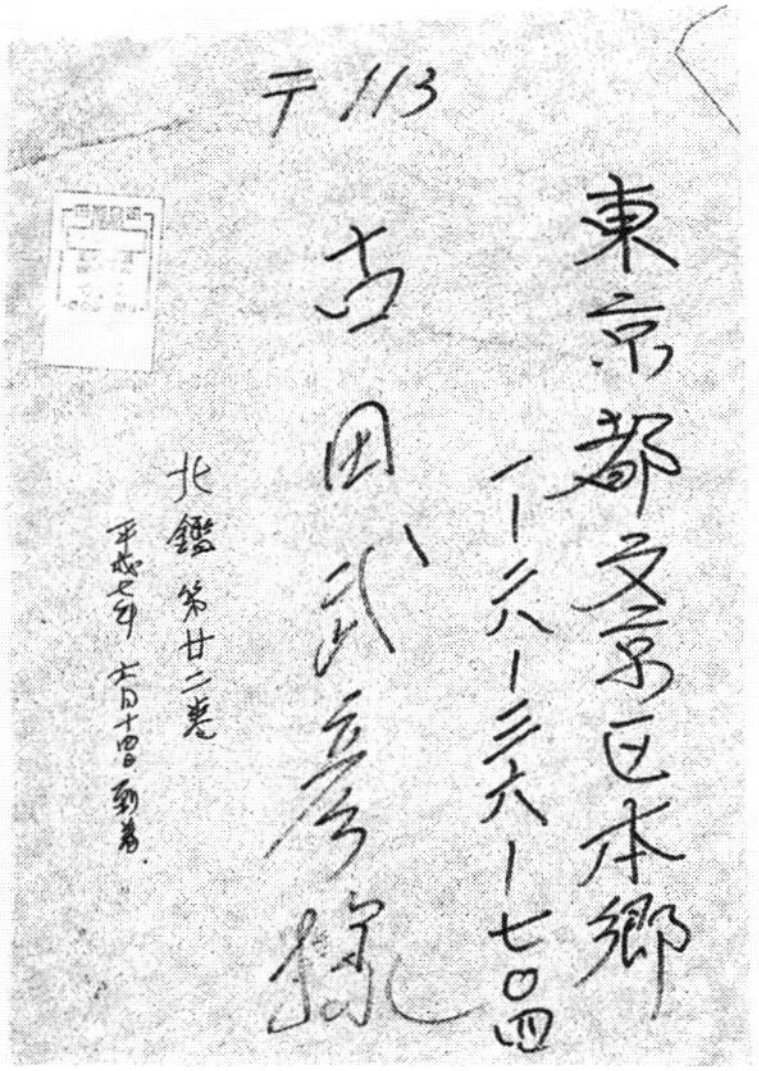

B4：和田喜八郎手紙（平成七年）表

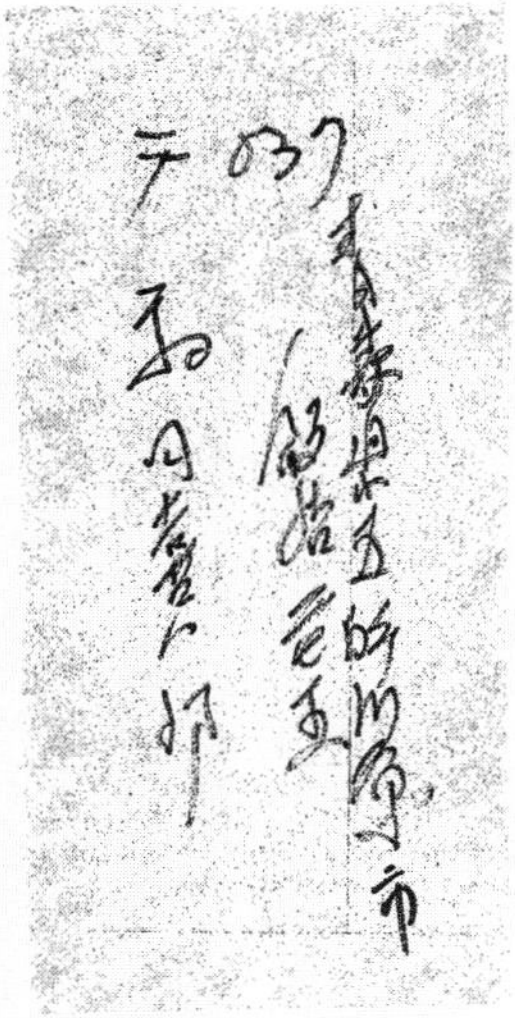

B4：和田喜八郎手紙（平成七年）裏

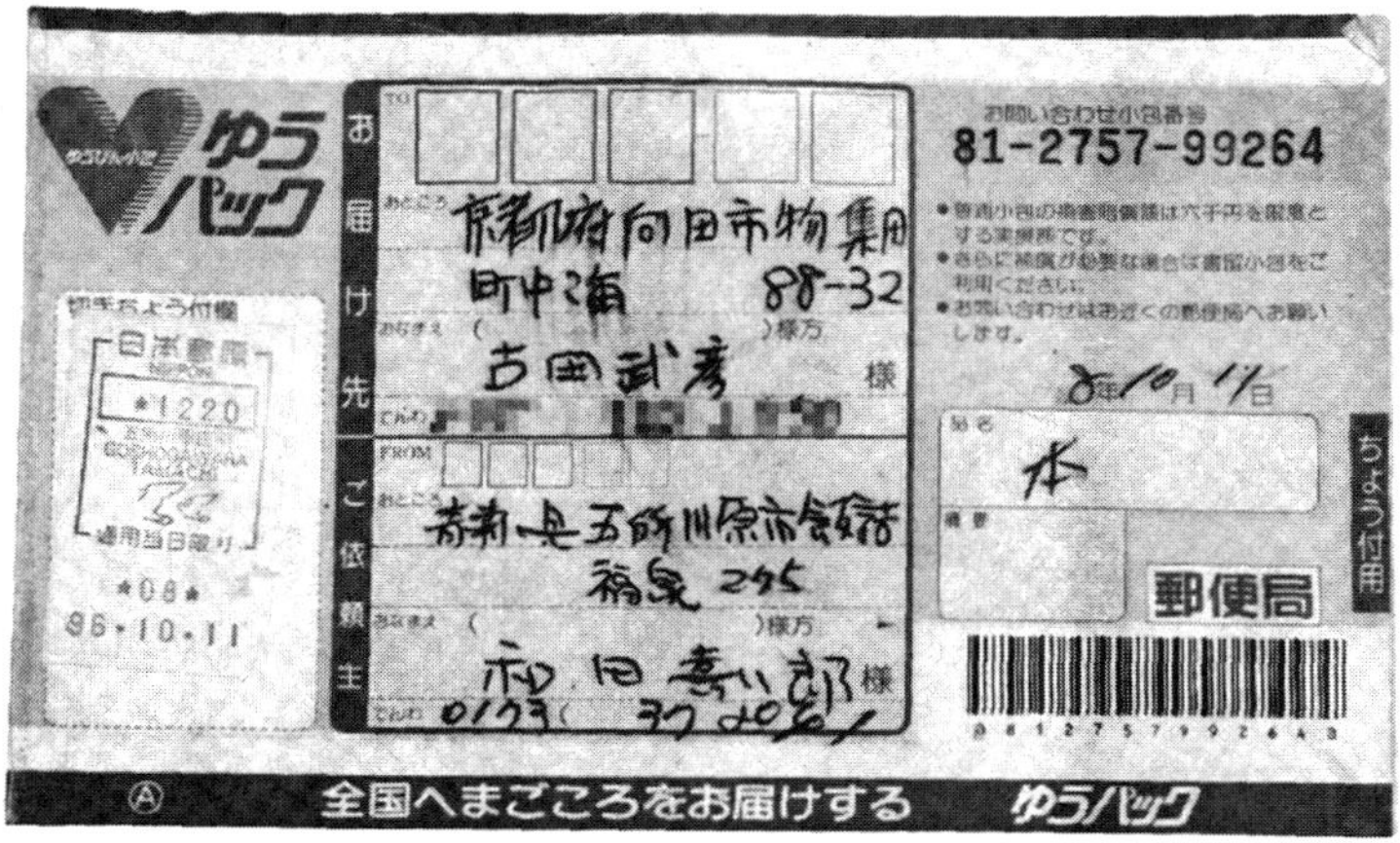

B4：（補足）和田喜八郎の筆跡

曲字の継承（「古事記の歩んできた道」より）

正倉院文書の多くは、その成立が『古事記』より後で、かつ『古事記』とは異なる実用的な文書であるが、同じ奈良時代の文献として視野に入れることによって、『古事記』の文章に新しい光を当てることも可能だろう。

（毛利・中川）

曲字の例

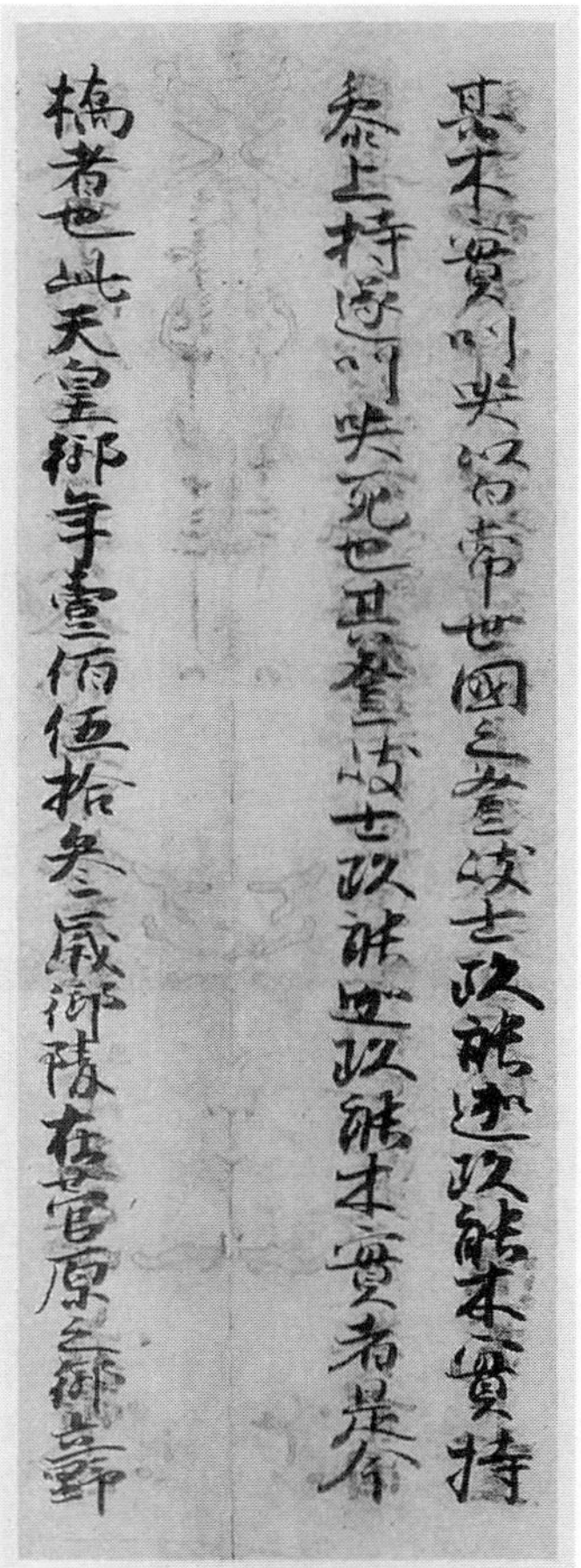
其木實叫哭白常世國之登岐士玖能迦玖能木實持
桼上侍遂叫哭死也其登岐士玖能迦玖能木實者是今
橘者也此天皇御年壹佰伍拾叄歲御陵在菅原之御立野

古事記（14）中巻
垂仁記２行目に（桼），３行目に（叄）が使われる。

字が違う。和田喜八郎が書いたのだという人がいるが、こんな下手な字を書く人が、「東日流外三郡誌」が書けるかどうかよく比較すればわかることです。わたしにとって貴重な資料を載せました。

なお、ここに曲字の継承という資料を添付しました。奈良国立博物館で「古事記の歩んできた道——

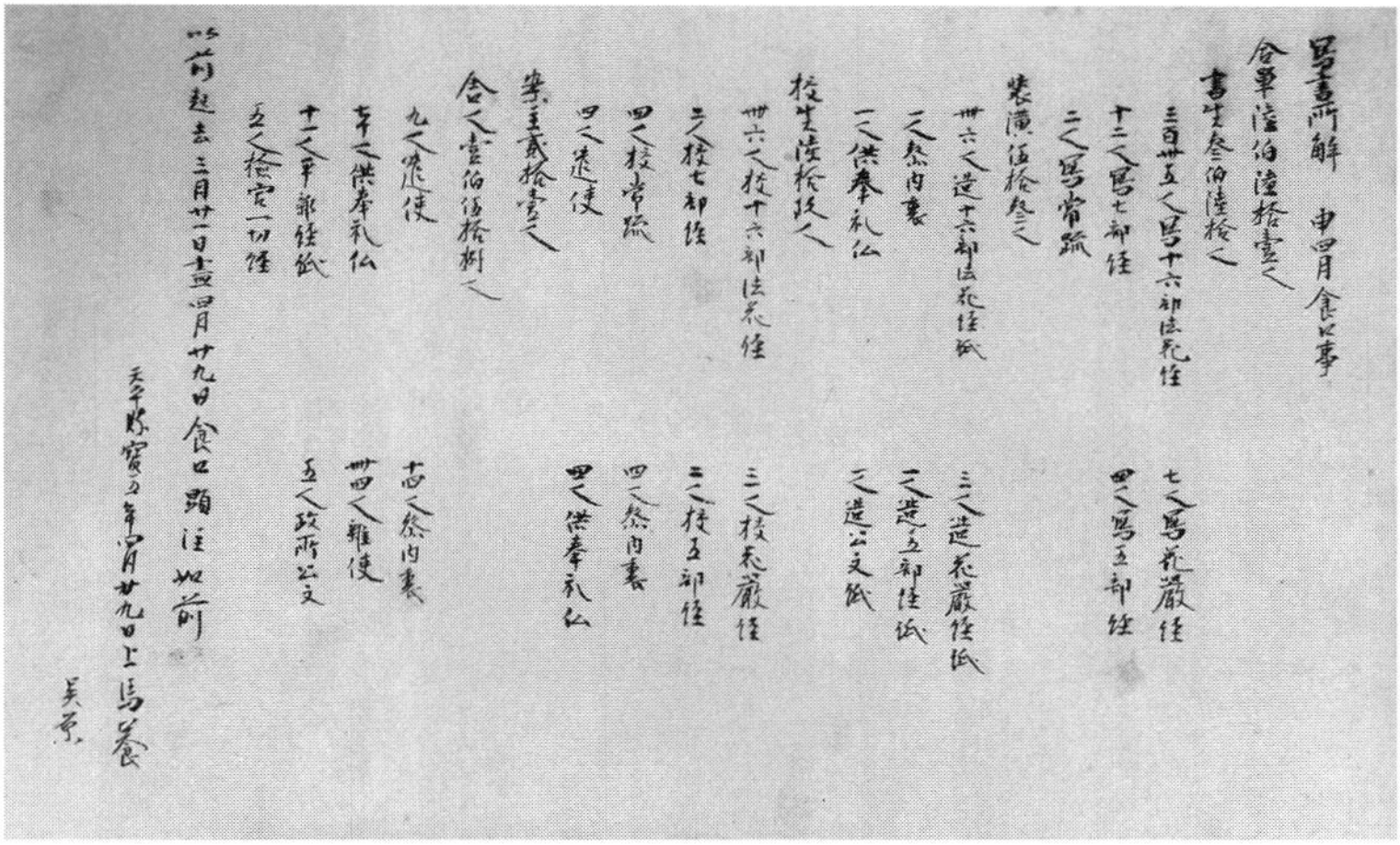
写書所解　申四月食口事
合単陸伯陸拾壹人
書生参伯陸拾人
三百卅五人写十六部法花経　七人写花厳経
十三人写七部経　四人写五部経
二人写常疏
装潢伍拾参人
卅六人造十六部法花経紙　三人造花厳経紙
二人参内裏　一人造五部経紙
一人供奉礼仏　一人造公文紙
校生陸拾玖人
卅六人校十六部法花経　三人校花厳経
二人校七部経　二人校五部経
四人校常疏　四人参内裏
四人逓使　四人供奉礼仏
案主弐拾壹人
合人壹伯伍拾捌人
九人逓使　十四人参内裏
十七人供奉礼仏　卅四人雑使
十一人造経紙　五人政所公文
五人校宮一切経
以前起去三月廿一日尽四月廿九日食口顕注如前
天平勝宝五年四月廿九日上馬養
呉原

曲字の例（写書所解，天平勝宝五年，正倉院文書）

古事記撰録一三〇〇年」があったので、行きましたら冊子の資料があり、内容が良かったので買いました。『古事記』の筆体と共通の筆体が正倉院文書にも使われています。どちらが早いかというと『古事記』です。正倉院文書は大部後になって写されたものです。似ているのは參という字です。お宮に参るの「叅」と壱弐参の「叁」とでは字体が違う。意味が違うから字体が違うのです。お宮に参る時は「叅」と書き、壱弐参のときは「叁」と書いていま

上文書の主要個所拡大

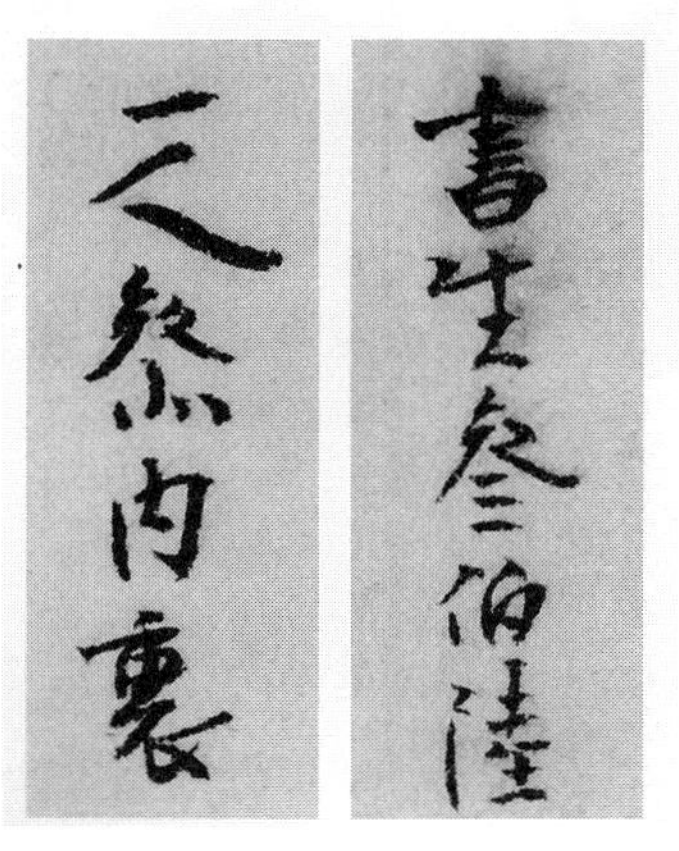

文書３行目の漢数字「叁」（写真右）と９行目の「まゐる」を表す「叅」（写真左）。

す。曲字は時代が離れても継承されているという例です。

曲字が意味によって違うということが共通しているから同一人だとすると、正倉院文書を写した人が『古事記』を書く、『古事記』を書いた人が正倉院文書を写すということになりますが、そうではありません。「字のクセが継承されている」ということだけです。時代が違えば別人になるということで、いい例だからここに載せました。

和田喜八郎さんと寛政原本を書いた人は同じ人物だと、アマチュアもプロもその扱いをしています。曲字だけをみて、両方とも使っているからだと言います。明治写本が使っている変わった字形と、和田喜八郎さんが書いた字形が同じだから、明治写本は和田喜八郎さんが書いたものだという理論です。筆跡研究から言うと、非常にお粗末な、前時代的で、随分昔のやり方を引きずっているなと思います。明治写本は喜八郎氏が書いたものだという人は、筆跡の理解がひ弱で、われわれの実証研究から言うと、幼稚な段階の判断を示しています。そういう意味で資料として掲載しました。

「東日流外三郡誌」の特徴——第七回

「東日流外三郡誌」というのは一人の人間が書いたものではない。いろいろな人が書いた本を秋田孝季がまとめたというか、神社やお寺で書き写したり、中にはもらってきたものもありますが、いろいろな著者のものです。

そして秋田孝季を信頼するのは、秋田孝季が書いたものの中には、相互に矛盾する内容がかなり入っている、それを、「わたし（秋田孝季）は、どれを採り、どれを捨てるということをせずに、全部収録した。後世の人にその判断をしてもらいたいからである」とこう書いていることです。

これは見事です。この姿勢で、わたしは秋田孝季を信頼したわけです。

ところがそうでない立場、つまり「東日流外三郡誌」全部が偽物であるとか、全部書いてあることが正しいとか、これは両方ともダメです。贔屓の引き倒し、攻撃の的外れ、をやっている、とわたしは考えます。

例えば俾弥呼でも、『三国志』を読むと、ヒミコとは読めない、ヒミカと読まざるを得ない。コなら、狗と書くべきで、そうではなく呼です。これはコとカと両方音があります。そのときコはさっきの狗ですから、コの音ではない。それではカの方の音である、というので、ヒミカと読まざるを得なかったわけです。

ところが「ヒミカ」と片仮名で物部蔵人という人が書いているのを見て驚嘆しました（『和田家資料3　北斗抄』三―十三、北方新社、二〇〇六年、一二六～一二八ページ）。わたしの読み方と、今の物部蔵人が片仮名で書いているのが一致したわけです。ということは物部蔵人以外の人、例えば秋田孝季とは一致していないわけです。秋田孝季はヒミカなんて書いていないわけです。他にも日御子と書いている文書もあるのですが、どれも本当であるということになると、「東日流外三郡誌」が「合目的」というか第三イデオロギーだけになってしまう。それではいけないということが一つのポイントです。

2　和田家文書にある注目すべき記事

稲作の伝播
――第七回

「東日流外三郡誌」を書いている『和田家資料1　荒吐神要源抄』（北方新社、一九九二年、二二三ページ）に出てくるものを紹介しますと、これがすごい内容を持っていて、「今より二千五百年前に、支那玄武方より稲作渡来して、東日流及び筑紫にその実耕を相果たしたりきも、筑紫にては南藩民航着し、筑紫を掌握せり」とあります。天正五年（一五七七）の記事であるから、二五〇〇年前からそれを引きますと、紀元前九二三年に、支那の北より来たということで、現在のC14の稲作渡来年代解釈とほぼ一致しているわけです。

荒吐神要源抄

日本国之国、坂東より丑寅を曰ふ。

人跡十万年乃至十五万年の古歴に在りて、古来よりアラハバキイシカホノリガコカムイを信仰す。国土国民能く治まりて、七族併合し亦、信仰も一統にして、更に西南へ皆人相渉りぬ。依て、坂東より西を倭国と称し、その国主ぞ耶靡堆王阿毎氏とせり。

今より二千五百年前に、支那玄武方より稲作渡来して、東日流及筑紫にその実耕を相果したりきも、筑紫にては南藩民航着し、筑紫を掌握せり。

天皇記に曰く一行に記述ありきは、高天原とは雲を抜ける大高峯の神山を国土とし、神なるは日輪を崇し、日蝕、月蝕既覚の民族にして、大麻を衣とし、薬とせし民にして、南藩諸島に住分せし民族なり。

高砂族と曰ふも、元来住みにける故地は寧波と曰ふ支那仙霞嶺麓、銭塘河水戸沖杭州湾舟山諸島なる住民たりと曰ふ。

筑紫の日向に猿田王一族と併せて勢をなして全土を掌握せし手段は、日輪を彼の国とし、その国なる高天原寧波より仙霞の霊木を以て造りし舟にて、筑紫高千穂山に降臨せし天孫なりと、自称しける。即ち、日輪の神なる子孫たりと。

智覚を以て謀れるは、日蝕、月蝕の暦を覚る故に地民をその智覚を以て惑しぬ。例へば天岩戸の神話の如し。当時とては、耶靡堆に既王国ありて、天孫日向王佐怒と称し、耶靡堆王阿毎氏を東征に起ぬと曰ふは、支那古伝の神話に等しかるべしと、天皇記は曰ふなり。この以前より東日流より琉球まで荒吐神の民に渉れる信仰ありて、丑寅より東日流中山、飽田、仙北、閉伊、安日山、伊治水門、最上の庄内、岩城の白河、坂東の大宮、越の立山、加賀の白山、出雲の荒神谷他、出雲の山田、那古の床滑、耶靡の三輪、紀の尾崎、伊勢の内宮ら今になる倭国神に改めらる要処、皆古きは荒吐神の祀らるる跡地なり。

幸なる哉、今に跡ぞ絶えざるは、坂東の武蔵、陸奥の多賀城らにては存在しけるも、元なる信仰に非ず、いよ〳〵失逝くを憂いむ耳なり。

「荒吐神要源抄」前半部

荒吐神とは、要に復雑なる他神集合の修成されたる神格にて解難なれば、古代より奥深きを智覚とせず、唯一向に唱題するは、アラハバキイシカホノリガコカムイとて、一心不乱に行ずる信仰の信念になる他、根本に審すは神の御心に逆罪すと祖伝たり。

依て、茲に復証の為にその要源を記し置きぬ。太古なるシュメールと曰ふ国あり。ルガルの神を祀りて、宇宙の運行、日輪になる日蝕、月になる月蝕を説きたる無上の実相を、吾等が神とて奉り斉きおろがみてより此の国を日本国とぞ国号す。古代メソポタミヤなる今は失せにし信仰の日輪神なり。

亦、加へて今は一人の崇拝なきギリシア国のオリュンポス山の十二神、首都なるアテネのパルテノン神殿に祀らる女神アテナ、その上なる祖神カオスに創まれる宇宙の創造ぞ、無なる時空に神火の爆裂を以て、宇宙に星々億兆の数に創給ふは、カオスの全能なる神通力とぞ入れて荒覇吐神の修成に入れたり。

即ち、古代オリエントの神々をして、山靼をして吾が国に渡りたる紅毛人等の伝へし神々、エスライルのエホバ神、アブラハムの神々、エジプトなる神々、ラー神、アメン神、シュメールのルガル神、ギリシアのカオス神、、支那の西王母神、天竺なるシブア神、山靼なるブルハン神らを修成なして一尊とし、日本国なる国神アラハバキ神とせしは、古代なる祖人の伝へし、吾等の一統信仰にありき神なりと、今にして絶えざる信仰の根張り強き神徳なり。

世の流転にして古きは滅び、新興の建つるはよけれども、祖起の基にありきを忘れまずや。荒吐神の要源は是くありけるを至極せむは子孫に神をしてあやまらざる戒めを求べ置く為のものなり。

浂等、神を己心に都合して創る勿れと戒む。

天正五年九月一日　　行丘邑高陣場住　北畠顕光

後半部

もう一つ、杭州湾の方からも稲が来たということが書いてあります。さらにそこに高天原《たかあまばる》寧波《にんぽう》がある、と。寧波は会稽山の下にある、現在も残っている地名です。高天原は宣長が言うように、何十万メートルという天空のことではなくて、いわゆる現実の寧波という土地が、そうだということです。「タ」は水が綺麗な意、「アマ」は海士族、「バル」は聚落。水の綺麗な海士族の聚落が杭州湾岸にあったわけです。日本では壱岐・対馬の壱岐の北岸に天の原海水浴場というのがあり、その一つです。寧波もその一つ。宣長が『古事記伝』などで書いているような天空の何十万メートルの場所と、「東日流外三郡誌」のいう立場とどちらが人間の理性に耐えるか、これはわかりきっています。「東日流外三郡誌」の方が人間の理性から見れば当然なのです。

「天の浮橋」というのは、海士族が陸から舟に移る時に、飛び移れないので、長さ一メートルから一メートル五十センチ位、幅二、三十センチ位の板を舟との間に渡す、その板のことです。海士族が使う、浮いている橋、固定せず、舟が出て行くと、その板を外せばよいから、浮橋です。隠岐では現在も使われているし、谷本茂さんにお聞きすると、広島でも「天の浮橋」と呼ばれています。

「天の浮橋」は実用品です。それを本居宣長は知らなかった。考古学的実物や習慣の実物を調べる余裕がなかった。その知識がなかったから、「高天原」は何十万メートルもの上空にあり、「天の浮橋」は、そこから日本列島に降りてくる橋だと考えた。本居宣長が空想した「高天原」であり、空想した「天の浮橋」です。本居宣長が頭に描いた「妄想」にすぎない。実際は隠岐の天の浮橋という歩み板に一メートルくらいの紐を付け小銅鐸をぶら下げると音がする。コヲロコヲロと風鈴のように鳴る。『古事記』にはそのことが書かれてあるのです。本居宣長は不幸にも、それを「虚像」として理解したのです。

もう一つ言いますと、皆さん謡曲をご存知でしょう。謡曲に詳しい新庄智恵子さんは、わたしの研究に大きな画期点を与えてくださった方です。九十歳を超えておられると思いますが、わたしに謡曲の史料を次々と送ってこられた。謡曲の代表的な曲に「高砂」があります。高砂は結婚式で歌われています。謡曲で一般的、ポピュラーな曲が高砂です。内容が実に凄い。大阪の住吉と、兵庫の高砂を跨いでの話が出発点だが、語っているのは九州の阿蘇山の神主です。それが関西に来て、ここにも住吉や高砂がありますが、実はわたしの所、九州にもあるよと語っています。九州の博多に住吉神社があります。糸島にもありますが、大きいのは博多の住吉神社です。ところが、「東日流外三郡誌」をみると、杭州湾にも「高砂」があります。謡曲の高砂はまさに杭州湾の高砂であるということ。内容を見るとラブソングです。高砂で若い女が若い男に恋をする。ところが、若い男は海を渡って、万里離れた所へ行ってしまう。若い女は杭州湾に取り残される。杭州湾の高砂に取り残された若い女が、日本の方へ、住吉の方へ恋人を慕って唄うのが、あの内容です。万里離れても、心は離れない。お互いが歳を取っても恋を遂げましょうというのがあの内容です。若い男女が恋をして、歳を取っても成し遂げるという素晴らしいものです。しかも、お互いが、同じ町内に住んでいるのではなく、万里離れています。しかし、心はつながり通して、一生きてしまった。結婚式の理想型です。高砂と称して、謡曲で真っ先にやります。

『古事記』『日本書紀』には出ていません。荒吐は出ていると喜んだものですが。謡曲では『古事記』『日本書紀』を飛び越えて、紀元前千年くらいの謡《うた》いが語られています。現在でも結婚式で歌われています。『古事記』『日本書紀』より古い伝承を庶民が結婚式の度毎に歌っています。わたしは謡曲なんて、新庄さんに教えていただくまで知らなかった。びっくり仰天しました。庶民の文献以外の伝承力は凄いですね。

ともかく謡曲という形で日本の古い歴史が語られています。もちろん、これだけではありません。君が代の問題もそうです。われわれは明治以後も「君が代」しか知らないが、「東日流外三郡誌」の世界では、本拠地は博多湾の志賀海神社（福岡県福岡市東区志賀島八七七）です。ここで年二回行われているのが、「君が代」の内容です。リズムは明治時代のものだが、内容は博多湾近辺の言葉です。目の前の対岸が千代。県庁のあるところ。地下鉄の千代県庁前の千代です。その千代から我が君がお出でになる。舟を漕ぐ格好をしながら、荘重な声で漁師が語るのが、年二回のお祭りです（四月十五日と十一月十五日の春秋に演じる「山ほめ祭」）。明治になって、明治政府がそれをいただいて、日本の国歌「君が代」に、天皇家用のものにし直した。

君が代は嫌だ、われわれは散々な目に遭わされたと言う人もたくさんいらっしゃると思います。しかし、「君が代」は明治の初めという最近のものではなく、縄文時代のものです。しかし、大事なことは、歌われている領域は「被差別部落」の中心です。「被差別部落」と呼ばれている所が、かつては神聖な王家、神聖な一族であった。その時代にできたものが「君が代」です。それを明治政府が自分の歌のように転用したのが今の「君が代」です。「荒吐神要源抄」、その他からわかっています。

「荒吐神要源抄」の後半にギリシャ神話の話があります。ギリシャのオリンポスとか、イエスラエルのエホバ神とか、シュメールのルガル神とか、そういうのが次々出てくるわけです。アテネのパルテノン神殿も出てくるわけです。しかもこれが天正年間で、天正五年というのは一五七七年で豊臣秀吉の頃です。明治以後ならいくらもあるけれど、これはひどいと思われる人もいるでしょう。

しかしよく考えてみると、ひどくないのです。なぜひどくないかというと、江戸時代は鎖国の時代です。これは鎖国以前です。秀吉はものすごく好奇心の強い男で、宣教師などに盛んにいろいろなことを聞いていた、という話があります。宣教師が知っていた話は、バイブルだけかというと、ギリシャ神話も全然知らなくて、バイブルしか読んでいないような宣教師はわたしには想像がつかない。バイブルも知っているが、当然ギリシャ神話も知っています。しかし、正しいのはバイブルだという言い方をします。秀吉のような好奇心の強い男が聞きたかったのは、バイブルの話ではなくて、海外のことなのです。

考えてみれば、江戸時代でも、長崎にはオランダ船が着いた。オランダ船に乗っていた人たちがギリシャ神話を知らない人ばかりであったということはない。みんな知っていたと思う。長崎へ医学を学びに行った人々は医学だけに関心があって、ギリシャ神話の話など止めてくれ、医学以外の話は聞きたくない、ということはないのです。医学を口実にして、世界の知識を得たい青年たちが行ったと、わたしは思います。当然いろいろのことを聞いているわけです。聞いてはいるが公の場所では言ってはいけない。文献に書いてはいけない。しかし、話は伝わっていく。

これは戦争中も同じです。戦争中の日記とか、手紙などを資料として加藤陽子さん（東大教授）が研究しておられます。あれも面白いけれど、同時代のわたしから見ると不足というか、もの足りないものです。つまりあの時代、軍部批判とか、皇国史観反対は旧制高等学校の夜の飲み会ではしょっちゅうしゃべっていた。しかしそれは文献には出ません。手紙や日記に本音を書くであろうと加藤陽子さんが思っているのは、それは現在の人の考えです。手紙などしょっちゅう封を切られて読まれています。日記でもそれを誰かに覗かれたら、それを証拠に、憲兵などが来て、えらい目にあう。だから、そういう文献には一切現れない、ただお互いに信頼できる間の中では、盛んに言っているわけです。それが加藤陽子さんのような、後に生まれた方にはわからない。

同じことで、江戸時代も、庶民は医学を口実に長崎へ行った青年から、ギリシャ神話などを聞いたと思います。しかしそれは文献には現れない。イソップ物語などが例外的にあるだけで、現れていない。江戸幕府はちゃんとそれを報告させているはずです。それを焼いてしまって明治政府には渡しませんでした。いろいろ絡んでいるからでしょう、残念ながら全部焼かれてしまった。文献第一主義でやっていたら出てこない。

しかし秀吉の天正年間では、荒っぽい内容ですが、神々といっても、それが出ているのに意味があるわけです。むしろリアリティがあるわけです。

「東日流外三郡誌」は明治以後に作られたという人は、「こんな杜撰なものをつけ加えるはずがない。もっとちゃんとしたものをつけ加えるはずだ」と言います。しかし、「偽作と決まっている」と疑われるようなものを入れるバカはいません。それだけ見ても偽作ではないのです。そういうものの見方ができない人が偽作説を言っているだけです。

「天は人の上に人を造らずといへり」——第七回

福沢諭吉が「天は人の上に人を造らずといへり」と『学問のすすめ』で書き、それを現在の通説ではアメリカの独立宣言、フランスの人権宣言もモディファイして、福沢諭吉が書いたものである、というふうになっています。

ところが実際は「東日流外三郡誌」には、これとほぼ同類の、思想がごまんと出てきます。『真実の東北王朝』（駸々堂出版、一九九〇年／ミネルヴァ書房復刊版、二〇一二年）にも書きましたが、たくさん出てきています。それは大体、大和朝廷がわれわれを下目に見ています、しかし、われわれの立場では、「天は人の上に人を造らず」というのは、上に向かって言う言葉です。大和朝廷の差別行政に対する反論として現れます。大和朝廷が征服してくる前の段階では現れていません。例えば安日彦・長髄彦から、「東日流外三郡誌」は始まるようなものですが、その段階では一回も「天は人の上に人を造らず」などとは言いません。もしそれを後で言うのなら、誰よりも安日彦・長髄彦に言わせなければならない。それがまったく出ていません。出てくるのは大和朝廷との接触が出てきた段階以降です。これ一つ見ても、福沢諭吉の話とは一致しません。

もう一つ言えることは、福沢諭吉は東京、大阪、それから大分と、皆被差別部落の大いにあるところですが、それに対する反対などは、言っていないわけです。しかし、被差別部落に反対しないでおいて、「天は人の上に人を造らず」と言っても、これは、糠に釘です。

ところが東北というところはご存じのように、被差別部落がないわけです。福島県あたりには若干ありますが、他はない。例外的に若干あるのは都会のど真ん中です。これは、よそからきた藩主が連れてきた被差別部落民です。田舎に行ったらまったくありません。

わたしの印象に残っている事件は、京都の「花のいえ」（現・公立学校共済組合嵐山保養所）という、京都の教員組合の寮があって、そこに泊まったときのことです。わたしはその時神戸にいました。そこに泊まった時は三人一部屋でした。その時山形から来た先生が言われるには、「わたしには悩みがあります。生徒に被差別部落の問題を教えたいと思いますが、山形には被差別部落がないので、生徒が、全然まともに聞いてくれません」。「被差別部落がないなんて結構なことじゃないですか」。「いやそうではありません。わたしの生徒が山形で生活し、就職し、結婚して、山形で一生過ごすのであったら、それでよろしい。しかし大体わたしの教え子は東京や大阪へ行きます、そうすると、そこは被差別部落に囲まれていますから、そこで心ない言葉を吐いたりすると生徒が不幸になる。そのため、一生懸命、被差別部落のことを説明するけれど、子どもたちは相手にしてくれない。これがわたしの悩みです」。

横になってしみじみ、そういう世界があるのだと、びっくりしました。

そういう中で「天は人の上に人を造らず人の下に人を造らず」というのはいいですね。その通りです。あの東北で生まれた言葉とすれば非常によくわかる。しかし、被差別部落がたくさんある東京、大阪、大分で福沢諭吉が言ったのでは全然さまにならない。

さらにそれを進めますと「天」という概念が非常に面白いです。天にもいろいろあります。福沢諭吉の本にも天が何回も出てきます。例えば天誅。福沢諭吉を斬ろうというので武士が天誅を加えるという意味で天が出てきます。天の道理という意味で使っているところもあります。これは朱子学でいう天です。普遍の道理のほうです。ところが「天は人の上に人を造ったり、造らなかったり」する天ではないわけです。天誅の天でもなく、朱子学のように普遍の道理が作ったり作らなかったりはしません。天という言葉を使いながら実際の含みは全然違います。

天についてさらに言いますと、孔子が言う天とも全然違います。顔回が死んだときに、「天予《わ》れを喪《ほろ》ぼせり」(『論語』先進第十一)と嘆いた有名な言葉です。あれもひどい言葉で、ほかの弟子は気を悪くしたでしょう。俺たちがいることを忘れたのか。そんなことはかまわず、孔子は「天予れを喪ぼせり」と言いました。孔子には、未来は顔回にしかないと思ったのに、この天は「意地悪の天」です。「えこひいきをする天」を孔子は見ている。朱子学の普遍の天とはえらい違いです。天誅の天とも違う、孔子独自の天です。

「東日流外三郡誌」の天も違う。われわれ東北の、秋田を中心にする一族です。安日彦、長髄彦の、一族用の天があって、われわれの一族では「天は人の上に人を造らず」だというわけです。一族用の天が別個にあるようです。これは日本中にある、世界中にある天とはまったく別なのです。その民族独自の天があって、それをもとに発言している。非常にユニークな天です。朱子学の天や、天誅の天や、孔子の天とは、別口の天です。

だから別口の天とは何者かということを、「東日流外三郡誌」から、全部「天」を抜き出して調べる。時間はかかりますが手法は簡単です。その天を全部抜き出して、どういう意味か確認していく。

『論語』は簡単で、『十三経注疏』をもとに尚書あたりを含めて「天」は全部抜き出せます。その天はどういう用例をしているか。これが大事です。方法論としてはそういう姿勢で取り組むべきものです。

3　和田家文書を伝えた人々

和田喜八郎とその家族——第九回

和田喜八郎さんはわたしと同年配で、わたしより四カ月遅く生まれた方で、昭和二年生まれ、わたしは大正十五年生まれです。喜八郎さんのお父さんが元市《もといち》さんで、お祖父さんが長作さんです。長作さんと元市さんとの間柄はあまりよくなかったようです。長作さんはお父さんの末吉さんを尊敬しており、秘書もやっており、写し貫いて、二人の力で「明治写本」ができた。ところが親子が二人で夢中になっているので、それを嫌ったのが、息子の元市さんです。親父は百姓もやらずに、金にもならない、写すことばかりして、小学校しか行かせてもらえなかった。「長男」の不満でした。喜八郎さんは、元市さんは憲兵（の配下）になって、天皇家一元主義の権化みたいだった、といつも言っていました。「東日流外三郡誌」は天皇家一元主義ではなかったので、それを写してばかりいて、上の学校に行かせなかったという形で、親子の断絶があったようです。

意外な話があります。喜八郎さんと知り合った時に、わたしの先生の村岡典嗣さんの名前が出ました。喜八郎さんから「古田さんはなぜ村岡さんを知っているのか」という話が出ました。なぜ知っているのかと言うので、岡田甫先生に行けと言われて、広島から村岡さんの所へ来た、と話しました。

逆に、喜八郎さんに「なぜ村岡先生があなたの所へ来ていたのか」と聞くと、元市さんが憲兵となって仙台にいた時、ある日、土砂降りになり、ある家の軒下で雨宿りをしていると、それを知った家の人が中へ招き入れてくれたので、それで知り合いになったという。その家が村岡さんの家だったのです。

ある年齢より上の人はよくご存知で、米は売ってくれないので、衣料と米を交換するような時代。配給だけでは生きていけない時代でした。村岡さんもそのような状況でした。元市さんが自分の家に来ればよいとのことで、村岡さんの奥さんが、五所川原に交換に行きました。喜八郎さんに、その時交換したマントが今でも残っているので、古田さんが村岡さんを知っているのなら返してくれと言われました。喜八郎さんは、物欲は少ないが、一方で平然として〝利益〟に拘る面の両面を持っている不思議な人でした。わたしが預かって村岡さんの家に行くと、先生は既に亡くなっておられたから、娘さんに返してきました。その時マントの写真も撮りました。不思議な縁です。喜八郎さんに「村岡さんが何か言われたことがあるか」と聞くと、「今の世の中は戦争中だ、『木が沈んで、石が浮かぶ』時代です」と言われたそうです。軽いものが浮いて、重いものが沈むのが普通ですが、そうではなく、現実は逆で、重いものが浮いて、葉っぱのような軽いものが沈むような逆転した世の中です、と言われたそうです。喜八郎さんが村岡さんから聞いた時代評論だったわけです。

さて、長作さんが全部「寛政原本」を写し、明治写本を作り終わった時、末吉さんが、どうすべきかを書いています。「寛政原本」を家の屋根裏か、五所川原の地下道かのどちらかに、しっかりと隠しておきなさい、と長作さんあてに書いた文書があります。天皇家一元主義でない文書であるから、「常識的」な見解です。末吉さんが死んで、長作さんの時代となり、長作さんが、「書いたものは屋根裏に保管してはダメだ、（元市さんが反感を持っているので）石塔山に隠す」と書いています。長作さんの筆跡です。わたしが持っているのはそのコピーですが、和田家文書、本来は「秋田家文書」に関する明治写本を作り終わったら、元となった「寛政原本」をどうするかについて、長作さんが書いたものなのです。

そこで書き終わった時点で長作さんが姿を消しました。一週間あまり、家に帰ってこなかった。それで家に帰って来てからすぐ、土間と居間との間の鴨居に首を吊って自殺した。そのことを喜八郎さんから二回聞かされました。息子の孝さんからも聞きました。こんな作り話をする人はいないので、わたしは本当だと思います。なぜそうしたかは「想像」する他はないが、「想像」すると、生きていたら、憲兵の息子から、あれをどこへやったと責められ、こちらの態度で隠した場所がわかってしまうので、自殺したのではないか。人間がせっかく生まれてきたのに、自殺するということは耐えられない、大嫌いだ。だれでもそうでしょうが。長作さんの自殺は何だろうな。覚悟の上は当然のことでしょうが、単なる覚悟ではなく、「寛政原本」を守るための戦時中の覚悟の自殺です。馬鹿なことをするなという言葉で一蹴《しゅう》できないものを持っています。

さらに後日談があります。元市さんは「明治写本」を畑に持って行って積み上げ、焼き払おうとした。その時、足腰がきかなくなっていたはずのお母さん、長作さんの奥さん、寝たきりのお婆さんが部屋から出てきて、体を張って、「お祖父ちゃんが、命を懸けて写したものを焼き払うなら、まずわたしを焼き殺してくれ」と言ったと言うのです。寝たきりのお婆さんがなぜ出てきたかと言うと、喜八郎さんの弟が知らせたらしい。元市さんもお母さんを殺すわけにはいかず、喜八郎さんに水を持ってこいと言ったので、水をとりに行って消したと、喜八郎さんから聞いた。十代の後半だったという。

わたしの所に明治写本のコピーが大量にあります。昭和薬科大学の時、本物を送ってもらい、そのコピーを取りました。現物は退職する直前に送り返し、四月二日に喜八郎さんから、受け取ったという連絡がありまた。そのコピーをみると、焼け焦げの跡があります。喜八郎さんが言ったのが嘘ではないという証拠があります。

こういう自殺は、生きている人間が「つまらんことをするな」と言い切れない問題を含んでいると感じています。長作さんが命を懸けてお父さんの仕事を助けていき、一生をかけてやるべき仕事はこれだと、命をなくしてでも守るべきものはこれだ、とひしひし伝わってくる、という話です。皆さんは初めてお聞きになったと思う。「偽作」とかなんとか、のんびりしたことを言う人もいるが、今まで問題になっていない、問題です。

わたしとしては今後何をやりたいかというと、やりたいことの一つに、五所川原に行きたい。一週間でも、一カ月でも、土地の人にすべてを話したい。わたしは一週間なり、一カ月経てば帰りますが、五所川原にいる人はずっとそこに住んでいます。そこに石塔山があります。そういうところに、生命に代えても命を捨てても守ろうとしたものが何処かに眠っています。日本の歴史に関する重大な問題があります。何といっても「天皇記」と「国記」があります。その目録が出ているのですから。

「天皇記」「国記」以外にも、なるほどと思うものがあります。例を一つ挙げてみますと、『日本書紀』によると、蘇我氏を襲撃し、蘇我氏を殺しますが、なぜ襲ったかというと、聖徳太子の息子が蘇我氏に殺されたので、その仇討ちのためであると書いてあります。それだけ抜き出すと、え？　そういうこともあるかと思いますが、よく考えたらおかしいのです。仇討ちであれば、すぐにやればよい。時間の「間《ま》」があいているわけです。仇討ちはいつやってもよいが、何か「間」が抜けているのです。ところが、「和田家文書」に書いてあるのは違います。何かというと、蘇我氏を襲ったのは、蘇我氏が「天皇記」を持っていたので、「天皇記」を奪うためだと。蘇我氏を殺したが、そこには「天皇記」はなかった。気配を察知した蘇我氏が持ち出して、関東の楓姫、平将門の関係の女のところに送った、と書いてあります。楓姫から、石塔山へ送られたと書いてあります（注＝『和田家資料2』藤本光幸編、北方新社、一九九四年、一〇九ページには、高加茂の公磨（人物未調査）に預け、時代を経た後に、最終的に楓姫にわたり、石塔山にわたった、とある。また『東日流六郡誌大要』［平将門遺姫楓之哀伝］〈八幡書店、一九九〇年、九八七ページ〉は、将門の側室辰子姫と娘楓姫について、辰子姫は日之本将軍安倍国東の次女であり、辰子姫と将門はいわば「末を誓いし仲」の関係にあり、下総の豊田郷に側室として迎え、楓姫を秋田の生保内で生ませている、とある）。

もう一つ、なるほどと思ったのは、石舞台古墳があります。あれは変だ。中には何もなく、がらんどうです。なぜ、あれだけ何もないのか、という感じです。ところが「東日流外三郡誌」に書いてあるのを見ると、蘇我氏の家の中には何もなかったので、墓の中にあるのではないかといって墓をがらがらにした。「天皇記」を捜すためです。しかし、なかったのは、一足違いで楓姫に送ったあとだからと「東日流外三郡誌」に書いてあります。こっちの方が話としては非常にわかりやすい。しかも「天皇記に曰く」、「天皇記に曰く」と書かれており、リアリティがあります。これは『古事記』『日本書紀』にない世界です。「天皇記」に曰くと何人かの人が写しており、目録も出てきています。大和の中の書いた部分を見ても、「天皇記」は本当だと感じる。天皇家の所有地は一部分だ。何カ所かは、かつての弥生遺跡のある地帯が天皇家の所有地だ。それ以外は大和の中でも天皇家の所有地ではない。

われわれが学んだのは、津田左右吉ではないが、神武天皇から天皇家は徳が高くて、戦争も征伐もせずに、自然に天皇家中心になったのだと、歴史でなく「物語」の形で書いてありますが、「東日流外三郡誌」では、この部分は天皇家の所有地、この部分は違うと書いてあります。

なぜ、天皇家は「天皇記」「国記」に執着したのでしょうか。『日本書紀』には「国記」があると書いてあります。別冊で残せばよいのに、残っていない。あれはおかしい。しかし、わたしにはわかっています。継体は福井の豪族だから、「天皇記」に出てくるような人物ではない。「国記」にはあの地方の豪族として書いてあったはずです。「天皇記」には武烈まで書いてあったはずです。武烈には子供がなかったが、親戚があり、そこにも、どこにも子供がいなかったというのは、あり得ないことです。当然その続きもあったはずで、『古事記』ではそれがカットされています。しかも、あそこで「二倍年暦」が「一倍年暦」に切りかわった内容となっています。

『日本書紀』によると、継体は二十年かけて福井から出てきており、今の大阪府、京都府、奈良県を転々としているから、いろいろなストーリーがあり、いろいろな敵がいたはずですが、一切わからない。わかっているのはその間磐井を殺したということだけで、あんな馬鹿なことはない。磐井を殺すだけで二十年かかるわけがない。存在しても除去したのです。「磐井を殺した」ということだけを歴史事実としてはめ込んだ。いわば「偽の『天皇記』」です。だから、本物の「天皇記」が出てきたら困るのです。しかし、それは書いてあるのを信用した範囲のことであり、実物を見ていない。実物は長作さんがどこかに隠している。五所川原は国有地のため、額面通りにいえば国有財産だ。国有財産だけれども、明治以後の国家のために秋田孝季が書いたわけではない。三春藩の藩主の秋田千季《ゆきすえ》が孝季に依頼したのは、明治以後の政府のために依頼したのではなく、秋田家のため、真実の歴史のために依頼したものであり、その依頼をうけて秋田孝季が、和田吉次を助手に得て探したのです。

とにかく、その（「天皇記」の）内容は日本の歴史を見る上で非常に大事なものです。だから、わたしはヨチヨチ歩きしかできないので、現地の人に探してもらいたい。青森県の人にすれば、あれは「偽書」だと「共通認識」になっています。地元紙の『東奥日報』が絶えず「偽書」だ、「偽書」だとPRし続けています。それには理由があって、青森県では、新聞社とか知事、官庁の幹部は津軽藩の重臣の子孫です。「東日流外三郡誌」は津軽藩のことを悪く書いているので、本物だと困る。だからことあるごとに、「偽物」だ、「偽物」だと言っているのです。

だから、青森の人は「東日流外三郡誌」は偽物だという立場にしておかないと、おおっぴらの場所では話ができない、掘り出すことは、とんでもないと言います。もし、本物だったら、嫌味を言われる。いじめられる、と喜八郎さんの娘さんが思っておられるようだが、それも単なる危惧です。そういうのは、現在の『東奥日報』、地方紙の都合であり、いじめられている和田家の都合であり、本来のものは、秋田孝季の深い歴史哲学の下に、彼の一生を背負い込んだものです。これは間違いありません。

秋田孝季の身元
——第　九　回

「東日流外三郡誌」を書いた秋田孝季の身元をお話ししますと、孝季のお父さんは、津軽から秋田へ安倍氏と一緒に移って来た。その秋田は秋田県の秋田市です。秋田孝季はどこで生まれたかというと、長崎です。秋田孝季のお父さんは通訳だった。何の通訳かというと、ロシア語の通訳です。意外です。英語の通訳はありそうですが、ロシア語の通訳だった。江戸時代には長崎しか開港していなかった。長崎でロシア人の応対をする日本側の通訳だった。そこで孝季が生まれたのです。孝季が生まれて間もなくして、お父さんが亡くなりました。何で亡くなったかはわかりませんが、意外です。病気か何かでしょう。そこでお母さんが、孝季を連れて秋田市の秋田へ帰りました。

そこへ、福島県の三春藩の秋田氏、元は秋田市の秋田、その元は津軽ですが、その三春藩の藩主の奥さんが亡くなったので、その後添えに、秋田市に帰っていたお母さんを迎えた。わたしは、お妾さんだったのではないかと思うのですが、わたしが勝手に思うだけで、書いているものを見ると「後添え」として迎え入れたとあります。その時孝季を連れて三春藩に来た。藩主は孝季を愛し、利発な子供を可愛がって育てた。というのが、秋田孝季の身元です。

三春藩は安東水軍だった領主がいたのが、福島県の三春、最近原発の被害を受けた海岸部と、福島市の中間に位置しています。

そうしているうちに三春藩が借金で困るようになり、幕府に返さなければいけなくなったので、石塔山の下に金の在処を書いた地図があるので、探してほしいと孝季に依頼しました。孝季は五所川原へ行ったわけです。ここで庄屋の息子、若い青年だった和田長八郎吉次の協力を得て、地図をもとに金を探し当てて持ち帰った。その金の三分の二くらいで幕府の借金を払い、三分の一くらい残ったので、それを使って領主は秋田家の歴史を再興してほしい、寺社仏閣を回ってほしい、ということで金を渡した。

そこで孝季は五所川原で、寺社仏閣にあるものを写して、収録していくというやり方を始めた。孝季はわりと長生きして、最後は秋田県の秋田市に帰っていましたが、そこで火災に遭うわけです。最初に書いたものは焼けてなくなってしまう。ところが、三春藩に持って行く前に吉次が写しを取っていた。

吉次のところにあった資料は焼けなかった。晩年の孝季は五所川原へ行き、石塔山の一角に住まわせてもらえればよいと言ったのを、吉次が不便だからと言って、吉次の家の近くに住まわせた。そこにもう一人の人物が出てきます。女の「りく」という人です。孝季の妹だが、孝季と歳がかなり離れており、本当の妹か、義理の妹かわかりませんが、孝季と一緒に五所川原に来ています。そのりくが吉次と結婚し、りくが、庄屋の息子の奥さんになる。孝季と吉次とりくの三人のコンビで、和田家文書、本来は「秋田家文書」を作り、仕上げていったわけです。しかも、孝季は晩年かなり長生きしたようで、自分の腕で書き直して最後まで書いたようです。というのが大体の経緯です。

藤本氏の訃報
——第七回

藤本光幸さんの訃報は、妹さんの竹田侑子さんからの電話で知り、驚きました。藤本さんはリンゴジュースなどを加工・販売されている青森リンゴ加工株式会社の三代目社長だったのですが、どうもご本人の心は「東日流外三郡誌」の研究の方に生涯傾いていらっしゃったようです。「東日流外三郡誌」の明治写本や参考書類は、妹さんの竹田さんがお元気で、受け継いでこれからも研究を進めておられるとのことなので、安心しています。今度の新雑誌（『なかった——真実の歴史学』ミネルヴァ書房）にも、「東日流外三郡誌」の問題を少しずつ入れていきたいと思っています。藤本さんに、今までの苦労話を書いてもらうようお願いした。書いてくださったものには、「苦労話を書けといわれたが、わたしには苦労ではありませんでした。楽しみばかりでした」とあって非常に読んで楽しい文章でした。これが絶筆になったのかもしれません。弔電代わりに文章を書いて送ったが、それも新雑誌に掲載したい。今度出た『和田家資料4　北斗抄』（北方新社、二〇〇七年）は先の『和田家資料3　北斗抄』と合せて上下二巻となり、出版社はその後も出したい予定ですが、引き続き出せるかどうかは、本を買ってもらえるかどうかにかかっていると、言っています。是非、皆さんにご支援いただきたい。

日本中央碑
——第八回
（質問）

日本中央碑は多くの歌枕に読まれましたが、十三世紀頃失われたものと言われています。日本中央碑は昭和二十四年（一九四九）に発見されるまで、地中にあったことになるが、寛政十二年（一八〇〇）に描かれた『東日流六郡誌絵巻』には、不思議にも壺の石碑が描かれています。一八〇〇年ごろ、一時的にしろ、地上に現れていたということでしょうか。江戸時代に『大日本史』編纂なども契機となって、文化財・遺跡等の回復・復旧機運が起こり、悪意からではなく、伝説を裏付けるために、石碑建立を試みた、と考えることもできないことはないかもしれません。要するに、日本中央碑は、ずっと地中に埋もれていたとされています。地表では存在しなかったのだということなのに、『東日流六郡誌絵巻』に絵が描かれていることとの関係を教えて下さい。

（回答）

御質問で、ずっと地中にあったといわれていると、誰が言ったのかが問題です。これが本当なのかという問題があるわけです。それがずっと地中にあれば、今も地中だという記録などは残りません。ある時点で地中にあったものを、これはずっと地中にあったのだろうと誰かが解釈した。それに反することを「東日流外三郡誌」で絵に描いてあります。わたしの理解では「東日流外三郡誌」が、ないものを新しく作ってそれを絵にするという、そういうやり方は見たことがない。それをやり出すといくらでもあちこちでできます。

これはやはり「東日流外三郡誌」に書かれている貴重な証言であって、ずっと地中にあったというのは、そう言った人の一つの主観にすぎないのではないかと思います。

日本中央碑探索
の歴史——第八回
（質問）

日本中央碑は十三世紀頃から昭和二十四年までずっと失われていたと言われてい

ると思います。その一つの論拠ですが、明治の初期に天皇が青森を旅行されたとき、壺の碑があるはずだから、探せということを現地に命じられて、神社が建っている場所とか、土台までひっくり返して調べたが、とうとう出てこなかったと言われます。ということもあり、少なくとも明治の初めは地中に隠させていたというか、埋もれていた可能性があると思います。

一方、幕末に仙台藩が、南部藩と伊達藩とが壺の碑は我が方にあり、ということで、多賀城碑と日本中央碑との真偽論争を盛んに戦わせたことがあるというふうに書いてあり、そのようなことからすると、南部藩でもそれはあることを知っていた、とすれば、それなりの根拠があったのではないでしょうか。ところが明治維新になる直前に、何らかの理由でそれは地中に強権的に埋めたのかもしれない、とかいろいろ詮索できるわけでして、『東日流六郡誌絵巻』に書いてある絵が真実だとは思いますが、地上にあったのが、たまたまその時なのか、幕末の頃まであったのか、はっきりしません。

(回答)

おっしゃる通りで、その点については何回か書いたことがあります。明治政府もどこかからの要望をもっていて、あるはずだと言っているわけですから。ところがどうもそれは地中にあったらしい、見つからなかった、というだけの話です。しかしその前にもこれをめぐる議論があった。ということは、実質はこうだということを、そっちから決めるわけにいかないわけです。それに対して、さりげなく出ているのが「東日流外三郡誌」にある絵です。「東日流外三郡誌」はそういう嘘の絵を一杯描いて、写生したようなものか、というとそうじゃない。怪しいという立場に立てば、本当かという目で見ますが、現在は怪しくないというのがわたしは常識だと思います。ということはあそこに絵があるということは、彼が書いたときにはあった、ということです。そういう立場から、いろいろ言われていることを批判してみなければならない。

第十二章　現代に残された課題

1　被差別民にされた支配者

被差別部落について——第五回

福岡県庁のある千代の馬出《まいだし》に石碑があり、「御所の内」と刻んでありました。なくなった字名です。「本郷もかねやすまでは江戸の内」というから、御所の端だったのでしょう。

窪田悦二氏（九大医卒）によれば、そこには水平社創立者の松本治一郎氏の生家があります。そこは同和地区で箱崎宮との関連もあるのかもしれません。

日本の考古学者は、大正時代にマルクス主義が入り、階級社会理論にかぶれ、マルクス主義的階級社会論を日本にあてはめました。縄文時代は原始共産社会で、差別なき共同社会だとしています。そして弥生時代に階級ができたと教科書に書いています。とんでもない。縄文時代は階級社会です。

湊川高校勤務時代に、「全国部落分布地図」が古墳の分布図とそっくりであることを、定時制の先生から提供された地図（早稲田大学の研究会）から知りました。

倭人伝にも奴婢、生口がおり、「差別を含みこんだ社会」であったと言えます。また、かつてマルクスの「原始共産制」とされた縄文時代も、埋葬形式を見ると、一部のエリートとの区別があり、縄文を「原始共産制」と位置付けた大正・昭和の考古学は未熟であったと言えます。また藤田友治さんが被差別部落の生徒を家庭訪問するときに、そこは天皇陵とセットになっていることに気づきました。従来、江戸封建の制度とされていた被差別部落ですが、それは江戸幕府を否定し、明治政府を肯定するための明治以降の考え方です。

全国にある被差別部落——第六回

近畿は被差別部落の王国のようなものです。九州でもそうです。これの一番はっきりした証拠は、証拠というと語弊がありますが、角川の『地名辞典』です。県別で出ています。あれが非常に便利なのは各本の最後に四、五十ページも字地名表が並んでいることです。あれは非常に役に立つのです。ところがその中で三つだけ字地名表のない県があります。福岡県と奈良県と大阪府です。ない説明も書いていないわけです。

理由が分からないので関係者を通じて聞くと、非常にはっきりしたわけで、要するにあれをつけるには県の教育委員会のOKがいるわけです。つまり字地名を見れば、他所の人は分からないが、現地の人が見ればそれは被差別部落だということがすぐ分かるわけです。それがいやだからNOということです。言い換えれば、三つの県は被差別部落があふれている県です。

それだけあふれている被差別部落が、日本史をやっても全然出てこない。被差別部落の王国のような九州から近畿の中で、『古事記』や『日本書紀』に被差別部落がまったくないというのはおかしいのです。

海幸・山幸と被差別部落——第六回

『古事記』に海幸・山幸の話があって、弟が勝った時、「僕（あ）は今より以後は汝命の昼夜の守護人の爲りて仕へ奉らむ」（『岩波古事記』一四三ページ）とあります。つまり海幸（火照命《ほでりの》）の子孫が山幸（火遠理命《ほをり》）の守護人として昼も夜も仕える守護人になりましょう、ということです。当然ながら天皇陵も彼らが守護するわけです。海幸の子孫が被差別部落の人となり天皇陵を守護しているわけです。

ここでは高句麗の場合と逆で、高句麗の場合は自分たちが土地を拡大してそこを支配した、支配された連中を守護人にし、墓守にしました（高句麗好太王碑）。

今度は天皇家がまず九州を天孫降臨という名前で征服し、今度は近畿へ来て近畿のそれまでいた銅鐸の民族を支配した。支配された方を昼夜問わず守護人にした。まさに好太王碑の守墓人と同じです。好太王碑の場合は墓さえ守ればよいかのようにも見えますが、こちらは墓どころではなく、あらゆる場合に天皇に仕えて守る役目を仰せつかったということです。これが被差別部落の淵源です。

これを『日本書紀』の方は鹿児島の隼人に押しつけています。隼人が八世紀の今でも大きな声を出して天皇に仕えている、と律令制にも、はっきりその制度が書いてあります（注＝『新訂増補 國史大系延喜式』吉川弘文館、一九五五年、巻二十八、隼人司〈七一八ページ〉には、元且、即位等に際し、「令二大衣習一吠。左發二本聲一。右發二末聲一。惣大聲十遍。小聲一遍。訖一人更發二細聲一二遍。」とある）。

天皇家は九州王朝家からいろいろなものを受け継いでいます。九州王朝はそれ以前の金属器や縄文文化を受け継いでいます。それ以前は、いわゆる南九州はメガーズさんの地図のように縄文のメッカです。縄文のメッカで行われていた宮廷儀礼を九州王朝は真似しています。それは、彼らはわれわれに征服されて屈従させられている証しに、彼らはわれわれに対してやっているのだ、とします。

近畿天皇家も律令制の中でそれを繰り返し、さらに精密に、例えば即位の式の時は隼人を何人呼ぶか、中くらいの隼人、新米の隼人を何人とか細かく決めています。外国の使者が来たときはどうするかも律令制に続いているわけです。

それは隼人が、近畿天皇家よりも、また九州王朝よりも前から儀礼の王国であった、ということとの裏返しです。つまり差別するということは差別される相手がそれ以前には今の権力者よりもっと上位の神聖な存在であった証拠です。

被差別部落の問題——第七回

ここで、被差別部落の問題を取り上げて明確にそのテーマの持つ意味を申し上げておかなければならないと思います。

大学で日本の歴史を学んでも、被差別部落のことが全然明らかにならない。これはおかしいわけで、そういう被差別部落の問題は、倭人伝にも大人と下戸という形で存在する。縄文でもおそらく存在すると思っているのですが、以後ずっと二十一世紀まで続いているわけです。もちろん名前や制度のあり方は変わってきているでしょうが、本質的に人間を差別するという体制は変わっていないと思われるわけです。

そのわたしの認識が正しければ、歴史をやればそれがわからなければならないはずです。歴史をやってもそれがまったくわからないような歴史は、本当の歴史ではないわけです。もちろんこれについては、「同和教育ですでに聞いた。つまり江戸時代の士農工商穢多非人というのがあった。しかし明治以後、撤廃された。それは江戸時代を遡ってもせいぜい鎌倉とか、その近辺までで、それ以前はない」というふうに聞かされてきたわけです。それで現在は被差別部落問題はなくなった、と言う人がいるわけです。とんでもないことだと思います。

この被差別部落問題というのは、歴史に深い関わりを持って存在しています。それは記紀の、特に『古事記』の最後にその点が書かれています。上巻の神代の巻の最後にあるわけです。先に述べたように海幸・山幸の話で、結局兄の方が負けて弟の方に誓ったわけです。

それ以来現在まで、兄の方がいろいろな芸能の技などをやって、昼も夜も天皇にお仕えすることになっている、という一節が『古事記』の上巻の最後に出てくるわけです。神代の巻が終わるところで、何で長ったらしく、兄をめぐる鹽盈珠の話が書いてあるのだろうと、読んでいてバランスからいっても、ちょっと不思議に思われた方がいると思いますが、その不思議に思われることが大事なのです。なぜかと言えば、これから始まる中巻、下巻はこれをもとに読んでくださいというメッセージなのです。

それはどういうメッセージかというと、中巻、下巻は天皇のことが続きます。最後に天皇陵のことが毎巻出てきます。それはこの立場で書かれたものです。つまり天皇及び天皇陵をめぐる、奴隷のように昼も夜もお仕えする人々が、天皇陵の前を取り巻いている、と。この事実はこれ（上巻の最後の話）からきているのだ、と言っているわけです。だから、被差別部落の歴史を語るときに、これを抜きに語るのはまったくナンセンスです。しかもそれは単なるお話ではない。その証拠に、日本列島の大部分に被差別部落が現存しているわけです。しかも近畿ではそれが天皇陵のまわりに固まって存在しているわけです。

それを津田左右吉のように、記紀は造作だという言葉で被差別部落が消滅するわけではないのです。いかに津田左右吉が造作だと叫んでみても、被差別部落は実在するし、生まれたときから、何の道理もなく差別されている人がいるという事実は、変えられない。日本の大学や高校、中学の歴史はそれについて何も説明をしないできました。

ですからわたしは、この被差別部落の歴史というのは、日本の歴史の中核に存在する、と考えています。天皇が中核に存在するということは誰でも知っています。天皇が中核にいて、その対をなす被差別部落が中核をなさないということはナンセンスです。こちらがなく、天皇だけが一人歩きしているような歴史を、明治以後の皆さんは「記憶ロボット」として記憶させられてきました。歴史全体が大きな虚構の上にできているのです。

このことの裏付けにわたしが使ったのは、高句麗好太王碑です。高句麗好太王碑のメインテーマは守墓人、墓を守るということであるのに、ほとんどクローズアップされずに現在に至っています。むしろ見て見ないふりをしているだけで、事実は石に刻まれて現在に残っているわけです。この碑は、征服したら被征服民、優秀な元の支配者を奴隷化して墓守に使って、その王陵の周辺に配置した、ということを書いているわけです。

これは四世紀の終わりから五世紀の終わりにできた高句麗の王陵の話ですが、それでは、そういうことやったのは高句麗の王陵だけで、それよりさらに巨大な天皇陵の場合は作りっぱなしで、何もせずにきたのかというと、そんなことはあり得ないです。王陵というものは絶えず手入れをしなければ荒れてしまいます。それを手入れし、奉仕する人を作っていかなければ天皇陵は残らないわけです。だから、そういう人を作ったと『古事記』にはっきり書いてあります。これだけ言ったらわかるでしょうと書いてあるのを、津田左右吉も全然問題にしませんでした。現代の日本史の学者も誰も問題にしていません。よくこれで日本の歴史と言えたものだと思うわけであります。

ヨーロッパの被差別民——第七回

これは日本だけの問題ではありません。実はヨーロッパも同じである、ということを、わたしは比較的最近確認して驚いたわけです。何に驚いたかと言いますと、二〇一〇年十月二十日付『毎日新聞』の夕刊記事ですが、ヨーロッパにおけるジプシー、これをロマと呼んでいますが、その女の人がルーマニアにいて、男性と会って、恋をした。その女性は「わたしはロマです」と言ったわけです。男性側はわたしにはそんなことはまったく関係ありません、と言い切ってくれたので非常に喜んだわけです、それでクリスマスの時男性の両親に会いました。そうするとどうも両親の様子がおかしい、白々しいわけです。あとで男性に聞いたら嫌な予感が的中しました。両親が、ロマの女と結婚することは許せない、もしそうするなら親子の縁を切るといわれたので、僕は君と結婚することはできないと言われた、ということが書いてあります。

これを見れば日本人なら誰でも知っているはずです。日本の被差別部落そっくりです。元高知県知事の橋本大二郎さんが、元はＮＨＫの記者だったと思いますが、高知に行ったとき、女性が今と同じような理由で断られて自殺した、という事件を取材して、これはいけないというので政治の世界に入っていかれた、とご本人が書いておられるのを読んだことがありますが、自殺した周辺の人はまだ生きているわけです。まったく最近のことで、それが日本で行われているのです。たまたま高知で起きた問題で、他は違いますとは言えないのです。

この被差別部落問題というのは日本の問題でありながら、日本だけの問題ではなく、世界の問題であり、ヨーロッパが抱えている問題です。別の記事では、フランスが、ロマを自国領においておけないといってルーマニアに大量に送り返したということです。これは、ＥＵの中は自由に行き来できるというＥＵの規約違反です。こういうことをしてはならないのに、フランスは遠慮なくやったわけです。他の国が本来それはＥＵ規約違反だと言わなければならないところ、みんな言わない、みんな同じような問題を抱えているわけです。結局もやもやとして、追い出しを承認したという記事になっています。

フランスの人権宣言などというのはインチキです。インチキと言えばきつすぎるかもしれませんが。われわれは、フランス革命などについていろいろ勉強して、フランスはすごいと思ってきました。明治以後そう覚えさせられてきました。しかし今のように人種差別が厳然と続いているのがヨーロッパです。人権宣言は上滑りで、いい格好をした宣言にすぎなかった。明治以後われわれはそのように見てこなかったが、これは観察が甘かったのです。同じことはアメリカの独立宣言でも言えます。人間は皆平等だと謳っていますが、それを謳ったワシントンが奴隷を持っていたことは有名です。ということはあの宣言を発表したときに、人間は平等だから自分のところに奴隷をおいていてはいけない、などとはワシントンは一切思わなかった。ちゃんと奴隷制度の上に乗っかって家庭生活を行いながら、あの独立宣言を書きました。

あれは英国本国に対するアメリカ植民地の独立であって、文字通りの人権宣言ではなかった。にもかかわらず人権宣言と言っています。

今、黒人の大統領が出たからそれは解消したかと言うと、とんでもない。あれも上の世界で、彼が引退したら、と言うより、引退する前から、黒人社会は厳然とアメリカ社会を支えているわけです。

独立宣言はすばらしい。また、リンカーンに与えた影響はすばらしいのですが、にもかかわらず、あの独立宣言がうわべの独立宣言であったということをわれわれは見ずにきていたわけです。

日本の場合、『学問のすゝめ』に福沢諭吉が引用した「天は人の上に人を造らず、人の下に人を造らず」という言葉は短くて完璧です。そう言っておいて被差別部落はそのままですというのは、まったく意味をなさない。最初の「天は人の上に人を造らず、人の下に人を造らず」のメッセージが生まれたのは「東日流外三郡誌」で、そこで繰り返し語られています。東北は被差別部落のない社会です。福島などには、よそから連れてきた被差別民が例外的にいますが、全体としては被差別部落のない社会です。

この言葉はむしろ、これからはヨーロッパへ持っていかなければならないと思います。「あなた方の人権宣言はインチキですよ、「天は人の上に人を造らず、人の下に人を造らず」（フランス語にも簡単に訳せると思えるのですが）となってないじゃないですか。いまだにそのロマを追い出すなんて、何ですか。人権宣言を世界に拡げた責任を感じなさい」。わたしはフランスやヨーロッパにこう言うべきだと思います。アメリカに対しても、「あなた方の独立宣言はインチキだったのですね。ワシントンは黒人奴隷を持ちながら、ああいうことを白々しく言っていたのですね。それでは「天は人の上に人を造らず、人の下に人を造らず」（英語にすれば簡単にできますが）に反しますよ」とはっきり言わなければなりません。こういうことをヨーロッパやアメリカに真正面から、突きつける時代に入っていくと思います。これまではそのようなことをしていなかったのです。

この言葉は、福沢諭吉が人権宣言や独立宣言を参考にして作ったのだろうなどということを書いてありますが、そして、それが一般化していますが、とんでもないことです。やはりあの言葉は日本の言葉として、ヨーロッパに知らせる、アメリカに知らせる。もちろんその他の世界にも、日本が知らせるべき言葉です。

太宰府近くの被差別部落——第七回

二〇〇三年にスミソニアンに出かけた時に、太宰府のすぐ南の町から、柳沢さんという九十歳過ぎのお医者さんも参加されました。柳沢さんの家のまわりは皆被差別部落だそうです。柳沢さんによれば、九州王朝のシンボルは梅の花だったのではないか。菅原道真《すがわらのみちざね》はそれを知っていて「東風吹かば　にほひをこせよ　梅の花　主なしとて　春を忘るな」を歌ったのではないか。太宰府天満宮のお祭りのときも必ず、二日市との間にある菅原道真が住んでいたという榎社《えのきしゃ》に寄ります。『新撰万葉集』も、そのような考えで作られていて、九州王朝の痕跡を、そのなかに残しているのではないか、藤原時平との政争にも、影響しているのではないかといわれています。

藤原時平との政争に関係あるかどうかは不明ですが、菅原道真が住んでいたという榎社の場所も、被差別部落に取り囲まれています。菅原道真が被差別部落に無関心であったとは思えません。太宰府天満宮のお祭りも榎社からでないと、お祭りが始まらない。被差別部落と九州王朝が無関係であるはずがない。世間的には、中世の被差別部落の研究は盛んであるが、古代についてはまだまだ。この前、九州を訪れた時に被差別部落の研究のための史料を大量にいただきました。順々と研究を進めていきたいと思います。お祭りも面白いです。鬼を征伐するという祭りだが、鬼とは何か。また、鬼に関する地名が、周囲にいくつかあります。

久留米の大善寺玉垂宮には鬼夜《おにょ》という有名な火祭があります。

現在ではだいぶ圧縮された状態で鬼夜は行われるようになっていますが、それでもお昼ぐらいから始まって真夜中まで延々と行われる、壮大な火のドラマなのです。お昼に、宮司さんがご神体の鬼面《きめん》の入った箱を本殿から拝殿近くに移すのですが、あとは宮司さんは関与せず、地元の人たちによって鬼夜は行われます。ここでは鬼は追いまわされる対象ではなく、鬼が主人公になっているお祭りのようです。太宰府のすぐそばで表と裏のようなお祭りをしているのが面白いです。表裏一体となったところに歴史の真相があると思われます。

2　広い心を

『釋日本紀』の説明を読んでいくと、『筑後国風土記』に伝わっていた話の部分に、近畿の学者が考えて、こじつけた俗解をくっつけているのがわかります。なぜ俗解とわかるかというと、筑紫をすべて「つくし」と読む立場からの解釈が並んでいるからです。九州では「ちくし」としか呼ばない。そこで、「つくし」と読む俗解部分を除いて、九州に伝わっていた話の部分を考えてみますと、最初戦乱が多かったと言っています。人がたくさん死んだと言っています。そのために、甕依姫という占師の女性に祀らせた。それ以降は、人がたくさん死ぬということがなくなった。また、たくさんの人が亡くなったので、木を切って棺をたくさん作ったので山の木がなくなった。そのために、甕依姫は甕棺に死者を祀る方法をすすめたという話に結びついていくと思います。そうすると、これはだいたい歴史的状況に合っているのではないかと思います。

この文章についてはかなり古くから、わたしは俾弥呼を「ヒミカ」と読み、甕依姫ではないかと主張してきました。そのときは単語の解釈だけだったのですが、今度読み返してみると、甕依姫登場のいきさつが書いてあることがわかりました。つまり戦乱が続いた。筑紫君・肥君のほうは勝ったのだろうけれど、それでもゲリラ戦みたいなものが続いた。筑紫君・肥君が占いをして甕依姫を選んだ。甕依姫は麁猛神を祀った。麁猛神は筑紫君・肥君にとっては敵側の神であるが、それを祀った、という話です。

敵を祀るのは、俾弥呼の独創か——第七回

俾弥呼はなんでこんなやりかたをしたのか、俾弥呼の独創か否か。その問いの答えも先程の『筑後国風土記』の文章に隠されています。甕依姫にまかせろ、という占いをした人物がいます。そういう占いをした人物は、天孫側の神道の上に立っていたはず。それなのに敵側の神を祀らせる、という占いをした鍵は祝詞《のりと》にあります。「六月の晦の大祓（みなづきのつごもりのおおはらへ）」という祝詞では、いろいろな罪を挙げています。まず天孫側に属する罪と国つ神側に属する二種類の罪に分けています。征服した側が起こした罪と征服された側が起こした罪をそれぞれ挙げています。

それをお互いに許し合おうじゃないか、そして罪を流す。お札を川に流したりするのでしょう。そうして罪は海に行く。海に流した罪はどこに行くか。根の国・底の国に行く。根の国・底の国とは出雲を指す。出雲を神聖なところとしています。海に流して出雲に行くのは、北九州近辺。そういう地域的に限定された、祝詞となっています。征服した側が罪を犯しているのを認め、征服された側を含めて大祓の祝詞をあげています。負けたほうは知らないよという態度ではない。それを受けて、俾弥呼が指名され、俾弥呼はさらに大々的に敵を祀ることを始めた。そして、見事に成功したということです。

神武が近畿に入って、最初は地元の三輪山の神様を祀らなかった。そうすると流行病が起きて、意富《おお》多多泥古《たたねこ》というのを捜してきて祀らせたら治まったという話があります（崇神記）。これも敵側の神様を祀っています。それも、神様を祀るための敵側の専門家を見つけて祀らせる。征服されたほうも自分たちのことを理解してくれたということで、治まるようになるという話なのです。さらに丹波・丹後などを征服する。征服され殺された側が祀っていた神は、丹後でいうとおそらく籠神社《このじんじゃ》の豊受大神《とようけのおおかみ》。伊勢に行くと海上の二見ヶ浦の夫婦岩が本来の神様、そこを征服して内宮・外宮にしています。天照大神だけでなく、敵であった豊受大神なども一緒に祀っています。

そういう考えでいくと、最も日本の伝統に反しているのは靖国神社です。死んだ兵士を祀るのは大賛成で、いわんやA級戦犯を祀らないなどとはとんでもない。あれだけ怨みを呑んで死んだ人を祀らなくてどうする。総理大臣はもちろん、天皇がまず参拝しなくてはいけない。「天皇陛下万歳」と言って死んだ人はいても、「総理大臣万歳」と言って死んだ人はいない。しかし一番問題なのは、敵を祀っていないということです。西郷隆盛ですら祀ってない。いわんや、近藤勇や土方歳三は祀っていない。

靖国神社——第七回

敵を祀らない。味方だけを祀って威張りかえっています。死んだ兵士を祀るの

奇兵隊の時の高杉晋作は、四国艦隊と交戦しています。交戦で亡くなった四国艦隊側の兵士の墓がどこにあるかわかっていなかった。先日、和布刈《めかり》神社の門司側の唐人墓《とうじんはか》（注＝北九州市門司区大字門司和布刈公園内）にあったという報道がありました。フランス人の宣教師が建てた墓とのことで、日本人は知らん顔をしているわけです。敵を祀らなかったのは、高杉晋作の大きな失点です。その欠陥を拡大したのが靖国神社。自分の方は祀っても、敵を一切祀っておらず、日本の伝統に反しています。日本の伝統は、祝詞・伊勢神宮に表され、さらには俾弥呼が鮮烈に表現したことです。その後も、楠木正成が赤坂で自分たちよりも敵側の墓を大きく祀っています。島津が高野山に祀っているのも、味方より敵を大きく書いていています。そういう伝統に反しているのが靖国神社です。そういうことは靖国神社の人も知らないし、今の小泉首相も知らないと思う。

それでこの前、東京湾に八十八の女神の像を国が建てたらどうかと提案しました。また、能古島《のこのしま》に元寇でやってきた蒙古兵の墓を建てたらどうかと提案しました。今日はさらに提案を追加したい。関門海峡の巌流島の隣ぐらいに、安重根《アンジュングン》と張作霖《ちょうさくりん》の墓を建ててほしい。伊藤博文を暗殺した安重根、彼は立派です。日本の特高警察が安重根について調査した資料を見ると、「われらが祖国を奪った伊藤博文を

殺す。わたしもつかまって殺されるだろう。当然覚悟のうえだ。わたしの死体は日本に占領された朝鮮には運ばないでくれ」。言っていることは簡潔なのですが、完全に覚悟しぬいています。見事です。朝鮮人に慕われるはずです。特高に警戒されているにもかかわらず、毎回追悼会を開きいろいろな組織を作っています。そういう組織のリーダーは、皆いい顔をしています。朝鮮にしたことに対する日本の気持ちを表すために、安重根の朝鮮風の墓を作るのがよい。関西空港には記念塔をつくるのがよい。それに反対する人によって、百回壊されたら百一回作ればいい。

張作霖にも、彼がよく知っているスタイルの清朝風の墓を作ればよい。記念塔はこれも関西空港に作る。さらに安重根・張作霖とも、立派な、見事な顔の銅像を作るとよい。そういうふうにして、日本人の考えかたを理解してもらうといい。

いつまでも日本を叩き続けるのが素晴らしい人類の未来か、こうやって敵を祀るというのが人類の未来か。わたしは、敵を祀るほうが人類の未来につながると思います。

親鸞は流布されている大乗仏教を超えている――第七回

親鸞が信仰したのは四十八願経という大乗仏典で、その十八番というのが大本願《おおほんがん》といって、至心信楽《ししんしんぎょう》しなければ、わたしひとりが悟りを開いて極楽にいくつもりはないというものです。なぜか十八番に但し書きがついています。「唯除逆謗闡《ゆいじょぎゃくぼうせん》提《だい》」、仏教をそしる者や無信心な者は除くとあって親鸞はこれに苦労します。そして最後に大嘘に到達します。具体的には、住蓮・安楽らを殺し、法然や自分を流罪にした後鳥羽上皇・土御門天皇などは逆謗闡提の代表的な者と言っています。その状況を、「主上臣下背法《しゅじょうしんかはいほう》違《い》義《ぎ》」という言葉で表しています。専修念仏を虐待した張本人だと書いています。ところが、「専修念仏のねらいは逆謗闡提をめぐまんと欲す」とあり、逆謗闡提を救いとることが、阿弥陀仏の最終最高の悲願です。これが大無量寿経の言っていることだとして『教行信証』の総序に書いています。しかし実際の大無量寿経はそうではなくて、ではないでしょう。あれが大乗仏教の精神なのです。自分たちに敵対するものは許さない、踏みにじる。敵を祀るどころでだったはずなのです。それを逆謗闡提だということで、あのような「邪鬼」の姿にさせられています。す。あれはインドで現地信仰されていた神々のはずです。インドでは崇高な顔をして描かれていた神々逆謗闡提は除くと言っています。その証拠に、お寺に行くと仁王さんが足で邪鬼の像を踏み潰していま

苦心惨憺した末に、親鸞は大嘘にひっくり返すわけです。途中経過はこれから研究しなくてはいけませんが、大乗仏教を伝えた天親《てんじん》・曇鸞《どんらん》の注釈を、親鸞は自身の結論を正当化するために引用しています。しかし、天親・曇鸞は親鸞と同じような立場だったのでしょうか。確かに、「念仏したらすべてが救われる。」とは書いてはいます。しかし、それは理論上のことだったのではないか。すべてを中《ちゅう》という概念で説明する中観とか、空《くう》という概念で説明する空観という理論が、中央アジアから中国にかけて発展します。インドの仏教を元にして哲学化を行っています。キリスト教を元にしてヘーゲルやカントが出てくるのと似ています。天親・曇鸞は一般哲学化して「念仏したらすべてが救われる」とは書いてはいますが、本当に親鸞と同じような立場だったのかについては疑問を持ちます。飛躍しすぎるかもしれないが、例えば隋は仏教国家だったが、南朝を滅ぼしています。南朝の陵墓などを大事にしているかといえば、大事にするどころか破壊しつくしています。だから、天親・曇鸞をもう一度研究しようと思っています。敵も大事にするような思想を天親・曇鸞が本当に持っていたら、親鸞があんなに苦しんだはずがない。中国の仏教は、敵を大事にするところまでは至っていなかったのではないかと思う。ところが、親鸞は明らかに「敵こそもっとも救済の対象である」という、とんでもないところまで進んでいます。これは仏教の伝統ではないのではないか。日本の伝統ではないのか。「敵を祀る」という俾弥呼の伝統ではないのか。そういう伝統に立って、思想的な結論を得たのではないかという気がしています。

なぜそういうことになったのか。日本が島国だったせいではないかと思います。つまり限られた島国です。そこで征服とか被征服とか言ってみても、後は一緒に生活していかなくてはいけない。そうすると征服された方の信仰を大事にせざるをえず、彼らの誇りも面子も重んじていかなくては、共存できるはずがない。そういう島国のなかの信仰文明社会で生まれた智恵が、俾弥呼の祭りであり親鸞の思想であったのではないか、そういう仮説を立ててみました。そうすると、いま中近東で戦いをやっている人たちは、皆一神教の人たちです。あれは、地球は無限に広いと錯覚している時代の宗教ではないか。「ここにいる限りはわれわれの神に従わなければ許さない。生きていたけりゃよそへ行け、地球は広いのだから。ここよりは住みにくいかもしれないが、よそへ行け」というのが、一神教の姿ではないかという気がします。つまり、地球は無限だという錯覚に拠って立った宗教ではないか。ところが現在、地球は有限であることは周知のことだし、地球島《ちきゅうとう》ともいうべき存在であることがわかってきた。地球全体で、勝った者も負けた者も共存していく、負けた者の神も大事にするというやり方をしなければいけない段階に入っています。日本という島で生まれ発展したやり方で、地球全体をやっていかなくてはいけない段階に入っています。この考えについては、予定されている『俾弥呼《ひみか》』でも発表していきたい。また英文でも、こういう考えを発信していきたい。

大逆事件――第七回

大逆事件については、各人がいろいろな反応を示しています。まず永井荷風ですが、彼には『花火』という名文があります（注＝『花火・雨瀟瀟』岩波文庫、一九八〇年）。

ところが全体を読んでみるとこれは大変な内容なのです。要点を言いますとここで花火というのはお祭りの時に上げる花火です。ところがお祭りには二種類あって、江戸時代のお祭りは庶民の中に発生したお祭りだと彼は位置づけています。それに対して明治以後始まった新しいお祭りがあります。それはいわゆる政治家が、自分たちの宣伝のために作ったお祭りです。本文の中にも「新しい形式の祭りには屢々政治的策略が潜んでゐる」(七ページ)と書いています。国民のためのお祭りではなく、政府か自分の意図を国民に押しつける、洗脳するための手段としてのお祭りであるということです。その筆頭が、「明治二十三年の二月に憲法発布の祝賀祭があった。おそらくこれがわたしの記憶する社会的祭日の最初のものであろう」と言っています。政府が自分の意図をPRするための手段としての最初のお祭りであろう、と言います。これは何かというと、結局、明治のお祭りというのは政治家の宣伝の、国民ロボットを作るための宣伝のお祭りです。その宣伝のお祭りの筆頭に立つのが明治憲法制定のお祭りです。

明治憲法とは何か。「天皇は神聖にして侵すべからず」です。その注釈に「大君は神にしませば天雲の雷の上に廬せるかも」(『万葉集』巻三―二三五)となるわけです。それを国民に押しつけるためのお祭りで、それが始まりだというのです。つまり大逆事件の原因は明治憲法、天皇を神聖化する立場に始まっているのです。永井荷風はそう言っているわけです。そのようなことをまともに言っていたら、彼は完全にちょんです。しかしよく読めば今言ったようなことを言っているわけです。永井荷風という人は食わせ者どころではない。本当の、彼なりの抵抗を試みているのです。繰り返し読んでほしいと思います。

大逆事件と夏目漱石――第七回

ところでまた思いがけない発見がありました。夏目漱石は非常に敏感な人なのです。『こころ』については『なかった』第六号に書きましたが、小説の中に大逆事件を見事に組み入れた作家です。

彼は大逆事件について何も思わなかった「はずはない」のではないか。そうすると『倫敦塔』とか『夢十夜』とかいうのがありましたが、あれは大逆事件とどういう関係になるだろうか、と思って「古田史学の会」の水野孝夫さんに電話して年代を調べてもらいました。

信州でカンカラで爆発させたというのが五月二十五日です。それに対して漱石が『夢十夜』というのを書き始めたのが七月から八月にかけてで、『朝日新聞』にそれを載せ始めました。そこに一カ月以上二カ月近い間があるのですが、おそらく彼はその情報を知って、そこで『夢十夜』を書いた。『夢十夜』というのは明治四十一年（一九〇八）七月二十五日から八月五日まで『大阪朝日』に連載しました。『夢十夜』の第一夜のところで「「こんな夢を見た、腕組みをして枕元に座っていると仰向けに寝た女が静かな声でもう死にますと言う」。それで何を言いたいのかと思ったら、しばらくして、「女がまた言った、死んだら埋めてください、大きな真珠貝で穴を掘って、そしたら天から落ちてくる星を置いて墓印にしてください」。またしばらくして、女は一段声を張り上げて「百年待っていてください」と思い切った声で言った。「百年わたしの墓のそばに座って待っていてください。きっと会いに来ますから」。その第一夜の最後は暁の星がたった一つ瞬いていた。百年はもううきていたんだなあ、とこの時初めて気がついた」。

これから先はちょっと怖いような感じですが、去年が『夢十夜』が書かれてから百年目です。今年が百一年目です。百年経ったらわかった。彼は大逆事件をバックにしてこの夢物語を書いているわけです。非常に気持ち悪い話を書いているのですが、それはしかし、やがて真相はばれる時が来るということを彼は予言しています。その時はまだ幸徳秋水は死刑にはなっていません。それを彼はこういう作品を作っています。「こういうのは滅びる」という『三四郎』につながっています。こんなインチキな世はやがて滅びるという話につながっていきます。漱石が反応をしないはずはないと思っていましたが、思った通りでした。この「夢十夜」が大逆事件をバックにできているというのは、わたしが知っている範囲では聞いたことがない。

彼は小説で自分の言いたいことを言うとは言いますが、大逆事件ではうっかりしたことは言えません。

夢の話だということにすれば向こうは捕まえに来られない。百年経ってわかるのです。

謡曲「柏崎」——第七回

この間、謡曲「柏崎」を見て驚嘆しました。佐渡島の対岸にある柏崎で、嫗が気が狂います。なぜ気が狂ったかというと、夫が鎌倉に訴訟に出かけるが、死んでしまう。息子が出家して逐電してしまいます。一度に夫と子供を亡くして一人になってしまう、空しくて堪えられずに気が狂ってしまった。最後に息子に会ったように思って消えてしまう話になっていて、そのように本に書いてあるのですが、それは本当の解説ではないと思います。なぜかと言うと、今のような話は別に柏崎である必要はないのです。柏崎で気が狂ったということが問題なのです。

柏崎は対岸が佐渡です。佐渡は訴訟で順徳天皇が流されて死んだ場所です（注＝順徳天皇は承久三年〈一二二一〉佐渡に流され仁治三年〈一二四二〉佐渡で没した。享年四十六歳）。それから法然や親鸞などをつまらない理由で流罪にして、後鳥羽院の女房が法然の弟子の住蓮・安楽に帰依して出家したことに後鳥羽院は激怒し、建永元年（一二〇六）住蓮・安楽を川原で斬り殺させました。そして法然は承元元年（一二〇七）に土佐（実体は讃岐）に流され親鸞は越後国国府に流されました（承元の法難）。それをやったのは後鳥羽院であり、自分は後に承久の変で隠岐島に流されます。

法然を罰した順徳は佐渡島に流されて死にます。いわゆる訴訟を起こして、幕府追討の宣旨を出しますが、逆に幕府の動員令であえなく敗れ、流されて死ぬわけです。それが佐渡島です。その対岸が柏崎です。つまり書いてはないが謡曲「柏崎」の主人公は順徳であり、そして主たる舞台は佐渡島です。

しかもそれは訴訟に巻き込まれて非業の死を遂げた順徳のいる佐渡島の前です。つまり権力者はそういう形で悪いことをしたら非業の死を遂げるのだという教えです。それを世阿弥は書いているのです（注＝柏崎の原作者は「榎並左衛門五郎」といわれるが、世阿弥が大幅に手を入れているとされる）。それをカットしてただ単に死んだという解説しか書かないのは駄目です。

天皇の墓が柏崎の対岸にあるのを原点にしています。そこで気が狂って消えるわけです。まともに言うと権力者批判になります。気が狂ってと言うと問題にできない。消えて終わってしまうと余計問題にできない。そういうドラマの設定をして、権力者批判をしています。

この批判を感じたのか、世阿弥は佐渡島に流されます（永享六年〈一四三四〉）。何で流されたか書いていませんが、その辺の真相を察知した足利幕府が流したのではないかと推察しますが、要するに「柏崎」というのはすごい権力批判の典型です。

このようなものがいろいろあります。例えば君が代に関係する「老松」（『岩波謡曲集』上、一九六〇年、二一三ページ以下）の場合でも、京都の天満宮があり、そこの氏子だという話から始まります。お告げがあって自分は九州の天満宮へ参詣しているところだという。次の場面はそこに移ります。そして最後は、「君が代は千代に八千代にさざれ石の巌となりてこけのむすまで」で終わります。

福岡県で千代というと、県庁の所在地が千代です。そこに翁別《おきなわけ》神社というのがあります。これは被差別部落にある神社です。この辺は今はビルが建っていて、その横の公園の中心にある神社が翁別神社です。そこに能面のような鼻の高い面が二つ置いてあります。

ついでに申しますと、南米旅行でいろいろ発見しましたが、南米に日本語地名が数多く残っていること、甕棺《みかかん》があったことのほかに、翁の能面の顔とそっくりなのがたくさん作られていました。最初は何でこんな所に能面があるのかと思いました。ところが南九州は能面の宝庫です。それの一端で福岡県は能面の舞楽の場所です。その神社が翁別神社です。

謡曲「高砂」——第七回

「高砂」は代表的な能楽です。すぐお気づきだと思うのですが、「東京古田会」の藤沢徹さんの発見された「東日流外三郡誌」の中の記事で「高砂族が杭州湾で天台山の、そこから安日彦・長髄彦が来た」という話がありますが、まさに高砂族の話です。結婚式の時「高砂や」と謡うのに何か関係あるのではないかと思って、調べてみると大ありでした。

前にも述べましたが、あの「高砂や」の能楽の内容は非常に不思議なものです。要するにあれは九州の阿蘇神宮の神官である友成であるという、名乗りから始まります。彼が都、この場合の都は京都へ行くわけですが、途中で不思議な地名に出会います。大阪の住吉です。九州人の彼にとっては住吉とは博多湾岸です。それと同じものにぶつかる。それで今度は高砂にぶつかる。これも彼にとっては重要な地名であった。ということで今の兵庫、大阪で謡ったというスタイルになっています。出身は九州で目的地は京都。途中の兵庫、大阪で謡う。あちこちに足をかけている地名設定です。

次に、翁が住吉、嫗が兵庫県高砂にいます。しかもそれが万里離れています。これがおかしいわけです。大阪の住吉と兵庫県の高砂は万里も離れていません。車で行けば三十分から一時間で行ける道です。それを万里離れていると言っています。それはここを題材にして語っているけれど、わたしが言いたい高砂と住吉は万里離れているところですよ、と言うわけです。

その「現在」はいつかと言うと、延喜の御代だとしています。江戸とか室町ではない。能楽がある室町ではない、平安時代の延喜の御代が現在だという。延喜の御代かと思うと『万葉集』のその昔、平安時代から万代離れた昔の話という。それで何を言いたいかというと、自分が言いたいのは九州の住吉とそこから万里離れた高砂の話を自分はしたいのだと。それで高砂の女性が住吉の翁に対して謡う。

高砂の「タ」は太郎の「タ」、「カ」は神聖な水の「カ」で、「サ」は土佐、宇佐の「サ」、「ゴ」は男子の敬称の「コ」の濁音です。「神のたもうた美しい水のでる海岸の土地、そこの男子よ」と嫗が、女が言っています。

高砂というのは杭州湾。杭州湾と筑紫は万里離れています。帆をかけてやってきたと書いてある。そういう地理的設定を語っています。そして若い二人が添い遂げて、翁嫗となった。めでたやな、という話。結婚式でこれを謡うのはピッタリです。若いときから老年まで添い遂げる。お互い嫌いになったり離反したりせずに添い遂げた。こうありたい、ということで結婚式に謡う。これには驚きました。

これに関連していっぱいあるのですが、興味あるところだけにしますが、高砂はそういう歌です。これを二、三ページでさっと謡い込んでいるのです。驚嘆しました。

被差別部落に純粋な日本語が残っています。純粋な日本の歴史が残っているわけです。われわれのように論証に論証を重ねたものではない、また、明治以降、天皇家賛美のために教科書に書かせた歴史でもないわけです。部落の中で伝えられた歴史です。それを彼はふんだんに使って謡曲を作っています。読んでいると、次々と出てきます。謡曲というものは中世の話でわたしは今まであまり関心がないと思っていましたが、あれは宝の蔵です。

被差別部落の河勝《かわかつ》というのは、大和の初瀬川に籠にのせられたのを拾ったとか帰化人だとかいう話がいろいろとされていますが、本質は被差別部落の中で伝えられた伝承をふんだんに使って観阿弥ないし世阿弥が謡曲を作っているわけです（注＝謡曲は河勝から起こったといわれているのは、能楽の金春氏の祖であることによるもので、世阿弥の『風姿花伝』にも記されている）。

粗筋だけを申しましたが、そういうすばらしい宝が、まだわれわれにはたくさん残されているのです。

「曾根崎心中」
——第八回

人形浄瑠璃「曾根崎心中」を観ました。話のあらましは、こうです。

遊女のお初と手代の徳兵衛は深く愛し合う仲でしたが、徳兵衛の主人は妻の姪と結婚させようと、徳兵衛の継母に持参金を渡しました。徳兵衛は、この話を断ったのですが、そうなると持参金を返さねばなりません。その持参金を返すつもりでいたところ、友人の九平次にうまく言いくるめられて、騙し取られてしまうのです。

返す持参金はない。九平次からは罵倒される。男の一分《いちぶん》が廃ったと、徳兵衛とお初は、曾根崎の森に死に場所を求めてさまよい、心中するというものです。

ＮＨＫで放映したときはセリフが横に出てきますので、一応内容はわかるという感じですが、今日のセミナーの前にお見せしたものは、それがないものですから、ちょっとわかりにくかったかと思います。その全体の構成を申しますと、最初に観世音巡りというのがあります。この先頭に名曲があり、二人の運命をあの曲で象徴しているような名曲です。それから観世音巡りに入っていきます。

ところが従来からこの観世音巡りがカットされて演じられていたことを知り驚きました。それというのも、これは非常に重要な一段です。これは後で、心中するために二人が道行きしますが、それは実は仏に近づいていく道である、という意味の構成になっているわけです。それなのに、最初のお寺を巡っていくのをカットしたら、それがなくなってしまうわけです。少なくとも明治以後は、そのなくなったのをわれわれは観ていたというので、よくもそういうことができたなあ、という感じをもちました。

それから、今回わたしが観てもなお疑問に思っていたのは、最後に二人が、南無阿弥陀仏と言って心中していくわけです。南無阿弥陀仏というのはご存知のように、浄土宗、浄土真宗のセリフです。禅宗や日蓮宗にはそういうのはありません。ところが観世音巡りといっています。阿弥陀仏巡りではないわけです。これはどうなっているのかと思ったのですが、それがやっぱり重要なのです。つまり、浄土宗とか日蓮宗とか、禅宗とかいうのは仏教の宗派です。その宗派の問題ではないということを近松が言っているわけです。われわれが今言うのは勝手ですが、あの江戸時代で宗派なんてものは問題じゃないよ、というメッセージから始まるということは、すごい思想性を持っている、と今さらながら感じました。

そういう点でも先頭の観世音巡りというのは近松を理解する上で、絶対不可欠のものです。

内容を補足しますと、要するに、遊郭に売られてきた彼女、娘が親から売られてきたというところ、つまり貨幣経済の悲劇、人間侮辱から出発しているわけです。それで遊女がいた。しかもそこに、大分県の分限者が彼女を妾として買い取りに来たという話が出てきます。ところが、彼女は決然としてわたしは行きませんと言って、それを断るわけです。なぜかと言うと、彼女の心にはその手代、貧しい商人の徳兵衛があったわけです。彼は真心で彼女を愛してくれています。大金持ちとの暮らしはいい身分で生きられるのでしょうが、それを拒否して行かないわけです。そういうテーマが入ってきています。一方手代の方は、かなり借金をしていたがそれを苦労して働いて支払ったわけです。ところが支払われた方が、まだ終わっていないと迫ってきて、逃げるわけです。要するに口約束で、証文を書くということをしていなかった。江戸時代でも信用できる間では証文を書かなくていいというのがあったのでしょう。それで相手が豹変して、いやもらっていない、あの借金は全然返してもらった覚えがないと言い張り出します。そうするとその証拠がないものだから、徳兵衛は窮地に立って、どうにも身の動きができなくなるわけです。そこで二人が、われわれは死んでいくしか身の証を立てる方法はないというところへ、話が進行していくわけです。それで二人が曾根崎へ心中の道行きをし、ご覧になったようにそこで死ぬわけです。

男の方が女を突き刺して死ぬはずだったのが、何回もそれをやり損じてできない。女の方はもう殺してくださいと迫って、むしろ自分のクビに、先を突き刺させるわけです。その後徳兵衛も死んでゆく。二人は心中を遂げるわけです。

その時、われわれは恋のお手本になるのだというセリフが出てきます（注＝誰が告ぐるとは曾根崎の、森の下風音に聞こえ、取伝え、貴賤群衆の回向の種、未来成仏疑ひなき、恋の手本となりにけり）。

そのことは、全体として何かと言うと、二人を蝕んで苦しめていたのは、一つは封建制の中で手代と遊女、そういうのが一緒になることは許さないという掟があるわけです。それに負けたというか、表面は負けて死んでいく形に見えています。しかし実は表面は負けたように見えていて、実は勝っているのだと。つまり、封建制がいくら威張ってみても、二人の人間の魂を滅ぼすことはできなかったのだという、そのテーマを近松は言っているわけです。しかも、それを見届けるというか、その通りと言ってくれているのが仏様です。観世音菩薩であれ、阿弥陀仏であれ、いいのですが、仏様はその封建制の上に立っています。その上に立っている仏様が、二人の行為の意味をしっかりと見届けています。さあ、こっちへおいでと、こういうふうに言ってくださったという、そういうテーマになっているわけです。表面的には、封建制、貨幣経済に人間が敗れたような形に一見見えています。しかし、それはうわべの姿であって、本当は人間の魂は、そういう封建制や、それから宗派や、そういうものによってくじけない永遠の強さを持っているのだ、ということを近松は言いたかったのです。だからこれはすばらしい主張だと思います。

このすばらしい主張を今度杉本博司さん（一九四八年生まれ神奈川県出身、現在ニューヨーク在住、写真家で世界的に有名）という方が、近松をそのまま演じたい、という発想で取り組まれたわけです。そのままというのは、近松のあっちをカットしたり、こっちを手直ししたり、見る方にこの方が受けるだろうとか、ややこしくないだろうとか、それぞれにカットしたり手直しをしたりしているものを、近松の原文通りに戻す、これが第一。それからこれも言われてみれば当たり前ですが、今、演じるときには音も電気でやっているわけです。しかし近松の時は電気はありません。だから電気もアウト。近松の時の明かりでやると。これもわかりきっているようで言われたらその通りです。

それからもう一つは、今の浄瑠璃、歌舞伎、文楽では舞台の装置がいろいろとあるわけです。音も電気の音です。それを全部止めて、装置は二つだけ。一つは仏さん。これは杉本さんが買って持っていた平安時代の仏像で、どこで買われたのか手に入れておられて、これを絶対に舞台の中心に置こうというのが発想の原点にあったらしい。それからもう一つは鳥居です。伊勢の神明作りの鳥居、これも小型のものを作られた。舞台はこの二つだけにする。後は現在使っているのは全部アウト、という大胆な態度でやられたわけです。

ということで、ＮＨＫで三十分に集約され放映されたものですが、わたしは見て大変感動しまして、早速横浜の事務所にお電話しました。電話に出られたのは杉本さんの息子さんだと思いますが、同じく杉本さんという方で、お父さんの方はニューヨークに帰られて、息子さんが事務所の代表をしておられた。それでわたしが、あれはすばらしいですということを言いましたら、「わかりました、それじゃお送りいたします」と。「一カ月ぐらいしたらできると思いますから」ということでした。そのお約束の結果がこの映像で、ここへ出てくる前の日に、受け取ったわけです。

肝心なことは、わたし自身に関して言えば、『「邪馬台国」はなかった』を書くもとが、この「曾根崎心中」であったことです。『「邪馬台国」はなかった』をご覧になれば、「道行き」読法というのがあります。あの「道行き」読法というのは「曾根崎心中」の言葉です。このことをわたし自身が忘れていたのをこのたび思い出しました。ということで皆さん全員にこれをご覧いただいて、非常に良かったと思います。スタッフの方々に感謝します。

尖閣諸島――第七回

新聞紙上での身近な問題で、尖閣諸島というのが問題になっております。あれが何語であるか、ということです。尖閣と中国語のように見えますが、どうもおかしい。最近ある学者というか、評論家が、尖閣が日本文化の中に入ったのはせいぜい百年か二百年以内のことだ、ということを書いていまして、本当にそうかなと思って新たに調べてみたわけです。

結論から言いますとあれは日本語です。あれは当て字の漢字に欺されてはいけない、発音が言語ですから。「セン」の「ン」は所有格の「の」です。黒曜石の伊万里では「カラスンマクラ」といいます。「カラス」は烏のことで黒、「マクラ」は真実の真に「クラ」は高倉のクラで、神聖な場所。ところが間の「ン」は所有格の「の」だと現地の教育委員会の方がおっしゃっていました。その考え方を採用しますと、「センカク」は「セのカク」、こう言っているのではないかと考えました。「セ」は言うまでもなく瀬です。「カ」は河のカ、神聖な水のことを「カ」と言います。問題は「ク」です。これは「チクシ」、「ツクシ」とかいう語幹の上にくるものですが、この場合「不可思議なる」という意味に使われています。語末にくる「ク」は何か。割と珍しいものですが、あります。高知県の縄文遺跡で有名になったところで、居徳遺跡というのがあります。縄文人が戦争をしていた証拠ではないかということで大々的に報道されましたので、ご記憶の方もいらっしゃるでしょう。「イトク」です。「イ」はさっきの「神聖な」のイです。「ト」は神社の戸口のトです。最後に「ク」がきます。最後にクがくるのは非常に古い形式です。後に飾り文句として語頭に変わっていくわけです。だから縄文の早い段階です。

奈良県にもイトクの森というのがありまして、懿徳天皇の名前とだぶっているので不思議な気がしていたのですが（注＝「イトクの森古墳」は懿徳天皇または皇后陵と言われていた）、イトクという地名の方が先で縄文時代です。

例を挙げればいくらでも出てくるのですが、縄文時代の早い時期の姿が、「ク」で語末を括るやり方です。それで見ますと「センカク」は瀬の神聖な水の出る場所という意味の縄文前期の日本語になります。

わたしも本当にそうかと思って、沖縄の石垣市の方に問い合わせたわけです。電話に出てきた女の人は、わたしが意図を話したら一生懸命調べてくださって、非常によくわかりました。のみならず、関連の本まで教えてくださって、三冊注文して早速ここに持ってきていますが、ポイントは何かと言うと、「あの尖閣列島には水が出ますか」と聞いたわけです。わたしはあんなところに水が出るとはまったく知りませんでした。女の人が調べてくれて、「出ます」ということでした。三冊の本の中の二冊に水が出るところが載っています、ということでした。一つは池のように溜まっています。もう一つは地下から湧いてくるところがちゃんと写っているということでした。それでわたしは決まりだと思いました。尖閣諸島の中に水が出るところがあります。漁民にとってはこんなにありがたいことはないわけです。瀬に水が出る場所があるのです。わたしの言素論で説いた意味と完全に一致しました。

まずこれは間違いない。さらにそれを裏付けしますと、あれを中国側が作ったとしますと、「とがった楼閣」となりますが、あの島にはそのような形のところはありません。古いところで「閣を切りたった崖」という意味で『史記』に出てきます。『史記』のころに名前をつければつけられないことはない。しかし司馬遷の頃はそんな場所は完全に認識の外です。会稽山がやっとのことです。『史記』の頃に島の名前をつけていた可能性はまずゼロです。楼閣の意味としては杜甫の詩に出てきます。それ以後、楼閣の意味で閣を使っています。その段階で作ったはずもありません。あそこには楼閣などありませんから。したがって中国側が作ったという考えは成り立たない。それに対して日本側は日本語として、水が出る島、これに理屈を言う方がおかしいのです。琉球の一部分です。

ところで琉球は中国ではありません。中国が何千人と捕虜にして帰ったというのが『隋書』の俀国伝の直前に書いてあります。隋は流求を完全に蛮族と見なして朝貢を要求して、それを断ったという理由だけで鎮州を遣わして捕虜にして帰りました（注＝『隋書』中華書局版、一八二五ページ）。完全に中国にとっては他国なのです。そこの琉球の一部ですから中国側がそこだけ名前をつけるはずもない。

もう一つ付け足しますと琉球というのは何語かと言いますと、沖縄は日本語だが、琉球は中国語だと思っていたら大間違いです。信州で有名な「アキュウ」（阿久遺跡、温泉）があります。大阪では「ジュウソウ」（十三）という変なのがあります。これも「ジューソー」という日本音で、複合したものが日本語になっています。ですから今の場合でも沖縄も日本語、十三も日本語、阿久遺跡などは北から来た感じがしますが、沖縄も琉球も日本語です。漢字で書いてあるから中国語だと思うのは思い違いにすぎないのです。その琉球国の一部が先の「センカク」ですから、日本語で当たり前です。しかも早い時期の縄文語です。

とにかくセンカクは縄文、前期の早い時期の縄文の日本語だということです。

青年の自殺——第九回

わたしのちょっとした自慢話があります。松本深志高校で、二十代に六年間教師をやりました。昭和二十三年から二十九年までですが、その六年間において、生徒は一人も自殺しなかった。一人も自殺に「成功」しなかった、と言うのが正しいのですが。青年時代は、ちょっとしたことで自殺したいと言う。大人から見ると、たいしたことのないことに、耐えられない。「そんなことなら死のう」とする時期の少年や青年です。松本深志高校でも、その可能性をもつ連中がいました。最近では、そんな連中がいても教師が知らないだけという。「そんなこととは思いませんでした」とよくコメントが出ていますが、それは「嘘」だ。教師のくせにのんびりしていたのか、と昔の教師は言いたいわけです。

どうしたかと言うと、わたしの隣の席にいた石上順さん、國學院大學を出た紫式部の研究家ですが、〝馬が合う〟というか、わたしを可愛がってくれた先生がおられて、わたしは二十一歳で、石上さんは三十代後半か、四十代初めと思いますが、二人で組んでいたわけです。何をやるかというと、一学年に学生が三、四百人いるが、彼らの様子を見ています。教師から様子を見ているといってもわからない。しかし、友達にはわかっています。「彼はこの頃ものを言わなくなった」とか「憤慨している」とか、いろいろな情報を、彼や彼女のすぐ側の友達は知っている。しかし、教師には言ってこないだけです。この場合大事なことは、「彼はちょっとおかしいのではないか」「彼なら彼の友達がよく話を聞いているはずだから、その友達を通じて、彼は危ないのではないか、用心しておいてくれ」という情報を発信するわけです。こっちの方もおかしければ、隣のクラスでもその友達に聞く。彼を通じて情報を得る。その情報網を学校内に張り巡らす。大事なことは、わたしや石上さんの所にその情報がきても、他の教師にペラペラとしゃべらない。絶対に言わない。そういう話が漏れると、誰からも言ってこなくなるからです。職員会議でも言わない。他の生徒にも言わない、という信頼関係をもたなければならない。古田屋に言っても誰にも言わない、ということで彼らの信頼を得る。そうすると、絶えず情報が入ってくる。朝から晩までそれをやっていた。自殺を実行しようとした所へ駆けつけたことは何回もあります。助けたケースが何回もあります。劇薬を飲んだら即座に死ぬのでダメですが、そうでなければ間に合う。それで助けたケースは何例もあります。ということがささやかな、わたし達の自慢話です。組合とか何かで、何時から何時までは教師で、何時を過ぎると教師の責任はない、とよく言っているが、何を馬鹿なことを言っているのか。会社であればそれでもいいが、学校の教師はそんなもので務まるものではなく、のんびりした職業ではない、わたしの腹の中ではそういう反応を示しています。そういう教師であれば、二十四時間、寝ても覚めてもいつでも教師なのです。生徒とつながっている。そうでないと、あんな少年期や青年期の自殺を防ぐことは不可能です。わたしの体験から言ってそうです。わたしのいた六年間は誰一人も、自殺を「成功」させなかった、というのが、ささやかなわたしの誇りです。

生徒をこう変えたらどうかとか、組合でこうやってはどうかとか、教育委員会がこうやったらどうか、と言っていますが、あのレベルで解決するものではない。あんなもので自殺を止めることは無理です。キメの細かな、もっと心と心を通じ合う間柄の網を二十四時間めぐらしていなければ、自殺を防ぐことは不可能であると思う。わたし個人の体験にすぎないのですが、そう思います。

日本の生きた歴史の韓国語訳——第八回

『「邪馬台国」はなかった』の復刊版で、そのなかに「日本の生きた歴史」をやさしい文体で入れています。幸いにして二〇一〇年に復刊版が出て、現在第四版で、かなりのスピードで売れていますが、その最後の部分の「日本の生きた歴史」の韓国語訳を作ってくださった方がおられます。それは石井陽子さんという方が韓国語に訳されて、メロス言語学院の香川正さんがそれを紹介してくださったものです。香川正さんが指摘してくださって石井陽子さんが訳されたと言ってもよいと思いますが、全体としては、邪馬壹国論とか、邪馬台国論とか、遺物の分布、三種の神器はどう分布しているか、絹と錦はどう分布しているか、南米の倭人とはどういう問題か、というようなことを書いてあるのを韓国語訳にしてくださったわけです。これは非常に貴重なことです。日本ではそのようなことに反応をしない顔をしていますが、韓国の人も同じそんな顔をするとは限りませんので、「なかった」ことにしているのは日本の学会だけで、韓国では「あった」ことになる可能性があります。

高校の講演会で
——第九回

先般、中学生、高校生のためにと言われて東海地区に行きましたが、中学生、高校生は少なかった。だがわたしは心配していません。ミネルヴァ書房の社長も言われていますが、感想を書いてこられるのは年配の人が多いとのことです。

『三国志』を陳寿が書いた時、十代の若い人は読んでいない。読んだ人は教養のある、『史記』や『漢書』が読めるような人が読者だったと「想像」します。千何百年か経って、わたしがこれだけ一生懸命読んでいます。読んで読んで読み抜いて、陳寿の真意に到達したと思っています。現在中学生であるとか、小学生であるとかのレベルではなく、千年後、二千年後の人が本気で読んでくれるかどうか。秋田孝季ではないけれども、そういうレベルで物を考えるべきだと思っています。来た人が三人であるとか、五人であるとか。千人来たとしても、万人来たとしても知れています。千年、万年の数から見て、ごく僅かだ。そんなことで悲しんでいるのではダメだ。高校生が三人だったから残念だ、行かねばよかった、などと思わないのです。

3　人間が作った神に試される

ＳＲＮ主義——第五回

ＳＲＮ主義とは真実・歴史・人間第一主義のことをいいます。

国家や宗教は嘘を築いて、嘘に従った国民の信者を作り上げようとしています。宗教を作ったのは人間で、宗教が人間を作ったのではありません。歴史をたどれば、各時代の国家や宗教がいかに「正義」として人間に命令してきたかがわかります。貨幣も然り。貨幣が人間を作ったのではありません。

イエスもモハメットも釈迦もその時代を反映しています。その時代の段階を超えた人間はいるはずがないのです。彼らは原水爆や原発による地球汚染など知らなかったのです。それでも、その人々を絶対化してしまうのは、かえって、その人々をバカにしていることに他なりません。

小路田論文——第八回

小路《こじ》田《た》泰直《やすなお》さんという方が日本思想史学会の雑誌に載せられた論文がありました。これにわたしは非常にショックを受けました。この方は奈良女子大の教授ですが、自分は社会経済史が専門です。ところが最近、日本思想史の方の様相を見ていると、意外なことに日本思想史の人たちはマルキシズムの考え方から全然出ていない、ということに気がついて驚いた、ということです。何かと言うと、マルキシズムの方では人間社会の基本は経済活動である、それが下部構造でその上に上部構造として、政治とか思想などが乗っかっています。これがマルキシズムの基本的な考え方です。

マルキシズムとは「さよならしたよ」と、言う人は多いわけです。ところが、さよならしておきながら、その考え方は下部構造と上部構造を分け、経済とか物質関係が下部構造、そして政治とか思想とかの分野は上部構造であるというマルキシズムの基本的な考え方と同じです。その考え方を基礎に、日本思想史の論文も皆書かれています。これは、小路田さんの考え方では、実は思想の方が下部構造である、経済関係とか社会関係は上部構造である、となります。考えてみればその通りです。というのも、ああいう考えを思想として提出したのはマルクスです。それ以降、人々はあれでものを考える癖がついた。マルキシズムというイデオロギーの問題は昨日の問題で古くなったと言いながら、ものの考え方はマルキシズムの考え方をそのまま続けていると、こういうわけです。

要するに思想が基本だ。どういう思想に立つかというのが根本問題です。そこから先に社会科学とか、その他はついていく、ということを書いているわけです。

わたしは、マルクスは思想家としては尊敬しているのですが、そのマルクスの一番の欠点は宗教批判です。彼が十代の若いとき書いた有名な論文がありますが、それは神が人間を作ったのではなくて、人間が神を作った。それが宗教批判の根本です。もちろんこれはマルクスの独創ではなくて、哲学者フォイエルバッハの言葉を受け継いで書いています。マルクスはその後、宗教論をやっていないのです。それで彼の宗教論は終わりでした。

しかしわたしの目から見るとこれは宗教批判の出発点です。宗教というもの、神様というものは人間が作り上げたということは当たり前のことです。問題はその次にあって、どんな人間がどんな神様を作ったか、端的に言うと、くだらぬ人間が神を作ると、くだらない神になります。迷いに満ちた人間が神を作れば、迷いに満ちた神様になります、原爆が良いか悪いか決めかねて、ばたばたしているような神しか作れない。すばらしい人間が神を作ればすばらしい神ができる。当たり前のことです。だから人間の歴史の中で、そういう宗教が実際に実現したところを先入観なしに実証的に調べて、そこに現れた神様がどんな神様かということを検証していくべきだと、こういう話にならざるを得ないのです。

親鸞は九十歳で死にましたが、最晩年の八十四歳の時にこう書いています、阿弥陀仏は道具である、大自然を考えるための道具である、と。それも当たり前の話です。あまり当たり前すぎて『教行信証』では親鸞はそこまで露骨に書けなかった。いかにも死ぬ間際になって、このことを書かないと死ねないという感じで書いています。

要は人間が神様を作ったのは当たり前すぎる話で、今まで人間が作った神様が、どのレベルの神様か、征服した後、征服したものを奴隷にするという卑しい行為を美化するようなくだらない神様か、そうでないか、を検査するべきなのです。

あるいは神の名において人間がすばらしい意思を示しているかどうか、当然、原水爆などの使用は認めないような、そういう当たり前の神様がまだ人類にはできないようです。そういう神様がぜひできなければならない。だから宗教批判は終わったと言ってあぐらをかいていると、中国やソ連のような宗教問題については実に低級な、レベルの低い宗教観しか持たない国ができあがってしまいます。それはいずれ壊れてゆきます。そういう意味で小路田論文には非常に感謝しています。

国際新公法の必要性――第八回

先日NHKの「龍馬伝」を観ていて非常に感銘を受けました。特に、例の「いろは丸」というのは海援隊の坂本龍馬たちが作った船ですが、それと、紀州の何倍もの大きな船が、広島県の沖合で衝突したわけです。これは当時の慣習から言えば、紀州は御三家の一つだからそんなものに対して文句など言えるはずがない。またいわゆる公方という幕府に願い出て裁定してもらっても、紀州が勝つに決まっているわけです。

ところがそれに対して坂本龍馬は敢然と反旗を翻したわけです。そこで使ったのは何かと言うと、万国公法という当時日本語訳されたばかりの本を持ってきて、見せたわけです。これが国際的な、船が衝突したときのルールであると。どっちが当たったか、決まっているわけです。これによると紀州船には見張りがいなかった。紀州船の方に落ち度があるのは明らかです。だから紀州の方が賠償金を払うべきである、ということを理路整然とやったわけです。彼の勉強の成果が出たわけです。これに対して紀州藩の家老の方は、そんなものを誰が保証するのか、幕府に採決してもらう以外に方法はないじゃないか、と。そうすると坂本龍馬は準備をしていて、長崎の英国軍人を連れてきて、彼にぶってもらうわけです。海の衝突というものは海を越えて行われています。それに対してわれわれ先進国は国際公法のやり方で解決しているのだ、ということを英語でしゃべってもらって通訳に訳してもらうわけです。だからこれに従えば日本国も先進国の一員と見られるようになるし、これに従わなければ野蛮国として全世界の笑いものになる。それは紀州藩が笑いものになるだけでなく、幕府が笑いものになる。幕府が笑いものになるだけでなく朝廷も笑いものになる。それでよいかと言って迫るわけです。それで結局、紀州藩が折れて、賠償金を全額支払った。これは坂本龍馬の見事な活躍の場でした。

これを見て思いましたのは、現代の世界では国際の新公法ができていない。つまり国際的な新しいルールができていれば、尖閣諸島の問題でもすぐこうだと言えるわけです。原水爆の問題でもルールができていれば、言えるわけです。しかし今ある国連などというものはインチキきわまりないもので、戦争に勝った方が、自分たちは原水爆を持ってもよく、負けた方は持ってはいけない、とするわけです。それでインドとかパキスタンは例外としたりして、何もルールになっていないわけです。だから北朝鮮に対してももたもたして、なすべきことをしていないのです。かと思うと、イラクに間違って攻撃し、大統領を殺して、問題の核兵器はなかったという、まったく見ておれないのが現在なのです。

こういう状態を続けていればやはり地球は破滅します。ということは新たな国際公法を、負けたわれわれが作らなければならない。勝った連中に作らせたのではダメなわけです。手前勝手をやるだけです。アメリカはそういう形で原子爆弾投下を美化しているし、中国は、美化しているのが間違いであると言えないわけです。中国は正しいことを言えずにおたおたして、自国の利益になることは黙っているわけです。そういう連中に新しい国際公法は作れない。原爆を落とされた、負けた日本が唯一国際公法を作る資格があるわけです。だからわたしは提案するのですが、政府はそういう国際公法を制定するための研究所を作る。世界から集まる優秀な人材に高給を払っても知れています。そこで新たな国際公法を作り、それに基づいて、その年に起きた国際事件で、この国家がやったことは違反だ、この国家がやったのは正しい、という判定をする。もちろんこれは判定されたからといって知らん顔をするかもしれません。現在の中国のように、囚人にしている人が平和賞をもらっておたおたしています。反発しているが、反発の中に彼らの弱さが、世界から悪く見られている弱さが、回復できずにいるわけです。世界で起こった事件に対して、判断を出していったら、三年、五年、十年と経つうちに新しい国際公法になっていく、それを作る資格があるのは負けた日本、原水爆を持たない日本だけである、というのがわたしの考えです。坂本龍馬の夢をつなぐものです。というふうにわたしは考えます。

思想四策——第八回

龍馬の「船中八策」に対して、わたしは八王子の「思想四策」を持っています。

まず第一には造史、歴史を作ることです。国家の私利私欲でなく本当の歴史を作る。この点中国もアメリカもみんな自分勝手な歴史を作っています。よく言う例を挙げますと、バイブルでは、神々が宇宙を作ったのではなくて、英語訳では神という単数に書き直しています。他の言葉を調べてみたら全部書き直して、偽りの文にしています。これは本来の文が正しいわけです。なぜかと言うと、この宇宙は誰が作ったのだろうかという問いかけは、多神教の時代にも当然あったわけです。おそらく、男女の神々がこの宇宙を作り賜うたという話が、ずっと古い多神教の段階で出ていたわけです。それをバックに書き上げたわけです。その中で大自然を作ったり人間を作ったり、神々を作ったりした中で、エホバという神が生まれた。それがすばらしい神であった。要するに旧約はエホバの宣伝です。その宣伝の序はエホバというすばらしい神がいかにしてお生まれになったかという、エホバ誕生譚です。ですからそれは非常に筋が通っています。それをキリスト教の世界で、キリスト教徒以外は全部魔女裁判で殺してしまって、ユダヤ教以外は他の宗教はなしとしたから、そうすると今度は図に乗って、原文を書き直しています。神々を神という単数に直しています。そこで神というのはエホバです。エホバの神がこの宇宙を全部お作りになったという、大嘘のバイブルを作り上げた。

もう一つ言えば、いわゆるバイブルの中で初めは九百八十歳九百七十歳のような人がたくさんいます。そういう偽の歴史はアウトです。やはり本当の正しい歴史を作らないとダメです。国家や宗派が皆、自分に都合のよい歴史を作って、宗派ロボットや国家ロボットを大量生産してきているから、地球上で戦争が絶えないわけです。だからその戦争を絶やすには偽りの歴史をやめさせる、やはりそこから入るべきだと思います。勝った方は軍部が威張ったりしてなかなか学者が言っても言うことを聞いてくれない。われわれは負けたから、本当のことが通る地球上まれな一角にいるわけです。これがわれわれの歴史を造る、造史です。

第二は造神、神を造ることです。人間の奴隷作りを美化するような神はアウトです。原水爆が良いか悪いかもはっきり言えないような神様もアウトです。そしてやはり本来の、生んだ人間の良心を反映するような神様らしい神様を造る。それが造神という内容です。

第三は、造思想です。小路田氏が言うように、思想が根本です。人類のための思想を造らなければ人類は滅びます。今のような国家や宗教に勝手気ままにさせていると地球は破滅します。破滅しないためには、下部構造として新しい思想をわれわれは造るべきなのです。

そして最後に、その上に立っていわゆる法を造る。造法です。今のようなインチキな国連のようなものではなくて本当の人類の法を造る。時間がかかっても屈せず、いかに勝った方がわめいても相手にしないことです。相手にせずというのは、話はするが、それに屈せずに人類の面目をかけて、人類の未来のために、われわれが新しい法を造ることに集中することです。
この前提の元は、「われわれはできるのだ」ということです。われわれは今、神様からの挑戦を受けています。神様が原水爆などを造れる装置を設定している、悪く考えれば神様が犯人だとも言えるのですが、単なる犯人ではなく、神様はそういうことをやって、どうだ、俺が造った人間がこれを乗り越えることができるか、腕前を見せろ、とわれわれに迫っているのだと思います。それでわれわれは神に対して、「大丈夫です。わたしは偽の神々に欺されることはしない、言うべきことを言わなければいけない」とはっきり神に対して言う、まさにいい時代だと思います。いい場所にわたしたちはいるのだと思います。

八王子四策
――第八回

（質問）

八王子の「思想四策」の中で一番難しいのは造思想だと思います。今の世代はテレビもあり携帯電話もありＤＶＤもあります。電車の中で携帯を見ています。読書習慣がつかないと、思想を造るのはおろか、思想を理解することまでいかないのじゃないでしょうか。
経済の下部構造が思想だというようなこと自体、理解できるのかなという感じがします。このままでは地球は破滅するのかなと心配になりました。

（回答）

まったくその通りだと思うのですが、その上に立って、だから地球は滅亡するということになるのですが、滅亡してもかまわないと思います。そのようなくだらない人類しか成長しなかった地球は、滅んでもたいしたことはない。また新しい地球が生まれるだけの話。それはささやかな事件で、わたしは何も困ったことでも、心配することでもないと思います。これは大前提です。
若い人たちがインターネットなどに頼り考える力がない。これも確かにその通りだと。しかし逆に考えることがあります。それは、今まで本に親しんできた時代は、本当に独創的にものを考えてきたのだろうかということです。検事問題でも出てきたように、学校で教えられたストーリーを覚え込んで、それに合わない事実を排除して、それに沿って試験答案を書いてきたから東大にも行けた、司法試験にも通った。本をよく読んだというのはそのレベルです。

そうすると、そういうやり方自体が、破滅を来しています。飛躍する言い方をしましたが、むしろ逆にいまの若い人は本に煩わされないから、本に書いてあるからこう見なければいけないとかというようなしがらみがないから、思い切って「造思想」ができるのではないか。そういう世代から生まれてくるのではないか。わたしはむしろそう思っています。ということであえて提言をさせてもらった。

「造思想」というのは今までにない、人類にない思想です。だから今までの人類は全部ダメ。だからあの程度の神様しか生んでない。「原爆がダメ」と言い切れるような完全な神様を生んでいないわけです。むしろ殺人や奴隷化や原爆を合理化するようなくだらない神様しか生んでいなかったのです。

そういう時代を乗り越えてわれわれが本気で自分たちの思想を打ち立てなければいけない。これを造るのは人類のどこからかというと、戦勝国ではない国からでなければならない。日本が、かつて経験したように、戦勝国には軍事力がいっぱいあります。われわれは敗戦国。原爆も落とされた。もう何にも要らないわけです。

だからわれわれの中で人類を代表する思想ができるかどうかが、これからが勝負です。今までは思想以前の問題です。本当の思想を人類が作れるかどうかという、これからが本番です、

もう一つ、わたしはかつて誤解していました。何かと言うと、歴史観の変動というものは政治変動に伴って起きてくるものだ、と。例えば大化改新という大変動があって、八世紀以後の天皇家中心の歴史観が成立した。また、明治維新という大変動があって、天皇家中心の明治以後の歴史観ができた。敗戦

によって戦後史学の教科書のような歴史観が成立した。だから歴史観というものは皆政治変動の後、それに伴って出てくるものではないかと、ひそかにそう考えていました。そうするとわたしの言う多元史観、正しい歴史観も何か政治変動が起きて、その結果追認されるよりほか無理なのではないか、と。

しかし今考えるとその考えはインチキです。なぜか。今までの歴史観は結局政治権力者が自分を正当化するために作ったものでしかありません。権力を握るためには、さんざんインチキなことをやってきています。それは近畿天皇家にしても、九州王朝を倒しました。白村江の戦いで敵の唐に塩を送って、場合によっては、おそらくその味方までして、九州王朝を倒しました。義と利の中の利を取って義を失って、百済に対する支援をしなかった。そういう、いかがわしい近畿天皇家が、自分を正当化するために九州王朝はなかったことにし、ずっと前から近畿王朝が中心だったという、偽りの歴史観を、『古事記』『日本書紀』で打ち立て、その「記憶ロボット」を作ろうとしてきたのです。

明治維新ももちろんそうです。薩長が天皇家中心という政治体制を徳川にかわってうちたてようとした。その裏に万世一系という大嘘の政治イデオロギーを詔勅に何回も織り込んで、それで国民を洗脳してきました。あれだけ万世一系と詔勅にまで書かれています。学校でもしょっちゅう言われる。二代、三代のうちに思い込まされているように、ロボットになってしまった。それはやはり明治維新後の天皇家が自分たちの政権を美化するための歴史観です。

同じく敗戦によってマッカーサーが日本に来た。そうするとマッカーサーに都合の良い歴史観を造ります。部分的には「司法取引」のように、戦前の日本のやり方を取り入れ、基本的にはアメリカが正しかったのだと、日本が悪かったのだと。悪い奴だらけだったから皆死刑にされたり、何百何千と処刑された、お前たちはその子孫なのだ。それなのに慈悲深いアメリカが経済的に潤してやっているのだ、アメリカに感謝するべきだと。民主主義というものは、アメリカがお前たちにもたらしてやったものだ、こんな恩恵を忘れるな、そういう教育をやったわけです。アメリカ支配を美化し合理化する教育を戦後教育の基本にしていた。それだけのことなのです。

だから、政治変動と対応していると見えたのは、政治権力に併せて歴史観を造ったということですから、対応しなければおかしいわけです。

わたしたちが今やろうとしているのは、そうではありません。われわれは政治権力にゴマをすってわれわれの歴史観を見始めているのではないわけです。そんなことを各国家や、各宗派がやっていたら人類は滅亡します。そういう政治権力にゴマをする歴史観を止めようとしているのです。

われわれは本当の歴史観を打ち建てる。本当の歴史観と合わなければ明治以後、何万何億の教科書を刷ってやってきてもそれはバツです。またバイブルがいくら世界中で何兆という最大量の紙を刷っても、複数形を単数に変えたり、エホバが全宇宙を造ったなどと、あんなのは大嘘です。あんなものに絞られているから、ものを正当に思考できない。日本だけの責任なのではない。インターネットのせいではない。バイブルはインターネット普及以前からあったのです。

そういうことですから、われわれは国家権力や宗派のしがらみを脱した思想を、初めてわれわれの手で造れるかどうかの出発点に今いるわけです。それが造れなかったら人類は滅亡して当たり前です。そのような人類は早く滅んだ方が宇宙のためだと、わたしの考えではやはり神様がわれわれに挑戦してきているのだと思います。これだけ、不法、不合理な原水爆などの装置を神が造った。これに負けて人類は滅亡するのか、それともそれを乗り越える力量を収得したのか。さあ、お前の方の出番だ。神様がわれわれを見つめています。

今そういう時期にあると思うのです。それはどっちへ転ぶかわからないが、わたしはそれを人間にかける。神様を造った人間の方に、わたしはかけるわけです。人間はそれを克服できる、こうわたしは信じています。

できるという人が一人いれば大成功。一人にできるということは万人にできるということです。

学界は沈黙する

――第　八　回

『古代は沈黙せず』という本を駸々堂から出しておりまして、これが復刊版で、ミネルヴァ書房から出ます（二〇一一年一月）。コメントを加えながら、「はしがき」だけ、朗読します。

『古代は沈黙せず』はしがき――復刊にあたって

一

「学界は沈黙する。」

これが日本の学界のしめした「二十年の姿」である。たとえば、「法華義疏」の真筆本に接し、子細に検証させていただいたのは、昭和六十一年（一九八六）十月十七日、ところは京都御所であった。

［コメント＝これは皇室の私蔵本になっています］

その結果、意外にも、第一巻右端下部が鋭利な刃物で切り取られている事実を「発見」した。

［コメント＝この本〈駸々堂よりの既刊本〉にありますように法華義疏の先頭のところが刃物で切り取られています。本来の所有者が書かれているべき場所を切り取っているのです。誰もこういうことは報告に書いていませんでした。わたしはそれを見てカラー写真で撮影して、電子顕微鏡写真も撮って、この本に載せて報告したわけです］

従来の、いずれの学術報告にも、その事実は知られていなかったのである。

明確なカラー写真と電子顕微鏡写真を添えてこれを発表したのが、当本所収の「『法華義疏』の史料批判――その史料科学的研究」だ。

冒頭に明確な写真がしめされているうえ、第四巻右端下部の〝不思議な〟「二つの黒点」が削り去られている事実をしめした。このテーマも、かつて報告されたことがなかった。

［コメント＝これは先頭のところに墨が少し残っています。ということはそれ以前に墨で書かれたものがあって、それを切り取った痕跡です。現在のものはこの切り取った痕跡も削り取っています。わたしはこの時はわりと人がよくて、これは修理をする人が誤って、削ったのかもしれないと書いています。今考えるとそんなことはないです。やはり前に書かれたものを削ったという痕跡をなくすために削っています。それが自然であって、修理のためのうっかりミスで、削って他意はないであろう、というのはお人好しでした。要するに本来の大事な箇所です。それを削り取ってあるわけです。その痕跡が残ったのを、痕跡を削ってまたなくしているわけです。今まで誰もそのようなことを言っていないのですが、わたしが確認して報告したわけです。『法華義疏』を議論する場合にはこの問題は避けては通れないものです。ところがその後のあらゆる研究は全部避けて通っています］

この『法華義疏』のもつ、本来の姿。そして原筆者ないし原所有者を〝知る〟上で、不可欠の学問的事実の報告であった。

［コメント＝現所有者が聖徳太子であるかどうかはともかく、本来の筆者、本来の所有者は誰かを知るうえで不可欠の報告のはずです。わたしは想像で言ったのではなく、証拠を示して、この点が従来の研究には落ちていると、言ったわけです。］

当本は一九八八年六月十日に出版された。すでに現在（二〇一一年）までに二十三年を経ている。

しかし、学界はこの事実とこの報告を「見ず」「知らなかった」かのごとき「擬態」をとってきた。

［コメント＝こんな本はなかった、だから一切法隆寺を論じても、「法華義疏」を論じても、これは相手にしないという態度を学界は二十三年間、続けてきているわけです］

もちろん、その間、次々と法隆寺関係の「専門書」も「学術誌」も、出版し、公表されている。しかし、一切、「古田の報告はなかった」という〝ていさい〟を、いつもとってきているのである。

［コメント＝みんなこの本は見なかった、という姿勢でこの二十三年間の学界、法隆寺関係の本も全部それできています］

「一般書」も、右と〝歩調を合わせ〟ている。たとえば『東アジアの古代文化』一三五号（二〇〇八年春）中の論稿（石原秀晃氏）の一稿「法隆寺金堂釈迦像は火難を免れたか」なども、そのささやかな一例にすぎぬであろう（上城誠氏の御教示による）。

［コメント＝石原氏の論稿は、このテーマ、「法華義疏」のことを扱っています。従来の論文はこれと、これと、これがあると、並べて書いてあるにもかかわらず、わたしのこの本は「あった」ことになっていない。これは博多の上城誠さんが、このようなことがあるのを知っていますかと教えてくださった。列挙した史料にわたしのこの史料はなかったことにされています］

このような日本の古代史界の現況は、一体何を〝意味〟するのであろうか。

二

「都合の悪い指摘は、これを一切カットして〝なかった〟こととする」。

今年（二〇一一）の「三・一一」によって明らかにされた、日本の〝権威ある〟学界の姿がある。すでに〝心ある研究者〟が警告しつづけてきた、原発装置のもつ「危険性」を、「想定外」としたうえ、「原発の安全性」が、絶えず公的にPRされつづけてきていたのである。日本国民は、すでにそれを知った。

［コメント＝今度の三・一一を迎えたあとは、もちろんです。］

同じく、この「法華義疏」問題でも、ひたすら「古田の報告は、なかった」こととして、この二十数年を経てきていたのである。

その結果、法隆寺の「釈迦三尊」の光背銘に存在する「九州年号」(「法興」)に関する「学問的論争」もまた、一切行なわれることがなかった。

[コメント＝近畿天皇家の年号に法興はないが、九州年号にはある。それをわたしが詳しく論じているわけです。「古田は、ああ言っているがあの報告は間違いである」とか、「近畿天皇家の年号である」とか、古田の言うとおりであるとか、そういうことについて学界で一切論争がない。九州年号問題を古田が提起したが(特に『古代は輝いていたⅢ』朝日新聞社)、版を重ねても、あれは一切なかった、という姿勢できているわけです。]

今回のミネルヴァ書房からの復刊本の刊行は、日本の学界と読書界に絶大な意義をもつであろう。

平成二十三年十一月三日　　古田武彦

以上です。

固有の領土はあり得ない――第九回

(質問)

領土問題についての秋田孝季の見解は正しいとお考えですか。民族はその国土にいることはない、固有の領土はあり得ない、それが基本となって秋田孝季の論文が出ている、と考えてよろしいでしょうか。

(回答)

その通りです。秋田孝季の哲学であり、基本的理念です。秋田孝季が竹島問題や、尖閣問題を論じたのではなく、領土問題の基本です。「人間と領土とは別個」だ、「土地は動かないが、人間は移りゆく存在である」(以上は「趣意」)というのが、彼の歴史観です。バックにあるのは、津軽にいた安倍・安東が秋田へ移り、三春へ移って来た。その経験があって、あのような発言になっているのですが、その自分たちの経験だけで考えているのではなく、人間と土地との関係を「一般原理」として理解しているところが、秋田孝季の思想家としての凄さです。

領土問題は地球の到る処にあります。日本と韓国の問題、日本と中国の問題しかないのではない。地球ができた時、国家はなかった。国家ができて地球ができたわけではない。人間が勝手に国家を作った。地球から見れば。だから、勝手に国境ができた。そこで争っているわけです。馬鹿馬鹿しい。国家は人間のために人間が作った装置です。人間のために、人間が作った装置で殺し合っているのは、お粗末だ。そんなことは止めとけ、と秋田孝季が生きていれば、言うでしょうね。

国境問題で戦争するのは馬鹿げています。対処する方法はあります。「世界中の国境問題をすべて調べて、あらゆるケースをみんなが認識する」ことです。例えば、エクアドルとペルーは、物凄く仲が悪い。この前、エクアドルに行った時、手続きが面倒で時間がかかった。やっかいな法律、ペルーを相手にした法律を一杯作っています。ペルーと仲が悪いから作っており、ペルーもそんな法律を作っています。この二つの国だけでなく、到る処にあると思う。

新聞も、その時その時の報道もよいけれど、一年か二年かけて、世界中の国境問題をシリーズで書いていく。そうすれば国民は、韓国や中国との関係を見て、「冷静なほうだな」とか、「頭に血が上がりすぎているな」という判断が頭の中でできてきます。また、中国も世界の紛争から見て、「反日」だ、「反日」だ、とあまり言っていると、世界から馬鹿にされる、ということがわかります。これが、メディア、新聞やテレビの役割だと思いますが、ほとんどやっていません。

もう一つ言わせてもらうと、韓国が言っているセックスの問題はおかしい。軍隊とセックスの問題です。軍隊は世界中にあります。二十代前後の若い男がほとんどで、セックスに燃え上がっている連中です。セックスに飢えている連中の集団が軍隊です。どの国も例外でない。彼ら軍隊が行くところで、セックスをどう「獲得」するかが、敵と戦う以上の最大問題だ。敵が来て初めて戦うが、セックスの飢餓は敵が来ても来なくても、毎日来ます。

日本のシステムには意味があります。江戸時代は面白いもので、遊郭すなわちセックスの館です。遊郭という「ノウハウ」を持って、軍隊が各地に行った。現地の女を凌辱しないために持って行ったという、世界に例のないものです。「ワンノブゼム」です。あれがあったおかげで、現地の女をセックスで襲うことは、まったく起きなかったということは言えないが、「激減」したのではないか。他の国の軍隊はマスターベーションをやっていて、現地の女を困らせなかったが、現地の女を困らせたのは日本の軍隊だけだというのは作り話です。

ここからはわたしの「想像」になるが、エイズがそれに関連するとにらんでいます。エイズは男性同士のセックスで発生しやすい。アメリカは遊郭を持って行かないので、少年をセックスの対象とする。そうすると、エイズが発生する。公には、アメリカの医者がアフリカへ行き、持ち帰ったと書いてありますが、それは「嘘」だと思います。それなら、医者が行くところはどこでもエイズが発生するはずです。遊郭を持たないアメリカの軍隊がアフリカへ行ってエイズを仕入れて帰ってきたのではないか。これは、「わたしの頭の中の仮説」にすぎず、断言できないが、「違います」の答えになってもよいし、「そうでした」となるかもしれない。「そうでした」となると、アメリカが嫌がるかもしれないが、アメリカの青年の間違いではない。イギリスの青年でも、フランスの青年でも、どの国の軍隊でも、その問題を抱えていない軍隊はあり得ないと断言できる。それをシリーズで、一年かけ、二年かけ、三年かけて、新聞やテレビが紹介する。韓国の軍隊はマスターベーションばかりやっているのか、と言われてしまう。わたしも若かったら、「世界の軍隊の実証的研究」をやりたいが、この歳では、時間がない。皆さんは時間とエネルギーがおありの方ですので、間違った方法だと思えば、捨ててもよいし、スジが通っていると思えば、どなたでも、一人だけでも一生懸命何年でもやればできます。方法はわたしのやっている古代史、親鸞の方法と同一のやり方です。皆さんがやることはたくさんあります。

『論語』の中に「一を以て之を貫く」(注＝「一以貫之」、里仁第四)という言葉があります。曾子は孔子に「ハイ」と言ったが、孔子が出た後で、門人から「あれはどういう意味ですが」と尋ねられ、曾子は、「夫子の道は忠恕のみ」と答えた一節です。これは変な一文であり、一でもって全部を貫く言葉に、忠と恕の二つがあるのはおかしい。答えになっていません。これは曾子という人の解釈です。しかし、人間だから欲張ってもダメで、そんなに偉くない、一生で一つこれをやり通したと言って死ねれば万々歳です。『論語』のいう意味ではなく、別の、本当の意味での「一つ」です。

千人がやれば千通り、一億人がやれば一億通りとなる。それが人間です。「人間ロボット」を作ろうとしても、自分が悲しいと思っていたら、代わって他の人も悲しいと思ってくれるということは、あり得ません。自分が怒っているので、代わって他の人も怒るということもあり得ません。自分しかわからない痛み、自分しかわからない悲しみ、自分しかわからない喜び、これをわたしは一生通した、であれば、喜んで死んでゆけるのではないかと思います。

日本軍の話
――第九回

日本軍と遊郭の話をしましたが、反対論というか、ご意見を頂戴しましたので、そのお話をしたい。

韓国の女性が、日本の軍隊によって売笑婦にされたのは、けしからん。けしからんのに、古田が、けしからんのではないという表現をしたように理解された。その女性は、男の嫌らしい所だと考えられ、ストレートなご意見を出していただきました。昨日はもう少し突っこんで話をしたかったのですが、ご意見をいただき喜んでいます。

わたしの話の時、話を聞いていた人の一部が「笑った」というのは、「女を馬鹿にした笑い」と取られたようですが、わたしはそういうニュアンスには取りませんでした。「若い男はセックスに飢えており、女の後を追いかけたり、みっともないことをしています。男は二十前後にその経験があるから、照れ臭さから、『笑いの形』になった」と、わたしは同じ場所にいたからそう思いました。真面目な反応と考えた。

発言した人は、「女を馬鹿にしている」と捉えられており、「その通りです、ごめんなさい」と言えば簡単だが、それを言ってしまうと、わたしも「嘘をついた」ことになり、笑った人も「嘘を怒られた」ことになる。発言した人が「自分の勘違い」を知らずにここに出てこられたことが、無駄に終わると、かえってお気の毒になるわけです。

キイ・ポイントを申し上げたい。わたしにとって目を開かせてくれた点をいくつか申し上げておきたい。

パラオ島に行きました。昭和薬科大学時代の最後の頃のことですが、この島は日本兵に占領されてよかった、と感謝された。五、六十歳以上の人は日本語もできる。本当に感謝しているのかと聞くと、実はサイパン島のことがありました。サイパン島をスペイン人が占領した。スペインは独裁政権のフランコ政権でしたが、ドイツ、イタリア、日本にも、イギリス、アメリカにもつかず、独立・中立を貫いた。独立・中立の前にスペインがサイパン島を支配していました。その時、男を全部殺した。女だけの島にして、女をセックスの対象にした。生まれてきた子供は、スペイン人と現地人との百パーセントの混血です。そのスペイン人が、パラオ島を支配しようとした直前に戦争になり、スペイン人が去って日本軍が来ました。日本軍はそういうことをしなかった。つまり男が殺され、女がセックスの対象とされ、混血児が作られることを免れたわけです。

本気で日本軍が感謝されています。韓国と同じ時期です。韓国では世界稀にみる「セックス鬼」のように言われる日本軍。同時期のパラオ島では感謝されています。招集されて韓国に行くのか、パラオ島に行くのかは誰もわからない。同時期の日本軍です。韓国では日本人は悪い連中だ、日本人は謝るべきだと言うが、それで済む問題ではない。政治や外交上うまくいくという計算づくであれば、それでよい。しかし、歴史の真実を求める立場から言えば、同じ日本軍が両方で全然違うふうに捉えられていることは「説明」がつかない。韓国問題に憤慨する女性も、パラオ問題ではなぜ感謝されているのか説明できないし、ご存知ないかもしれない。わたしも知らなかった。パラオ島で日本軍は敗戦の時も最後まで頑張りました。その問題がありました。日本側では「公式」の話では伝わっていませんが、日本の民衆の間では伝わってきた。ヨーロッパ人の軍隊やアメリカ人の軍隊が来ると、男は殺され、女はセックスの対象とされるが、そのようなことがないようにと、日本の男は頑張りました。それが頑張った理由。その理由が書かれていません。他の理由だけ書いていますが、民衆は知っていました。このことは、韓国の女性の問題を言われた方も、ご存知なかったのではないかと思います。

わたしに痛い記憶があります。東北大学に入り、仙台にいました。敗戦になった。二年生の頃です。町内会からしょっちゅう連絡があり、女性の叫び声がしても、「助け」に行かないでくれ、と。助けに行くと相手は拳銃を持っているので殺される。真夜中のことではなく、六時や七時頃です。キャーと悲鳴があって「助け」に行くと、撃ち殺される。新聞にも出ない。たまたま出ても、「大男がいて、トラブルが起きた」という記事ですが、「占領軍が女の人を陵辱した」と〝翻訳〟して読んでいました。新聞には出ないが、絶えず街頭ではそれが行われていました。韓国の女性問題に憤慨している人も、この事実はご存知なかったと思います。昭和二十年だから、十八歳の頃、言いたくない経験があります。夜、夕方を過ぎた頃、本を読んでいると、下の十字路で女の声がしました。町内会から「出るな」「出るな」

と言ってきていたので、「出ず」に終わりました。女の声がやがて消えていった。アメリカ軍はそういう行為をし続けていました。

さっきのサイパン島のことですが、本当かどうかと思っていると、大統領がテレビに出ており、顔を見ると半分スペイン人、半分現地人の顔をしているので、先程の話は嘘ではない。パラオ島の人が隣の島のことを、嘘を言う必要がない。サイパン島はほとんど混血です。お父さんがセックスの行為者ですが、サイパン島の人はそのことを言わない。それを言うと、お父さんを批判することになり、お母さんも可哀相だから、知らないふりをする。お母さんも言いたくない。日本列島に近く、庶民の間には伝っており、それを聞いた日本軍は頑張ったのです。これは、「嘘」「偽り」ではない。

もし、推察を言わせてもらうとすれば、アメリカの西へ西へという格好のいい映画、西部劇の物語があります。白人は正義で、現地民が卑怯なことをしたり、不意打ちを食らわしたので、やっつける。「万歳」、「万歳」で終わっていますが、あれは「嘘」だと思います。奥さんを連れて行くのは、社会が安定した後であり、最初に攻める時に女性を連れて行く馬鹿はいない。若い男の連中だから、セックスに溢れ返っているので、現地の女を凌辱し、黒人を凌辱した、と「想像」します。

しかし、アメリカでは教科書に書いたり、新聞でワイワイ取り上げることは、ほとんどしません。情報が隠されているだけで、実態はわたしが「想像」したことに間違いがないと思います。今は、黒人系の方が大統領になっている時代だが、もし将来、歴史研究者が黒人や現地民から出てくれば、さっき言ったような事実を書く時がくるのではないか、とわたしは密かに「想像」しています。その人がやらなくても、日本人のさっきの女の人のように、韓国の女性問題に憤慨するエネルギーがあることは、とても素晴らしいことで、その人たちが、黒人や現地民の女の人たちの不幸な運命、しかも一切「公的」な所から外されているが、それを明らかにする。大統領に黒人的な人がなったので、今更言うな、となっていると思いますが、「今更何とか」という問題ではなく、歴史上の真実は真実です。五百年や千年前のことではなく、ついこの間のことですから、本気で調べれば、黒人や現地人は忘れずに、凌辱されたという伝承を伝えていると思います。それを研究する方が出てきてほしいと思います。わたしも若かったらやるのですが、そのような時間の余裕はないと思います。

『トマスによる福音書』に見る性――第九回

ここに持ってきたのは『トマスによる福音書』です。講談社学術文庫版（荒井献著、一九九四年）です。わたしの胸をうったところを一カ所だけ挙げてみると、一〇五番の所に「イエスが言った、『父と母を知るであろう者は、娼婦の子と呼ばれるであろう』」があります。聞いただけでは何のことかわからないでしょう。わたしの理解を言うと、父と母、本当の父と母は天にいるというイエスの主張です。今のバイブルにも片鱗が残っています。イエスがお説教をしていると彼のお母さんのマリアと兄弟の何人かが来ました。聞いている方は、マリアと兄弟だと知っています。「イエス、お母さんと兄弟がきたぞ」とイエスに呼びかけた。イエスが答えるには「わたしの話を聞いてくれている皆さんは、わたしのお母さんであり兄弟であります。来た人と何も関係ない」と。何も関係ないとは彼一流の反語的な言い方です。本当の母と兄弟は、あなた方です。演説としては上手い。そういう答えをしたことが現在のバイブルに載っています（注＝『福音書』〈岩波文庫（一九六三年）〉「マルコ福音書」第三章三一）。

今のバイブルに載っていないのは、ここにある「イエスが言った、『父と母を知るであろう者』」です。本気で知るであろう者は、天なる父、天なる母、イエスが説こうとしている今の本当の父と母の国だ。本気で知ろうとする人間は娼婦の子と呼ばれるであろう、と。イエスの自己告白です。イエスは「娼婦の子」と呼ばれて育ってきた。「あいつは娼婦の子だ」と知ってる連中が言うわけです。これに対し、イエスは本当の父、本当の母を求める人は、嫌がらせを受けるという形の答えをしています。

おわかりでしょう。イエスのお母さんはマリア、お父さんはヨセフですが、ヨセフはほとんど出てきません。登場人物になったことがない。出てくるのはマリアだけです。というのは、ローマ軍が入って来て占領した。男は殺す。女はセックスの対象とした。ヨセフは殺されたかどうか知らないが、除け者にされて、マリアはローマ軍の「遊び女」にされた。イエスが生まれた時、周辺の人は、父親はローマ軍、母親は淫売婦だと知っています。「娼婦の子」と呼ばれ、少年時代、青年時代を過ごしました。わたしの考えを言えば、イエスはグレて当たり前、本人に責任がない。相手にするな、イジメもいいところで、グレて一生を暮らす人が多かったと思います。一生そうなるまいとするには、物凄いエネルギーが必要だった。イエスもその一人だった。「娼婦の子」として育ちながら、自分の思索、物の考え方を深めていった。これが本当のイエスです。今のバイブルの四福音書にはカットされており、神様にしてしまった後のことだから、「娼婦の子」と言われ続けてきたイエスのことは出てきません。出てくる『トマスによる福音書』が本当です。いやらしい話を後からつけ加えるという馬鹿はいない。

何を言いたいかおわかりでしょう。さっきわたしは、青年時代に経験したこと、パラオに行って聞かされたことをお話ししました。しかし、それは遠い昔のことです。イエスの話は、ローマの占領軍がイスラエルを征服した時のことで、すぐそばに証言者がいることです。ローマ軍も青年だったので、女に飢えた連中だったのです。

「結構だよ、ローマ軍は咎めない。韓国の時の日本軍だけ咎めればいいのだ」と言うのなら、単なる「イデオロギー」だけの話です。ある種のイデオロギーの一派の言い分を口で繰り返しているだけです。本当はイエスの時代や、もっと昔から現在の沖縄までつながる軍事力、国家に必然的に伴う問題から生じている問題です。結論だけを、昨日言っただけです。世界中の各地の軍隊とセックスとの関係、歴史上の過去から現在に至るセックスの関係を、実証的に研究する人は誰か出てこないか。実証し、研究し抜いた後で、「日本軍が韓国でやったことが、一番セックスに汚なかった」となれば、そうなってもよい。それが事実であれば。しかし、サイパン島で男を殺し、女をセックスの対象とする方が、日本軍よりましだとは、誰も思わない。

本気になったらその人はスペインへ行って研究すればよい。男を殺して女に種付けした人は、今も生きています。七十歳か八十歳だ。その人は誰にも言わない。自分の子供や親戚にも言わない。黙っているが忘れてはいない。その人をやっつけるためではなく、真実を知りたいという熱意が伝わったら、「誰かに語りたい」という気持ちがあるので、話をしてくれると思う。子供や孫には語れないが、誰かに語らなければ、死んでも死にきれないと思っている人がスペインにもいると思う。スペインだけではないと思う。そういう人のいるところに行って、伝承をキャッチする。その努力をする人、男の人でも、女の人でもよい。この問題に本気に取り組む。男をやっつけてみて、「けしからん」「恐れ入りました」と満足する程度のレベルでは、ダメです。人類のために、本気で取り組みたいと思うのであれば、やるべきだと思う。回答は最後でもよい。人類が「国家」を作り、「国境」を作り、「軍隊」を作ることの必然的なテーマとして、これを研究する人が是非出てきてほしい。

わたしの話を百パーセント誤解された方もおられるでしょう。わたしは、このことに怒っていないと理解されるとすればまったくの誤解です。本当に怒らなければ、今のような問題を話しません。知らん顔して触れずにおればそれで済む。誰からも「けしからん」と言われなくても済む。黙っておれば一番よい。しかし、黙っていたのではダメだと確信しています。誰から何千回、何万回怒られても、殺されても、わたしは黙りません。黙ると自分を誤魔化すことになります。

韓国の日本軍に対し、あれでよいと誰が言いましたか。悪くないと一回も半回も言ったことはない。悪いのは決まっています。決まっていますが、韓国の日本軍だけがやったかというとそうではなく、そういうことを人類が積み重ねてきた。特にその時の勝った方だ。勝った方は、けしからんという言葉を出させないような状況に置かれていた。目の前の韓国の問題は、言ってみれば過去の問題だ。これからも軍隊が居り、若い青年だらけでは、そういう問題が出てくる。沖縄で今言われている問題だ。沖縄は、今だから抗議ができるよう、いわば〝マシ〟になってきた。われわれの青年時代は一言も抗議などできる時代ではなかった。わたしと同年齢の女性がそういう目に遭ったのは悪くないんですか、それはいいんですか、わたしは我慢できない。今だにハッキリと燃えています。韓国の日本軍は悪いに決まっています。同じように、わたしと同年代の若い女性達がアメリカ軍に凌辱されたのは悪いに決まっています。それが悪いと思わずに、こんな問題を出せるでしょうか。人の言葉をすり替えないでください。わたしが「怒っていない」とか、「しようがない」とか、わたしが言いもしない言葉に「翻訳」しないでください。そんなことをされても、何もわたしには堪《こた》えない。心から憤慨し続けています。さっき言った、アメリカ軍に凌辱されたのに、声を聞いても出ずに過ごしたという後悔は、わたしの中で一生燃え続けています。それを黙らせるつもりですか。「黙れ、アメリカ軍のそんな昔のことを持ち出すな」と言われても、わたしは忘れることはできない。わたしの話を、別の話にすり替えて反論するのは止めていただきたい。相手の言うことを正確に捉えて反論することは大歓迎。他の意見にすり替え、「古田は怒っていない」、「けしからん」と。わたし以外の人間に古田の名前を「被せて」攻撃しても無意味です。

古代史の話を聞きたいという方も、現在のテーマも聞きたいと言われる方も参加しておられますが、両方とも大事なことだと思います。

原発をどう考えるか——第九回

原発問題については、最近書いた文章があります。これは『東京古田会ニュース』(第一四一号、二〇一一年十一月)に載せたものですが、これは学問論の第二十九回(『現代を読み解く歴史観』ミネルヴァ書房、二〇一三年、三二八ページ以下)で、山内亮史《りょうじ》氏が『毎日新聞』(二〇一一年十月十八日)に書かれたものですが、「現在北海道、青森あたりに、原発の廃棄物を押しつけています。全体の四割は北海道、東北に集中しています。つまりそれは過疎地帯に押しつけるのはおかしいのじゃないか」ということを書かれまして、その最後のところが非常に刺激的なのです。これは最終の廃棄物を東京都がひきとってくれ。つまり東京都が一番電気を使っている、原発を材料にした電気を一番に使っているのは東京都民だから、東京都に最終処理施設を引き取るべきだ。東京都民はお金を払って、中間処理施設をと言っているじゃないかと言うかもしれないが、それはおかしい。それは中間であって、最終はどこかはわかっていない。だからそれは、一番消費する東京都に置くと、東京都側が言ってくれないか、と反語めいた、皮肉めいた言い方ですが、それで終わっている文章です。言っている趣旨は、わたしはその通りだと思います。

それでわたしの立場というのを最後に書きました。これをまとめると、要するにわれわれは人類がまったく未経験の新しい世代へこれから入っていこうとしています。日本はその初っ端の、リード役を与えられているわけです。こういう立場に立った時には、わたしはやはり、若い人の中で、よし、それでは古田なんか思いもしないような、こういう仕事を、こういう部面でやろうと思う人が出てくると思います。また年配の人でも、古田がああ言っているから、オレもオレの知っている分野でやろう、こう思う方が出てくると思います。それがわたしは本当の日本の未来だと思います。

だから、自殺が多いというのは、やはり、そういう希望というか、本当の胸をわくわくさせるような希望を、若い人にも年寄りにも与えていないことが、一つの大きな背景でしょうか。

この関連でいえば、今、この十年ぐらい自殺が多いと言われ、昔と同じレベルで推移しているのではないかと、よく言われます。しかし考えてみればわたしの青年時代、戦争中はそんなに自殺が多かった気がしないのです。

たしかに昔も自殺はありました。名誉の戦死とは言われていても、実際は兵営の便所で首を吊って死んだのだというような話も、ひそかに伝わってはきていました。しかしそれはあくまで例外的な、少数であって、全国的に日本人が自殺をしていたという感じにはわたしは受け取っていない。それは統計がないから断言はできませんが、あの時代に生きたわたしとしてはそうは見えていない。なぜかと言うと、あの時代の日本は、そんな「行き詰まり」ではなかった。今は、つまり、日本はたいしたことはない、これから先ヨーロッパを超えていくこともないし、生きていてもたいしたことはないという雰囲気の敗戦後であり、このまま生きていてもつまらないという意識が、自殺の背景に多いのではないか、というふうにわたしは感じています。

だからやはりその時代において、こんなすばらしい生き方ができる、日本がそれをやらなければどうするのだ、という立場にわれわれは置かれている、こう思った場合には、わたしは自殺なるものは、減ってくるというか、姿を変えてくると思います。場合によっては、戦前以上に自殺が少なくなることもわたしは夢ではないと思います。

もう一言言えば、今のわたしの本を若い人があまり読んでいないのじゃないか、ということです。それはミネルヴァ書房などにもずいぶんお手紙などを寄せていただいているのですが、かなりの分が年配の人かららしくて、若い人の手紙はあまりないということを、社長が言っておられました。

わたしはそれに対してお答えしたのですが、陳寿の『三国志』はあの当時の若い人に読まれていたか、あの三世紀の魏の国の若い人に読まれていたか、わたしにはそんなに若い人が読んでいたような気がしないのです。やはりかなりの年配というか、かなりの予備知識のある人たちが読んでいたのであり、若い人が、そんなにどしどし『三国志』を読んでいたとは、わたしのイメージではない。ところがわたしが読んでいます。つまり、千七百年年取ったわたしが『三国志』を読んでいます。三世紀の若い人より、千七百年経った人が、わたしみたいに『三国志』に夢中になって、陳寿を信じきって、尊敬しきって、陳寿を読むような人が出てきたことはわたしが一番よく知っています。千七百年後に出てくるわけです。わたしは『俾弥呼』で「畢生の書」という言葉を使いましたが、命がけで、これを書き終わったら、いつ死んでもよいと思って書いたわけです。それを千七百年後の人が、一生懸命読んでくれないはずがない。わたしの独断になりますが。くだらない本であれば、千七百年経たなくても、十七年で誰も読まなくなります。しかし意味のある内容のある本であれば、千七百年が、一万七千年後になろうと、やはり真剣に読んでくれる人が必ず出てくると、わたしは確信しているわけです。

わたしは悲観していない。というのは、天動説と地動説がありました。教会が天動説が正しいということを言って、あらゆる公的な場面では天動説がまかり通っていました。公の発表や論文は、皆の目に触れるところでは、天動説一点張りだったと思います。しかし内心は、地動説が合っている、と思っている人たちが当然出てきていました。そういう、つまり実体のない天動説が、見せかけ支配していた時代がヨーロッパでもかなり続いていました。その時期の文献でもあれば知りたいのですが、見たことはないですが、論理的に必ずそうです。それがいつの日か天動説は壊れて、今は地動説が当然だという時代になっているわけです。今われわれがいるのはそういう時代です。見せかけで古い体制がみんな国家によって支持されている、だから、だめだと思う必要はまったくない。つまり、自分たちの未来に恐怖を抱いているのは、国連の理事国や西欧諸国の方で、本心では自分たちの公に主張していることに、自信を持っていないわけです。だからわれわれはそれにかかわらず、自信を持ってこうだよと言い続ければよい。われわれが調子を合わせて不安になったり、どうやってもだめだと思ったりするのが、間違っているわけです。ということで最後に言いましたように、われわれは落ち着き払ってこれからの道を歩めばよろしい。ここで、「落ち着き払って」ということが大事で、若い人が見て、お爺さんが言っているけれど不安そうな顔で言っているよ、本当は信じてないよ、と感じられてはだめです。青年は直感力学生時代、岡田甫先生から学びました。先生は「論理の導くところへ行こうではないか、たとえそれがいかなるところへ到ろうとも」と、黒板に書いて、こつこつと教室を廻りながら、「諸君、これで一番大事なところはどこだと思う」と聞かれます。みんな黙っています。そしてまたこつこつと黒板に戻ってきて「いかなるところへ到ろうとも」というところを示されて、それ以上の解説をされないのです。それに対してわたしは強烈な印象を受けました。

だから、わたしの学問を一言で言えと言われると、今の一語になります。

ところがこの言葉は『プラトン全集』をみても載っていません。要するにこれはそのままの引用ではなくて、岡田先生が『プラトン全集』から、ソクラテスの思想を要約して、短い言葉にまとめられた、見事なまとめです。この見事なまとめがわたしの一生を変えました。

ということでわたしの論理のあり方はそういうことになります。わたしにとっては、十六歳のとき岡田先生の言われたことを実行したにすぎないわけです。

信条——第九回

宗教について——第九回

わたしとしては秘密裏というか、そんなことを言ってよいのかと誰からも言われそうな内容ですが、相手になっている人たちが、「やれやれ」とわたしをこの数日けしかけているような感じです。何を言おうとしているのかというと、現在において宗教はない、現在は宗教は存在しないということです。

いやいくらでもあるよ、創価学会もあるよ、浄土真宗もあるよ、日蓮宗もあるよ、キリスト教もあるよ、とすぐ皆さんの頭の中で反応が出てくるでしょう。宗教という概念からの反応であったり、自らの信仰にかかる反応であったりするでしょう。ところが、わたしの正直な気持ちを言いますと、現在宗教はない。宗教とは「レリジョン」の訳ではない。「レリジョン」は明治時代に入ってきた言葉です。すでに江戸時代に本願寺のどこであったか、浄土真宗の言葉として「宗教」という字が使われています。江戸時代の「宗教」というのは読んで字のごとく「『むね』としている教え」です。根本だという「教え」が宗教であり、江戸時代にもその用法として宗教が使われており、実証する文献もあります。

現在においては、「レリジョン」は世界中の多神教や一神教などいろいろな意味での宗教であるわけですが、本来の意味は「宗（むね）」としての教えであり、これが根本で、これを元に後は考えるということです。後というのは、例えば経済、例えば政治、その他何をとっても、その根本となるから「宗教」なのです。

のっけから覚悟を決めて言いますが、現在の「レリジョン」は、そんなものではない。例えば創価学会、池田会長にわたしは好意を寄せています。『「邪馬台国」はなかった』を出した時、最も優れた批評を出していただいたのは、池田大作さんです。「専門的知識はないが、古田氏の言うことはスジが通っています。専門家は正面から受けて対応してほしい」と週刊誌の四ページくらいに書評を書かれました。

その頃は批評がいっぱい出ましたが、現在書評が出ません。毎日書評は書かれているが『俾弥呼』に対する書評がありましたか。『朝日新聞』『毎日新聞』『読売新聞』に出ましたか。わたしは見たことはない。みんな『俾弥呼』に対する書評を書かさない。『俾弥呼』はくだらない本だからですか。そんな気はしない。内容は問題ある内容です。例えば、被差別部落一つ取ってみても、「天皇家よりも神聖であった」と書いてあります。今更、批評に値しないと誰が言いますか。解放同盟の人たちが誰も、賛成だ、反対だと言ってこないのは、おかしいのです。

そういう内容の問題を含んでいるのに、書評が一切出ません。出ないように誰かがそうしています。メディアや東大や京大の各界の権力を持っている人たちが手を組んで、古田の本に対する書評を書かせないようにしているのです。その意向を汲んでお弟子さんも、お友達も「書評を書かない」というのが現状であると思います。それはそれで「意味がある」と思います。

ところが四十年近く前に『「邪馬台国」はなかった』について書かれた書評は、まったくスジの通った書評だった。そういう意味で池田大作さんに敬意を持っており、池田さんの署名入りの本を大分もらいました。にもかかわらず、池田さんはまだ大事なことをやっていない。原子爆弾、原発はダメだ、原爆や原発は宗教の名において、根絶するべきだ、この一言を言わないで死んではダメです。

「一応反対だが、今のところはいい」と言う。公明党は政治におべっかを使っています。ご都合主義です。公明党の方がおられたら憤慨してほしいです。「つき合い」というのはおかしいが、わたしが尊敬しているのは創価学会の第二代会長戸田城聖さんです。原爆を落としたのはダメだ、あれは犯罪である、と敗戦直後に言われています。当たり前のことです。その当たり前のことを公明党が言わない。「原発も場合によってはいいんだ」と政治や経済におべっかを使っています。第二代があんなことを聞けば怒りますよ。池田さんもお元気であれば、断固、第二代と同じように、「原発は犯罪である」と言ってほしい。言い放たれれば、永遠にお名前が輝くというわけです。わたしもお手紙を出したいと思っています。

池田さんだけではなく、都知事であった石原慎太郎さんも、霊友会か何かの団体をバックに持っておられる。「日本は原爆を作れ、原発も作れ」という主張をしており、それがバックの宗教団体の主張と同一であれば、くだらん宗教団体だと思っています。それに影響されている石原さんもダメです。

今までの宗教はその生命を終えたと思います。彼ら、イエスやマホメットも、孔子やお釈迦さんも原爆を知らなかった。地球上で人間が原爆を発明することを知らなかった。原発も知らなかった。彼らが言っているのを普遍的に考えると、この項目はこうだったと「解釈」するのは、その人の勝手です。広島に原爆を「愛の名の下に落とした」ことは、多数決でハーバード大学の学生が賛成したから、あれでいいのだと「解釈」する人がいても勝手です。しかし、それは宗教ではない。

従来の宗教に対する批判では、孔子もそうです。孔子についてもいろいろありますが、『論語』についても、この点が違っていると言いたいのですが、時間がない。『論語』はお弟子さんの意見の集大成のため、内容が矛盾しあっており、議論したいのですが、時間がない。孔子も原子爆弾を知らなかった。水素爆弾を知らなかった。原発を知らなかった人物です。今名前を挙げた人物は、尊敬している人たちばかりです。しかし、その人たちの役割は終わった。原発、何十万年も害毒を地球に残すものが出てきたからです。それを含んでこそ宗教であり、これが根本です。その上で政治を考えろ、経済を考えろ、と言い放つ本当の宗教家、本当の思想家は、まだ出ていない。これを人類が生めるか否かが、人類にとっての勝負だと思います。

核心に迫りたいのですが、バイブルに感銘を受ける箇所があります。最初の部分に「殺すなかれ」とあります。すごい言葉です。ある日、A、Bの二人が森に行くとします。森においしい果物が実っている場所に行った。二人だから半分ずつ持って帰る手もあるが、家には奥さんや子供たちがいるので、二人で分けると足りなくなる。いい方法があります。一緒に行ったもう一人を殺すと、百パーセント手に入れることができる。経済的な言い方をすれば、他を殺すと全部持って帰ることができる。しかし「殺すな」と言っています。「人間は他の人間を殺すな」と言い切っています。経済的には便利であっても、殺すな、と言っています。それが宗教です。その上に立ってキリスト教が発展してきたのです。

この例に示されているように、宗教は経済や政治以前の問題であって、経済や政治が、この方が経済的だ、政治的だと言うのはダメだ、と言い切るのが「宗教」です。それを言い放つことができるのが「宗教家」です。ところが現在の職業上の宗教家は、政治におべっかを使い、経済におべっかを使い、選挙におべっかを使っています。宗教として根本としての「疑いなき発言」をしてはいない。

だから、現在は人類に宗教がないと言っているのです。人類は新たに宗教を生むことができるかどうかに運命がかかっています。イエス以上のイエスを生むことができるかどうか、マホメット以上のマホメットを生むことができるかどうか、孔子以上の孔子を生むことができるかどうか、それが問われているのです。

人類が神様や仏様から問われています。仏陀もそうだ。お釈迦さんを誉めてみても、原子力を知らなかった。原爆や原発を知らなかった。そんな発言はしていない。八正道《はっしょうどう》、八つの正しい教えをしておればそれでよいというレベルの話しかしていない（注＝八正道とは正見、正思惟、正語、正業、正命、正精進、正念、正定をいう。八正路ともいう）。八つの正しい教えをしておれば、原爆があってもよいのですか、原発があってもよいのですか、オーケーですか。そんなことはない。八つの教えは〝糞食らえ〟だ。原発の害毒は何十万年も地球に残るのは間違いないですが、そのことについてお釈迦さまは一言も言っていません。「南無妙法蓮華経」の箇所をみて、それにあたると言うのは自由ですが、それはあくまで、後世の人の「解釈」にすぎません。「法華経」に書かれた仏さんは「原爆や原発を知らない」という事実は動かないのです。変な言葉で申し訳ないですが、〝賞味期限が過ぎた〟宗教だけしか人類にないので、人類はだらしなくなって迷っているのです。

繰り返しますが、他の分野におべっかを使う「レリジョン」ではなく、本当の人間の根本において、「われわれはこういうやり方で地球を運営して滅びた」なら、滅んだとしても素晴らしい滅び方です。地球は消えてしまっても、あの地球は素晴らしかった、驚嘆するような地球、人類。今の地球はそんな地球ではなく、おべっかを使う地球だ、というのがわたしの考えです。

現在を牛耳る者
——第九回

現在の国際法を牛耳っているのは、インチキな国家だけです。キリスト教を標榜《ひょうぼう》しながら、愛を標榜しながら、その名において原爆を落とし、責任を取らないレベルの低い国。アメリカです。そのアメリカが牛耳っています。中国は理事国に入り嬉しがって、「そういうアメリカはおかしい、原爆を落とした責任を取っていない」、と一回も言わない。表面的には対立し合っているようですが、「仲よしクラブ」です。お互いの権利を守り合っているのが、理事国です。自分たちだけが原爆を作る権利を持ち、原爆を作っています。中国で原爆が爆発すれば、日本に害毒が来る。国境でピタリととまるわけではない。

日本共産党もいいことを言っているように見えますが、日本共産党が原発反対なら、中国共産党に「原発をやるな、原発が爆発すると日本列島に害毒が来る。中国にはその権利がない」、となぜ言わないのでしょうか。中国が決めたらよいというのは大嘘です。中国が「わたしのところで作る原発は国境で害毒が止まる」と言っても、それは「大嘘」だ。

日本共産党が、中国共産党に言い続けているということは聞かない。フランスには共産党員が多いが、与党も野党も、原発を作って喜んでいます。「原発はやめろ、津波がないので原発をつくってよいと言うのはおかしい」と日本共産党は何も言わない。

さらに問題を進めて、マルクスについて申し上げたい。マルクスは、今も昔もわたしは尊敬していま す。彼は独自の研究をしてマルキシズムという体系を作りました。その体系で世界歴史の進展が解釈できるとしました。本当かどうかは別として、そういう試みをしたという意味で重要な思想家の一人です。わたしは経済に疎いという以上に「ド素人」ですが、その目から言わせてもらえば、マルクスは唯物論と言っているが、唯物論ではなく、唯金論ではないか。貨幣の魔力について分析を行ったのではないか。その証拠に『資本論』で資本という名の貨幣が自己の論理で拡大してゆき、人間らしさを奪っていくという論理を構築しました。人類の歴史を理解する重要なファクターを構築してみせた思想家だと思います。

その結果、実際に作られたソ連はどうであったか。実際に現在ある中国はどうなったか。マルクスが『資本論』で美しく思い描いた社会とは似ても似つかない社会であり、中国は共産主義というのが恥ずかしいくらい、格差の拡大した社会を作った。マルクスが見ると、真っ先に怒るのではないか、「わたしの名を使うな」と。そういう内容になっています。

わたしの考えでは、マルクスの唯貨幣論というべき段階の、その前の段階が〝抜けている〟のではないか。前の段階とは機械とか道具の分析です。鍬は単純な道具で、機械とは、自動的に回っているのが機械です。本質的に人間の手足となってくれるのが、機械です。その段階に人類は入ってきました。工場で生産する機械は素晴らしいように見えますが、同時に危険なものでもあります。一人の人間で、五人分や十人分の仕事ができるので、残りの四人分や九人分の仕事を奪うことになる。同じ人間の仕事を奪う。機械や道具が発展すると素晴らしいと言うが、半分は素晴らしいが、半分は人間の職業を奪って働くことができなくなるという社会を、間断なく毎日、一秒の狂いもなく作り続けるのが道具と機械です。

わたしは経済も流通も音痴だが、その音痴の目から見ると、そう見える。道具や機械が人間からいかに仕事を奪うのかという分析が、マルクスにはないのではないか。貨幣の段階の魔力に、彼の視点、関心が置かれてしまい、その前の「人間が他の人間を不幸にする」という要素は的確に分析されてはいないのではないか。その問題の分析を誰か、わたしは詳しくないので、技術や、機械道具に詳しい人に分析してほしい。以前の資本論というか、唯物論の物質からいえば、物質を大量増産する怖《こわ》さ、人間を不幸にする力を冷静に分析する人が出てほしい。

学校の問題
——第九回

わたしは教師だったので、学校問題に関心があるし、実感を持っています。教育とは何でしょうか。簡単に言えば、「教育工場」ではないか。教科書という形で国や宗教団体がモデルを作る。このモデルがインチキであってても、なくてもよいが、この鋳型を決めておいて、この鋳型を覚えさせ、正確に答えられる「人間ロボット」を毎年大量に生産し続ける「人間工場」が、「学校」と呼ばれているのです。真実であるかどうかは本質ではなく、鋳型を作って、その鋳型に合う人間をどれだけ作るのか、それを「教育」という美しい言葉で言っているだけです。

親鸞が言った。「たとひ法然上人にすかされ参らせて、念仏して地獄におちたりとも、さらに後悔すべからずさふらう」と。旧制広島高校において、これを岡田甫先生が授業で黒板に書かれたのを見て震《ふる》えあがった。念仏なんかしていると、地獄に落ちるぞ、ということだが、これに対して、もしわたしが地獄に落ちても、法然上人と同じ地獄に行くのだから、わたしは喜んで行きます、という。すごい言葉です。これは「人間工場」の産物ではない。学校という、国家や宗教団体が作る「人間工場」では、そんなセリフはでない。先生が「これが正解だ」と選定しておいて、オウム返しに覚えて、同じ問いに同じ答えをどれだけ多数の「人間ロボット」が応じるかによって、その学校の格が決まる、そのような学校は本当の学校ではありません。この前、文部科学大臣の田中真紀子さんが言ったのは、「大嘘」です。新設の申請を受けた三つの学校だけ弾《はじ》いても、質がよくなるわけではない。全体、全部が「大嘘」です。

多利思北孤は「男」です。「妻がいる」と書いてあります。彼が「日出る処の天子、書を日没する処の天子に致す、恙《つつが》なきや」という国書を隋に送った。魏徴《ぎちょう》という歴史官僚がその国書を見ながら、『隋書』俀国伝を書いた。多利思北孤という名前が嘘であるはずがない。この一点が嘘であれば、あと全部が嘘だ。最も確実な第一史料に基づいているのです。

ところが、『古事記』『日本書紀』はそうではなく、七〇一年以後天皇になったが、その前の「大和豪族時代」も「天皇」という名をつけて書いたにすぎないのです。矛盾のように見えるが、矛盾ではない。双方に天子がいると矛盾となるが、大和には「天子がいなかった」ので、本当の「矛盾」ではない。

『隋書』は第一史料であるのに対し、『古事記』『日本書紀』は七〇一年以前の「大和豪族」を天皇にしただけの話で、本来「矛盾」するものではありません。言ってみれば当たり前すぎる話です。

本居宣長が「日出る処の天子」は良い名前であるので、天皇家の言葉としてよいと言ったのは（『馭戎慨言』）、彼の美学として採用しているわけで、気に入ったから天皇家に入れるとは、〝焼き〟が回ったもの。『古事記伝』はこのような「緻密さ」もないことの現れです。宣長が書いたものは「大嘘」です。宣長が書いた「大嘘」を明治以後天皇家中心になったから、「神秘化」し、「神聖化」して、教科書に「日出る処の天子」は推古天皇だ、聖徳太子だと書いています。「改竄」して百三十年経ったというだけの話です。

そもそも、『隋書』と比較するのが無理で、どちらがリアルで、どちらが作り物であるかは、スジを通して考えればすぐにわかります。わたしが言わなくても、明治から歴史学者がいたのでわかっていたはずです。しかしそれを言うと「万世一系」が壊れてしまうので、東大教授、京大教授、東北大教授、みな口を噤《つぐ》んで百三十年が経ちました。

その「嘘」を基にした「暗記ロボット」を大量生産し続けてきたのです。もう止めた方がよい。前は国民は知らなかった。教科書に書いてあるし、学者も言っているし、ＮＨＫテレビ、『朝日新聞』『読売新聞』も全部そう言っているので、「万世一系」——「天皇は象徴」も「万世一系」が基となっている——と書いてあるので、本当だろう、と。そういう形で教育と称して、「知的ロボット」を生産してきたのです。だから間違いなく「国家を不幸にする」だけでなく、「人類を不幸にする」に決まっています。「人類を不幸にしたい」という人は別にして、「したくない」という人は、「偽り」を原点にして、「偽り」に合わせて教えるやり方は止めなさい、「工場ロボット」の生産のやり方は止めなさい、というのがわたしの考えです。

論理の導くところへ——第 九 回

わたしの言いたいところは、ほぼ尽きましたが、もう一つ余計なことをつけ加えると、本気で言うかどうかの問題が残っています。「理屈から、古田が言うのは本当だけど、そうならないでしょう」という感じで受け取る方が多いと思います。そういう感じで言っていると、伝わる。特に子供や青年は、直観力に長《た》けているところがあり、本を読まないというが、感じ取る力があり、その連中が見破る。「大人が言っている学校の勉強はインチキだよ」と信用していない。いい学校に入り、いい収入をもらう、エサで釣っているだけです。そんなことのために苦労するのはイヤだと、直観的に彼らは読み取っています。逆のケースもあります。「何かよくわからないけれど、本気で言っているよ、何か本気だよ、もしかして本当かもしれない」と受けとめるのにすぐれた力を持っています。なめてはいけない。本を読まないとバカにしてはいけない。人間としての直観力を持っています。

自分のことを言うのは差し出がましいが、わたしがその問題を感じたのは、十代の終わりから二十代の頃です。敗戦という激変の時、大人のやり方を見ていると、いかがわしいと感じました。これまで大人は軍国主義の立場でしゃべっていたが、アメリカが占領し、民主主義の世の中になったら、民主主義を基にしゃべるという立場に変える、ずるい大人でした。若い青年や少年からは見破られていたのです。

本当の研究をやりたいと思ったのは、親鸞、日蓮、道元、こういう人に魅かれたからです。特に岡田甫先生は「論理の導くところへ行こうではないか。たとえそれがいかなるところに到ろうとも」と黒板に書いて、どこが重要であるか、と言われました。最後の「いかなるところに到ろうとも」ここだよ、と。どんな結果になろうとも、論理に従って進む。これが本当の教育です。文部省に命じられた内容ではない。わたしの一生を左右したものです。

生意気なようですが、もう一つつけ加えさせていただきます。旧制広島高校時代弁当を二個持って授業に出ていましたが、よく眠っていました。ドイツ語の先生からも「古田君、また寝ているね」とよく言われました。授業が終わると、図書館へ行き本を読んでいました。夕方になると、図書館の前の水道があるところで、もう一つの弁当を食べました。ある日、藪田さんという女性の司書の人が、今までプライベートな話をしたことがないのに、結婚のため奈良県に行くという時に、突然、「古田さんを見ていると、日本は滅びないと思います」と言われました。わたしは大きなショックを与えられました。

わたしが思うに、わたしの話を聞いて、また大ボラを吹いていると思ってもらっても結構です。しかし、誰か一人でも、わたしの意図するところを汲み取ってくれればよい、人類は滅びない、と。いやらしい状況の地球上に、そういう政治家や経済人が満ちていても、一人の人間が「人類は滅びないと思います」と語りかけてくれる。男の人でも女の人でも語りかけてくれる。わたしはそれを信じます。

あとがき

平松　健

本書は、㈶大学セミナーハウスの主催により、東京都八王子市下柚木の大学セミナーハウスで開催された、古田武彦先生による次のセミナー（以下「八王子セミナー」と略称）を基本にして編集しております。

第一回　平成十六年十一月十三日（土）〜十四日（日）
　テーマ「海のロマンと日本の古代」
第二回　平成十七年十一月十二日（土）〜十三日（日）
　テーマ「万葉・古今が語る日本の古代」
第三回　平成十八年十一月十一日（土）〜十二日（日）
　テーマ「筑紫時代――日本古代史の新区分『奈良時代以前』をめぐって」
第四回　平成十九年十一月十日（土）〜十一日（日）
　テーマ「日本を深くする　古代史批判」
第五回　平成二十年十一月八日（土）〜九日（日）
　テーマ「日本古代史　新考　自由自在（その一）」
第六回　平成二十一年十一月七日（土）〜八日（日）

テーマ「日本古代史　新考　自由自在（その二）」
第七回　平成二十二年十一月六日（土）～七日（日）
テーマ「日本古代史　新考　自由自在（その三）」
第八回　平成二十三年十一月五日（土）～六日（日）
テーマ「日本古代史　新考　自由自在（その四）」
第九回　平成二十四年十一月十日（土）～十一日（日）
テーマ「日本古代史　新考　自由自在（その五）」
第十回　平成二十五年十一月九日（土）～十日（日）
テーマ「日本古代史　新考　自由自在（その六）」

ただし、第十回につきましては、原稿作成の時間と全体の紙面の都合で割愛させて頂きましたことを、お詫び申し上げます。

編集に当たりましては、『Ｔｏｋｙｏ古田会Ｎｅｗｓ』（古田武彦と古代史を研究する会編）と『ＴＡＧＥＮ』（多元的古代研究会編）に掲載された多くの報告（田遠清和氏〈第一回〉、坂本博美氏〈第二回〉、西坂久和氏〈第二回、第三回〉、藤沢徹氏〈第四回、第五回〉、安藤哲朗氏〈第四回〉、橘高修氏〈第五回〉、宮崎宇史氏〈第五回〉、平松健〈第六回、第七回、第八回〉）、及び古田先生に直接提出された報告〈前田嘉彦氏〈第九回〉）を参考（引用を含む）にさせていただきました。この場をお借りして、各位に厚くお礼申し上げます。

八王子セミナーにおいては、古田先生のご講演のほか、参加者の研究発表、先生との質疑応答、事前提出の質問に対する回答等、内容は広範囲にわたりますが、基本的には古田先生のご講演を中心とし、質疑応答は、原則として講演の内容に関係するものに限定し、質問者のお名前は省略させていただきました。なお会場での質問は、質問の時間に集約して行われましたが、これについてもテーマが広汎に分かれており、なるべく時代別・テーマ別に分類し、先生のお話の区切りのよいところに挿入しました。

また、講演の内容については、複数回において同様なお話をいただいているため、一カ所にまとめ、なるべく重複を避けたため、お話の時期が同一でないこと、あるいは若干のニュアンスの相違も見られますが、回数を表示することにより（例えば第一回、第九回等）、先生の最近のお考えを知ることができるようにしました。

編集上の若干の特徴を申し述べますと、文中に、（注＝）とあるものは、読者のご参考になればと、編者の判断でつけた注であります。

また、参考文献はその都度詳しく掲載しましたが、次のものについては略称を用いました。岩波書店刊の「（新）日本古典文学大系の諸本」は、『岩波古事記』、『岩波日本書紀』等。諸橋撤次氏の『大漢和辞典』（大修館書店刊）は、『諸橋大漢和』。

また、文中の旧仮名遣い、旧漢字は、原則として文献を引用する場合に限定し、その他の箇所では、常用漢字、新仮名遣いを用いました。なお旧漢字は原典ではパソコンにない字体が使われている場合が散見されますが、基本的には、現時点でパソコンに採用されている漢字を採用いたしました。


（古田武彦と古代史を研究する会・多元的古代研究会　会員）

古田武彦・歴史への探究

既刊

①俾弥呼《ひみか》の真実

はしがき
第一篇　俾弥呼のふるさと
第二篇　俾弥呼の時代
第三篇　真実を語る遺物・出土物
第四篇　抹消された史実
第五篇　もう一つの消された日本の歴史——和田家文書
編集にあたって
（古田武彦と古代史を研究する会）
人名・事項・地名索引

四六判三七八頁
本体三〇〇〇円

②史料批判のまなざし

はしがき
第一篇　東洋に学ぶ
第二篇　西洋に学ぶ
第三篇　史料批判のまなざし
第四篇　倭人も海を渡る
第五篇　歴史は足で知るべし
編集にあたって
（古田武彦と古代史を研究する会）
人名・事項・地名索引

四六判三七二頁
本体三〇〇〇円

③現代を読み解く歴史観

はしがき
第一篇　現代を読み解く歴史観
第二篇　明治の陰謀
第三篇　永遠平和のために
編集にあたって
（古田武彦と古代史を研究する会）
人名・事項・地名索引

四六判三六二頁
本体三〇〇〇円

刊行のことば――「古田武彦・古代史コレクション」に寄せて

いま、なぜ古田武彦なのか――

古田武彦の古代史探究への歩みは、論文「邪馬壹国」（『史学雑誌』七八巻九号、一九六九年）から始まった。その後の『「邪馬台国」はなかった』（一九七一年）『失われた九州王朝』（一九七三年）『盗まれた神話』（一九七五年）の初期三部作と併せ、当時の「邪馬台国論争」に大きな一石を投じた。〈今まで「邪馬台国」という言葉を聞いてきた人よ。この本を読んだあとは、「邪馬一国」と書いてほしい。しゃべってほしい。…〉（『「邪馬台国」はなかった』文庫版によせて）という言葉が象徴するように、氏の理論の眼目「邪馬一国論」はそれまでの定説を根底からくつがえすものであった。

しかも、女王の都するところ「博多湾岸と周辺部」という、近畿説・九州説いずれの立場にもなかった所在地は、学界のみならず、一般の多くの古代史ファンにも新鮮な驚きと強烈な衝撃を与えたのである。

こうして古田説の登場によって、それまでの邪馬台国論争は、新たな段階に入ったかに思われた。

古田説とは、(1)従来の古代史学の方法論のあやうさへの問い、(2)定説をめぐるタブーへのあくなき挑戦、(3)真実に対する真摯な取り組み、(4)大胆な仮説とその論証の手堅さ、を中核とし、我田引水と牽強付会に終始する従来の学説と無縁であることは、今日まで続々と発表されてきた諸著作をひもとけば明らかであろう。古田氏によって、邪馬台国「論争」は乗り越えられたのである。しかし、氏の提起する根元的な問いかけの数々に、学界はまともに応えてきたとはいいがたい。

われわれは、改めて問う。古田氏を抜きにして、論争は成立しうるのか。今までの、古田説があたかも存在しないかのような学界のあり方や論争の進め方は、科学としての古代史を標榜する限り公正ではなかろう。

ここにわれわれは、古田史学のこれまでの諸成果を「古田武彦・古代史コレクション」として順次復刊刊行し、大方の読者にその正否をゆだねたいと思う。そして名実ともに大いなる「論争」が起こりきたらんことを切望する次第である。

二〇一〇年一月

ミネルヴァ書房

《著者紹介》

古田武彦（ふるた・たけひこ）

1926年　福島県生まれ。

旧制広島高校を経て，東北大学法文学部日本思想史科において村岡典嗣に学ぶ。

長野県立松本深志高校教諭，神戸森高校講師，神戸市立湊川高校，京都市立洛陽高校教諭を経て，
1980年　龍谷大学講師。

1984～96年　昭和薬科大学教授。

著　作　『「邪馬台国」はなかった――解読された倭人伝の謎』朝日新聞社，1971年（朝日文庫，1992年）。

『失われた九州王朝――天皇家以前の古代史』朝日新聞社，1973年（朝日文庫，1993年）。

『盗まれた神話――記・紀の秘密』朝日新聞社，1975年（朝日文庫，1993年）。

『古田武彦著作集　親鸞・思想史研究編』全3巻，明石書店，2002年。

シリーズ「古田武彦・古代史コレクション」ミネルヴァ書房，2010年～。

『俾弥呼――鬼道に事え，見る有る者少なし』ミネルヴァ書房，2011年。

『真実に悔いなし――親鸞から俾弥呼へ 日本史の謎を解読して』ミネルヴァ書房，2013年，ほか多数。

古田武彦・歴史への探究④

古田武彦が語る多元史観

――燎原の火が塗り替える日本史――

2014年10月30日　初版第1刷発行　〈検印省略〉

定価はカバーに
表示しています

著　者　古　田　武　彦
編　者　古田武彦と古代史を研究する会
多元的古代研究会
発行者　杉　田　啓　三
印刷者　江　戸　宏　介

発行所　株式会社　ミネルヴァ書房

607-8494 京都市山科区日ノ岡堤谷町1
電話代表（075）581-5191
振替口座 01020-0-8076

共同印刷工業・兼文堂

ISBN978-4-623-06934-7

Printed in Japan

《編者紹介》

古田武彦と古代史を研究する会（略称：東京古田会）

1982年　発足。初代会長西谷日出夫（1982〜83年），二代会長山本真之助（1984〜93年），三代会長藤沢徹（1993年〜現在）。

主な活動　会報隔月発行（1985年に第1号，2014年9月現在第158号）。
研究会（月1回）・読書会（月1回）・研修旅行（年2回程度）。
ホームページ：http://tokyo-furutakai.jp/

書籍発行等　『まぼろしの祝詞誕生』編集（新泉社，1988年）。
十周年記念論文集『神武歌謡は生きかえった』編集（新泉社，1992年）。
『古田武彦と「百問百答」』編集・発行（2006年）。
「古田武彦・歴史への探究」（①『俾弥呼の真実』，②『史料批判のまなざし』，③『現代を読み解く歴史観』）（いずれもミネルヴァ書房，2013年）。
『東京古田会ニュース』第1号から第125号までDVDとして収録頒布（2009年）。

多元的古代研究会（略称：多元の会）

1994年　「市民の古代研究会」の，古田氏が和田家文書に関与することに反対した勢力から分離して5月22日発足。
初代会長高田かつ子（1994〜2005年）。二代会長安藤哲朗（2005年〜現在）。

主な活動　会報『TAGEN』隔月発行。2014年9月現在第123号。
「発表と懇談の会」月1回。「万葉集と漢文を読む会」月1回。「多元横浜読書会」月2回。遺跡・博物館歴訪ツアー，大小あわせ年間4回程度。
ホームページ：http://www.tagenteki-kodai.jp

《編集実務》

平松　健（ひらまつ・けん）

1936年　岡山県倉敷市生まれ
東京大学法学部卒業後，都市銀行及び信販会社の各役員を経て，古代史研究に専念。

主な活動　東京古田会編集担当幹事（2009〜12年）。
「古田武彦・歴史への探究」（①『俾弥呼の真実』，②『史料批判のまなざし』，③『現代を読み解く歴史観』）（いずれもミネルヴァ書房，2013年）の編集実務担当。

人名索引

あ　行

アウグスト・ベエク（ベーグ）　1-4, 8-12, 15, 16, 20
青柳種信　60, 87, 233
秋田孝季　13, 202, 203, 401, 402, 405, 410, 411, 426-428, 460, 474, 475
秋田千季　426
朝倉天皇　365, 380
アシナヅチ　45, 107, 395
阿須迦　326
明日香皇子　316
明日香皇女　316
阿蘇津姫　58
安日彦　32, 167, 259, 394, 418
安倍国東　424
阿部氏　420, 426, 474
アポロ　20
天神　224
天津マラ（天津麻羅，天津眞浦造）　31
天照大神（アマテル大神，アマテラス）　31, 44, 46-48, 50, 55, 137, 147, 237-239, 338, 393-395, 441
天押穂耳尊（天忍穂耳命）　237
天之狭手依比売　135
天渟中原瀛真人天皇　263, 277
天火明命　237
天之真宗豊祖父天皇　397
天之御中主神　50, 52
阿弥陀仏　443
荒井献　481
新井白石　103, 190, 191
荒船次郎　242
アリストテレス　9
有間皇子　373
安王（高麗）　308
安閑天皇　309, 360, 361
安康天皇　343, 345
安重根　442, 443
安東氏　474
安藤哲朗　349
安徳天皇　374
安寧天皇　219
安楽　443, 448
イエス　14, 20, 461, 481, 482, 490, 492
伊香色謎命　218
池田大作　489, 490
伊邪那岐　236, 239, 393
伊邪那美　236, 239, 393
石上順　458, 459
石原慎太郎　490
石原秀晃　473
石原道博　167, 169
伊須気余理比賣　219
壹与（壱与）　99, 141, 142, 146, 159, 181, 189, 214, 215, 217, 375, 387
五瀬命　178
伊藤博文　442
懿徳天皇　456
井上光貞　216, 281, 383-385, 393-396
伊能忠敬　131
今井久　365
磐井　268, 280, 295, 297, 308, 310, 363, 425
石長比売　289, 290
允恭天皇　343, 345
禹　51, 67, 70, 242
ウイリアム・ジョーンズ　45, 46
上田正昭　164, 216, 281

内倉武久　100
海幸　432
梅棹忠夫　375
梅沢伊勢三　8, 395
梅原末治　300, 306
梅原猛　341
江上波夫　218, 221, 222
榎一雄　200
エホバ　66, 279, 416, 465, 466, 470
エルンスト・ベッティヒャー　16
王充　123
応神天皇　250, 343, 345
王仲殊　175
王莽　82, 98, 119
王連龍　259
大国主命　48, 147, 241
大越邦生　67, 69, 70
意冨多多泥古　441
大谷光男　80
大津透　228
大穴牟遅神（オオナムチ）　45, 107, 239, 242
大野晋　30, 165, 169, 170, 187, 188, 393-396
大野敏明　182
太安萬侶　238, 266-269, 274-276, 279, 283, 397
大長谷王　345
大泊瀬幼武命（大長谷若建命）　345
大日女　395
大山咋命　224, 225
岡崎敬　84
岡田甫　2, 421, 488, 497
沖の島の三人の女神　338
荻原眞子　225
奥野正男　174, 175, 177, 218
尾崎康　197, 199, 201, 203, 205
尾崎雄二郎　109, 169
乎娑陀　326
忍熊王　309
意斯麻呂　251
越智の直　364, 365
小野妹子　262
小野毛人　262-264
小野毛野　262
小山敦子　322
折口信夫　41, 43-45

か　行

開化天皇　218
楓姫　424
柿本人麿　263, 277, 308, 326-328, 334-336, 341, 342
柿本佐留　341
梶原景熙　77-79
片山龍峰　54
桂小五郎（木戸孝允）　354
加藤一良　129, 139, 145, 159, 187, 188, 195
加藤陽子　417
上城誠　151, 473
神産巣日神　50
神八井耳命　58
神倭天皇　264
亀井昭陽　77-79
亀井南冥　77-79, 81, 82, 88
蒲生君平　245, 301, 307
鴨氏　249
賀茂真淵　285
河田光夫　339
観阿弥　451
顔回　420
カント　444
桓武天皇　264
木佐敬久　141
岸俊男　187, 188
喜田貞吉　34, 92
北畠親房　184
魏徴　390
紀貫之　29, 332-338, 341, 342

雞彌　358, 390
堯　51, 67, 70, 242, 275
恭帝（隋）　346
季路　5
金芳漢　54
欽明天皇　302
葛子　295, 297
楠木正成　442
久曾神昇　44
熊曾建　311
久米雅雄　82, 87, 90, 91
孔穎達　273
倉田卓次　109, 134, 156, 157
黒田長政　60
景行天皇　58, 309, 311, 319, 377
継体天皇　65, 245-247, 267-269, 280-282, 292, 298-303, 305-307, 309, 310, 363, 374, 377, 389, 397, 425
桀王（夏）　246, 305
元正天皇　214, 247, 276, 281, 291, 299, 305, 308, 366, 397
賢宗天皇　246
顕宗天皇　303
元明天皇　214, 247, 266, 267, 269, 275, 276, 281, 283, 284, 291, 299, 305, 308, 392, 397
項羽　121, 122
皇極天皇　369, 377, 392
孝元天皇　218
孔子　5, 6, 63, 67-69, 162, 192, 349, 420, 477, 490-492
公孫淵　140, 151, 156
公孫瓚　110
好太王（高句麗）　136
合田洋一　77, 139, 368, 379, 380
幸徳秋水　33, 34, 447
河野與一　12
光武帝（後漢）　89, 207
孝霊天皇　307
古賀達也　63, 66-68, 100, 242, 248, 367
国分直一　23, 24
小路田泰直　461, 466
後醍醐天皇　293
事代主　48
後鳥羽上皇（後鳥羽院）　443, 448
木花之佐久夜毘売（木花咲耶姫）　289, 338
小林行雄　103, 228
コロンブス　130
近藤勇　442
近藤仁　54, 60-62
金春氏　451

さ　行

西郷隆盛　442
斎藤茂吉　323
斉明天皇　360, 365, 369, 373-378, 380, 381
佐伯有清　366
坂上田村麻呂　49
坂本太郎　383-385
坂本龍馬　463-465
佐々木喜善　38, 49
左思　149
佐治芳彦　60
薩夜麻（薩野馬）　369-371
佐原真　239
猿田彦　137
始皇帝（秦）　25, 274
持統天皇　252, 253, 262, 323, 341, 371, 372, 392, 397
科野国造　56, 58
司馬懿　151
司馬遷　117, 122-125, 130, 457
司馬文王　203, 205
島崎藤村　39
下條信行　378
下山昌孝　23
釈迦　461, 490, 492
周公　116, 117, 179, 180, 190, 195

住蓮　443, 448
シュリーマン　15, 16
舜　51, 67, 70, 242, 275
荀勗　118
順徳天皇　448
聖徳太子　245, 276, 292, 301, 302, 347, 357, 391, 424, 472, 496
聖武天皇　362
昭和天皇　278, 293
諸葛孔明　131, 132, 203
白鳥庫吉　191, 194, 278
神功皇后　181, 184, 250, 327, 369, 375, 387, 392, 393, 395
神元帝（北魏）　387
新庄智恵子　371, 414
神武天皇　58, 219, 220, 232, 236, 238, 249, 257, 264, 267, 270, 291, 389, 425, 441
親鸞　4, 7, 97, 114, 184, 185, 200-202, 319, 339, 340, 443-445, 448, 462, 463, 495, 497
推古天皇　281, 301, 353, 357, 358, 362, 390, 391, 496
綏靖天皇　219
垂仁天皇　83, 84, 235
末永雅雄　103
菅原道真　153, 315, 337, 439
杉本博司　454
少彦名命　239
素戔嗚尊（スサノオ）　29, 46
崇神天皇　218-222, 231, 232, 257, 389
崇道天皇　251, 264
住井すゑ　220
世阿弥　448, 449, 451
清少納言　331
成帝（北魏）　387
ゼウス　22
薛擧　346
船王後　326, 327
仙厓　71, 76, 80, 81
宣化天皇　246, 309
曾子　477
曹操　102, 277
蘇我氏　292, 293, 424, 425
蘇我赤兄　373
蘇我入鹿　292
則天武后　258
ソクラテス　9, 18, 19
麁猛神　224, 261, 441
曽婆訶理　271
孫詒讓　351
孫休　218
孫権　217, 218
孫皓　218
孫亮　218

た　行

平忠度　333
平将門　424
高天原廣野天皇　397
タカギムスビ　51
高杉晋作　442
高田かつ子　320
高皇産霊尊（高御産巣日神）　50, 51, 237
當藝志美美命　219
栲幡千々姫命　237
健磐龍命（健磐龍神）　56, 58
竹内強　400
武田祐吉　274
竹田侑子　399, 428
高市皇子　324
武内宿禰（建内宿禰）　318, 392, 393
建御雷之男神　48
建王　380, 381
田島和雄　208
田島芳郎　36
丹比真人　277
辰子姫　424
田中真紀子　495

谷本茂　5, 215, 287, 414
玉垂命　318
玉依姫命　178
田村将軍　49, 50, 367
多利思北孤（阿毎多利思北孤）　281, 330, 345, 351, 352, 357, 358, 390, 391, 495
近松門左衛門　452, 454
力石巌　74
筑紫君　440, 441
チノヒメノ尊　395
仲哀天皇　250, 309, 393, 395
紂王（殷）　116, 179, 246, 305
晁錯　274, 275
張華　118
張騫　117
張元濟　177, 195-197, 206
張作霖　442, 443
張政　126, 141, 173
陳寿　97, 100, 101, 105, 109, 116-118, 121, 130, 131, 156, 159, 163, 167, 179, 181, 189, 191, 192, 194-196, 209, 214-217, 256, 290, 460, 486, 487
塚本勲　53
津田左右吉　281, 291, 304-306, 361, 425, 435, 436
土御門天皇　443
手塚誠　60, 290
テナヅチ　45, 242, 395
天親　444
天智天皇　214, 266, 267, 276, 282, 360, 377, 389
天武天皇　214, 252, 253, 257-259, 262-264, 266, 267, 275-277, 279-282, 323, 341, 377, 389, 397
都市牛利　151, 155, 156
道元　3, 319, 497
藤堂明保　108, 182, 322
道武帝（北魏）　386, 387
戸田城聖　490
舎人親王　83
杜甫　121, 457
富岡謙蔵　233, 234
富谷至　168
等由羅　326
豊受大神　441
豊臣秀吉　85, 416, 417
曇鸞　444

な　行

内藤湖南　167, 191, 194
直木孝次郎　248, 249, 275
永井荷風　445, 446
長坂天皇　380
長沢天皇　380
長髄彦　32, 167, 259, 394, 418, 420
長沼賢海　84, 92
中大兄皇子　292, 369, 373
中山修一　379
那須直韋提　251, 252
夏目漱石　446, 447
難波小野皇后　308
難升米（難斗米）　104, 152, 153, 155-157, 174, 176, 181, 189
饒速日尊（饒速日）　236, 237
日蓮　319, 497
瓊瓊杵尊（邇邇藝命，邇邇藝，ニニギノミコト，ニニギの命）　30, 32, 137, 237, 239, 287, 289, 338
仁賢天皇　246, 308
仁徳天皇　343
額田王　161
鐸石別命（沼帶別命）　235
乃木希典　293

は　行

裴松之　109
裴世清　352, 353
間人皇女　380, 381

橋本進吉　166, 321, 322, 335
橋本大二郎　436
秦河勝　451
八面大王　49, 50, 367
原田大六　59, 60
原田隆吉　8
パリス　17, 19
班固　117, 130
反正天皇　343, 345
范曄　91, 122, 124, 140, 164, 166, 167
稗田阿禮　266, 274, 275, 283
樋口隆康　113, 175, 233
日子穂穂手見命　289, 290
土方歳三　442
敏達天皇　245
肥君　440, 441
俾弥呼（卑弥呼）　61, 111, 116, 118, 119, 127, 138-140, 151, 152, 156, 159, 163, 165, 176, 178-181, 184, 189, 190, 192, 195, 214, 215, 225, 230-233, 247, 256, 302, 329, 345, 375, 376, 387, 411, 440-442, 444, 445
ヒルコ　44, 45, 55, 375
ヒルメ　44
フォイエルバッハ　462
武王（周）　179
福井久蔵　313
福沢諭吉　418, 419, 438
藤沢徹　108
藤田友治　340, 431
藤本光幸　203, 221, 399, 400, 424, 428
藤原鎌足　246, 292, 300, 301, 392, 393
藤原俊成　333
藤原時平　439
藤原不比等　392, 393
武帝（前漢）　331, 359
プラトン　9
武烈天皇　65, 236, 246, 247, 267, 268, 281, 291, 292, 303-306, 309, 310, 425
文帝（魏）　277
平文帝（北魏）　387
ヘーゲル　444
法然　443, 448, 495
穆王（周）　337
歩隲　203
火照命　432
ホムタワケ　345
ホメロス　15, 17-19
火遠理命　432

ま　行

前田博司　23
牧健二　169
増田弘　182
マッカーサー　469
松下見林　84, 184, 185, 194
松本郁子　46, 107
松本治一郎　431
松本清張　112, 168-170, 185, 186, 348
マホメット　375, 490, 492
マリア　481, 482
マルクス　462, 493, 494
三浦佑之　87, 88
甕依姫　178, 261, 440, 441
水野孝夫　148, 249
水野祐　309
ミヅハワケ　345
ミマキイリヒコ　219, 221, 222
村岡典嗣　2, 4, 8, 12, 15, 273, 275, 390, 421, 422
紫式部　319
村山七郎　54
明治天皇　34
明帝（魏）　99, 104, 164, 168
メガーズ　36, 239
孟子　63, 67
本居宣長　34, 39, 49, 106, 238, 266, 270, 271, 280, 284-288, 354, 357, 389, 390, 396,

397, 414, 496
物部麁鹿火　295, 296, 298
物部蔵人　411
モハメット　461
森浩一　112, 113, 187, 218, 233
文武天皇　267, 269, 282, 283, 301, 334, 387, 389, 391-393, 397

や　行

安本美典　202
八咫烏　249
谷田部公望　260
柳田國男　33, 34, 37-39, 41-45, 49, 367
藪田嘉一郎　262
山内亮史　484
山尾幸久　164
山鹿素行　293
山幸　432
山田光洋　27
山田孝雄　273, 274
日本武尊（倭建命，ヤマトタケル）　255, 297, 311, 318, 319
山部赤人　336
八女の大君　49
雄略天皇　343, 345
煬帝（隋）　351, 352
用明天皇　245, 301-303
吉田松陰　125, 354
ヨセフ　482
余豊璋　301

ら　行

羅振玉　102
履中天皇　266, 267, 271, 343
リンカーン　438
蓮如　184, 200, 201

わ　行

倭王武　345
獲加多支鹵大王　343
稚日女　395
ワシントン　437, 438
和田吉次　202, 203, 426-428
和田喜八郎　203, 360, 399, 404-406, 408, 410, 421-423, 426
和田末吉　202, 203, 404, 405, 421, 422
和田清　169
和田長作　202, 203, 404, 421-423, 426
和田長三郎　403, 405
和田（秋田）りく　428
倭の五王　188, 308, 343-345
藁科哲男　226
ヲアサヅマワクゴノスクネ　345

事項索引

あ　行

阿為神社　300
藍神社　245
飛鳥浄御原宮　248
阿蘇神社　56, 58
アソベ族　35, 37, 41, 44, 56, 58
海士族　52, 107, 152, 258, 259, 272, 273, 287, 414
阿麻氐留神社　47, 50, 394
天の浮橋　287, 414
アメリカ独立宣言　437, 438
綾羅木遺跡　23, 24
「荒吐神要源抄」　416
石舞台古墳　424
『異称日本伝』　184
出雲王朝　24, 147
出雲朝廷　28
『出雲風土記』　28
磯（イソ）　39, 40-42
居徳遺跡　456
稲荷山鉄剣　187-189
今城塚古墳　245, 299
『イリアッド』　15-18
磐井の乱　295, 298, 310, 311
岩戸山古墳　297, 298
浮石神社　250
孚石都刻柱　250
浦島伝説　148
SRN 主義　461
翁分神社　449
オシラサマ　35, 37
鬼夜　439
「小野毛人墓誌」　262
オロチ語　59
オロチ族　158

か　行

『海上の道』　39, 40
「柏崎」（謡曲）　448, 449
画文帯神獣鏡　241
『漢書』　94, 117, 119, 130
寛政原本　203, 399-410, 422, 423
関門海流　353
『魏（北魏）書』　277, 386, 387
絹・錦　226, 227
騎馬民族（渡来）説　218, 221
「君が代」　416
九州王朝　89, 234, 235, 261-264, 267, 278, 282, 290, 310, 315, 323, 325, 328, 329, 334, 338, 343, 353, 361, 362, 365-369, 372-375, 377, 378, 384, 387, 433, 469
九州大遠征譚　319
九州年号　267, 291, 294, 385, 359-364
教育　494-496
『教行信証』　7, 114
ギリシャ神話　20, 21, 416, 417
金印　71-93, 207
近畿天皇家　55, 191, 262, 263, 276, 278, 282, 283, 299, 305, 309, 363, 365, 366, 369, 374, 377, 383, 385, 387, 433, 469
——一元史観　330, 334
クイ族　57
『百済本記』　308
『旧唐書』　257, 259, 346, 370
国生み神話　55, 234, 237, 238
国譲り　25, 47
郡　373, 384-387

郡評論争　383-385
継体天皇陵　245, 299, 300
継体の乱　310
言語学　45
牽牛子塚古墳　380
原発問題　484, 485
高句麗好太王碑　136, 161, 221, 435
神籠石（山城）　224, 297, 327, 348, 351, 353
黄幢　174-177, 232, 233
『後漢書』　91, 95, 123-125, 139, 140, 142-144, 160, 164, 166, 167
『古今和歌集』　28, 29, 332-342
——「仮名序」　336
——「漢文序」　336
国際公法　464, 465
黒曜石　146, 225, 226
『古事記』　25, 26, 31, 44, 48, 65, 218, 220, 238, 255, 264, 266, 268, 270-279, 283, 285, 291, 292, 310, 318, 319, 338, 432, 436, 495
——「序文」　273-279, 284, 280-288
——「神武記」　270
『古事記伝』　284-287
『古代への情熱』　15
「国記」　222, 292, 293, 400, 424, 425
籠神社　236

さ　行

削偽定實　282
細石神社　77, 80, 84, 85
三角縁神獣鏡　103, 175, 216, 228-233, 241
『三国遺事』　54
『三国志』　102, 108, 117, 118, 121-123, 126, 130, 131, 149, 151, 153, 163, 164, 166, 167, 186, 187, 189, 192, 194, 195, 214, 217, 277, 290, 486
——「烏丸伝」　155
——「倭人伝」「魏志倭人伝」　94, 98-101, 103-106, 109, 110, 119, 120, 124, 126, 132, 133, 140, 142, 143, 162, 167, 172, 179, 181, 192, 214, 215, 290
——「序文」　114-118, 191
——「東夷伝」　117, 118, 191
『三国史記』　54, 125
三種の神器　25, 26, 192, 194, 227, 293, 294
『三都賦』　149
『史学雑誌』　93
志賀海神社　415
『史記』　121, 124
『詩経』　27, 161, 162
自殺　458, 459
『史書』　122
紫宸殿　368, 372
『釋日本紀』　260, 440
宗教　488-492
『周髀算経』　121
『周禮』　152, 153, 349-351
紹熙本　171, 176, 195-197, 199, 201, 203, 206
『尚書正義』　274, 283
縄文神話　30
縄文農耕　42
『書経』　180
『続日本紀』　283, 284, 366, 383, 391-397
親魏倭王　140, 141, 176, 230, 256
親魏倭国　146, 216, 217
親呉倭王　141
親呉倭国　127, 146, 216, 217
壬子年木簡　250
壬申の乱　276, 325
真福寺本　270, 272, 279, 284, 286
神武天皇陵　220
『隋書』　346-358, 390
——俀国伝　329, 347, 351, 354, 358, 457, 495
崇道神社　264
生口　142, 159, 160, 214, 215
『山海経』　53, 110, 146

戦後史学　281
『先代旧事本紀』　394-396
戦中遣使　168
前方後円墳（方円墳）　245, 246, 301, 303
『ソクラテスの弁明』　18
「曽根崎心中」　451-455

た　行

大化改新　361, 384, 468
大逆事件　33, 34, 445-447
「高砂」（謡曲）　449
高砂族　449
高御魂神社　50
竹原古墳　162
多元史観　469
狂心の渠　369, 376
『玉の小櫛』　285
炭素14（C14）年代測定　242, 243
『歎異抄』　200, 201
短里　122-126, 143
『筑後風土記』, 『筑後国風土記』　296, 440, 441
筑紫神社　178
筑紫矛　239
『筑前国続風土記拾遺』　60
長里　123-126, 143
津軽三味線　31
「東日流外三郡誌」　13, 16, 32, 35-38, 45, 56, 62, 167, 221, 222, 226, 259, 288, 292, 293, 393, 394, 397, 399-430, 438
津軽藩　426
『東日流六郡誌絵巻』　429, 430
ツボケ語　44
津保化族　36
『帝紀』　179
天孫降臨　47, 137, 146, 147, 224, 239, 433
天動説と地動説　487
「天皇記」　222, 292, 293, 399, 424, 425, 426
天皇陵　238, 340, 432, 435, 436
土井ヶ浜遺跡　30
陶塤　23-31
東鮮暖流（東韓暖流）　352
銅鐸　26, 139, 231, 234, 238-240
銅鐸圏　146, 216, 232, 235-238
東鯷人　93
『遠野物語』　35, 37, 38
土器文明　223
「トマス福音書」　20, 481, 482
豊浦宮　327
鳥浜貝塚　42, 43
トロヤ神話　21, 22
トロヤ戦争　17

な　行

那須直韋提碑　251
那須国造碑　252, 257, 258
南北朝正閏問題　34
二十四史百衲本　195-197, 205
二中暦　359, 367
二倍年暦　63-70, 242, 246, 247, 268, 289-291, 303, 425
『日本書紀』　25, 26, 31, 55, 65, 163, 181, 218, 220, 237, 238, 245, 262, 266, 268, 276, 277, 280-283, 290-292, 303, 305, 306, 310, 338, 341, 347, 366, 369-371, 373, 378, 384, 386, 389, 390, 393, 395, 396, 424, 495
——「景行紀」　319
——「継体紀」　268
——「天武紀」　266
日本中央碑　429, 430
鐸神社　240, 287
捏造事件　243
年輪年代測定法　246

は　行

廃評建郡の詔勅　383
薄葬令　245, 301, 302

白村江の戦い　330, 364, 365
箸墓古墳　247
八角墳　381
反呉倭王　140
万世一系　291-294, 389
万世多系　289, 292
被差別部落　220, 340, 416, 418, 419, 431-439, 451
被差別問題　339
評　373, 384-387
フィロロギイ　2, 4, 7-11, 15, 20
藤原宮　248, 249
武寧王陵　296
フランス人権宣言　437
武烈天皇陵　246
『平家物語』　333
方円墳　301, 302, 307, 309
方墳　301, 303, 307
木鐸　349, 350
「北斗抄」　400
『ホツマツタヱ』　60

ま　行

枕詞　313-318
魔女裁判　38
松浦水軍　151, 152, 157
マルキシズム　461, 462, 493
『万葉集』　323-331
甕棺　178, 210, 211, 223, 224, 341, 440, 449
水城　161, 376
「道行き」読法　455
三春藩　427
美保神社　48
民俗学　33, 34, 38-41
明治維新　469
明治憲法　446
モヒトリ神事　30, 53, 154

や　行

靖国神社　442
邪馬臺（台）国
　――九州説　191, 214
　――近畿説　112, 214
『夢十夜』　447
吉武高木遺跡　320
吉野ヶ里遺跡　224

ら　行

雷神社　323
『列子』　338
『論語』　4, 5, 7, 66-68, 161, 162, 349, 477
『論衡』　123, 124

わ　行

倭王武の上表文　188, 295
倭語　53, 54
和田家文書　202, 421-430

地名索引

あ　行

安威　298, 300
藍　298, 300
朝倉　227, 377, 378, 380
阿志岐　315
飛鳥（奈良県）　249, 252, 266, 267, 316
飛鳥（福岡県）　262, 263, 376
阿蘇山　347, 348, 353, 358, 362, 367, 415
淡路島　44, 55, 240, 264, 375
安息国　117
雷の丘　323
壱岐　23, 51, 95, 134, 137, 147, 221, 229, 233, 288, 354, 414
一支國　354
生口島　215
爲吾国　137, 139
出雲　24, 25, 28–30, 46–48, 137, 138, 157, 158, 225, 235, 237–240, 394, 441
板付　147, 258
一大国　120, 126–129, 133–135, 137
伊都国　82, 85, 90, 110, 127–129, 171
糸島　227, 290, 415
委奴国　90
倭奴国　82, 83, 207
伊豫の国　364, 368, 372
己百支国　138
石見国　48
井原　85, 87
殷　116, 179, 190
鬱陵島　125, 352, 354, 356
烏奴国　136
ウラジオストク　59, 64, 158, 225, 226
エクアドル　148, 207, 209, 210–212, 475
越　94, 96, 101
燕　53, 94, 96, 110, 146, 147
近江　308, 309
大国村　48
隠岐の島，隠岐　287, 414
越智の国　365, 368, 378
オリンポス　20–22, 416

か　行

会稽　122, 166
会稽山　32, 122, 226, 287, 414, 457
会稽東治　122, 166, 167, 170
柏崎　448
華奴蘇奴国　138
鎌倉　249
カムチャッカ　45
唐津　328
漢　101, 104, 126, 145, 163, 180, 190, 256, 351
魏　98, 100–104, 118, 122, 126, 127, 132, 140, 145, 146, 151–153, 163, 165, 168, 176–178, 180, 189, 190, 195, 217, 236, 256, 302, 386, 387
支惟国　137
鬼国　138
鬼奴国　137
ギリシャ　14, 17–21, 416
郡支国　170, 173, 176, 196
躬臣国　137, 138
クシフルダケ，クシフル岳　59, 60, 62
狗邪韓国　127, 128, 141
百済　53, 54, 104, 221, 296, 324, 325, 327, 328
椚　60

熊野　249
黒津　151
元　104, 183, 199
建安　166
建業　101
呉　94, 96, 101, 102, 122, 126, 127, 140, 141, 146, 151, 195, 203, 216–218
高句麗　53, 98, 136, 218, 221, 353, 369, 433, 435, 436
好古都国　138
拘奴国，狗奴国　124, 125, 139, 140–144, 175, 176, 231, 235, 237, 238
黒歯国　117, 123, 130, 148, 149, 207
越の国　24, 241
五所川原　37, 422, 424, 426–428

さ　行

済州島　55, 338
佐渡島　448, 449
志賀島　74, 76, 77, 315, 328
斯馬国　138
周　101, 104, 116, 156, 179, 180, 190, 195, 248, 256
侏儒国　117, 119, 130
條支国　172
女王国　82, 90, 94, 117, 119–122, 126, 127, 129, 130, 139, 140, 142–144, 157, 164, 173, 227, 236
蜀　118, 127, 131, 140, 146, 195
新羅　54, 221
晋　101, 386, 387
清　103, 104, 183
隋　296, 346, 390
須玖岡本　163, 224, 233, 239, 240, 296, 376
住吉　415, 450
斉　294
西安　101, 116, 179, 183, 190, 387
成漢　101
西晋　100–103, 118, 141, 217, 386, 387
石塔山　73, 222, 422, 424, 427
背振山脈　127, 320, 323
尖閣諸島　455–458, 464
宋　294, 387
曹魏　102, 103, 386, 387
底の国　441
姐奴国　138
蘇奴国　138

た　行

對海国　120, 126–128, 133, 135, 136, 182, 196
俀国　352, 353
大山　30, 53, 154, 225
對蘇国　138
帯方郡，帯方郡治　119, 122, 124, 126, 127, 129, 172, 173
高砂　415, 450
鷹島　151
高祖山　59, 60, 107, 108, 157
高千穂　289, 306
高天原　286–288, 397
竹島　352–354, 356, 357
太宰府　152, 172, 173, 181, 248, 257, 314, 315, 339, 348, 353, 362, 368, 371, 372, 374, 379, 384, 439, 440
筑後　361, 374
筑後山門　112, 113, 173, 191, 227
筑紫，竺紫　25, 32, 46, 58, 137, 167, 221, 238, 239, 257–261, 296, 309, 345, 384, 391, 411, 450
竹斯國　354
筑前山門　320
千島　45
チチカカ湖　45, 211–213
千代　449
長安　116, 190, 248
チリ　207–210
陳　294

津軽　32
対馬　47, 50–52, 95, 135–137, 147, 229, 233, 288, 354, 367, 394, 414
都斯麻國　354
豆酘　50–52
投馬国　94, 132, 143
土井ヶ浜　29, 30
唐　164, 252, 253, 257, 296, 297, 324, 346, 351, 360, 369, 386, 387, 390
東晋　101, 102
東冶　122, 166, 167, 170
トロヤ　15–18, 21

な　行

南京　296
日本国　257, 260
寧波　226, 287, 288, 414
奴国　82, 112, 143, 161, 173, 207
根の国　441

は　行

博多湾岸　25, 52, 94, 119, 121, 127–130, 137, 140, 143, 147, 157, 158, 161, 163, 172, 173, 209, 224, 226, 227, 233, 234, 239, 248, 320, 328, 450
白村江　53, 278
ハバロフスク　37, 45
パラオ島　64, 478, 479, 482
巴利国　129, 137
バルディビア　210, 212–214
原の辻　134
ヒサリックの丘　16
女島　106, 108
日向　32, 319
平原　296
釜山　96, 133, 136, 157
不彌（弥）国　117, 119, 121, 127, 144, 209
宝満山　314, 315
北魏　101, 102, 183, 277, 386, 387
北宋　199

ま　行

松浦　127, 128
末盧国　127–129, 133
三雲　85, 86, 296
彌奴国　138
任那，ミマナ　136, 152, 161, 219, 222, 231
三輪山　441
明　103

や　行

屋島　55
邪馬壹（壱）国　97, 100, 105–107, 111, 119, 128, 133, 141–143, 156, 160, 165, 173, 183, 186, 195, 256
邪馬国　137, 139
邪馬臺（台）国　97, 98, 108, 111–114, 133, 164
山門　194, 320, 321
大和　157, 184, 186, 190, 194, 214, 218–221, 232, 236, 237, 255, 256, 267, 269, 307, 309, 311, 315, 318, 320, 323, 325, 326, 353, 357, 358, 369, 391, 425
吉武高木　51, 161, 296, 320
吉野ヶ里　107, 140, 141, 223, 224, 227, 371, 372

ら　行

雷山　323
洛陽　101, 118, 122, 149, 151, 248, 277, 387
裸国　117, 123, 130, 148, 207
琉球　457, 458
流求国　149
梁　294

わ　行

倭　53, 110, 146–148, 167, 188, 221, 222, 338, 340, 356, 358

倭国　110, 117, 118, 122, 126, 127, 129, 130, 131, 140, 141, 145-147, 153, 159, 163, 172, 173, 175, 176, 179-182, 184, 190, 194, 207, 217-219, 227, 230, 256, 257, 259-261, 278, 294, 296, 324, 369, 370, 372